DIE HILFSCHULE
IM DRITTEN REICH

Von Dr. Manfred Höck

Mit mehreren Abbildungen
und Tabellen

1979
Carl Marhold Verlagsbuchhandlung
Berlin

ISBN 3-7864-1607-9
Bestell-Nr. 10244

Alle Rechte, auch die des auszugsweisen
Nachdrucks, der photomechanischen Wiedergabe, der Herstellung von Mikrofilmen
und der Übersetzung vorbehalten.
Druck: Offsetdruck Schadel, Bamberg
Printed in Germany

Geleitwort

Es gibt kaum historische Literatur, die sich mit sonderpädagogischen Fragestellungen beschäftigt. Aber gerade für die Lernbehindertenpädagogik ist die Kenntnis geschichtlicher Entwicklungen unerläßlich. Die heutzutage unter der Bezeichnung "Schule für Lernbehinderte" firmierende Hilfsschule verfügt zwar nur über eine relativ kurze historische Entwicklung, ist aber - vielleicht gerade deswegen - überstark in verschiedenen Teilbereichen von Traditionen geprägt. Besonders die Entwicklung in der Zeit der NS-Herrschaft offenbart gleichsam in einem Zeitraffer den gesamten Werdegang dieser Sonderschulart, von ihren Anfängen bis zum heutigen Tag.

Faktenreich aufgrund eingehender Quellenstudien werden die verschiedenen Phasen der Entwicklung in diesem Buch herausgearbeitet und überschaubar dargestellt:

- die generelle Frage nach der Existenzberechtigung von Hilfsschulen überhaupt, die in der Form einer Selektionsanstalt im Sinne erbbiologischer, rassenpflegerischer Maßnahmen bald bejaht wird;
- das Verbot der "Sammelklassen", das als ein Ausdruck der Wendung der Hilfsschule zur "Leistungs"-Schule zu sehen ist;
- der "volkliche" also vorwiegend ökonomisch motivierte Auftrag der "Brauchbarmachung" lassen den Hilfsschüler im Zeichen der Kriegsvorbereitungen als Rüstungsarbeiter - und Soldatenpotential interessant und bald unentbehrlich werden;
- die uneingeschränkt schulpädagogische Fragestellung durch den Erlaß der "Richtlinien für Unterricht und Erziehung in der Hilfsschule" mitten im Krieg.

Daneben bietet das Buch noch eine Fülle historischer Details, (z.B. daß trotz der immer wieder beschworenen Gemeinschaftsideologie selbst in der kleinen Fachschaft Sonderschulen im NSLB erfolgreich der Gruppenegoismus einzelner Sonderschullehrersparten gepflegt werden konnte) in denen die grundlegende Entwicklung der "Weimarer Zeit" einbezogen ist. Sie wecken und steigern durch den Informationsgewinn das Interesse des Lesers.

          Prof. Dr. Herwig Baier
          Universität München

Inhalt

Einleitung		5
1.	Sozialdarwinismus und Behinderte	6
1.1	Zur Kennzeichnung und Entwicklung des Sozialdarwinismus	7
1.2	Sozialdarwinismus und Eugenik	9
1.3	Der Einfluß sozialdarwinistischen Gedankenguts auf die Einstellung zum Behinderten	11
1.3.1	Ergebnisse der Forschung über Fortpflanzung und ihre sozialdarwinistischen Ableitungen	13
1.3.2	Überlegungen zu Kosten und Nutzen der Förderung von Behinderten für die Gemeinschaft	17
2.	Der Einfluß des Sozialdarwinismus auf das Aufgabenverständnis der Heilpädagogen in der Weimarer Zeit	20
2.1	Die Antwort der Heilpädagogen auf die Argumente des Sozialdarwinismus	21
2.1.1	Die Stellung der Heilpädagogen zu rassenhygienischen Überlegungen	23
2.1.2	Die Aufnahme der Kosten-Nutzen-Diskussion durch die Heilpädagogen	26
2.1.3	Die Antwort der Heilpädagogen auf sozialdarwinistische Tendenzen durch den Entwurf eigenständiger Konzepte	28
2.2	Die Beschreibung des Schülers der Hilfsschule in der Weimarer Zeit	32
2.2.1	Die grundlegende Charakterisierung des Hilfsschülers	33
2.2.2	Aussagen zur pädagogischen Beeinflußbarkeit von Lernbeeinträchtigungen	36
2.2.3	Aussagen zu möglichen Bedingungsfaktoren der Leistungsbesonderheiten der Hilfsschüler	38
2.3	Schwerschwachsinnige und Hilfsschüler	40

2.3.1	Versuche zur Beschreibung von Erscheinungsbildern wie "Bildungsfähiger", "Bildungsunfähiger" und "Hilfsschüler"	41
2.3.2	Überlegungen zur schulischen Förderung von Schwerschwachsinnigen	43
3.	Bestrebungen zur Abschaffung der Hilfsschule nach der Machtübernahme	45
3.1	Allgemeine Einschränkungen im Schulbereich aus der Zeit vor Hitler	46
3.2	Verschärfte sozialdarwinistische Denkweisen im Bereich des Schulwesens	50
3.3	Die Diskussion über Abschaffung bzw. Einschränkung der Hilfsschule nach 1933	55
3.4	Nachweisbare Einschränkungen bei den Hilfsschulen nach 1933 und ihre Begründung	61
3.5	Widerstände gegen den Abbau von Hilfsschule und Hilfsschulklassen	67
4.	Die Aufgabenstellung für die Hilfsschule durch den nationalsozialistischen Staat	72
4.1	Die Hilfsschule und ihre erbgesundheitliche und rassenpolitische Aufgabenstellung	78
4.1.1	Die Sammelbeckenfunktion der Hilfsschule	80
4.1.2	Hilfsschüler und Sterilisation	94
4.1.3	Hilfsschüler und Euthanasie	119
4.2	Die Hilfsschule und die wirtschaftliche und völkische Brauchbarmachung ihrer Schüler	121
4.2.1	Die Hilfsschule und die wirtschaftliche Brauchbarmachung ihrer Schüler	124
4.2.2	Die Hilfsschule und die völkische Brauchbarmachung ihrer Schüler	129
4.3	Die Hilfsschule und ihre Entlastungsfunktion für die Volksschule	134
5.	Die Schülerschaft der Hilfsschule und ihr Bezug zu benachbarten Schülergruppierungen	136
5.1	Das Erscheinungsbild des Hilfsschülers	137
5.1.1	Homogenität kontra Heterogenität der Hilfsschülerschaft	139

5.1.2	Gesamtdefizit kontra Teilbeeinträchtigung beim Hilfsschüler	143
5.1.3	Ererbter Schwachsinn kontra erworbene Beeinträchtigung	148
5.2	Berührungspunkte zwischen Hilfsschule und Volksschule	153
5.2.1	Berührungspunkt zwischen Hilfs- und Volksschule im schulpolitischen Raum	154
5.2.2	Berührungspunkte zwischen Hilfsschule und Volksschule im schulorganisatorischen Bereich	156
5.2.3	Berührungspunkte zwischen Hilfsschule und Volksschule in der Frage der Schülerschaft	161
5.2.4	Berührungspunkte zwischen Volks- und Hilfsschule im unterrichtlichen Bereich	165
5.3	Die Hilfsschule und die Betreuung schwerschwachsinniger Kinder und Jugendlicher	169
5.3.1	Das Abdrängen schwerer Behinderungsformen aus der Hilfsschule zwischen 1933 und dem Erlaß der AAoPr von 1938	170
5.3.2	Die Betreuung geistig behinderter Kinder nach dem Erlaß der AAoPr 1938	176
5.4	Die Hilfsschule und schwererziehbare Kinder und Jugendliche	185
6.	Schulorganisatorisch-pädagogische Einzelprobleme der Hilfsschule in der NS-Zeit	189
6.1	Das Hilfsschulwesen in der Statistik	189
6.2	Die Kosten für die Hilfsschule	198
6.3	Die Aufnahme in die Hilfsschule	203
6.3.1	Rechtliche Grundlagen für die Aufnahme in die Hilfsschule	204
6.3.2	Kriterien für die Hilfsschulbedürftigkeit	208
6.3.3	Sichtung und Meldung hilfsschulbedürftiger Kinder durch die Volksschule	210
6.3.4	Die Untersuchung des hilfsschulbedürftigen Kindes	213
6.3.5	Die Entscheidung der Schulaufsicht und das Einspruchsrecht der Eltern	215

6.4	Einzelfragen der Hilfsschulorganisation	218
6.4.1	Schulgröße und Schulaufbau	218
6.4.2	Klassenfrequenz	222
6.4.3	Schülerstundenzahlen	224
6.5	Die Hilfsschulen im 2. Weltkrieg	226
7.	Erziehung und Unterricht in der Hilfsschule der nationalsozialistischen Zeit	233
7.1	Lehrpläne und Richtlinien für die Hilfsschulen	234
7.2	Prinzipien der Erziehung und des Unterrichts in der Hilfsschule	242
7.2.1	Prinzipien der Erziehung von Hilfsschülern	243
7.2.2	Prinzipien des Unterrichts bei Hilfsschülern	245
7.3	Besondere Fragen der Unterrichtsfächer in der Hilfsschule	248
7.4	Lehr- und Lernmittel in der Hilfsschule	251
8.	Hilfsschüler und Berufsausbildung	256
8.1	Aspekte der Berufsausbildung von Hilfsschülern vor 1933	257
8.2	Hilfsschüler in Lehrberufen	260
8.3	Hilfsschüler und Berufsschule	264
9.	Der Hilfsschüler und die Organisationen der Partei und des Staates	267
9.1	Hilfsschüler in der Hitlerjugend	269
9.2	Hilfsschüler und NSV (insbesondere KLV)	274
9.3	Hilfsschüler und Landjahr bzw. Landdienst	281
9.4	Hilfsschüler in Arbeitsdienst und Wehrmacht	283
10.	Der Hilfsschullehrer im nationalsozialistischen Staat	286
10.1	Aufgabenstellung und Aufgabenverständnis des Hilfsschullehrers	287
10.2	Der Hilfsschullehrer als Staatsbeamter	289
10.3	Der Hilfsschullehrer und seine Standesvertretung	294
10.4	Die Ausbildung der Hilfsschullehrer	301
11.	Rückblick	312
Anhang		315
Abkürzungen		325
Anmerkungen und Quellennachweise		326
Literatur		334

Einleitung

Über die Entwicklung des Hilfsschulwesens während der nationalsozialistischen Zeit bestehen viele Vermutungen und Grobeinschätzungen. Zudem hat es den Anschein, als ob ein gewisses Unbehagen über diese unrühmliche Phase der Entwicklung der Hilfsschule eine umfassende Darstellung bisher verhindert hat.

Diese Untersuchung stellt sich deshalb die Aufgabe, unvoreingenommen möglichst viele Fakten über das zwischen 1933 und 1945 bestehende Hilfsschulwesen zu sichern, sie in den Zusammenhang mit vorangegangenen Entwicklungen zu stellen und mit Blick auf die politischen, sozialen und wirtschaftlichen Bedingungen des NS-Staates zu interpretieren.

1. Sozialdarwinismus und Behinderte

Der Nationalsozialismus als ein offenes, in sich oft konfuses System von politischen, gesellschaftlichen, wirtschaftlichen und anthropologisch-biologischen Vorstellungen, konkretisiert sich im Staat Hitlers, dessen Handeln unter nationalistisch-imperialistischen, antikommunistischen und antidemokratischen, planwirtschaftlichen und sozialdarwinistischen Zielsetzungen steht (ohne daß sich diese Sektoren in jedem Falle genau trennen lassen!). Gerade das letztere Moment des nationalsozialistischen Denkens und Handelns prägt die sozialen Verhältnisse im Dritten Reich erheblich mit. Besonders auf die Einstellung zu sozialen Randgruppen und "Minderheiten" verschiedenster Herkunft erlangt das sozialdarwinistische Ideengemisch in seiner nationalsozialistischen Ausprägung bestimmenden Einfluß. Ausgesprochen verhängnisvoll wirkt sich dies auf die Haltung und das Handeln gegenüber Behinderten aus.

1.1 Zur Kennzeichnung und Entwicklung des Sozialdarwinismus (1)

Der Sozialdarwinismus stellt sich als ein schwer eingrenzbares Ideenkonglomerat dar, das die darwinistischen Grundprinzipien des biologischen Daseins (Evolution und Selektion) umdeutet und sie zum Modell des sozialen und politischen Denkens macht. Unter Zurückdrängung des Entwicklungsgedankens als kausal-mechanistische Erklärung des Naturgeschehens und seine Unterstellung unter Wertkriterien ("Bestimmte Entwicklungen sind eindeutig wertvoller als andere"), gewinnt im Sozialdarwinismus das Selektionsprinzip in seiner Übertragung auf das soziale und politische Geschehen den Charakter eines Grundsatzes vom Kampf ums Dasein, vom Recht des Stärkeren. Er "sanktioniert damit faktisch den Machtegoismus der Gruppe, des Volkes oder der Rasse, der man sich selbst zurechnet" (Zmarzlik 1963, 251). Im Innern der Gruppe legitimiert ihr Anspruch jede Maßnahme zur "Aufartung" und "Ausmerze", wobei humanitäre Vorbehalte zugunsten individueller Menschenrechte zwangsläufig verlorengehen müssen ("Humanitätsduselei").

Nach der Jahrhundertwende gewinnen die Gedanken der "Jüngeren Sozialdarwinisten" wie Günther, Goldscheid, Woltmann ("Ältere Sozialdarwinisten": v. Haeckel, Spencer, Galton) im sozialen und politischen Denken eine gewisse Bedeutung, die sich jedoch erst mit dem Aufkommen des Nationalsozialismus multipliziert. Sie glauben bei ihren Untersuchungen über die Wechselbeziehungen zwischen biologischer Beschaffenheit und sozialen Vorgängen zur Erkenntnis gekommen zu sein, daß die erbbiologische Ausstattung der Menschen von entscheidender Bedeutung für seine sozialen Leistungen ist. Das bringt eine Abwertung möglicher Beeinflussungen durch die Umwelt mit sich.

Rassen-Hygieniker (stärker wissenschaftlich orientiert; mit gewissen humanitären Vorbehalten) und Rassenanthropologen (meist pseudowissenschaftliche Mystiker) glauben dem Gemeinwesen das Recht zusprechen zu können, die rassenbiologischen Forderungen im weitesten Sinne auf Kosten individueller Freiheitsrechte durchzusetzen. Im Sinne der Zivilisationskritik sehen sie Wege dazu im Zurückdrängen der Industriegesellschaft zugunsten ländlicher Lebensformen und ständischer Sozialstrukturen. Solche Gedanken werden mit Vorliebe von "kleinen Geistern" aufgenommen, die mit ihrem Zweit- oder Dritthandwissen an Gefühle und Leidenschaften appellieren und vernünftige Argumente mit der "suggestiven Kraft mitreißender Willensenergien und mythisch-irrationaler Bilder" (Zmarzlik 1963, 258) zurückdrängen.

Mit dem Aufkommen des Nationalsozialismus erweist sich die vorbereitende Wirkung des Sozialdarwinismus für die sozialbiologische Praxis. Der Nationalsozialismus erklärt die "nordische Rasse" unter Ausschaltung des Evolutionsprinzips in jedem Falle für höherwertig (Conrad-Martius 1955; dagegen wendet sich besonders Saller 1961) und setzt aus einem "moralischen Nihilismus" (Zmarzlik 1963) heraus wissenschaftlich unhaltbare, mehr im Mystischen angesiedelte Vorstellungen in die Praxis um. Die personale Würde des Menschen wird in der nationalsozialistischen Ausprägung des Sozialdarwinismus "zunächst auf seinen biologischen Ursprung zurückgeführt und dann auf seine biologische Funktionstüchtigkeit reduziert. Die unantastbar-unteilbare Menschenwürde sinkt ab zu einem abstufbaren Wert, meßbar am Maßstab des volksgesundheitlich Wünschbaren, regulierbar durch Korrektur und Planung. So werden Indiviuen fast unmerklich zu Menschenmaterial, und es wird staatlichen Praktiken der Weg geebnet, auf dem zuletzt die Grenze der biologischen Verwertbarkeit mit der Grenze des Lebensrechtes zusammenfallen kann" (Zmarzlik 1963, 270).

1.2 Sozialdarwinismus und Eugenik

Die Ideen des Sozialdarwinismus finden ihre Konkretisierung in eugenischen Maßnahmen. Ihre Zielsetzung, die Gesundheit der Geschlechterfolge eines Volkes zu fördern, erfordern Überlegungen und Maßnahmen im individuellen und sozialen Bereich (Individual- und Sozialeugenik).
Nahezu deckungsgleich, aber stärker mit ideologischen Anteilen behaftet, wird der Begriff der "Rassenhygiene" verwendet. Er orientiert sich stark an utopischen Zielsetzungen wie der "Aufnordung" des deutschen Volkes, welche Aktivitäten auf dem Gebiet der Eugenik zur Grundlage haben.
Die Praxis der Eugenik umfaßt positive und negative Maßnahmen, die mit den Begriffspaaren "Auslese" und "Gegenauslese" bzw. "Aufartung" und "Ausmerze" umschrieben werden.
Da die natürliche Auslese aufgrund der Verbesserung der äußeren Lebensbedingungen nicht mehr im ursprünglichen Maße zum Tragen komme, müsse der Staat vollwertige Glieder der Gesellschaft fördern. Das könne durch die Verbesserung der materiellen Grundlagen (Besteuerung), der Volksgesundheit (z.B. im Rahmen der Eheberatung) und die Veränderung der Einstellung der Bevölkerung zu eugenischen Problemen geschehen.
Im Sinne der "Ausmerze" wirken Maßnahmen wie Eheverbote, die Unfruchtbarmachung (Sterilisation), Asylierung von erbbiologisch Minderwertigen und die "Vernichtung lebensunwerten Lebens" (Euthanasie).
Seit der Jahrhundertwende reißen die Diskussionen über eugenische bzw. rassenhygienische Fragen kaum mehr ab. Je nach wissenschaftlichem, politischem oder religiösweltanschaulichem Standpunkt werden die Vorschläge der Eugeniker abgelehnt, ergänzt, angezweifelt, gutgeheißen oder anders gewichtet.
In der Zeit vor und während des 1. Weltkrieges werden die vorgeschlagenen eugenischen Maßnahmen überwiegend mit den materiellen Schwierigkeiten erklärt, in denen sich Deutschland, aber auch andere europäische Länder, befinden.

Stellvertretend für viele ähnliche Veröffentlichungen
sei auf Kaup (1913) verwiesen, der heftig gegen den
"Humanitätsdusel" (Wohlfahrtspflege im Sozialstaat) zu
Felde zieht und die dafür vorgesehenen Mittel besser für
höherwertige Mitglieder des Volkes eingesetzt wissen will.
Nach dem Erscheinen des Buches von Binding/Hoche im Jahre
1920 verlagert sich die Diskussion auf den Bereich der
"Euthanasie". Der Meinung Bindings, daß die Tötung von
Kranken, die den Tod verlangen und die Tötung von "unheilbar Blödsinnigen", die ja keinen Lebenswillen besitzen,
aus rechtlichen Gründen freizugeben sei, stellen sich
Viele mehr oder weniger heftig entgegen. Doch der Gedanke,
die Euthanasie in die negative Selektion mit einzubeziehen,
bleibt in den Zwanziger Jahren wach.
Für viele Gegner der Euthanasie bietet sich die Zustimmung
zur Sterilisation als Ausweg an. Um der kräftigen Strömung rassenhygienischer Gedanken nicht in voller Breite
entgegenstehen zu müssen, erklären sich viele Autoren mit
der Sterilisation einverstanden.
In der Blütezeit der Weimarer Republik treten die materiellen Aspekte der eugenischen Maßnahmen (Verlagerung der Ausgaben zugunsten Hochwertiger) in den Hintergrund. Erst mit
den hereinbrechenden wirtschaftlichen Schwierigkeiten zum
Ende des 2. Jahrzehnts treten finanzielle Begründungen
wieder stärker in Erscheinung.

1.3 Der Einfluß sozialdarwinistischen Gedankenguts auf die Einstellung zum Behinderten

Die Behinderten stellen in der sozialdarwinistischen Denkweise eine wichtige Zielgruppe für eugenische Aktivitäten dar. Auf sie sind die Überlegungen gerichtet, die die negative Auslese zum Ziel haben.
Es darf nicht verkannt und vernachlässigt werden, daß der Sozialdarwinismus sich auch um die positive Auslese bemüht. Doch es fällt auf, daß seine Vertreter die Diskussion über die Negativselektion deutlich bevorzugen. Es mag dabei die Meinung im Vordergrund gestanden haben, daß in diesem Bereich bessere Möglichkeiten zur Veränderung bestehender Verhältnisse als in dem der positiven Auslese zu finden seien. Maßnahmen der negativen Auslese und ihre Wirkungen hofft man offensichtlich besser abschätzen und kontrollieren zu können.
Eine weitere Begründung für die bevorzugte Erörterung von negativen Maßnahmen der Eugenik sollte in einem allgemein menschlichen Unbehagen (Unsicherheit, Angst) zu suchen sein, mit dem Behinderten häufig begegnet wird. Dieser Verunsicherung in absehbarer Zukunft durch die "Ausmerze" nicht mehr ausgesetzt zu sein, kommt vielen Autoren und dem "Mann auf der Straße" entgegen. In dieser Hoffnung versteigt sich mancher in optimistischen Prognosen, die nur sehr schwer von Wissenschaftlern wieder auf belegbare Dimensionen zurückgeschraubt werden können.
Ein weiterer, schwerwiegender Anlaß für die Erörterung von Maßnahmen zur negativen Auslese liegt in den wirtschaftlichen Schwierigkeiten der Zeit während und nach dem 1. Weltkrieg und der späten Zwanziger und frühen Dreißiger Jahre.
Die Einstellung zum Behinderten in den ersten drei Jahrzehnten unseres Jahrhunderts wird von zwei Fragestellungen geprägt, die, unter sozialdarwinistischer Zielsetzung gestellt und beantwortet, die Situation des Behinderten im Sozialverband ungünstig gestalten müssen:

Welche Erkenntnisse vermittelt die Wissenschaft von der Fortpflanzung bzw. der Vererbung über das Entstehen von Behinderten, von "negativen Varianten"? Welchen Nutzen für die Gemeinschaft hat der Einsatz von Mitteln zur Förderung des Behinderten?

1.3.1 Ergebnisse der Forschung über Fortpflanzung und Vererbung und ihre sozialdarwinistischen Ableitungen (2)

In der Beurteilung der Einflüsse, die Vererbung bzw. Umwelt auf die Ausprägung des Erscheinungsbildes eines Individuums haben, verschiebt sich das Gewicht stark in Richtung Vererbung. Gerade für den Bereich der Behinderten gilt der Grundsatz, daß Beeinträchtigungen des Körpers, des Geistes und des Verhaltens überwiegend von den Vorfahren ererbt werden. Der Einfluß der Anlage eines Menschen auf seine Leistungen, sein Erscheinungsbild und sein Verhalten sei (Dürken 1929, Hartnacke 1930, Aschaffenburg 1930, Kankeleit 1929, Baur/Fischer/Lenz 1927) bisher unterbewertet worden. Gerade die geistigen Fähigkeiten seien weitgehend im Erbgefüge festgelegt, so daß nur ein sehr schmaler Bereich für die Einflußnahme durch die Umwelt zur Verfügung stehe.

Durch alle genannten Veröffentlichungen und die der führenden Vererbungswissenschaftlicher (Baur/Fischer/Lenz 1927; Fetscher 1934; Grotjan 1928) ziehen sich die Beispiele, die für den Vorrang der Erblichkeit gegenüber dem Umwelteinfluß Beweis sind: Die Familien Kallikak, Jukes, Zero, Markus, Ishmael, Dach, Hill-Folk, Nam (ausführlich bei Kankeleit 1929, 30-32) sind Beweis für die Vererbung ungünstiger Momente innerhalb von Familien. Sie werden von vielen Veröffentlichungen der Weimarer Zeit offensichtlich ungeprüft und kritiklos übernommen. Der Einsatz dieser "Beweise" für notwendige Maßnahmen gegen die Behinderten steigert sich in der Zeit des Nationalsozialismus geradezu hysterisch.

Unter dem Einfluß der führenden Vererbungswissenschaftler Lenz, Baur und Grotjan entstehen in den ersten Jahrzehnten des Jahrhunderts einige lokal begrenzte Untersuchungen über die Fortpflanzung Behinderter, insbesondere Schwachsinniger (Hilfsschüler). Die Untersuchungen von Prokein in München, Reiter/Osthoff in Rostock, Rizor in Westfalen, Burgdörfer usw. (referiert bei Kankeleit 1929)

beweisen nach Meinung der Autoren, die mittelbar mit
dieser Thematik befaßt sind (Ärzte, Psychiater, Pädagogen), daß der "minderwertige Teil" der Bevölkerung sich
stärker als der "hochwertige" vermehrt. Diese Tendenz zur
Gegenauslese veranlaßt immer wieder zu vorausschauenden
Berechnungen, die in mehr oder weniger langen Fristen eine
weitgehende Überflutung des deutschen Volkes mit Schwächlichen oder anderweitig erblich Belasteten voraussagen
(z.B. Hartnacke 1930; Meggendorfer in Dannemann 1934, 495;
Aust 1928). Die Stimmen derer, die aufgrund ihrer tieferen
Kenntnisse die pauschale Feststellung "Minderwertige vermehren sich stärker als Hochwertige!" ablehnen, zum Teil einschränken oder eine abschließende Bestätigung wegen des
ungenügenden Materials ablehnen (Meltzer in Dannemann 1934;
Muckermann nach Gossow 1928) gehen in der Vielzahl der Veröffentlichungen, die sich alle auf dieselbe schmale Basis
von Ergebnissen stützen, nahezu unter.
In der Diskussion über das Entstehen, die Fortpflanzung
und die Wertigkeit von Behinderten, nimmt Szondi (1931)
eine Sonderstellung ein. Er will den Wert einer Persönlichkeit, insbesondere des Schwachsinnigen, über die
psychologischen Feststellungen hinaus in einem biologischen Sinne beurteilt wissen. Die von ihm entwickelte Konstitutionsanalyse schließt Feststellungen über die körperlichen Gegebenheiten, die psychischen Anlagen und Reaktion,
die erbbiologischen Ergebnisse und die Erkenntnisse über
die Krankheiten des Probanden ein. In einer Konstitutionssynthese wird eine "biologische Wertbestimmung der Gesamtpersönlichkeit" (190) vollzogen. Szondi kommt zu dem
Schluß, "daß die extremen Varianten, sowohl die negativen
wie die positiven, biologisch immer minderwertig, also
bionegativ sind" (191).
Für die Einstellung zu den Behinderten sind die Folgerungen entscheidend, die von den genannten Autoren
aus ihren Ergebnissen gezogen werden.
Szondi sieht bei seiner Konstitutionslehre eine wegweisende Wirkung, damit ihrer Hilfe "über die verkümmerte Gesamtpersönlichkeit des Schwachsinnigen ein

Werturteil zu fällen" (204) sei. Szondi verkündet eine
Heilpädagogik der Zukunft, die nur eine "auf biologischer Grundlage fußende konstitutions-analytische Heilpädagogik sein kann" (204). Diese im biologischen Sinne
überwucherte Heilpädagogik bringt, durch ihren Einfluß
auf die hochgeachtete ungarische Heilpädagogik, die Gefahr mit sich, daß der Schwachsinnige mit der Einführung
des "biologischen Werts" qualitativen Abgrenzungen unterworfen wird, die seine Förderung, wenn nicht seine Existenz, gefährden könnten. Daß die Gefahr besteht, zeigt
die spätere "Verbrüderung" der ungarischen Heilpädagogik
mit der Heilpädagogik im nationalsozialistischen Sinne
(Toth 1940).
(Über die Wortwahl "Wert, wertig" drängt sich die Verwendung von "unwert" auf. Hier führen oberflächliche
Verbindungen zu Binding/Hoche)
Die Erkenntnisse, die ein großer Kreis von Wissenschaftlern über die Fortpflanzung und die Gesetzmäßigkeiten
der Vererbung gesammelt hat, führen in fast allen Fällen
zum Vorschlag, die Anzahl der Behinderten zu vermindern.
Nicht einig ist man sich jedoch über die Wirkung (Umfang,
Dauer) der in Erwägung gezogenen Maßnahmen. Auch über die
Durchsetzbarkeit von Maßnahmen der negativen Selektion
herrschen durchaus unterschiedliche Meinungen.
Im einzelnen treten die oben genannten Autoren für die
Sterilisation auf freiwilliger Basis (Hartnacke 1930,
Gossow 1932) bzw. für Sterilisation auch gegen den Willen
der Betroffenen (Kaup 1924;, Kankeleit 1929; Lenz 1927;
Grotjan 1928) ein. Daneben klingt auch der Ruf nach der
Euthanasie (Binding/Hoche 1920; Kaup 1924) an. Zusätzlich oder als Ersatz für die Zwangssterilisation kann
die Asylierung von Trägern minderwertigen Erbguts vorgenommen werden.
Daß die abgeleiteten Vererbungsgesetzlichkeiten auf
einer ungenügenden Zahl von Einzelergebnissen beruhen,
spüren augenscheinlich viele Autoren. Darum bemühen sie
sich, die Betreuer von Behinderten, besonders die Lehrer,

in die Aufgabe einzuspannen, Material über die ihnen anvertrauten Menschen und ihre Familien zu sammeln (z.B. Ziegler 1928; Meggendorfer in Dannemann 1934; Aust 1928; Kankeleit 1929). Diesem Ziel dienen Veröffentlichungen in Zeitschriften des pädagogischen und fürsorgerischen Bereichs und Fortbildungskurse für den darin tätigen Personenkreis. Schon im Oktober 1925 findet am "Hygienischen Institut" der Technischen Hochschule in Dresden ein "Kurs über Erblichkeitsforschung und Sozialhygiene statt, in dem der jetzige Stand unserer Kenntnisse den Bedürfnissen von Fürsorgerinnen, Juristen, Lehrern, Standes- und Verwaltungsbeamten usw. entsprechend dargestellt werden soll" (Schreiben an das Wohlfahrtsamt in Hamburg). Bei dem Kurs sollen "wichtige Tagesfragen wie die Unfruchtbarmachung Minderwertiger, Eheberatung, rassenhygienische Berufswahl usw. eingehend erörtert werden" [3]. Ähnliche Thematik hat auch eine Tagung des "Zentralinstituts für Erziehung und Unterricht" in Berlin vom 11.10. bis 13.10.1932 mit Vorträgen von Baur, Fischer, v. Verschuer, Just, Muckermann, Ostermann (Schulze 1932).

1.3.2 Überlegungen zu Kosten und Nutzen der Förderung von Behinderten für die Gemeinschaft

Neben den Fragen der Fortpflanzung und der Vererbung treten, vor und während des 1. Weltkriegs vereinzelt, in den Zwanziger Jahren verstärkt, die Fragen nach Kosten und Nutzen der Betreuung und Förderung von Behinderten in den Blickpunkt der mit diesem Personenkreis Befaßten.
Ausgehend von der - angeblich - erwiesenen Tatsache, daß es aufgrund der weitgehenden Fixierung durch Vererbung minderwertige Glieder des Sozialverbandes gibt, wird gegen Ende des dritten Jahrzehnts die Frage nach den Kosten für die Förderung Behinderter offen und auf breiter Basis erörtert. Nachdem es Dumme und Gescheite gibt (Hartnacke 1930), muß gefragt werden, ob die Ausgaben für einen Hilfsschüler, die häufig doppelt so hoch wie für einen Volksschüler liegen, nicht ungerechtfertigt sind (Kankeleit 1929; Kaup 1913; Aschaffenburg 1930). Wäre es nicht vernünftiger, das Gute, das Begabte mit dem Aufwand zu fördern, der für die Hilfsschüler, die "Unsozialen", die "Minderwertigen" getrieben wird? Ist der materiale und personelle Aufwand nicht zu hoch, wenn der Behinderte dann nur begrenzt "sozial brauchbar" wird?
Innerhalb der grundlegenden Fragestellung nach Kosten und Nutzen der Behindertenbetreuung entwickeln sich abgestufte Meinungen, die von der eigenen Berufs- und Lebenssituation des betreffenden Autors bestimmt werden. So glaubte Cron (1922), daß für "entwicklungsfähige" Behinderte zu wenig getan würde. Die Isolierung eines bestimmten Personenkreises zwingt ihn aber zur Überlegung, ob nicht die Öffentlichkeit darüber zu entscheiden hat, ob die Kosten für "hoffnungslose" Fälle weiter getragen werden sollen. In ähnlicher Situation befindet sich Biesalski (1927), wenn er versucht, die Krüppel aus dem "Haufen der Unsozialen (Idioten, Epileptische, Geisteskranke, Unheilbare Trinker, Schwindsüchtige und manchen Anderen)" herauszulösen. Die Fürsorge für die Krüppel

erscheint ihm im höchsten Maße produktiv, da sie ja erwerbsfähig würden. Jede Teilgruppe von Behinderten, die zum Ziel von Angriffen auf der Basis von Kosten-Nutzen-Rechnungen wird, findet in Personen ihre einsatzfreudigen Verteidiger, die mit der Betreuung eben dieser Behinderten befaßt sind. Für die Gruppe der Hilfsschüler bzw. Hilfsschullehrer sollen die Argumente weiter unten ausführlicher dargestellt werden.

Als Antworten auf die Fragen nach Kosten und Nutzen der Förderung von Behinderten tauchen einige immer wiederkehrende Vorschläge auf.

Für den Schulbereich sollte den Gegebenheiten Rechnung getragen werden, indem allgemein- und höherqualifizierende Schulen stärker als Schulen für Behinderte gefördert werden sollen. Schulpolitisch laufen solche Umschichtungen den pädagogischen (besonders reformpädagogischen) Bemühungen der Weimarer Zeit (Einheitsschulgedanke) entgegen.

Auf dem Gebiet der Fürsorge sollte das Einführen des Kosten-Nutzen-Prinzips die allgemeine Wohlfahrtspflege des Staates einschränken, Kosten stärker den Betroffenen (Eltern!) aufgebürdet (Kaup 1913) und die Kräfte und Mittel zugunsten positiver Hygiene (auch Aufklärung der Bevölkerung) eingesetzt werden.

In der Zeit vor und während der Weimarer Republik treffen die Forderungen der Wissenschaftler (und solcher, sie sich dafür halten !) nach Verminderung der Behinderten durch eugenische Maßnahmen mit den materiellen Egoismen zusammen. Die viel zu günstig dargestellten Einflußmöglichkeiten auf die Entstehung von Behinderungen schüren den Wunsch nach sofortiger, unmittelbarer Entlastung des Sozialverbandes von den Kosten für seine behinderten Glieder. Diese Einstellungen kommen in den Zwanziger Jahren in einem Maße zur Verbreitung, wie es davor nicht annähernd der Fall gewesen ist. Sozialdarwinistische Denkweisen werden äußerst populär und kommen auf allen Ebenen der Diskussion um die Förderung von Behinderten zum Tragen.

Doch muß deutlich hervorgehoben werden, daß diese Grundhaltung und die daraus sich ergebenden Forderungen noch kaum zur Verwirklichung kommen.
Gründe dafür stehen zeitweilig zwischen den Zeilen der einschlägigen Veröffentlichungen. So beklagt sich Kankeleit (1929, 82/83), daß die Situation in Preußen, also das Bestehen eines demokratischen Rechtsstaats auf der Basis einer Verfassung, die vorgeschlagenen Maßnahmen nicht zur Ausführung kommen lasse. Die rechtsstaatlichen Verhältnisse lassen eine Vielfalt der Meinungen zu, die den sozialdarwinistischen Tendenzen entgegenstehen. Religiös bzw. moralisch begründete Gegenpositionen können deutlich gemacht werden und wirken hemmend auf die autoritären Denkweisen. Im selben Sinne wirken die Traditionen der sozialen Einrichtungen (Hilfsschulen, Heime, "Anstalten"), deren Träger rechtlich und organisatorisch in weitgehender Sicherheit arbeiten können.

2. Der Einfluß des Sozialdarwinismus auf das Aufgabenverständnis der Heilpädagogen in der Weimarer Zeit.

Untersucht man den Einfluß, den die sozialdarwinistische Denkweise auf die Einstellung der Heilpädagogen im allgemeinen bzw. der Hilfsschullehrer im besonderen zu ihrer Tätigkeit ausübt, so fällt zuerst die Wortwahl der Autoren des heilpädagogischen Bereichs auf. Seit etwa 1925 feststellbar, sich im Laufe der nächsten Jahre immer mehr verstärkend, verwenden die Heilpädagogen Begriffe aus dem sozialdarwinistischen Sprachgebrauch. Formulierungen wie "Kampf ums Dasein", "Volksaufartung", "Ausmerzung", "Aufzucht", "Menschenmaterial", "Minderwertige" werden vielen Heilpädagogen geläufig. Als Beispiele hierfür lassen sich Autoren wie Rössel (1926), Fleischer (1932), Bopp (1930), Breitbarth (1927; 1932) anführen, die in ihrem Fachbereich überwiegend Achtung und Ansehen genießen.
Es können, von der Warte des späteren, abhebenden Beobachters über die Beweggründe für diese Wortwahl nur Vermutungen angestellt werden. Ob die genannten Begriffe diesen Autoren mehr oder weniger unfreiwillig einfließen, weil die "geistige Atmosphäre" von solchen erfüllt ist, oder ob es aus Gründen einer gewissen Anpassung, einem "In-der-Zeit-sein-wollen" zum Verwenden der angeführten (und verwandter) Ausdrücke kommt, kann nicht schlüssig erwiesen werden. Für uns ist nur festzustellen, daß diese Begriffe benutzt werden und mit ihnen Inhalte in die heilpädagogische Diskussion eingebracht werden, die zu Verlagerungen des Schwerpunkts der Argumentation führen.

2.1 Die Antwort der Heilpädagogen auf die Argumente des Sozialdarwinismus

Im Berührungsbereich heilpädagogischer Überlegungen mit der sozialdarwinistischen Denkweise bildet sich ein Begriff, der in bezeichnender Weise den verderblichen Einfluß des Sozialdarwinismus auf die Heilpädagogik umreißt: Die "Brauchbarkeit" des Behinderten. In seinen Varianten als "soziale", "wirtschaftliche" oder "rassische" Brauchbarkeit erlebt er quantitative Abstufungen von "voll" über "noch" bis "kaum" und "nicht" brauchbar (z.B. Hiller 1930; Tornow 1932; Fleischer 1932; Breitbarth 1932). Dieser Begriff, der einen Bezugspunkt braucht, der eine Aussage über die "Brauchbarkeit wofür?" erforderlich macht, kennzeichnete den verlagerten Argumentationsraum der Heilpädagogen. Die Beurteilung nach der Brauchbarkeit für den Staat, die Gemeinschaft, die Nation usw. zeigt, wie die Begründungen für die heilpädagogische Tätigkeit sich in verstärktem Maß im außerpädagogischen Raum bewähren müssen bzw. aus ihm abgeleitet werden.

Daß die Heilpädagogen, besonders aber die Hilfsschullehrer, nicht mehr aus gesichertem Raum heraus ihre Begründungen setzen und damit ihre äußeren Bedingungen halten oder verbessern können, wird von ihren Standesvertretern (z.B. VdHD) registriert. Sie sehen sich "aus einer wirkungsvollen Offensive .... heute stark in die Defensive gedrängt" (Engelhardt 1932, 206). Einerseits glaubt man, durch stärkeren publizistischen Einsatz die bisher erfolgten Begründungen besser verteidigen zu können. Andererseits muß man sich mit den neu hinzukommenden Argumenten auseinandersetzen. Das verstärkte Vertreten der eigenen Position erscheint jedoch manchem Vertreter der Hilfsschullehrer nicht mehr zeitgemäß. So verlangte z.B. Breitbarth (1932) wegen des Einflusses der "allgewaltigen Volksgemeinschaft" eine Abwandlung der Position der Hilfsschule, ein Ein- und Umstellen der heilpädagogischen

Tätigkeit (57). Doch ist Breitbarth mit seiner Ansicht zu dieser Zeit noch eindeutig in der Minderheit.

Es ist festzustellen, daß die Heilpädagogen seit der Mitte der Zwanziger Jahre sich unmittelbar mit den Argumenten der Vertreter sozialdarwinistischer Denkweisen auseinandersetzen bzw. auseinandersetzen müssen. Darüberhinaus müssen sie sich um die Wende des zweiten zum dritten Jahrzehnt heftig in die sozialutilitaristische Diskussion einschalten, da die Fragen nach den Kosten und dem zugehörigen Nutzen für die Betreuung von Behinderten (im weitesten Sinne), besonders der Hilfsschüler, im Zusammenhang mit Überlegungen zur "Aufartung" auf dem Hintergrund der aufkommenden wirtschaftlichen Schwierigkeiten eine Antwort erforderlich machen. Es muß jedoch ausdrücklich erwähnt werden, daß die Antworten der Heilpädagogen auf Fragen der Vererbung und der Kosten-Nutzen-Rechnung es nicht verhindert haben, daß sie die Begründungen für ihre Tätigkeit auch in anderen, z.B. in pädagogischen, philosophisch-anthropologischen oder theologischen Denkmodellen suchten.

altmann Positionen

2.1.1 Die Stellung der Heilpädagogen zu rassenhygienischen Überlegungen

Sucht man die Positionen der Heilpädagogen zu rassenhygienischen bzw. eugenischen Überlegungen zu gruppieren, so taucht die Schwierigkeit auf, die in allen Abstufungen vorhandenen Stellungnahmen voneinander abzugrenzen und damit in manchen Fällen Ungerechtigkeiten bei der Beurteilung einfließen zu lassen. Doch dies muß wohl zugunsten einer übersichtlichen Darstellungsform hingenommen werden.

Es ist eine Gruppe von Autoren auszumachen, die die wissenschaftlich angeblich abgesicherten Tatsachen, daß ein Großteil der Behinderten, vorweg der Hilfsschüler, aufgrund ererbter Schäden in die bestehende Lebens- bzw. Bildungssituation geraten ist, als erbkrank bezeichnet und deshalb eugenischen Maßnahmen unterworfen werden müßte, anzweifelten. Diese Heilpädagogen vertreten die Meinung, daß Behinderungen nur zu einem geringen Teil durch Vererbung entstehen. Egenberger (1926) weist immer wieder hin auf das Zusammenwirken von Anlage, Umwelt und Erziehung bei der Entwicklung des Menschen, auch des Behinderten. Bartsch (1928a) stellt besonders heraus, daß ein Teil der Behinderung nicht auf Erbschäden, sondern auf geburtstraumatische Schäden zurückzuführen sei und leitet davon die erhöhte Wirksamkeit heilpädagogischer Maßnahmen ab. Ebenso wehrt Schmidt (1932) sich gegen die Behauptungen der Vererbungswissenschaftlicher und versucht die Gedanken Lamarcks in abgewandelter Form wiederzuerwecken, daß "Erziehung als eine geistige Fortpflanzung der Gesellschaft" (718) auch den "Schwachsinnigen" im Sinne der Vererbung wertvoller mache.

Auch Tornow (1932) macht weniger die Vererbung, als das "geistige Milieu" (150) für die Schwächen verantwortlich, unter denen gerade die Hilffschüler leiden. Wenn Ruttmann (1926) in der Heilpädagogik Versuche sieht, die zur Verbesserung des Menschengeschlechts beitragen, so wehrt er sich unausgesprochen gegen den Vererbungspessimismus.

Bopp (1930) wendet sich zwar grundsätzlich gegen die Ansicht von der ausschließlichen Vererbbarkeit von Fähigkeiten (von positiven bis negativen), führt aber doch einige "Standardbeispiele" der Vererbungslehre (z.B. Kallikat) an, die eigentlich seine Haltung schwächen.

Den angeführten Stellungnahmen der Heilpädagogen zur Vererbungslehre ist gemeinsam, daß sie auf fachfremden Feld Gegenaussagen treffen, die aufgrund der fehlenden wissenschaftlichen Untermauerungen von vornherein zur Wirkungslosigkeit verdammt sind. Diese schwache Ausgangsposition erkennen zu ihrer Zeit nur Wenige. Zu ihnen gehörte Hanselmann in seiner Antrittsrede von 1932. Lesemann (1933) glaubt durch feinsinnige Unterscheidungen der "Wertgrundlage", der "Arbeitsgebiete" und der "Berufshaltung" bei Heilpädagogen und Eugenikern das Problem der Abgrenzung der Forschungs- und damit der Argumentationsbereiche von Heilpädagogen und Vererbungswissenschaftlern lösen zu können. Er meint versöhnlich bekennen zu müssen: "Eugenik ohne Heilpädagogik ist leer und Heilpädagogik ohne Eugenik ist blind, beide sind aufeinander angewiesen und bedürfen einander" (151). Heute sehen wir allerdings, daß er damit den Umarmungen der Rassenhygieniker nicht entfliehen konnte.

Von der oben beschriebenen Gruppe von Heilpädagogen ist jene abzusetzen, die den Wahrheitsgehalt der Behauptungen der Vererbungswissenschaftler nicht abzweifelt, wohl aber aus Sorge um die ihnen anvertrauten Menschen die vorgeschlagenen Maßnahmen zu verhindern oder abzumildern sucht. Die am meisten diskutierte Maßnahme, die Sterilisation, wird selten zugunsten von Asylierungen (Fleischer 1932; Schwendner 1926) abgelehnt, häufig wohl oder übel (meist unter der Voraussetzung der Freiwilligkeit) gutgeheißen (z.B. Tornow 1932; Bopp 1930), um Schlimmeres (Euthanasie) zu verhindern. Halbherzige Warnungen vor negativen eugenischen Maßnahmen, die mit der geringen wissenschaftlichen Absicherung, mit Abgrenzungsschwierigkeiten (Schulze

1932; Fleischer 1932) begründet werden, erweisen sich
als wenig wirkungsvolle Rückzugsgefechte, die Entscheidungen nur hinausschieben, nicht aber grundsätzlich zugunsten der Behinderten beeinflussen.
Auf fachfremdem Gebiet, jedoch mit facheigenen Mitteln, glaubt Lesemann (1931) den Forderungen der Eugeniker gerecht zu werden. Er argumentiert damit, daß die Hebung der Bildung von Behinderten, von Hilfsschülern, deren Fortpflanzung eindämme und damit Wünschen der Eugenik nach Einschränkung der "Minderwertigen" entgegenkomme.
In Verkehrung dessen was Lesemann sagt, glaubte Engelhard (1932) an die Aufgabe der Hilfsschule, für die Vermehrung des zukünftigen Volksbestandes und damit von Arbeitskräften einen Beitrag zu leisten.
Ein wohl zahlenmäßig geringer Teil der Autoren erklärt sich mit den Forderungen der Eugeniker einverstanden und sieht die heraufkommende "eugenische Mission" (Gossow 1932) der Hilfsschule, die auch in ihren gesetzlichen Grundlagen verankert sein müsse (Schwendner 1926).
Besonders Breitbarth (1932) glaubt, unter Verwendung und gleichzeitiger Ausweitung von sozialdarwinistischen Begriffen, der Hilfsschule einen Beitrag zur "Aufartung" (wenn auch einer "seelischen") zusprechen zu müssen.
Er verabsolutiert aber das Bezogensein der Bildung von Behinderten auf die "Brauchbarkeit" im sozialen Bereich durch die Forderung, daß derjenige, der nicht in der freien Wirtschaft arbeiten könne, sich auch nicht vermehren dürfe.

2.1.2 Die Aufnahme der Kosten-Nutzen-Diskussion durch die Heilpädagogen

Auf dem Felde der sozialdarwinistisch bestimmten Denkweisen entsteht eine Kosten-Nutzen-Diskussion, bei der in der radikalen Form behauptet wird, daß der Einsatz von Mitteln und Kräften zur Förderung von Begabten ökonomisch lohnender sei, da ein (absolut und relativ) höheres Bildungs- bzw. Ausbildungsniveau zu erreichen sei als beim Verwenden eben dieser Mittel für die Bildung und Erziehung von geringer Begabten oder anderweitig Behinderten. In seiner gemäßigten Form schlägt sich dieser Denkansatz in der Frage nieder, ob sich der Kosten- und Kräfteeinsatz für die Behinderten insoweit lohne, als er anderweitige Kosten erspare. Diese Fragestellung besteht unter der Voraussetzung, daß das Prinzip der Solidarität in einem Staat grundsätzlich nicht angetastet wird, d.h. das System der "Fürsorge", der "Wohlfahrt" erhalten bleibt. Es fällt auf, daß die Heilpädagogen auf die radikalen Forderungen aus der Kosten-Nutzen-Diskussion nicht eingehen. Sie spüren vermutlich die Gefahr, dieser Art von "ökonomischem Denken" wenig Gleichwertiges entgegensetzen zu können. Im strengen ökonomischen Vergleich müßte ihr Anliegen unterliegen, würden humanitäre Begründungen gegenüber nackten Zahlen als "schwächlich", als "Humanitätsduselei" abgetan.
So ist es verständlich, daß die Heilpädagogen, hier besonders die Hilfsschullehrer, sich mit der gemäßigten Form der Fragestellung auseinandersetzen, da hier eher die Chance des Ausgleichs der Argumente besteht.
Nahezu alle Heilpädagogen der Zwanziger und frühen Dreißiger Jahre, die Begründungen für ihre Arbeit suchen, wollen die Erwerbsfähigkeit, die ökonomische und soziale Brauchbarkeit ihrer Schützlinge herausstellen. Von der Kriegstagung 1917 (Wehrhahn/Henze 1917) des VdHD, die davon spricht, die sehr sich die Hilfsschüler im Krieg bewährt haben, über Haller (1922), der von der Wirkung der Heilpädagogik gegen Verwahrlosungserscheinungen

(damit weniger Gefängnisse !) überzeugt ist, bis
Engelhard (1932), der am Beispiel der E-Klassen in
Berlin schulische Einrichtungen für Schwachsinnige und
Erziehungsschwierige als billigste Fürsorgeeinrichtung
verstanden haben will, die spätere Arbeitskräfte schafft,
zieht sich in Abstufungen das Bemühen durch die heilpädagogische Literatur, die Kosten für die Behindertener-
ziehung, in erster Linie der Hilfsschüler, als geringer,
zumindest nicht höher, als entsprechende Fürsorgelasten
zu erweisen, die beim Ausfall der Behindertenbeschulung
entstehen würden. In der Sprache der Wirtschaft heißt
dies: " Das Kapital verzinst sich" (Gossow 1928).
Die wirtschaftliche Lage erfordert "die Auswertung aller
vorhandenen Arbeitskräfte" (Breitbarth 1927; Hirt 1927)
und der Staat kommt zu einer "erheblichen ökonomischen
Ersparnis" (Bopp 1930).
Zu diesen unmittelbar auf wirtschaftlicher Grundlage fu-
penden Begründungen für die heilpädagogische Tätigkeit
gesellen sich doch wieder humanitäre Aspekte. Ob sie nun
dem Bestreben der Heilpädagogen entstammen, den von der
streng ökonomisch bestimmten Begründung nicht abgedeckten
Teil der Arbeit an den Behinderten (z.B. bei Schwerschwachsinnigen) durch zusätzliche, aus der Idee der Solidarität der Gemeinschaft stammenden Argumente zu sichern,
oder ob bei vielen Heilpädagogen ein unbestimmtes Unbehagen gegenüber ausschließlich ökonomisch verstandenen
Beweisführungen besteht, kann und soll nicht entschieden
werden.
Hervorzuheben ist nur, daß z.B. Spranger (1927), Lesemann
(1931), Tornow (1932), Fleischer (1932) ihre eigenen
ökonomisch ausgerichteten Begründungsversuche relati-
vierten. So spricht Fleischer von einem erweiterten
Sinn von "produktiv", der auch die begrenzten Leistungen des Behinderten, des Schwachsinnigen einschließe
und für den Staat wertig mache. Ebenso wehren sich Lesemann und Spranger gegen die Bewertung der heilpädagogischen Tätigkeit unter ausschließlich wirtschaftlichen
Gesichtspunkten, lassen sich jedoch zum Beweis der Ersparnis von Soziallasten (Pflegekosten, Kosten für
Straffällige usw.) drängen.

2.1.3 Die Antwort der Heilpädagogen auf sozialdarwinistische Tendenzen durch den Entwurf eigenständiger Konzepte

Wurden oben die unmittelbaren Auseinandersetzungen der Heilpädagogen mit den sozialdarwinistischen Denkweisen und -inhalten dargestellt, so konnte der Eindruck entstehen, daß sich die Argumente der Heilpädagogen auf das biologistisch und ökonomisch bestimmte Feld beschränkten. Um möglichen Fehleinschätzungen entgegenzuwirken, sollen kurz "klassische", eigenständige Begründungszusammenhänge für die Arbeit der Heilpädagogen aufgeführt werden.
Solche Konzepte, die ihre Begründung im Bereich des Verfassungsrechts, der kulturell-sozialen Einstellungen, der pädagogischen bzw. heilpädagogischen Erfahrungen und der ethisch-religiösen Vorstellungen finden, stehen jedoch selten für sich. Nur in wenigen Fällen wird im Sinne eines in sich geschlossenen Begründungszusammenhanges die Idee der Behindertenbetreuung gestützt. Vielmehr befinden sich die meisten Autoren, die auf den genannten Grundlagen ihre Arbeit argumentativ abzusichern suchen, in mehr oder weniger offener Frontstellung zu Einstellungen, die auf Elementen des Sozialdarwinismus fußen.
Sich auf die Weimarer Verfassung stützende Begründungen für Bildung und Erziehung von Behinderten, wie sie z.B. von Fleischer (1932), Hirt (1927), Breitbarth (1927) und Fuchs (1927) vorgenommen werden, können so lange und so weit aufrechtgehalten werden, als diese Verfassung vollinhaltlich gilt bzw. angewendet wird. Da jedoch schon vor der Machtübernahme Hitlers Tendenzen bestehen, diese demokratische Verfassung nicht in die Wirklichkeit umzusetzen (siehe Sontheimer 1957), kann die verfassungsrechtliche Absicherung der heilpädagogischen Arbeit nur relativ sein.
Zudem gelingt, trotz vieler Entwürfe und Beratungen, die Verabschiedung eines Rechtshilfsschulgesetzes nicht.

Auf Gemeinsamkeiten, die auf sozialem und kulturellem
Verständnis beruhen, berufen sich vor allem Heinrichs
(1932) und Tornow (1932). Heinrichs möchte für die heilpädagogische Tätigkeit eine "tiefere kulturelle Begründung und Verpflichtung" (44) suchen. Er sieht Erziehung
bzw. Heilerziehung als eine Funktion der Kultur, als
eine Weitergabe von Werten, wie sie einem Kulturkreis
zu eigen sind und von der ihr angemessenen Kulturphilosophie herausgearbeitet werden. Den Behinderten in die
einer Gemeinschaft eigenen kulturellen Werte hineinwach-
sen zu lassen, muß nach Tornow die Aufgabe der Heilpädagogik, speziell der Hilfsschulpädagogik, sein. Diese für
Tornow durchaus erreichbar erscheinende Teilzielsetzung
der Hilfsschule stellt im Zusammehang mit der anzustre-
benden Erwerbsfähigkeit das Ziel "Soziale Brauchbarkeit"
dar, das in dieser inhaltlichen Umschreibung eine durchaus akzeptable Zielsetzung für die Hilfsschularbeit bietet. Doch liegen sowohl in der Wortwahl als auch in der
Verquickung mit eugenisch-rassenhygienischen und sozialutilitaristischen Abstützungen die eigentlichen Gefahren
des Begriffs. Sie werden dann offenkundig, als die äußeren
Bedingungen (wirtschaftliche, rechtliche, organisatorische)
sich zuungunsten des demokratischen Staatsgebildes ver-
ändern.

Begründungen für die heilpädagogische Arbeit, die im eigenen pädagogischen bzw. schulischen Raum angesiedelt sind,
tragen meist den Charakter von Stützargumenten, die unmittelbar überzeugend im pädagogischen Sinne sind oder sein
sollen, in ihrem Einsatz aber dem Nützlichkeitsdenken
unterliegen. Es werden, als Ergebnis des funktionsge-
rechten und effektiven Einsatzes von erziehlichen und
unterrichtlichen Maßnahmen, die Erfolge hervorgehoben
(Bopp 1930; Heinrichs 1932), allerdings meist mit dem
Seitenblick auf die überwuchernden Ansprüche der Gemeinschaft. Sehr deutlich wird dies, wenn bewußt von
der Entlastungsfunktion der Hilfsschule gegenüber der
Volksschule gesprochen wird (Hirt 1927; Fleischer 1932).

Am stärksten von außerpädagogischem Zweckdenken sucht Egenberger (1926; 1930) die heilpädagogische Tätigkeit abzuschirmen. Er möchte die heilpädagogischen Bemühungen nicht von vornherein unter dem Diktat des Erfolgs für den Sozialverband verstanden wissen, sondern beschreibt sie als pädagogische Akte, die Erfolg und Mißerfolg einschließen und unter dem Ziel stehen, dem Individuum angepaßte Hilfen zu finden. Diesen individualistischen Ansatz der heilpädagogischen Maßnahmen vertritt in dieser eindeutigen Form eigentlich nur Egenberger, wenn auch Heinrichs (1932), Bartsch (1926a) und Bopp (1930) Ansätze dazu liefern. Egenberger verkennt nicht die soziale Einbindung des Behinderten, glaubt aber, daß "in dem Maße, als Behinderungen, Störungen und Gebrechen beseitigt werden, der engere Anschluß an die Gemeinschaft und Kultur, die geformtes Menschentum erzeugen, möglich ist" (Egenberger 1926, 39).

Aus allgemein sittlichem bzw. religiösem Verständnis begründen kulturphilosophisch (Spranger, Ruttmann) bzw. religiös orientierte Autoren (Bopp, Hanselmann) die Tätigkeit der Heilpädagogen. Die Ehrfurcht vor dem Leben, vor dem Menschen, der Träger dieses Lebens und damit eines "göttlichen Funkens" ist (Spranger 1927), muß Grund genug sein, dem Behinderten jene Unterstützung angedeihen zu lassen, die ihm in seiner menschlichen Gesamtheit als individuelles und soziales Wesen gerecht wird. Die Tätigkeit des "Helfens", begrifflich zu eng von Rössel (1931) auf die Heilpädagogik bezogen, wird als charakteristisch für den Pädagogen bzw. Heilpädagogen verstanden. Die Kraft zu helfen, zum Mitleiden, sehen Bopp und Hanselmann in der Religion verankert, ohne (ähnlich wie Spranger) damit von dem Anspruch abzuweichen, allen anderen Begründungsversuchen (rechtliche, utilitaristische, pädagogische, soziale) gegenüber eine übergeordnete Kategorie gefunden zu haben.

Sieht man die Versuche zur Begründung der Tätigkeit der Heilpädagogen, insbesondere der Hilfsschullehrer, in ihrer zeitlichen Abfolge, so fällt auf, daß die ethisch-religiösen, die pädagogisch und verfassungsrechtlich bestimmten Begründungen in der Zeit von 1926 bis 1930/31 überwiegen. Sie setzen einen weitgehend gesicherten Bewegungsraum der Heilpädagogen voraus. Mit dem Vordringen und Ausbreiten der sozialdarwinistischen Ideen und dem Aufkommen wirtschaftlicher Schwierigkeiten werden die Grundlagen des heilpädagogischen Tuns erschüttert und immer mehr in Frage gestellt. Die betroffenen Erzieher müssen sich direkt den Angriffen stellen, wie oben beschrieben wurde. Die Heilpädagogen lassen sich zu schnell und zu leicht auf für sie fremde Gebiete locken, wo sie nicht genügend stichhaltige Argumente zur Hand haben. Sie verlieren zu schnell das Vertrauen in ihre eigenen Begründungen und geben damit unnötig und frühzeitig ihren Bereich an Unqualifizierte frei. Diese prägen, besonders in den ersten Jahren nach der Machtergreifung, die "zivilisatorisch armselige Zeit" (Heinrichs 1932, 48) der Heilpädagogik, die somit ihren ersten großen Rückschlag erleiden muß.

2.2 Die Beschreibung des Schülers der Hilfsschule in der Weimarer Zeit

Die Hilfsschullehrer sehen sich schon in der Weimarer Zeit gezwungen, der Hilfsschule und ihren Schülern in der stark sozialdarwinistisch gefärbten Diskussion einen vertretbaren Platz zu verteidigen. Nachdem aus dem nichtpädagogischen Raum ständig mehr oder weniger pauschalierende Charakterisierungen des "Hilfsschülers" in die Öffentlichkeit getragen werden, müssen die Hilfsschullehrer ihrerseits Vorstellungen über die Schüler ihrer Schule darlegen. Diese Vorstellungen können den Schüler beschreiben, der wirklich die Hilfsschule besucht. Aber es kann auch der Schüler gemeint sein, den die Hilfsschullehrer in ihrer Schule zu haben glauben bzw. haben wollen. Unter dieser, von Erkenntnisproblemen geprägten Unsicherheit, muß die folgende Darstellung der grundlegenden Charakterisierung des Hilfsschülers, seiner – wie auch immer beeinflußbaren – Lernmöglichkeiten und der angeblich zugrundeliegenden Bedingungsfaktoren für die Lernbeeinträchtigungen gesehen werden.

2.2.1 Die grundlegende Charaktersisierung des Hilfsschülers

Es scheint für die Beurteilung der Situation der Hilfsschule in einem bestimmten Zeitabschnitt unerläßlich, direkte oder indirekte Äußerungen von Hilfsschullehrern herauszustellen, die die Personengruppe des Hilfsschülers aus der Gesamtheit der Schüler herausheben. Diese Beschreibungen sind, je nach Wissen und Einstellung der Autoren, von der Vorstellung eines Gleich- oder Ähnlichseins des Hilfsschülers mit der übrigen Schülerschaft bis hin zur Annahme eines weitgehenden Andersseins geprägt. In dieser, von geringer bis sehr stark separatistischer Sicht beeinflußten Abfolge sollen die Charakterisierungen des Hilfsschülers zur Darstellung kommen.

Wohl am heftigsten und eindeutigsten gegen das Herausstellen einer Andersartigkeit der Hilfsschüler gegenüber den übrigen Schülern wendet sich Peter Petersen (1929). Er sieht zwar Begabungsstreuungen innerhalb der Schülerschaft, meint jedoch in seinem Jenaer Versuch erkannt zu haben, daß die Hilfsschüler weitgehend Opfer der Forderung nach Leistung in einem Jahresklassensystem sind ("Bankerott des Jahresklassensystems", 14) und somit keine in ihrer Person liegende Verschiedenheit zum Volksschüler aufweisen. Ziemlich nahe am Volksschüler siedeln auch die Richtlinien von Württemberg (1930) den Hilfsschüler an. Die "Geistesschwäche oder .... seelische Beschaffenheit" dieser Kinder macht die "heilpädagogischen Unterrichts- und Erziehungsmethoden" erforderlich. Doch wird die Hilfsschule als eine "besondere Einrichtung der Volksschule" verstanden. Sehr deutlich wird auch auf die Möglichkeit der Rückführung in die Volksschule hingewiesen. Diese und noch weitere Aussagen lassen darauf schließen, daß dem Württemberger Schulkonzept die Annahme eines geringeren Grads von Abweichung des Hilfsschülers vom üblichen Bild des Schülers der Volksschule zugrunde liegt.

Auch Essen (1930) kann beim Hilfsschüler keine "Eigengesetzlichkeit" feststellen. Ein spezifisches Leistungsbild für nahezu jeden Hilfsschüler sei wohl festzustellen, doch rechtfertige diese keine Aussagen über eine qualitative Verschiedenheit gegenüber dem Volksschüler.

Ist schon bei Esser der Schachsinnsbegriff benutzt worden, wenn auch in seiner spezifischen Ausprägung bei jedem Individuum, so ist nun eine Gruppe von Autoren festzuhalten, die den Schwachsinnsbegriff mehr oder weniger pauschal auf Gruppierungen anwendet. Dies hat zur Folge, daß die Abgrenzung der Untergruppe "Hilfsschüler" deutlicher wird.

Fleischer (1932) erkennt zwar "Leistungsminderung oder Unfähigkeit einer Funktion" (40) als individuelle Beeinträchtigung des Hilfsschülers an, meint jedoch darüber hinaus bei allen Hilfsschülern eine "gesamtseelische Kraftminderung" (38) feststellen zu müssen, die eine Umschulung ratsam macht. Er begründet also die Ausgliederung mit einer Besonderheit, die den in der Volksschule verbliebenen Schülern nicht zu eigen ist.

Noch deutlicher und damit diskriminierender verfahren bei der Kennzeichnung der Gruppe "Hilfsschüler" Autoren wie Rössel ("pathologisch"), Hartnacke (1930), die Autoren des Lehrplans der Pestalozzischule Halle (1930; u.a. Tornow), Fuchs, Gossow und Bartsch, die das Prädikat "Schwachsinn" pauschal auf die Hilfsschüler anwenden. Das Anderssein mit ethischen Sinnanteilen sehen Nöll (1921; Hilfsschüler = geistig-sittlich Minderwertiger) und Bopp (1930; gestörter Wertsinn und Wertwille). Im renommierten Handbuch der Heilpädagogik (Dannemann 1934) bietet Gürtler als Erklärungsmodell für die Gesamtheit der Hilfsschüler den "Schwachsinn als besondere Entwicklungsform" an, das seiner Meinung nach einem Menschen ermöglicht, "dessen Geist nach einem erklärenden Zusammenhang der Tatsachen verlangt" (Sp. 2313), die "Merkmale, durch die sich der angeborene Schwachsinn von der Normalität unterscheidet", festzustellen. Gürtler glaubt Beweise für die "qualitative Andersartigkeit" des Schwachsinns zu besitzen.

Insgesamt ist zu verzeichnen, daß in der Zeit der Weimarer Republik bei den Heilpädagogen bzw. Hilfsschullehrern die Tendenz vorherrscht, den Hilfsschüler sehr deutlich von der Allgemeinheit der Schüler abzuheben, indem man ihm Qualitäten zuschreibt, die dem Schüler der Volksschule und anderer Schulformen nicht zu eigen sind. Mögliche Teilbeeinträchtigungen der Lernfähigkeit jener Schüler, die den Anforderungen der Volksschule nicht genügen können, werden nur von wenigen Autoren erörtert.

2.2.2 Aussagen zur pädagogischen Beeinflußbarkeit von Lernbeeinträchtigungen

Aussagen über die mehr oder weniger ausgeprägte Andersartigkeit der Hilfsschüler gegenüber Volksschülern enthalten zumeist auch solche über die pädagogische Beeinflußbarkeit der Lernbeeinträchtigungen, wie sie bei der Unterrichtung aller Schüler in der Volksschule (auch der späteren Hilfsschüler) auftreten. Nur wenige Autoren glauben, daß eine solche Einflußnahme innerhalb der Volksschule möglich sei (z.B. Peter Petersen; im Ansatz auch Esser). Der überwiegende Anteil an Autoren sieht nur in der Hilfsschule die Möglichkeit für Verbesserungen gegeben. Hier zeigen sich aber nun, was den angegebenen Grad der möglichen Verbesserung angeht, entscheidende Unterschiede, die nicht mit dem Grad der angenommenen Besonderheit des Hilfsschülers übereinstimmen müssen.
Bopp, Bartsch, auch noch Fuchs und Hiller gestehen den Hilfsschullehrern gute Aussichten zu, den Hilfsschüler in seinen vorhandenen Möglichkeiten zu fördern (z.B. in den Bereichen "einfaches Denken", "Sprache", "Gemüt", "Handbetätigung") und ihn für das Leben mit den "Normalen" vorzubereiten.
Es muß dabei hervorgehoben werden, daß in Einzelheiten jeder dieser Autoren sinnvolle und hochwirksame Einzelmaßnahmen (Funktionstraining, Frühförderung, Förderung der sozialen Einstellungen, Fördern berufswichtiger Fähigkeiten usw.) vorschlägt, die ihn als engagierten Lehrer ausweisen. Doch glauben sie, durch das Feststellen des Andersseins ihrer "Zöglinge", einen gesicherten pädagogischen Kleinraum für sich abgrenzen zu können, in dem sie - weitgehend vor der "Beeinträchtigung" durch die "Normalpädagogen" geschützt - ihre besonderen Erziehungs- und Unterrichtsmaßnahmen verwirklichen können. Diesen Wunsch drückt Gürtler im erwähnten Handbuchartikel (Dannemann 1934) so aus: Wenn sich der angeborene Schwachsinn als besondere Entwicklungsform erweise, dann gewinne "die Heilpädagogik erst richtig ihre eigene Gesetzlich-

keit, ihren Eigenwert und ihr Eigenrecht. Der Heilpädagoge kann nunmehr das belebende Bewußtsein haben, daß er sein Erziehungswerk im Dienste von qualitativ andersartigen und nicht, wie es meist von den Normalschulpädagogen angenommen wird, von bloß quantitativ minderwertigen Kindern und Jugendlichen treibt" (Sp. 2318).

2.2.3 Aussagen zu möglichen Bedingungsfaktoren der Leistungsbesonderheiten der Hilfsschüler

Neben den Aussagen über die Gesamtpersönlichkeit des Hilfsschülers und solchen über seine Lernmöglichkeiten ist es für die Einstellung eines Hilfsschullehrers zum Schüler und zu seiner Arbeit stark mitbestimmend, worin er die Ursachen, die "möglichen Bedingungsfaktoren" (Kanter 1974, 161) für die Lernbeeinträchtigungen sieht. Es prägt die Einstellung zum Schüler und das Bewußtsein vom eigenen Handlungsspielraum, ob der Lehrer den Schwerpunkt der Verursachung der Lern- und Leistungsstörungen im Bereich der Anlage (Vererbung), der prä-, peri- oder postnatalen Organschädigungen, der Umweltbeeinträchtigungen (Familie, wirtschaftliche Gegebenheiten; weitere soziale Umgebung) oder der Lerngeschichte sieht.

Vergleicht man unter diesem Gesichtspunkt die führenden Autoren der Weimarer Zeit, so fällt zuerst die große Gruppe derer auf, die die Vererbung als Ursache für Leistungs- und Verhaltensbesonderheiten des Hilfsschülers in den Vordergrund stellen. Hier sind Hartnacke, die Autoren des Lehrplans Pestalozzischule, Fleischer, Meltzer, Schmidt, Gossow, in nicht so ausschließlicher Weise Bopp und Raatz (1924) zu nennen. Sie sehen die Erblichkeit der Gegebenheiten, wie sie bei Hilfsschülern häufig zu beobachten sind, zumeist als erwiesen an und glauben auch an eine zu erwartende Weitervererbung durch eben diese Hilfsschüler. Diese Einstellung weist in sich eine Eigenbewegung in Richtung eugenischer Maßnahmen auf.

Den Einfluß der Umwelt auf die Lernleistungen des späteren Hilfsschülers stellen, zumindest anteilig, Bopp und Raatz, in weitgehenderer Form Tornow (Lehrplan 1932) heraus.

Bartsch (1928a) macht sich zum engagierten Verfechter einer Verursachungstheorie, die die organischen Beeinträchtigungen im prä-, peri- und postnatalen Zeitraum herausstellt. Er wehrt sich gegen pauschalierende, wissenschaftlich kaum beweisbare Begründungen wie die Schädigung durch Alkohol, Syphilis, Inzucht usw., die mehr vernebelnd und vorurteilerzeugend als aufklräend wirkten. Eine Ausnahmestellung nimmt auch bei der Suche nach Bedingungsfaktoren für Leistungsbeeinträchtigungen im schulischen Bereich Peter Petersen (1929) ein. Er gibt zu einem überwiegenden Teil der Schulstruktur (Jahrgangsklasse, Leistungsdruck, fehlende Differenzierung, zu geringe Hilfestellung für den einzelnen Schüler usw.) die Schuld für das Schulversagen bestimmter Kinder. Damit kommt schon gegen Ende der Zwanziger Jahre ein Denkansatz zum Tragen, der in unserer Zeit immer mehr Raum und Beachtung gewinnt.

2.3 Schwerschwachsinnige und Hilfsschüler

In der Zeit des Ausbaus der Hilfsschulen, der nach dem
1. Weltkrieg verstärkt vorgenommen wird, stellt sich immer mehr das Problem der Heterogenität der aufzunehmenden Schüler. Das trifft sowohl für den Grenzbereich zur Volksschule zu, als auch für den "unteren" Bereich der Hilfsschulpoulation, den sogenannten Schwerschwachsinnigen.
Die phänomenologische Umschreibung und die erziehlich-unterrichtliche Förderung stellt den Praktiker und den reflektierenden Praktiker, der seine Überlegungen veröffentlicht, immer wieder vor Entscheidungen mit großer Tragweite für die Betroffenen.
Im Rahmen dieser Arbeit erwächst eine zusätzliche Notwendigkeit für die Erörterung des Verhältnisses von Hilfsschülern zu Schwerschwachsinnigen. Es soll zum Ausdruck kommen, daß die nach der Machtübernahme der Nationalsozialisten verstärkt auftretende Diskussion über die Förderung Schwerschwachsinniger bzw. die Entscheidungen darüber sich nicht völlig neu aus den Gegenheiten nach 1933 entwickeln. Es ist jedoch an dieser Stelle schon festzuhalten, daß Lösungsvorschläge zur Problematik und davon abgeleitete pädagogische und organisatorische Entscheidungen zumeist im Lokalen (einzelne Schule; einzelne Stadt; manchmal Regierungsbezirke) verblieben sind.

2.3.1 Versuche zur Beschreibung von Erscheinungsbildern wie "Bildungsfähiger", "Bildungsunfähiger" und "Hilfsschüler"

Überprüft man die Versuche, das Erscheinungsbild des "Bildungsunfähigen" zu beschreiben, so fallen die Schwierigkeiten auf, dieser Personengruppe eindeutige Prädikate zuzuordnen, die sich nicht auf ihr Versagen in Einrichtungen der Schule beziehen. Wird nicht das Schulsystem als Bezugsrahmen herangezogen, so wird dieser in der Gesellschaft gesucht. Dies geschieht direkt, indem man den "Bildungsunfähigen" als für die Gesellschaft nicht mehr tragbar ansieht, wenn die aufgewandte Mühe mit dem erreichten Erfolg nicht mehr in Einklang zu bringen ist (Fleischer 1932). Nicht so deutlich, doch immer noch vorhanden, ist die Sozialbezogenheit in Formulierungsversuchen, die die geistige, moralische und manuelle Brauchbarkeit zu Kriterien für Bildbarkeit erheben (Fuchs 1913). Weniger im Gestrüpp sozialer und moralischer Wertungen verfangen sich Abgrenzungen, die bei einem Menschen dann Bildungsunfähigkeit feststellen, wenn er die Ziele einer bestimmten schulischen Einrichtung, z.B. der Volksschule, der Hilfsschule oder der Sammelklasse der Hilfsschule nicht zu erreichen vermag (z.B. Stier 1927; Fuchs 1926; Hiller 1930; Pestalozzischule 1930).

Im Zusammenhang mit der Abgrenzung von Bildungsunfähigkeit und Bildungsfähigkeit, die auf das Schulsystem bezogen wird, treffen die Heilpädagogen der Weimarer Zeit nun aber doch differenziertere Aussagen über die Erwartungen, die an einen Menschen zu stellen sind, der noch unter "bildungsfähig" eingereiht werden soll. Frenzel (1922) meint, daß Bildungsfähigkeit auch noch gegeben ist, wenn kaum noch Schulwissen (wohl "Kulturtechniken") erarbeitet werden kann. Wichtig sei noch ein gewisser Grad von Selbsttätigkeit und die Aufnahmefähigkeit für erziehliche Einflüsse im Bereich des Sozialen.

In ähnlicher Weise äußern sich auch Fleischer (1932) und Schmidt (1932; Begriff "Nothilfsschüler"). Das Abhängigsein der Feststellung der Bildungsfähigkeit von den vorhandenen Schuleinrichtungen wird besonders deutlich in einem Artikel von Ginolas "15 Jahre Sammelklassen für schwerschwachsinnige Kinder" (1932). Ginolas hält zusammenfassend fest, "daß durch die Errichtung der Sammelklassen die Grenzen der Schulfähigkeit der idiotischen Kinder in erfreulicher Weise nach oben verschoben sind ..." (567).
Auch die Abgrenzung noch bildungsfähiger Schüler von den Hilfsschülern bereitet große Schwierigkeiten und ist stark vom Erfahrungsraum der verschiedenen Verfasser abhängig. Neben den Versuchen, schwerschwachsinnige Bildungsfähige rein schulorganisatorisch von den Hilfsschülern zu trennen, indem nach 2- oder 3-jährigem Versagen in der Hilfsschule eine Förderung in dieser Einrichtung ausgeschlossen wird (z.B. Ginolas 1932; Fuchs 1926; Gnerlich 1934), finden sich auch Bemühungen, andere Kriterien für diese Unterscheidung zu finden. Bartsch (1923) glaubt die beiden Personengruppen durch die Feststellung voneinander trennen zu können, daß der Hilfsschüler Lesen und Schreiben erlernen könne, während der Schwerwachsinnige wohl zur Arbeit gewöhnt werden könne, Kulturtechniken ihm aber verschlossen blieben. In ähnlicher Weise äußern sich Fuchs (1926) und Schmidt (1932). Spezielle Interessen, beruhend auf dem persönlichen Erfahrungshintergrund, fließen bei solchen Unterscheidungsversuchen häufig ein. So möchte Stier (1927) die Epileptiker auf jeden Fall in die Reihe der Bildungsfähigen eingereiht wissen und stellt ganz deutlich ein Anrecht auf Beschulung heraus.

2.3.2 Überlegungen zur schulischen Förderung von Schwerschwachsinnigen

Im Zusammenhang mit Äußerungen über die Besonderheiten eines Hilfsschülers, eines Schwerschwachsinnigen bzw. eines Bildungsunfähigen fallen mehr oder weniger deutliche Aussagen über die mögliche schulische oder anderweitige Förderung dieser Personengruppen.
Schon aufgrund der schulrechtlichen Bestimmungen (Schulpflichtgesetze) stellt sich die grundlegende Entscheidung, ob Schwerschwachsinnige im Rahmen der Hilfsschule zu fördern sind. Es steht dann in vielen Fällen die "Ausschulung" an, die aber von wenigen Autoren direkt gutgeheißen wird. Wohl meint Schnitzer (1926), daß sich die Hilfsschule von den Schwerschwachsinnigen "befreien" müsse, glaubt Bopp (1930), daß das Ausschulen aus der Hilfsschule öfter gehandhabt werden müsse und fordert der Pestalozzilehrplan (1930), daß nach längerem Versagen in der Hilfsschule an eine Überweisung in die Anstalt gedacht werden müsse. Doch gerade Bopp möchte diese Kinder in der Anstalt mit schulähnlichen Formen und Inhalten gefördert wissen.
Doch es erheben sich gegen die Unterbringung in Anstalten warnende Stimmen. Schon Fuchs (1913) meint, daß die Schwerschwachsinnigen in "Idiotenanstalten" ohne Erziehung und schulische Förderung blieben. 1926 bringt er für seinen Widerstand gegen die Anstaltsunterbringung ein neues, überraschendes Argument: Die Eltern der betroffenen Kinder seien gegen eine solche Unterbringung ! Obwohl wegen der "erforderlichen Beeinflußung des Kindes während des ganzen Tages" die Schwerschwachsinnigen "am zweckmäßigsten in einer Anstalt untergebracht wären" (131), seien aufgrund des Widerstandes der Eltern und der unter diesen Umständen fehlenden "Erziehung und Anleitung" die Sammelklassen eingerichtet worden. Stier (1927) sieht seine Ablehnung der Anstalten für schwerschwachsinnige Kinder ebenfalls in der notwendigen Bindung der Eltern an diese Kinder begründet, meint darüberhinaus aber auch noch einen volkswirtschaftlichen Grund

anführen zu müssen: Anstalten kosten zuviel gegenüber
öffentlichen Tagesschulen.
Die überwiegende Zahl der Autoren (z.B. Stier 1927;
Frenzel 1922; Ginolas 1932; Gnerlich 1934; Hiller 1920)
steht zu der seit 1917 (Berlin) bestehenden Einrichtung
der Sammelklassen für Schwerschwachsinnige an Hilfsschulen. Es wird allgemein das Verdienst von Fuchs bei der
Einrichtung dieses Modells gewürdigt. Im Laufe der folgenden 10 bis 15 Jahre haben sich aus der Erfahrung Varianten ergeben. Verschiedentlich hat man "Vorklassen"
zur Abklärung der Bildungsfähigkeit (und damit der Förderfähigkeit in den Sammelklassen oder der Hilfsschule) eingerichtet. Dazu gesellen sich in verschiedenen Städten
die Sammelklassenhorte.

Zusammenfassend ist zu sagen, daß die Unterbringung
von Schwerschwachsinnigen sowohl in der Hilfsschule als
auch in der Anstalt zumeist als unbefriedigend empfunden wird, sodaß die sich in der Weimarer Zeit entwickelnde Einrichtung der Sammelklassen an Hilfsschulen nahezu
einhellig begrüßt wird. Hier hat sich eine Kleinform
innerhalb des Schulsystems ergeben, die verschiedene
Aspekte (Fördermöglichkeit für die betroffenen Schüler;
Bedürfnisse der Eltern; schulorganisatorische Gegebenheiten; volkswirtschaftliche Notwendigkeiten) in einem
tragfähigen Kompromiß zusammengefunden haben. Zumindest
die Heilpädagogen erwecken in ihren Äußerungen während
der Weimarer Zeit den Eindruck, als würden sie diese
schulische Fördermöglichkeit nicht mehr leichtfertig
aufgeben.
Inwieweit die Schulverwaltungen bzw. die Schulträger
zu dieser Einrichtung stehen, kann im Rahmen dieser
Arbeit nicht in der angemessenen Form (umfassende Quellenanalyse) untersucht werden. Ansätze dazu werden sich
weiter unten bei der Erörterung des Verhältnisses von
Hilfsschule und Schwerschwachsinnigenbetreuung in der
nationalsozialistischen Zeit ergeben.

3. Bestrebungen zur Abschaffung der Hilfsschule nach der Machtübernahme

In der Literatur zur Geschichte der Hilfsschule (Beschel 1960 und 1977; Hofmann 1966; Myschker 1969; Sochaczewki 1969; Atzesberger 1971) ist immer davon die Rede, daß die Nationalsozialisten nach der Machtübernahme aus vorwiegend ideologischen Gründen den Abbau der Hilfsschule beabsichtigt und in gewissem Maße auch durchgeführt haben. Durch solche Äußerungen kann der Eindruck entstehen, als sei die Hilfsschule zumindest im Hauptfeld der Anliegen der nationalsozialistischen Führungskräfte zu finden, die sofort nach der Übernahme der staatlichen Gewalt im eigenen Sinne zur Lösung anstehen. Durch die folgenden Untersuchungen zu den Abschaffungstendenzen bei der Hilfsschule nach dem 30. Januar 1933 soll ein Einblick in einen schmalen Teilbereich des Prozesses der Übernahme des deutschen Staates durch die Nationalsozialisten gegeben werden. Dabei soll mit Hilfe aller noch erreichbaren Quellen geklärt werden, auf welcher staatlichen bzw. politischen Ebene die Abschaffungsmaßnahmen ihren Anfang nehmen und in welchem Umfang sie wirksam werden.

3.1 Allgemeine Einschränkungen im Schulbereich aus der Zeit vor Hitler

Bei dem Versuch, den Abschaffungstendenzen bei der Hilfsschule nach der Übernahme der Regierungsgewalt durch Hitler nachzugehen, muß zuerst die wirtschaftliche Situation in den letzten Jahren vor Hitler in die Beurteilung mit einbezogen werden. Die Wirtschaftskrise der ersten Dreißiger Jahre macht Einschränkungen bei allen Staatsausgaben erforderlich. Brüning sieht in einer sparsamen, deflationären Wirtschaftspolitik die einzige Möglichkeit, den Zusammenbruch des gesamten Wirtschaftssystems zu verhindern.

Von den Einschränkungen sind alle staatlichen Einrichtungen betroffen. Überall müssen Stellen eingespart, müssen Verschlechterungen der Arbeitsbedingungen in Kauf genommen werden. Davon bleibt auch der Bildungssektor nicht verschont. An allen Schulen müssen Lehrerstellen eingespart werden. In Preußen wird ein bestimmter Prozentsatz einzusparender Schulstellen vom PrMinWKV festgelegt. In zwei Erlassen vom 5. und 12.9.1931 fordert das PrMinWkV z.B. von der Regierung in Arnsberg das Einsparen von 729 Stellen in deren Regierungsbezirk.[4] Um eine willkürliche Einsparungspraxis in den Bezirken zu verhindern, werden die zuständigen Abteilungsleiter der Regierung von Arnsberg am 20.10.1931 in einer Besprechung beim PrMinWKV in Berlin mit den verschiedenen Möglichkeiten der Ausgabenreduzierung im Schulbereich vertraut gemacht. Es muß z.B. auf die Aufhebung von außerplanmäßigen Stellen hingearbeitet werden, Stellen müssen bei Neubesetzung einige Zeit ruhen, Amtszulagen müssen in sich gekürzt werden und vor allem der eingenommenen Stelle entsprechen.
"9. Die unterrichtliche Beschäftigung der Fortbildungszuschußempfänger darf in keinem Falle 11 Stunden überschreiten. Sie darf anderweitig bezahlte Beschäftigung nicht verhindern".[5] Dieser Personenkreis soll also

zu einer weiteren, nicht von der Schulverwaltung bezahlten Tätigkeit gezwungen werden.
Eine weitere, für den Staat durchaus einträgliche Regelung, wird in Punkt 11 getroffen: "Lehrer und Lehrerinnen, welche an Fortbildungsschulen, Vorschulen usw. bis zu 8 Stunden nebenamtlichen Unterricht erteilen, dafür in der Volksschule durch Schulamtsbewerber vertreten werden, kann 25 % ihrer Vergütung belassen werden".
Diese, beim ersten Ansehen großzügig erscheinende Bestimmung schafft den Anreiz für den Lehrer, solche "Nebentätigkeit" anzunehmen. Für den Staat bedeutet dies allerdings einen finanziellen Gewinn, da der Schulamtsbewerber bedeutend weniger Unterhalt bekommt, als die Staatskasse aus der Nebentätigkeit des planmäßigen Lehrers (75 % der Vergütung aus der Nebentätigkeit) einzieht.
Hinzu kommt noch das Einziehen von Stellen, die bis zum 31.12.1931 von Schulamtsbewerbern verwaltet oder nicht besetzt sind, die durch vorgezogene Pensionierung (62. Lebensjahr) frei werden und die von verheirateten Lehrerinnen besetzt sind. Die Regierung von Arnsberg führt dann am 9.1.1932 eine "Nachweisung" der eingesparten Schulstellen, für die in dem Erlaß des Pr MinWKV vom 21.12.1931 ein Schema unter Berücksichtigung der obengenannten Einzelmaßnahmen angeordnet worden ist. [6]
Von ähnlichen Abbaumaßnahmen im gesamten Schulbereich wird z.B. am 14.11.1933 aus der Stadt Hildesheim berichtet, wo "bei dem allgemeinen Stellenabbau im Jahre 1931 ... in der Stadt Hildesheim 12 evangelische und 5 katholische Schulstellen, davon je eine Stelle an der evangelischen und katholischen Hilfsschule eingezogen" wird. [7]
Vom weiter stattfindenden Stellenabbau im Jahre 1932 (Ostern) wird aus Hannoverisch-Münden [8] und Bad Freienwalde (Reg.Bez. Potsdam) [9] berichtet. Indirekt muß auf Stelleneinsparungen auch durch die Mitteilung der Regierung von Oberbayern an das Stadtschulamt München geschlossen werden, wo für die Klassenbildung 1931/32 für die "normalen" Klassen und die Hilfsschulklassen wesentlich erhöhte Schülerzahlen angekündigt werden. [10]

Auch über den Bereich der unmittelbaren Schulkosten
hinaus müssen Einsparungen vorgenommen werden. Bei der
Lehreraus- und fortbildung und bei der Hinterbliebenenversorgung werden Einschränkungen gefordert. Ein Erlaß des
PrMinWKV vom 16.9.1930 bestimmt, daß "die zur Zeit mit
meiner Genehmigung in Köln, Düsseldorf, Essen und Dortmund laufenden Lehrgänge zur Vorbereitung auf die Hilfsschullehrerprüfung bis Ostern 1932 abzuschließen sind.
Die Einrichtung neuer Kurse kann nicht genehmigt werden".[11]
Der in Gang gesetzte Schulstellenabbau zieht sich bis
in das Jahr 1933 hin. Obwohl die Regierung Hitler sich
vorgenommen hat, den Bildungssektor in ihrem Sinne umzugestalten und voranzubringen, erhält sich eine verwaltungstechnische Eigenbewegung, die sich durch die
Übernahme der Regierung und Verwaltung durch die Partei
Hitlers nicht sofort abbremsen läßt. Die Regierung von
Arnsberg meldet z.B. noch am 24.4.1933 Stelleneinsparungen aufgrund der Sparerlasse der Zeit vor Hitler.[12]

Entscheidend für mögliche Beeinträchtigungen der
einzelnen Schularten durch die allgemein angeordneten
Stelleneinsparungen ist jedoch deren Einschätzung bei
den Verwaltungsbehörden. In der Zeit schwieriger Entscheidungen, die in jedem Falle jedoch schmerzlich sind,
zeigt sich deutlich die unterschiedliche Bewertung der
verschiedenen Schulformen. Hier kann die Hilfsschule
als das "ungeliebte Kind" mancher Schulämter oder Regierungen sehr schnell überdimensioniert benachteiligt werden.

Konkrete Hinweise auf Ungleichgewichte beim Schulstellenabbau finden sich in vielen Dokumenten aus der Zeit vor
1933. Während z.B. in dem vollständigen Nachweis über
die Einsparung von Schulstellen in Arnsberg eine proportionale Einsparung im Hilfsschulbereich abgelesen werden
kann,[13] wird am 1.1.1933 aus Wiesbaden berichtet, daß
1 Hilfsschulstelle in Wiesbaden-Biebrich eingespart
worden ist. "Die Maßnahme kann schulisch wie finanziell

gebilligt werden, umsomehr als dadurch ein Abbau an der Volksschule erspart blieb". (14) Ähnliches wird aus Hildesheim am 14.11.1933 gemeldet. Einsparungen an der Hilfsschule (17 Volksschulstellen gegenüber 2 Hilfsschulstellen!), die unangebracht hoch sind, werden so verteidigt: "Es wird aber nicht gerechtfertigt sein, die Schulen für normal begabte Kinder zugunsten der Schulen für schwachveranlagte Kinder zu benachteiligen". (15) Bei der Verteidigung dieser Maßnahme wird der Spieß umgedreht: Der schon benachteiligte Bereich wird zum Verursacher für andere Beteiligungen gestempelt!
Daß unter dem Deckmantel des allgemeinen Schulstellenabbaues an manchen Orten das Gleichgewicht (soweit überhaupt vorhanden!) zwischen den einzelnen Schultypen verschoben werden soll, wird von den von Nachteilen Betroffenen schon bald erkannt und angeprangert. Was die mögliche Benachteiligung der Hilfsschulen angeht, so weist Elisabeth Engelhard (1932) in ihrem Artikel "Notverordnung und Hilfsschule" auf solche wachsenden Mißverhältnisse hin. Ohne schon genaue Zahlen wegen des noch im Gang befindlichen Einschulungsvorganges nennen zu können, deutet sie an, daß die im Einsparungserlaß vom 30.9.1931 gegebenen Möglichkeiten schon dazu geführt hätten, "eine Reihe von Hilfsschulklassen aufzuheben, und daß weitere derartige Maßnahmen drohen, besonders in Thüringen, Sachsen, Schlesien und Mecklenburg" (204). Sie nimmt - nicht voll realitätsbezogen - für die Hilfsschule sogar das Vorrecht in Anspruch, von den Einsparungsmaßnahmen solange wie möglich ausgenommen zu werden. "Der Abbau an der Hilfsschule sollte zu den letzten Maßnahmen gehören, zu denen man das Schulwesen einer Stadt zwingt". Ein solcher Standpunkt hat wohl viele pädagogische Argumente für sich, ist jedoch zu dieser Zeit unangemessen und taktisch ungeschickt. Er arbeitet den Gegnern der Hilfsschule in die Hand, indem er latente Emotionen wachruft, die sich aus dem Komplex sozialdarwinistischer Denkinhalte speisen.

3.2 Verschärfte sozialdarwinistische Denkweisen im Bereich des Schulwesens

Die sozialdarwinistisch gefärbten Denkweisen und -inhalte in sozialen, wirtschaftlichen und politischen Bereichen des deutschen Volkes, die, wie weiter oben aufgezeigt – schon zwei, drei Jahrzehnte lang mehr oder weniger deutlich in Denken, Äußern und Handeln eingeflossen sind, verstärken sich in der Zeit der Wirtschaftskrise und kommen mit der Machtübernahme Hitlers voll zum Ausbruch. Für die Schule formuliert Schaller (1935) dieses eingleisige Denken in seinem Buch "Die Schule im Staate Adolf Hitlers. Eine völkische Grundlegung". Das Schlagwort "Gemeinnutz geht vor Eigennutz" wird dem "Lieberalismus" entgegengestellt. Der Staat mache sich bewußt zum Träger dieses Weltbildes, was sich in der Schaffung eines Erziehungsstaates ausdrücke (65). Eben dieser Erziehungsstaat hat den heldischen Menschen zum Ziel, den Menschen des Kampfes. Schaller erinnert sich schmerzlich an eine zeitlich nicht festlegbare Vergangenheit, die den Menschen zu einem starken Krafteinsatz gezwungen habe. "In diesen Kämpfen erwarb sich der Mensch erhöhte Widerstandskraft und große körperliche Leistungsfähigkeit. Alles Schwächliche wurde in diesen Kämpfen erbarmungslos vernichtet" (118). Die Schule im Staat Hitlers müsse nun die Aufgabe übernehmen, durch Bildung dieses verlorengegangene Ziel wiederzuerlangen. "Charakterbildung heißt also Züchtigung einer an Leib und Seele gesunden Jugend" (119).

Gerade die Begriffe "Minderwertige", "Minderwertigkeit" werden wegen ihres diffamierenden, "vielseitigen" Sinngehaltes zum Schlagwort für eine Absetzbewegung von sozialen, humanen, individuumbezogenen Denkweisen. Da ist davon die Rede, daß bei der Kinderlandverschickung, also Erholungsmaßnahmen für gesundheitsgefährdete Stadtkinder, die "Verschickung minderwertiger Kinder" vermieden werden müsse. Der der Partei nahestehende "Hamburgische Landesverband für Volksgesundheitspflege eV." gibt dem

Staatlichen Gesundheitsamt bzw. dem Jugendamt die Anweisung, daß man allen "Verschickungsanträgen eine kurze Bemerkung beifügt, daß etwaige Bedenken gegen die Verschickung wegen Minderwertigkeit nicht vorliegen" (Schreiben vom 19.8.1935). Obwohl das Gesundheitsamt geltend gemacht, daß eine solche Einstufung weder organisatorisch noch fachlich möglich sei, muß die Förderungswürdigkeit bescheinigt werden. "Die von mir aufgeworfene Frage ist jedoch so wichtig, daß eine Lösung unter allen Umständen gefunden werden muß" (Schreiben vom 2.10.1935)[16] Stärker in den politischen Raum versetzt, versucht sich der "Neue Geist" so zu verstehen: "Der Marxismus war der große Förderer des Minderwertigen im deutschen Volke auf Kosten der Gesunden". Die neue Regierung versuche, "die Dinge wieder ins rechte Lot zu bringen", was konkret bedeutet, daß man "das Sonderschulwesen für geistig oder körperlich Minderwertige .... auf das dringend notwendige Maß zurückführen" will.[17] An den "Minderwertigen" soll also Geld gespart werden ("Jeder Groschen, der bei den Sonderschulen gespart wird, kommt dem normalen Kinde zugute"), um es sehr viel nutzbringender für die gesunden Kinder anlegen zu können.[18]
Die Förderung der "Minderwertigen" in der Hilfsschule wird häufig als "Hilfsschulaufblähung" charakterisiert.[19] Dafür werden in diesem Dokoment "der persönliche 'Arbeitseifer' und 'Ehrgeiz' früherer führender Hilfsschulmänner verantwortlich gemacht. Sie hätten dazu beigetragen, das Hilfsschulwesen zum "Selbstzweck" zu machen. Kommt in dieser Argumentation die Befürchtung einer zu extensiven, unter zu guten Bedingungen stehenden Förderung der "Minderwertigen" zum Ausdruck, so zeigt sich in demselben Dokument bereits der häufig auftretende Zwiespalt: Bei den Lehrern in katholischen Volksschulen trete eine "kirchlich-weltanschauliche Ablehnung gegen jede Absonderung von Schulkindern mit mehr oder weniger offenbaren Geistesdefekten auf". Nur "durch scharfe Androhung disziplinarischer Maßnahmen" seien diese Lehrer

zur "Aussonderung" bereit. Man will also die "Gesunden" von den "Minderwertigen" entlasten, ohne die hohen Aufwendungen für deren Förderung auf sich nehmen zu wollen. Die Diskrepanz zwischen dem Wunsch nach "Aussonderung der Minderwertigen" zugunsten der "Höherwertigen" und dem nach möglichst niedrigen Lasten für die "Minderwertigen", in der sich der Oberbürgermeister von Bocholt befindet, beschäftigt in gleicher Weise einen führenden Rasseideologen des NS-Staates. In seinen beiden Büchern "Rassenpflege und Schule" und "Rassenpflege im völkischen Staat" diskutiert Staemmler u.a. die Problematik der Hilfsschule im Staate Hitlers. Für ihn ist es "eine Überspannung des Realisationsgedankens, daß man glaubt, für Schwachsinnige besonders kleine und damit teure Klassen errichten zu müssen. Wenn der Staat Geld für Schulausbildung zur Verfügung stellt, so soll er es in erster Linie dort geben, wo sich die Ausgabe lohnt" (1933a, 16). Die Hilfsschulen in der bisherigen Form sind also zu teuer. Somit die Hilfsschulen abschaffen ? Alle Schüler in der Volksschule belassen ? Staemmler verneint ! Die Schule muß "die hochgradig minderwertigen Kinder ausscheiden" (1933b, 117). Also muß man die Hilfsschulen behalten.
Neben der bekannten, von Hilfsschulpädagogen und Sozialpolitikern vorgebrachten Begründung ("Für das Leben brauchbar machen"), erkennt Staemmler sehr früh eine neue Aufgabe der Hilfsschule: "Ein sehr großer Teil (der Hilfsschüler; M.H.) stammt auch aus schwachsinnigen Familien, ist also erblich belastet und wird seine minderwertigen Anlagen weitervererben" (1933b, 117). Die rassenpolitische Aufgabe der Hilfsschule ist erkannt und gestellt und schiebt die wirtschaftlichen und ideologischen Bedenken gegenüber dieser Schulform wenigstens teilweise zur Seite. Einen Kompromiß bietet Staemmler an: "Bis jetzt war der Grundsatz: Volksschulklassen groß, Hilfsschulklassen klein. Jetzt sollen die Klassen der Begabten klein, der Unbegabten groß gehalten werden" (1933b, 118).

Die Hilfsschullehrerschaft registriert all die unterschiedlichen Argumente bzw. die von allen Seiten angebotenen Lösungen des "Minderwertigenproblems", in das die Frage der Hilfsschule einbezogen ist. Viele Artikel in den Verbandszeitschriften von 1932 und 1933 drücken die Verunsicherung der Lehrer in den Sonderschulen aus. Diesen leicht zugänglichen Äußerungen sei hier eine nicht veröffentlichte hinzugefügt, die die Besorgnis der Hilfsschullehrer auf eindringliche Weise zusammenfaßt: Der Brief Egenbergers vom 10.5.1933 an den damaligen Kultusminister von Bayern, Hans Schemm. Er befindet sich in den wenigen verbliebenen Akten des NSLB.[20]
Egenberger glaubt darin folgende "dringende Fragen" stellen zu müssen: "1. Frage: Von allen Seiten der Hilfsschullehrerschaft werden wir bestürmt bei Ihnen anzufragen, ob es Tatsache sei, daß aufgrund der Bemühungen der Eugeniker die Hilfsschulen im neuen Reich abgebaut werden. Ich persönlich glaube nicht an diese Gerüchte, denn was die Eugeniker im letzten 1/2 Jahr in ganz Deutschland redeten und schrieben, enthält auch manches Unwahre. Sie übersehen den fundamentalen Unterschied zwischen vererbten und erworbenen Gebrechen. Gewiß befinden sich an unseren Hilfsschulen Kinder mit schlechtem Erbgut, aber die Mehrzahl leidet an erworbenen Gebrechen, sind Träger normalen Erbgutes und stammen von durchaus normalen Eltern ab. Die Stuttgarter Statistik über Kinderreichtum der Hilfsschuleltern stimmen z.B. für München nicht ! Wir wünschen, daß auch die Pädagogen, die von der Intelligenz doch mehr als andere verstehen, gehört werden".
Neben der Bitte um Auskunft zu seiner Fragestellung versucht Egenberger gleichzeitig, eventuell noch anstehende Entscheidungen durch seine Begründungen zu beeinflussen.
Daneben erkundigt sich Egenberger (als Standespolitiker!) nach den Absichten Schemms bzw. der Partei mit den Standesorganisationen (Bayerischer Hilfsschullehrerverband und andere Landesverbände, Reichsverbände, Gesellschaft

für Heilpädagogik usw.). Eine Antwort auf die Fragen Egenbergers, insbesondere auf die 1. Frage, konnte nicht gefunden werden. Es ließ sich aber auch nicht feststellen, ob eine solche jemals erfolgt ist. Übersieht man jedoch die weiter unten angeführten Dokumente über die Abschaffungstendenzen bei der Hilfsschule und die zitierten Äußerungen zur Hilfsschulfrage um 1933, so kann angenommen werden, daß eine Antwort _nicht_ erfolgt ist. Der Grund kann nach unserer Überzeugung ganz banal lauten: Die neuen Mächtigen wissen in der ersten Zeit nach der Machtübernahme selbst nicht, was sie mit der schulischen Einrichtung "Hilfsschule" endgültig anfangen sollen!

3.3 Die Diskussion über Abschaffung bzw. Einschränkung der Hilfsschule nach 1933

Für die Verantwortlichen stellt sich nach der Machtübernahme folgende Alternative: Sollen wir die Hilfsschulen auflösen, umwandeln oder einschränken? Oder sollen sie wie bisher belassen werden?
Stark verspätet drückt dieses Dilemma, in dem die Finanz- und Schulverwaltungsverantwortlichen stehen, der Oberbürgermeister der Stadt Brieg in einer Anfrage vom 23.11.1937 an den Deutschen Gemeindetag in Berlin aus. [21] Nachdem er aus finanziellen Gründen den Bestand seiner Hilfsschule halbiert hat (1935), begegnen ihm offenbar Zweifel und Widerstände. Für ihn "bleibt nur der von mir beabsichtigte Gesamtabbau der Hilfsschule übrig oder es muß ein weiterer Abbau der Hilfsschule erfolgen" (!). Er möchte nun wissen, wie das in anderen Städten gehandhabt wird. "Neigt die allgemeine Tendenz jetzt zu einer Auflösung der Hilfsschule unter dem Gesichtspunkt, daß es nicht angängig erscheint, unter Anwendung erheblicher öffentlicher Mittel Minderwertige mit großer Mühe und großen Kosten soweit zu bringen, daß sie später vollwertigen Volksgenossen den Arbeitsplatz wegnehmen, - oder geht die Tendenz dahin, die so teuren Hilfsschulen wieder aufzubauen, um den allgemeinen Unterricht von dem minderwertigen Schülermaterial zu entlasten?" Obwohl die politische und wirtschaftliche Entwicklung nicht mehr diesem Argumentationsstand entspricht, kennzeichnet der Brief doch die Ausgangssituation, die im Jahre 1933 vorliegt. Fragen nach der Finanzierbarkeit der Hilfsschule, nach der Entlastungsmöglichkeit für die Regelschulen, nach der beruflichen Unterbringung der Hilfsschüler angesichts der noch herrschenden Arbeitslosigkeit, müssen in die anstehenden Entscheidungen mit einbezogen werden.
Die Forderung nach der vollkommenen Abschaffung der Hilfsschule wird in der ersten ideologischen Euphorie des Machtwechsels offenbar häufig erhoben. Indirekt finden

sich immer wieder Verweise auf solche radikale Äußerungen in Aufsätzen späterer Zeit, in denen Hilfsschulautoren von der glücklich überwundenen Zeit sprechen. Tornow stellt erleichtert fest: "Mit dem Umbruch von 1933 ist auch den Hilfsschulen eine neue Grundlage gegeben worden. Sie wurden nicht, wie so viele Nichtkenner meinten und wünschten, einfach aufgelöst ...." (Tornow in Löpelmann, 210). Auch Lesch erinnert sich in einem "Bericht über Vorlesungen an der Staatsmedizinischen Akademie München", den er im März 1935 für das Bayerische Staatsministerium für Unterricht und Kultur erstellt, an Abbauforderungen. [22] "Im Frühjahr 1933 mehrten sich in Tageszeitungen und bebilderten Blättern wie in volkstümlich gehaltenen Vorträgen und Reden die Stimmen, die sich bemühten, die Hilfsschule zu kennzeichnen als Einrichtung verwerflicher Individualfürsorge und übertriebener Humanitätsduselei". Er berichtet ferner, daß "im Mai 1933 gerüchteweise zu hören war, daß da und dort (außerhalb Münchens) Normalklaßlehrkräfte, Schulleiter, Schulaufsichtsbeamte von der Überweisung auch der schwächsten Schüler zur Hilfsschule absahen, da ' die Hilfsschulen zu existieren ja sehr bald aufhören würden '; einige Klassen sollten auch schon eingezogen worden sein". Daß ein Trend zur Abschaffung von Hilfsschulen bzw. Sonderschulen in der ersten Zeit nach der Machtergreifung zu verzeichnen ist, entnimmt Lesch auch den Reaktionen von Lehrern an Hilfs- und Sonderschulen.
"Im Sommer 1933 haben Kollegen in einem Lehrgang zur Ausbildung von Taubstummenlehrkräften ihre Studien vorzeitig abgebrochen - ich nehme an: um nicht als Sonderschullehrer für immer 'auf verlorenem Posten' stehen zu müssen". Daran schließt Lesch noch eine kaum beweisbare, doch durchaus wahrscheinliche Beobachtung: "Einige Hilfsschulkollegen zweifelten an der weiteren Daseinsberechtigung der Sonderschuleinrichtungen und trugen sich ernstlich mit dem Gedanken der Rückkehr zur Normalschule".

Offenbar noch sehr deutlich an die schwierige Zeit der
Hilfsschule erinnert sich Kramer (1937). "Als im Jahre
1933 der Führer die Macht übernahm, als er dann mit
den Mitteln des Staates den Kampf aufnahm gegen alles
Negative, Destruktive, das Volksganze nachteilig Beeinflussende, da erklangen auch in einem großen Teil des
Volkes die schon früher, jetzt aber anscheinend mit viel
mehr Berechtigung erhobenen Rufe nach Abschaffung aller
das Minderwertige, Unbrauchbare, Volksschädigende fördernden und unterstützenden Maßnahmen, zu denen auch die
Sonder- und insbesondere die Hilfsschulen gerechnet
wurden" (599). Er spricht hier die lange vorhandenen,
"schlafenden" Bestrebungen gegen die Hilfsschule an,
die mit der Übernahme der Staatsgewalt durch die NSDAP
geweckt werden. Aus einer weiteren Andeutung ist das
Risiko abzuschätzen, unter dem die Hilfsschule und der
Hilfsschullehrer in der ersten Zeit der Herrschaft Hitlers stehen: "Es ist heute nicht mehr gefährlich, über
diesen Kampf zwischen Angehörigen eines Berufsstandes
(d.h. Volksschullehrer und Hilfsschullehrer; M.H.) zu
sprechen, da die vergangenen Jahre zu einem gegenseitigen Verstehen und damit zu einem Kampf nicht mehr gegeneinander, sondern miteinander für die große Sache unseres
Volkes geführt haben" (599).
Daß die Überlegungen zur Aufhebung der Hilfsschulen nicht
von den dort tätigen Lehrern nach überstandener Gefahr
überbewertet werden, sondern konkret besonders bei den
Schulträgern angestellt werden, geht aus verschiedenen
Quellen hervor. Es sei hier ein Schreiben des Regierungspräsidenten von Aachen an das RPrMinWEV vom 29.5.1935
angeführt. [23] Unter dem Betreff "Aufhebung von Hilfsschulen" berichtet der Regierungspräsident: "Von mehreren Schulverbänden ist der Antrag gestellt worden,
Hilfsschulen aufzuheben. Begründet wurden die Anträge
einmal mit finanziellen Schwierigkeiten der Schulverbände, dann aber auch damit, daß es den Grundgesetzen des
nationalsozialistischen Staates nicht entspreche, für

minderwertige Kinder höhere Aufwendungen zu machen
als für Normalbegabte; das hierdurch ersparte Geld könne zur Schaffung von Heimen für die Hitlerjugend Verwendung finden". Der Regierungspräsident lehnt diese
Anträge zwar mit der gängigen Begründung (Hilfsschüler
sind unterrichtsfähig; sie hemmen die Normalbegabten;
Ersparnis von Wohlfahrtslasten; Möglichkeiten zur
Durchsetzung des Erbgesundheitsgesetzes) ab, möchte
sich jedoch in seiner Entscheidung vom RPrMinWEV gestützt sehen.
In Ansätzen sind Überlegungen zu verzeichnen, die nicht
die Abschaffung, wohl aber eine Umwandlung der Hilfsschule in Betracht ziehen. Friedrich Hiller (1933a)
schlägt auf einer Tagung des pädagogisch-psychologischen Instituts in München (1.-5.8.1933), die ihre Begründung in der "Ausrichtung" von bayerischen Lehrern
nach der Denkweise des "Neuen Staates" hat, eine Neuordnung der deutschen Schule vor. U.a. spricht er sich für
"Förderzüge" aus. "Und das, was ich hier Förderzüge genannt habe, das ist nicht das, was man vielleicht darunter verstehen könnte, sondern in diese Förderzüge sollen
alle diejenigen kommen, die man heute in die Hilfsschulen
getan hat". Er sieht eine bestimmte Einrichtung für
"Jungen und Mädels, denen nun einmal das Schicksal nicht
das mitgegeben hat, was andere haben" (71) für notwendig
und berechtigt an. Hiller wehrt sich auch gegen die Diskriminierung als "Minderwertige". Er ist der Ansicht, daß
diese Kinder in einem gesamtschulähnlichen System mit
Normalzug, wissenschaftlichem Zug und Förderzug zu fördern
seien und man sie "aufgrund ihrer Fähigkeiten dazu tauglich machen kann, den Platz auszufüllen, an den sie gehören" (71).
Die überwiegende Zahl der Stimmen beim Ruf nach der Neuordnung des Hilfsschulwesens plädiert jedoch für eine
Einschränkung dieser schulischen Einrichtung. Es soll
hier nochmal an Staemmler erinnert werden, der sich für
eine Erhöhung der Schülerzahl in den Klassen für Unbegabte ausspricht und somit organisatorische und pädagogi-

sche Einschränkungen erstrebt. Der Regierungspräsident von Potsdam berichtet in einem Schreiben an das RPrMinWEV am 26.2.1934 von seinen Vorstellungen, "die im Bezirk zur Zeit noch herrschende übergroße Beschickung der Hilfsschulen auf ein zweckentsprechendes Maß zu senken". Er erschwert das Aufnahmeverfahren (mindestens zweijähriges Schulversagen; stärkere Mitwirkung des Arztes) und hofft so den Zugang zur Hilfsschule drosseln zu können. (24) In einem Stimmungsbericht der Fachschaft V im NSLB, Gau Hessen-Nassau, kommt noch am 30.6.1936 die Tendenz zur Einschränkung der Hilfsschulen zum Ausdruck.(25) Der Berichterstatter stellt fest, daß an Reformen im Hilfsschulbereich nicht zu denken sei, "solange einzelne Hilfsschulen durch Klassenabbau, andere durch drohende Auflösung in einklassige (!) Hilfsschulen beständig in Unruhe gehalten werden, sie also mit allen Mitteln um ihre Existenz kämpfen müssen".
Ein Indiz für die erstrebte Reduktion der Schulform "Hilfsschule" ist in Fr. Hiller (1933b) zu finden. Bei der Aufstellung der einzelnen Schularten der deutschen Schule erwähnt er die Grund- und Volksschule (entsprechend der späteren Hauptschule). Für ihn ist "in der Volksschule eine Auslese und Zusammenfassung nach der Begabung ... und demgemäß die Einteilung in Hilfsklassen, Normalklassen und Förderklassen anzustreben". Von selbständigen Hilfsschulen ist nicht die Rede, lediglich von Hilfsklassen, was auf eine angestrebte Einschränkung schließen läßt.

Recht konkret äußert sich Minidsterialrat Dr. Stolze vom RPrMinWEV, der in der Zeit vom 30.6. bis 4.7.1936 Hilfsschulen in Kassel, Hannover, Bochum, Hagen, Altena Evelsberg und Milspe besucht, um den Stand des Hilfsschulwesens zu erkunden und Unterlagen für die Neuordnung im Rahmen des Neuaufbaues des Schulwesens zu gewinnen. (26) Er muß feststellen, daß "die Auswirkungen der Widerstände, die sich 1933 gegen die Hilfsschule bemerkbar machten, und die durch die Erlasse vom 6.7.1935 und vom 27.7.1935 im wesentlichen behoben sind, sich vereinzelt auch heute noch zeigen. So zählt die einklassige Hilfsschule in Altena überhaupt keine Kinder grundschulpflichtigen Alters". Ähnlich muß er die Ausfälle mancher Jahrgänge feststellen, was auf die Abschaffungs- und Einschränkungstendenzen von 1933 bis 1935 zurückzuführen ist. Viele Hilfsschul- bzw. Sonderschullehrer wenden sich, besonders in den Fachzeitschriften, gegen die Abschaffungs- bzw. Einschränkungsbestrebungen der ersten Hitlerjahre, indem sie die Leistungen der Hilfsschule hervorheben, verstärkt volkswirtschaftlich argumentieren und die Rentabilität beweisen wollen. Doch im Augenblick der unmittelbaren Gefahr für die Hilfsschule, wie sie im Jahre 1933 aufgrund der Euphorie der ersten Tage des nationalsozialistischen Regimes besteht, können die auch vor 1933 schon unzählige Male wiederholten Argumente keine Wende herbeiführen. In dieser Zeit der totalen Gefährdung greift Lesemann (1933) aus taktischen Gründen zu einer weitgehend rhetorisch-formalen Gegenvorstellung. In dem Artikel "Hilfsschulpädagogische Gegenwartsfragen" versucht er, Hans Schemm auf dessen eigene Äußerungen festzulegen und somit wenigstens einen Aufschub der für die Hilfsschule offensichtlich ungünstigen Entscheidungen zu erreichen. Er hält Schemm entgegen: "Der Führer der deutschen Lehrerschaft, Hans Schemm, hat ausgesprochen: "Wir denken nicht daran, irgendwelche gesund gewachsenen Formen des Schulwesens zu zertrümmern!" (716). In diesen Rahmen stellt Lesemann die Hilfsschule: "Die Hilfsschule ist gewachsen aus dem Gedanken: Nicht jedem das Gleiche, sondern jedem das Seine, d.h. seinen Anlagen und Kräften Gemäße" (716). Lesemann führt weiter an: Es "wuchs die Hilfsschule organisch heraus aus dem Gesamt des Schulbaues, ein lebendiges Glied des Ganzen ..." (717). Können solche Schachzüge den drohenden Verlust von Bewegungsspielraum verhindern? Kann der heimlich oft gewünschte Abbau, für den es nun gewichtige politische und wirtschaftliche Begründungen gibt, noch verhindert werden?

3.4 Nachweisbare Einschränkungen bei den Hilfsschulen nach 1933 und ihre Begründung [27]

In Berlin werden von 60 (!) Sonderschulen "für geistig oder körperlich minderwertige Kinder", die vor 1933 bestanden haben, 8 aufgelöst. [28] Die Zeitung berichtet, daß "8 Sonderschulen, und zwar eine Sprachheilschule, eine Schule für Schwerhörige und 6 Hilfsschulen für Schwachbegabte" aufgelöst worden sind. Dazu kommen alle Sammelklassen. "Die Vorklassen an den Normalschulen mit ihrer übertriebenen Fürsorge für den schwachbegabten Einzelnen, wurden ebenfalls alle aufgelöst. Die Klassen für sogenannte Schwererziehbare wurden auf die Hälfte beschränkt". Diese Meldung wird durch die Bekanntgabe einer Rundfrage ("Hilfsschulen und Hilfsschulklassen an den Volksschulen") des Deutschen Gemeindetages vom 10.4.1934 bestätigt. [29] "Es sind etwa 12 % dieser Schulen aufgelöst worden. Die Besetzungsziffer ist um 2 Kinder pro Klasse erhöht worden". Zur Begründung wird bereits eine vollkommen dem NS-Jargon angeglichene Formulierung verwendet. "Nach den Grundsätzen des Reiches über die Aufartung des Volkes ist es nicht angängig, für ein minderwertiges Kind etwa doppelt soviel zu verausgaben wie für ein Kind der Normalvolksschule".

Die erwähnte Rundfrage des Deutschen Gemeindetages hat weiter ergeben: "Hannover: Eine Hilfsschule ist aufgelöst worden wegen allgemeinen Rückgangs der Kinderzahl". Diese Begründung kann nicht angenommen werden, da der Rückgang der Gesamtkinderzahl erst in den Jahren 1935 und 1936, z.T. erst 1937 (siehe 6.2) einsetzt. Zudem ist nicht auszumachen, ob schon bestehende Klassen aufgelöst werden.

"Bochum: Aus Ersparnisgründen sind eine 3- und eine 4-klassige Schule zu einer 6-klassigen Hilfsschule zusammengelegt worden". Die Reduktion um eine Klasse kann sich eventuell aus der organisatorischen Maßnahme ergeben haben. Es kann jedoch auch angenommen werden, daß bei der Zusammenlegung entweder die Klassenfrequenzen erhöht oder einige Kinder aus den Hilfsschulen genommen worden sind.

"Lübeck: 1. Die früher selbständige zweiklassige Taubstummenschule ist in die Hilfsschule eingegliedert worden, unter gleichzeitiger Verschmelzung beider Klassen zu einer Klasse". Hier ist der seltene Fall der Zusammenlegung zweier Sonderschulformen zu verzeichnen. Inwieweit die Schüler teilweise gemeinsam unterrichtet werden, ist nicht festzustellen. Doch es ist zu vermuten, daß die taubstummen Schüler weiterhin mit einer verdoppelten Schülerzahl für sich in der angegliederten Klasse geblieben sind. "2. Die Vorklasse der Hilfsschule ist aufgehoben worden. 3. Alle geistig besonders tiefstehenden Kinder sind aus den Hilfsschulklassen herausgezogen und mit den Kindern der früheren Vorklasse zusammen in einem Kinderhort untergebracht worden."
In Lübeck praktiziert man somit eine Lösung, die in späteren Jahren für die Schüler der Sammelklassen häufig angewendet wird. Eine radikale Einschränkung der erziehlichen und unterrichtlichen Möglichkeiten der Hilfsschule ergibt sich aus der 4. Maßnahme: "4. Die Schülerzahl in den Hilfsschulklassen ist von durchschnittlich 17 auf 30 bis 34 erhöht worden". In diesem Fall werden die Forderungen der Sozialdarwinisten (siehe z.B. Staemmler 1933a und 1933b) prompt in die Tat umgesetzt.
"Darmstadt: Es besteht eine Hilfsschule mit 8 Klassen. Eine bis 1933/34 eingerichtete Vorklasse ist aus Ersparnisgründen aufgelöst worden". Die Substanz der Hilfsschule wird offensichtlich nicht angegriffen, sondern die Einrichtung im Randbereich, die Vorklasse (meist für schwerer Behinderte, deren Beschulungsfähigkeit in der Hilfsschule nicht von vornherein gesichert ist) wird eingespart.
Im Bereich des Kreisschulamtes Karlsruhe ist ein Fall von Einsparung zu Lasten der Hilfsschule zu verzeichnen, bei dem allerdings die Begründung verschleiert wird. Ohne weitere Klärung wird festgestellt, daß "durch die

Wegnahme einer Lehrkraft" von der Volksschule Weingarten im Juni 1934 Klassen zusammengelegt werden müssen (30). Eine solche Erscheinung wird wie selbstverständlich an die angeschlossene Hilfsschule weitergegeben: Sie umfaßt ja nur 19 Schüler, "die laut ärztlichem Bericht ihren Kenntnissen entsprechend auf die Normalklassen verteilt werden können. Dadurch wird die Lehrkraft, die die Hilfsschüler unterrichtet, für die Gesamtschule frei und kann hier eingeschaltet werden...". Ganz im Sinne des Schulträgers verteilt der Amtsarzt (!) die 19 Hilfsschüler. Im ergänzenden Brief des Schulrates an das Kultusministerium wird eine genaue Aufstellung über die Verteilung gegeben: 4 Kinder sollen in die Anstalt kommen bzw. Privatunterricht erhalten, 7 Kinder werden zur Probe in die Volksschule versetzt, während man bei den verbliebenen 8 Schülern bereits weitgehend überzeugt ist, daß sie in der Hauptschule verbleiben können, "so daß sie einer weiteren Beobachtung nicht bedürfen".

Der Regierungspräsident von Schleswig berichtet am 17.11.1933 vom Abbau von je einer Hilfsschulklasse in Eckernförde und Schleswig im Frühjahr 1933 (31). Die Maßnahme von Schleswig begründet mit höheren Schülerzahlen in der Bürgerschule, die Klassenteilungen und damit die Verwendung des Hilfsschullehrers May an dieser Schule notwendig machten. Er sei sich mit seinen Amtsleitern bzw. mit dem Magistrat von Schleswig darüber einig, daß "nach den heutigen Anschauungen eine Schülerzahl bis zu 30 Hilfsschülern in einer Klasse vertretbar wäre".

Am 4. Januar 1934 meldet der Regierungspräsident von Potsdam an das RPrMinWEV, daß die Stadt Wittstock "am 1. April 1933 vorübergehend 15 Kinder - 8 Knaben und 7 Mädchen - den beiden Volksschulen zurückgegeben wurden, da die eine Hilfsschullehrkraft notwendig in den Normalklassen beschäftigt werden müßte. Die Stadt Wittstock ist finanziell so stark belastet, daß sie augenblicklich eine neue Lehrkraft nicht einstellen kann". (32) Daß die

Begründung mit finanziellen Schwierigkeiten so ausschließlich nicht angenommen werden kann, beweist ein Nachsatz dieses Berichtes: "Die zweite Hilfsschullehrstelle ist noch nicht endgültig aufgehoben; die Entscheidung wird zu Ostern 1934 fallen ...". Solche Entscheidungen bzw. Absichten können zu dieser Zeit nicht nur finanzielle Ursachen haben. Begründungen aus dem ideologischen bzw. politischen Raum müssen hier mit einbezogen werden.

In einem Bericht des Regierungspräsidenten von Wiesbaden an das PrMinWKV vom 1.11.1933 ist von Abbaumaßnahmen in Wiesbaden die Rede.[33] In Wiesbaden-Biebrich wird die Hilfsschule von 5 auf 4 Klassen reduziert. Mit 89 Kindern in 4 Klassen glaubt der Regierungspräsident eine Maßnahme getroffen zu haben, die "schulisch wie finanziell gebilligt werden kann". Ähnlich vertritt er eine Reduktion der Hilfsschulklassen in Altwiesbaden (8 Klassen mit 202 Schülern; Durchschnitt 25,25). Die freigewordenen Lehrer verwendet man an der Volksschule, damit dieser "ein Abbau erspart bleibe". Es ist verständlich, daß dieser Regierungspräsident sich auf seine noch "geordneten Verhältnisse" etwas zugute halten kann, sofern ihm die Verhältnisse im Bereich seines Kollegen in Hildesheim bekannt sind (Bericht des Regierungspräsidenten vom 14.11.1933 an das Pr MinWKV). In Göttingen wird zwar "die gegenwärtige starke Klassenbesetzung (35, 34, 36, 28) nur als Übergangserscheinung betrachtet", doch über Dauer und Ursache dieser "Übergangserscheinung" werden keine Angaben gemacht.[34] Ähnliche Klassenfrequenzen müssen wohl hingenommen werden, als "Ostern 1934 die Klasse II aus Sparmaßnahmen aufgelöst und die Kinder der Klasse I zugeteilt wurden". Diese Mitteilung entstammt einem Bericht über die Hilfsschule in Rheine vom 12.7.1938 an den zuständigen Schulrat.[35]

Aus einem Schreiben des RPrMinWEV an den Regierungspräsidenten von Merseburg ist zu entnehmen, daß noch 1935, vermutlich zu Ostern, in Zeitz die 5 Hilfsschulklassen auf 3 reduziert und die Schüler entsprechend verteilt werden.[36]

In einzelnen Fällen wird schon 1933/34 für die Aufhebung von Hilfsschulklassen das Absinken der Schülerzahlen angeführt. Da dies erst ab 1935 allgemein der Fall ist, müssen deutliche Zweifel an solchen Interpretationen angemeldet werden. Der Regierungspräsident von Kassel meldet am 7.11.1933 an das PrMinWKV, daß am 1. Mai 1933 die einklassige Hilfsschule in Eschwege auf Antrag der Stadt aufgelöst worden ist [37] Auf eine Nachfrage des PrMinWKV erfolgt die Erläuterung, daß "die Hilfsschulklasse für die ständig sinkende Schülerzahl (zuletzt 12) aus finanziellen Gründen vom Schulverband Eschwege nicht mehr getragen werden kann." In ähnlicher Lage glaubt sich der Oberpräsident von Brandenburg und Berlin, der pauschal und ohne weitere Erklärung feststellt, daß "infolge des zum 1.4.1934 zu erwartenden Rückgangs der Schülerzahl voraussichtlich Lehrkräfte an Hilfsschulen entbehrlich werden" (12.12.1933).[38]

Die gegenteilige Erscheinung, den Mangel an Lehrern, besonders an Hilfsschullehrern, macht der Regierungspräsident von Hildesheim geltend. In einem Schreiben vom 19.5.1934 an das RPrMinWEV berichtet er von einer Hilfsschulklasse in Münden. Sie umfaßt 35 Schüler der Unter- und Mittelstufe, die von einem Lehrer betreut werden. Die Oberstufenkinder seien wegen Lehrermangels an die Volksschule zurückgeschickt worden. [39]

Von sehr späten Auflösungen von Hilfsschulklassen berichtet das schon erwähnte Dokument bei den Akten des Deutschen Gemeindetages. [40] Der Oberbürgermeister von Brieg berichtet noch am 23.11.1937: " Bis zum Beginn des Schuljahres 1935 bestand hier eine Hilfsschule mit 4 Klassen und insgesamt 95 Schülern. Im Zuge der beabsichtigten Auflösung der Hilfsschule wurden Ostern 1935 zwei Klassen abgebaut." Erst nachdem an Ostern 1936 der Abbau einer weiteren Klasse vom Regierungspräsidenten untersagt wird, wendet sich der Oberbürgermeister mit der Bitte um Vergleichsinformationen an den Deutschen Gemeindetag.

Überblickt man die heute noch feststellbaren Abbauerscheinungen in den ersten Jahren nach der Machtübernahme Hitlers, so fällt auf, daß die Bestrebungen dazu fast ausschließlich von den Sachträgern bzw. den unteren Schulverwaltungsbehörden ausgingen. Sie standen unter dem Zwang der leeren Stadtkassen und offensichtlich auch unter dem Druck örtlicher Parteigruppierungen. (Die Angabe Beschels, 1977, 139, daß SA-Männer nach der Machtergreifung eigenmächtig Hilfsschulen geschlossen hätten, konnte nicht durch Quellen bestätigt werden. Angesichts der lückenhaften Quellenlage ist das Fehlen schriftlicher Zeugnisse jedoch kein Gegenbeweis zur Information Beschels !). Dieses Gemisch aus materieller Notwendigkeit und politisch-ideologischem Wunschdenken läßt in den Augen der oben benannten Verwaltungsbeamten den Abbau bzw. die Einschränkung der Hilfsschule als eine naheliegende, sinnvolle, erfreulich glatt zu verwirklichende Maßnahme erscheinen. Endlich konnte diese teure, lästige, kein Ansehen vermittelnde schulische Einrichtung auf schnelle Art und Weise reduziert oder gar ganz getilt werden. Doch schon bald kündigten sich unerwartete Widerstände an.

3.5 Widerstände gegen den Abbau von Hilfsschulen und Hilfsschulklassen

Widerstände von den Eltern hat man offenbar nicht erwartet. Weder das Erwägen noch das Vorliegen von solchen ist in den erreichbaren Quellen zu registrieren. Auf den Widerstand mancher Hilfsschullehrer war man wohl eingestellt. Doch solange er sich in den Verbandszeitschriften in geordneten Bahnen bewegte, war er nicht gefährlich. Zudem konnte man über den NSLB Druck ausüben, der durch das "Gesetz zur Wiederherstellung des Berufsbeamtentums" (vom 7.4.1933) noch weiter verstärkt werden konnte.

Doch der Berufsverband der Hilfsschullehrer, der VdHD, der "Verband der Hilfsschulen Deutschlands", unternimmt am 7.9.1933 einen wirkungsvollen Versuch, Klarheit über die erfolgten Behinderungen der Hilfsschularbeit zu erhalten. Als erster Vorsitzender richtet Martin Breitbarth unter dem Betreff "Die Bekanntgabe von Tatsachenmaterial, durch das der geregelte Unterricht und die erfolgreiche Erziehung geistig minderwertiger Kinder sehr erschwert bzw. unmöglich gemacht wird" eine Denkschrift an das PrMinWKV in Berlin. (41) Er äußert zuerst sein Verständnis dafür, daß "die Not der Zeit und die gegenwärtige Einstellung zu körperlich und geistig geschädigten Volksgliedern erhebliche Abstriche bei den Ausgaben für heilpädagogische und fürsorgerische Zwecke in den Haushaltsplänen der Gemeinwesen zur Folge haben mußten". Breitbarth sieht also bereits die politische Landschaft soweit verändert, daß bei der Förderung Behinderter Abstriche gemacht werden müßten. "Darüber hinaus haben aber unseres Erachtens eine erhebliche Zahl von Gemeinwesen Maßnahmen getroffen, die eine erfolgreiche Arbeit in Hilfsschulen überhaupt in Frage stellen und sich schon in wenigen Jahren als wirtschaftlich nicht vertretbar erweisen dürften". Nun folgt eine detaillierte Aufstellung von solchen Maßnahmen. Es werden Orte genannt, in denen Hilfsschulen bzw. Hilfsschulklassen eingezogen worden seien. Dazu kommen Angaben, wo in den Hilfsschulen keine ausgebildeten Hilfsschullehrer verwendet würden und wo selbständige Hilfsschulen an Volksschulen angegliedert worden seien.

Geschickt weist Breitbarth zum Abschluß darauf hin, daß diese Maßnahmen vielleicht eigenmächtig von den Gemeinden vorgenommen worden seien. "Es entzieht sich unserer Kenntnis, ob die Gemeinwesen die Genehmigung der zuständigen Behörde für ihre Maßnahmen erwirkten. Wir halten es lediglich für unsere Pflicht, darauf hinzuweisen, daß bei solcher Erschwerung der Arbeitsbedingungen der Arbeitserfolg wesentlich herabgesetzt wird." Eine solche verdeckt vorgetragene Unterstellung, daß die übergeordneten Behörden wie Regierungspräsidenten und PrMinWKV von den untergeordneten Behörden übergangen worden seien, kann nicht unbeantwortet bleiben. Die Anfrage des VdHD löst tatsächlich eine Flut von Anfragen an die Regierungspräsidenten bzw. Regierungsschulbehörden aus. Viele der hier verwerteten Quellen über Abbauerscheinungen im Hilfsschulwesen verdanken dieser Anfrage ihre Entstehung. Jetzt müssen die Regierungspräsidenten sich zu den in ihren Bereich fallenden organisatorischen Veränderungen äußern. Sie müssen zum Teil bekennen, daß sie nicht informiert waren oder erläutern, warum sie mit den Maßnahmen der unterstellten Behörden einverstanden gewesen sind.

Obwohl einige der Angaben des VdHD sich als nicht zutreffend erweisen und wohl teilweise dem Zustand der Konfusion und der Beunruhigung der Lehrer zugeschrieben werden müssen, werden doch die Regierungspräsidenten und besonders das PrMinMWV auf die Vorgänge an der Basis aufmerksam und werden zu Stellungnahmen veranlaßt. Darin liegt der entscheidende Wert der Anfrage Breitbarths.

Jetzt wird den Oberbürgermeistern, den Gemeindevertretern, den Schulräten häufig erst bewußt, daß der Abbau der Hilfsschule in ihrem Ort doch nicht so glatt und schnell wie erwartet vonstatten geht.

Das PrMinWKV möchte z.B. vom Regierungspräsidenten von Kassel wissen, "auf Grund welchen Ministerialerlasses die Aufhebung der Hilfsschule in Eschwege genehmigt worden ist." (42) So direkt befragt, muß der Regierungspräsident bekennen, daß er die ministerielle Genehmigung nicht für erforderlich gehalten habe. "Sollte letztere gleichwohl erforderlich sein, so bitte ich, sie nachträglich zu erteilen." Leider konnte nicht in Erfahrung gebracht werden, ob die nachträgliche Genehmigung aus Berlin eingetroffen ist. Im Falle der Zusammenlegung in der Hilfsschule Zeitz (von 5 auf 3 Klassen) besteht das PrMinWKV auf Höchstzahlen für Hilfsschulklassen (Unterstufe 20; Mittelstufe 20 bis 25; Oberstufe 25) und gibt somit eine Richtlinie für die Klassenbildung in Zeitz. (43) Daß sich das PrMinWKV im klaren darüber ist, daß man über eine Verminderung der Überweisung an die Hilfsschule doch zum Abbauziel kommen könnte, geht aus einer weiteren Teilanfrage dieses Schreibens hervor. "Im übrigen ist mir noch mitgeteilt worden, daß an die Hilfsschule in Zeitz aus der Normalschule überwiesen worden sind

    1930 - 23 Kinder
    1931 - 19 Kinder
    1932 - 21 Kinder
    1933 - 22 Kinder
    1934 - 29 Kinder
    1935 - 6 Kinder

Dieser Rückgang der Überweisung im Jahre 1935 ist auffällig, ich ersuche hierzu um Bericht." Wie der starke Rückgang zu begründen ist, kann quellenmäßig nicht mehr erfaßt werden. Doch schon aus einer solchen gezielten Anfrage heraus ergibt sich ein gewisser Zwang für die unteren Schulbehörden, nicht allzusehr durch ungewöhnliche Hilfsschulverhältnisse aufzufallen.

Der Regierungspräsident von Aachen sucht beim PrMinWKV Unterstützung für seine Ablehnung von Anträgen von Schulverbänden auf Aufhebung von Hilfsschulen. (44)

Er möchte nun endlich (29.5.1935) aus der Verunsicherung entlassen werden und bittet deshalb um einen Erlaß, "daß die Einrichtung der Hilfsschulen grundsätzlich bestehen bleibt und daß im Einzelfall einem Antrag auf Aufhebung einer Hilfsschule nur dann entsprochen werden kann, wenn der erfreuliche Zustand eintritt, daß nicht mehr genug Anwärter für diese Schule vorhanden sind."

Von vielen Seiten gedrängt (u.a. auch vom Rassenpolitischen Amt von Dr. Groß, das von der Fachschaft V im NSLB, Gau Essen, auf die rassenpolitische Bedeutung der Hilfsschule aufmerksam gemacht wird [45], muß sich das Ministerium in Berlin Mitte des Jahres 1935 vorläufig äußern, wie es sich die Gestaltung des Hilfsschulwesens vorstellt. In einem Runderlaß vom 6.7.1935 an die Regierungspräsidenten in Preußen und die Unterrichtsverwaltungen der Länder ("zur gefälligen Kenntnis und mit der Bitte um sinngemäße Beachtung") stellt das RPrMinWEV seine Vorstellungen über die künftige Gestaltung des Hilfsschulwesens in großen Zügen dar. Zur Veröffentlichung gelangt dabei eine Rundverfügung des Regierungspräsidenten von Düsseldorf vom 27.2.1935. Sie setzt den Abbaubestrebungen ein Ende, indem sie den Schulräten die Pflicht auferlegt, für die restlose Zuweisung der hilfsschulpflichtig anzusprechenden Kinder in die Hilfsschule zu sorgen. "Abgesehen von der Pflichtvernachlässigung, die in der Nichtüberweisung eines hilfsschulbedürftigen Kindes von der Volksschule in die Hilfsschule liegt, bedeutet sie eine absolute Verkennung der Ziele des nationalsozialistischen Staates auf rassischem Gebiet. Die Bestrebungen unseres Staates in bezug auf die Erbgesundheit machen die Einrichtung der Hilfsschule und ihre tätige Mitarbeit zur Erreichung dieser Ziele unbedingt notwendig." Hinter diese neue Zielsetzung für die Hilfsschule stellt sich das RPrMinWEV und übergibt diesen Erlaß zur Durchführung. [46]

Neben diesem im RMinAmtsbl.DtschWiss. veröffentlichten und damit allgemein zugänglichen Erlaß findet sich in den Generalakten des RPrMinWEV ein Vermerk, der im Hause allen Abteilungsleitern zur Kenntnis gebracht worden ist. Er faßt den Entscheidungsprozeß bis zum Runderlaß vom 6.7.1935 (Übernahme des Düsseldorfer Erlasses durch das RPrMinWEV) zusammen. Darüber hinaus werden Perspektiven für die Neugestaltung des Hilfsschulwesens aufgezeigt (Abdruck des gesamten Dokuments im Anhang!) [47]

Was den vor dem Runderlaß liegenden Zeitraum angeht, so trifft das RPrMinWEV folgende Feststellungen:
- Nach der Machtübernahme war die Hilfsschule umstritten und zur Abschaffung bzw. Einschränkung bestimmt.
- Man sah bald in Bedeutung der Hilfsschule für die Durchführung des GzVeN.
- Die Hilfsschule soll die "erforderliche Hebung der Volksschule" unterstützen.
- Die Hilfsschule soll so lange wie notwendig (Wirkung der "Aufartung") die Kinder zu "brauchbaren Gliedern der Volksgemeinschaft" machen.

Für die Zukunft sieht das Ministerium folgende Aufgaben:
- Der Abbau der Hilfsschule muß "vor der Neuregelung der Schulaufbaus" eingestellt werden.
- Möglichst alle hilfsschulbedürftigen Kinder sollen in die Hilfsschule kommen.
- Schulverbände sollten "<u>gesetzlich</u> zur Einrichtung von Hilfsschulen angehalten" werden.
- Möglichst enge Verbindung der Hilfsschule mit den zur Durchführung des GzVeN getroffenen Einrichtungen".
- Hilfsschulpflicht ist in allen Ländern einzuführen.

Die aus der Vergangenheit getroffenen Feststellungen und die aufgeführten Zukunftsaufgaben umschreiben nahezu vollständig den Bereich, in dem sich zwischen 1933 und 1935 bzw. 1935/36 und 1938 (bis zur AAoPr) Diskussion und Verwirklichung im Hilfsschulwesen des nationalsozialistischen Deutschlands bewegen.

4. Die Aufgabenstellung für die Hilfsschule durch den nationalsozialistischen Staat

Der Nationalsozialismus tritt sehr früh mit dem Anspruch an, das Schulsystem nach seinen Vorstellungen umzugestalten. Nach dem 30.1.1933 geschieht das zuerst vorsichtig, tastend, in Einzelbereichen; doch bald schon, besonders nach 1935, erfolgen die Veränderungen gezielt und weitergehend. Die Vielfalt der Schulformen, die vor 1933 in Deutschland bestanden haben, müssen den neuen Machthabern ein Ärgernis sein, da man schwer eine Konformität darin erzielen kann. Nur "durch ein vereinfachtes Schulsystem (kann man) stärkeren Einfluß auf Schüler wie auf Eltern ausüben" (Flessau 1977,14). Nach der Vereinheitlichung geht der nationalsozialistische Regierungs- und Verwaltungsapparat daran, auch die noch verbliebenen Schulformen mit NS-konformen Aufgabenstellungen zu versehen.

Für die Hilfsschule spielt sich der Gleichschaltungs- und Einpassungsprozeß in groben Zügen folgendermaßen ab: Wie schon in 3. dargestellt, unterliegt die gewachsene Schulform "Hilfsschule" von 1933 bis 1935 Abschaffungstendenzen. Diese zeigen sich in verschiedenen Teilen des Reiches unterschiedlich stark. Während in Norddeutschland, vor allem in Preußen, es zu stärkeren Einschränkungen und Anfeindungen der Hilfsschule kommt, bleibt der süddeutsche Raum von größeren Beeinträchtigungen verschont.

In ihrer Aufgabenstellung bleibt die Hilfsschule in den ersten zwei bis drei Jahren der NS-Herrschaft von grundlegenden Eingriffen ausgespart. In den Kultusministerien von Preußen und den Ländern läßt man zunächst wie bisher weiterarbeiten. Lediglich die Arbeitsbedingungen werden, wie oben aufgezeigt, den Gegebenheiten der Zeit (finanzielle Möglichkeiten; ideologische Vorstellungen) angepaßt.

Während des Zeitraumes zwischen 1933 und 1935 reift für die Hilfsschule eine neue Aufgabe heran. Bei der Suche nach Möglichkeiten, das GzVeN möglichst schnell

und umfassend in die Tat umzusetzen, findet sich für
die wenig in die NS-Schullandschaft passende Hilfsschule eine neue, ideologie-konforme Zielsetzung. Man
entdeckt, daß ja gerade in dieser Schule Kinder und
Jugendliche zu finden sind bzw. gesammelt werden könnten, für die die Auswahlkriterien des GzVeN zutreffen.
Ihren ersten offiziellen Ausdruck findet die neue
Aufgabenstellung im Erlaß "Überweisung von Kindern in
die Hilfsschule" des Regierungspräsidenten von Düsseldorf vom 27.2.1935, der am 6.7.1935 für Preußen und
das Reich übernommen wird (siehe 3.5). Er verpflichtet
die Kreisschulräte, "alle hilfsschulpflichtigen Kinder
aus erb- und rassenpolitischen Gründen restlos der
Hilfsschule zuzuweisen."
Nun ist also die neue, übergreifende Zielsetzung der
Hilfsschule gefunden und offiziell formuliert. Was die
bisherige interne Schularbeit in der Hilfsschule betrifft, so bleibt sie weiterhin in der bisherigen Form
(zumindest was bindende Äußerungen der Unterrichtsverwaltungen auf Länder- bzw. Bezirksebene angeht) toleriert.
Der am Rand des Interesses liegenden Schulform "Hilfsschule" kann zu dieser Zeit noch kaum Beachtung geschenkt werden. Die Unterrichtsverwaltungen sind zu
sehr mit der Um- und Ausgestaltung der Volks- und Oberschulen im nationalsozialistischen Sinne beschäftigt.
Nach 1935 erwächst der Hilfsschule, neben der im Erlaß
von 1935 gekennzeichneten Aufgabe, durch die Ausgestaltung des Volksschulwesens zur betont leistungsbezogenen
Bildungseinrichtung eine weitere wichtige Funktion:
Sie muß die Volksschule von Schülern entlasten, die dem
zugedachten Leistungsanspruch nicht genügen können.
Gleichzeitig springt von der gewandelten Auffassung der
Volksschule ein Gedanke auf die Hilfsschule über.
Hat man in den ersten Jahren nach der Machtübernahme in
den allgemeinbildenden Schulen vor allem ein Instrument
gesehen, mit dem die erwünschte nationalsozialistische

Gesinnung jedem deutschen Kind möglichst früh und ausschließlich aufgezwungen werden kann, so setzt sich um 1935/36, schon im Zuge langfristiger Vorbereitung für Eroberungskriege, die Erkenntnis durch, daß die Schulen auch Leistung im intellektuellen und instrumentalen Bereich zu vermitteln haben. Es ist deshalb nicht verwunderlich, daß die AAoPr vom 27.4.1938 ("Allgemeine Anordnung über die Hilfsschulen in Preußen") die einseitige Zielsetzung des Erlasses von 1935 korrigiert. (48) Die AAoPr formuliert die Aufgaben der Hilfsschule in dreierlei Bereichen. "Die Hilfsschule entlastet die Volksschule, damit ihre Kräfte ungehemmt der Erziehung der gesunden deutschen Jugend dienen können." Die Entlastungsfunktion für die Volksschule steht somit auf Grund der oben beschriebenen Entwicklung im Vordergrund. Zur 2. Aufgabe wird die Zielsetzung des Erlasses von 1935 erklärt. Die Hilfsschule "bietet die Möglichkeit zu langjähriger, planmäßiger Beobachtung der ihr anvertrauten Kinder und damit zu wirksamer Unterstützung der erb- und rassenpflegerischen Maßnahmen des Staates." Zum ersten Mal in einer offiziellen, zentrale Bedeutung beanspruchenden Anweisung geht die AAoPr auf die Ziele und Formen der Erziehund in der Hilfsschule ein. Sie umschreibt, daß die Hilfsschule "die ihr überwiesenen Kinder in besonderen, den Kräften und Anlagen der Kinder angepaßten Verfahren (erzieht), damit sie sich später als brauchbare Glieder der Volksgemeinschaft selbständig oder unter leichter Führung betätigen können." Nun endlich stützt der nationalsozialistische Staat den Hilfsschullehrer in seiner Bildungsarbeit und vermittelt ihm das Bewußtsein, daß der Staat voll und ganz zur Arbeit in der Hilfsschule steht. Daß diese Absicherung, auf die die Lehrer in der Hilfsschule so lange gewartet haben, auf Kosten eines Teiles seiner Schüler (Schwerschwachsinnige bzw. Schüler des unteren Leistungsbereiches der Hilfsschule) und über die Aufbürdung weiterer pädagogikferner Aufgabenstellungen geschieht, macht dem heutigen Betrachter den positiven Sinn der staatlichen Bestätigung der Hilfsschularbeit mehr als zweifelhaft. Doch für die unmittelbar betroffenen Lehrer war die AAoPr, die in den folgenden zwei bis drei Jahren - wenn auch zögernd - von den übrigen Länderverwaltungen übernommen wird, eine längst erwartete Grundlegung für die weitere Arbeit in der Hilfsschule.

In den Jahren zwischen 1938 und 1942 spielen für die weitere Ausgestaltung des Hilfsschulwesens einige allgemeinstaatliche Entwicklungen eine entscheidende Rolle. Der Zentralisierungsprozeß im nationalsozialistischen Staat verstärkt sich noch weiter. Das bedeutet für die Hilfsschule, daß nun, nachdem die zentrale Einflußnahme bei der Umgestaltung des Volks- und Oberschulwesens erprobt worden ist, an eine "reichseinheitliche" Regelung zu denken ist. Man ist es inzwischen im RPrMinWEV leid, Erlässe und Anordnungen wie z.B. die AAoPr jahrelang durch Bitten, Erläuterungen und mehr oder weniger verstecktes Drohen im über Preußen hinausgehenden Reichgebiet einführen zu lassen.

Daneben hat sich durch die Vorbereitung bzw. Durchführung des Krieges ein Arbeitskräftemangel eingestellt, der die Ausnutzung auch "nicht vollwertiger Kräfte" notwendig und erstrebenswert erscheinen läßt. Für die Hilfsschule bedeutet dies eine verstärkte Besinnung auf das Erziehungs- und Unterrichtsgeschehen. Dem laufen allerdings, was die äußeren Bedingungen betrifft, die Tatsachen entgegen, die durch den Ausbruch und den unerwartet langen Fortgang des Krieges geschaffen werden. Den verstärkt in den Vordergrund gehobenen unterrichtlichen Bedürfnissen in der Hilfsschule stehen schon bald personelle und materielle Mangelerscheinungen aufgrund der Kriegssituation entgegen. Unter einem letzten, vierten Aspekt ist die Entwicklung der Aufgabenstellung für die Hilfsschule zwischen 1938 und 1942 zu sehen: In diesen Jahren wird nach und nach die innere Ausgestaltung der Volks- und Oberschulen beendet, so daß die Referenten des RPrMinWEV nun an den zahlenmäßig kleineren und den bedürfnisferneren Bereich der Hilfsschule gehen können.

Unter den genannten Voraussetzungen ist die Erarbeitung und Herausgabe der "Richtlinien für Erziehung und Unterricht in der Hilfsschule" vom 18.2.1942[49] zu sehen und zu beurteilen. In den Richtlinien selbst fällt sofort der Vorrang der Erziehung und des Unterrichts in der Hilfsschule auf. Bereits im ersten Satz wird das Ziel so formuliert: "Die Hilfsschule als Sonderschule dient der Erziehung der Kinder, die infolge ihrer Hemmungen und Störungen in der körperlichen, geistigen und seelischen Entwicklung dem allgemeinen Bildungsgang der Volksschule nicht zu folgen vermögen, einer Bildung und Erziehung aber zugänglich sind und bedürfen. Durch besondere, den Anlagen und Kräften der Kinder angepaßte Verfahren sucht sie diese Kinder in das Gemeinschaftsleben unseres Volkes einzuordnen und sie mit dem für ihren Lebenskreis notwendigen Wissen und Können auszurüsten; Die Kinder sollen so in den Stand gesetzt werden, nach Maßgabe ihrer Kräfte arbeits- und erwerbsfähige Glieder des deutschen Volkes zu werden." Die Umschreibung der Erziehungs- und Unterrichtsaufgaben nimmt gleich im Anschluß daran über vier Seiten ein. Mehr als Anhängsel dieser betont pädagogisch orientierten Aufgabenstellung findet sich die Forderung an den Hilfsschullehrer, sich "eine genaue Kenntnis der Mängel und Besonderheiten in der Beschaffenheit und Entwicklung des Kindes und in seinen Erb- und Umweltverhältnissen" zu verschaffen. Dies drückt sich konkret in der "gewissenhaften Führung des Personalbogens" aus. Lediglich der letzte Satz der "Allgemeinen Richtlinien" erinnert an die früher vordringlichen Aufgaben der Hilfsschule: "Diese Arbeit des Hilfsschullehrers ergibt zugleich die Grundlage für die mit der Hilfsschularbeit verbundene Gutachtertätigkeit, für die häufig erforderliche Erziehungsberatung und für die verantwortungsvolle Mitarbeit des Hilfsschullehrers an den volksbiologischen und bevölkerungspolitischen Aufgaben

und Maßnahmen des Staates." Wie ein weitgehend zur Wirkungslosigkeit verdammtes Rückzugsgefecht nimmt sich der Rahmenerlaß zu den Richtlinien aus, der dem für den Lehrer und die Unterrichtsverwaltungen bestimmten Fachteil vorangestellt ist. Hier wird nochmals gesagt, daß die Hilfsschule die Aufgabe habe, "die Volksschule zu entlasten, die erb- und rassenpflegerischen Maßnahmen des Staates zu unterstützen und die ihr überwiesenen Kinder in besonderen, den Kräften und Anlagen dieser Kinder angepaßten Verfahren zu erziehen, damit sie sich später als Glieder der Volksgemeinschaft nutzbringend betätigen können."
Die hier wiederholten Aufgabenstellungen der AAoPr finden in der Praxis weniger Beachtung, da nach den "Richtlinien für Erziehung und Unterricht", die ihre Schwerpunkte anders setzen, "künftig in sämtlichen Hilfsschulen des Reiches zu verfahren" ist.
Es soll jedoch nicht verkannt werden, daß die rassenpolitischen Aufgabenstellungen durch die Schulung der Lehrer und die intensive Zusammenarbeit der Schulen und Schulverwaltungen mit den mit der Durchführung des GzVeN befaßten Stellen (Gesundheitsämter, NSV, Erbgesundheitsgerichte usw.) inzwischen in der Arbeit der Hilfsschule stärker verankert ist, als dies in den Jahren bis 1938 der Fall war. Mit der Einführung der Richtlinien von 1942 soll ein neuer Abschnitt der Hilfsschularbeit in Deutschland eingeleitet werden. Doch die Gegebenheiten des Krieges lassen diese Absicht nur zum Teil Wirklichkeit werden (siehe auch 7.1 "Lehrpläne und Richtlinien für die Hilfsschulen" und 6.5 "Die Hilfsschule im Zweiten Weltkrieg").

4.1 Die Hilfsschule und ihre erbgesundheitliche und rassenpolitische Aufgabenstellung

Die erbgesundheitliche und rassenpolitische Aufgabenstellung für die Hilfsschule, wie sie in unterschiedlicher Intensität im Erlaß von 1935, der AAoPr von 1938 und den Richtlinien von 1942 zum Ausdruck kommt, kann in drei Teilaufgaben untergliedert werden. Zum einen soll die Hilfsschule als Sammelbecken für Kinder und Jugendliche wirken, von denen die Initiatoren und die ausführenden Organe des GzVeN annehmen, daß sie unter dieses Gesetz fallen. In dem Bereich dieser Teilaufgabe fällt auch die Verpflichtung für den Hilfsschullehrer, Unterlagen über die Schüler zu sammeln, um sie im Falle eines in die Wege geleiteten Erbgesundheitsverfahrens dem zuständigen Erbgesundheitsgericht zur Verfügung stellen zu können. Diese Aufgabe institutionalisiert sich in der Schaffung eines Personalbogens für die Hilfsschüler, der alle Daten erfassen soll, die für ein eventuelles Erbgesundheitsgerichtsverfahren erforderlich sind.

Zum zweiten soll der Hilfsschullehrer - was jedoch umstritten bleibt - insoweit bei Verfahren mit dem Ziel der Sterilisation mitwirken, als er Gutachten bzw. Teilgutachten über Schüler verfertigt, die dem Erbgesundheitsgericht u.a. als Grundlage für die Entscheidung über die Sterilisation dienen.

Eine dritte Teilaufgabe im Bereich der Rassenpolitik des NS-Staates liegt im Randbereich der Hilfsschule bzw. schon außerhalb dieser: Die - wie auch geartete - Beteiligung an den Maßnahmen "zur Vernichtung unwerten Lebens", zur Euthanasie. Es sei hier schon gesagt, daß kaum direkte Verbindungen zwischen den "Aktionen zur Vernichtung lebensunwerten Lebens" und Hilfsschuleinrichtungen festzustellen sind. Dies wird sofort verständlich, wenn die frühe Abtrennung der Schwerschwachsinnigen, die ja für solche unmenschlichen Maßnahmen zu dieser Zeit in Betracht kommen, in Erinnerung gerufen wird.

Diese schwer geistig behinderten Kinder werden aus der
Hilfsschule ausgeschult und in Anstalten untergebracht
bzw. ohne Beschulung in die Familien zurückgeschickt.
(Siehe 5.3). Über die Anstalten läuft dann ab 1939 ein
Todesprogramm, das die brutalste Konsequenz aus dem so-
zialdarwinistischen Ideengemisch führender Kräfte des
Nationalsozialismus darstellt.

4.1.1 Die Sammelbeckenfunktion der Hilfsschule

Die Funktion der Hilfsschule als Sammelbecken für erbkranken Nachwuchs steht unter zwei Aspekten. Der eine Gesichtspunkt bezieht sich auf die Hypothese, daß in der Hilfsschule sich überwiegend Kinder und Jugendliche befinden, die nach den Vorstellungen des GzVeN von einer Vererbung ausgeschlossen oder zumindest in ihrer Vererbungsqualität angezweifelt werden müssen. Die vereinfachte Gleichung "Hilfsschüler = Erbkranker" ist in ihrer Ausschließbarkeit eine Wunschvorstellung der Erbbiologen, die sie besonders in den Jahren bis 1936/37 nicht losläßt. Es wäre ja auch zu verlockend, in der Schülerschaft der Hilfsschule einen Personenkreis vorzufinden, der zumindest einem Auswahlkriterium des GzVeN ("angeborener Schwachsinn") ausschließlich unterworfen ist. Der Wunsch, eine schulische Einrichtung zu haben, welche die Durchführung des GzVeN im Organisatorischen auf so angenehme Weise ermöglicht, geht aus einer Bemerkung Mosers hervor: "Maßgebliche Stellen haben sogar schon behauptet, daß man die Hilfsschule hätte aus Gründen der Erbauslese schaffen müssen" (Moser 1938, 422). Die "maßgeblichen Stellen", mit denen Moser, wie aus dem Text hervorgeht, Erbbiologen in staatlichen Diensten meint, hätten offensichtlich die Bequemlichkeit geschätzt, in der Schülerschaft der Hilfsschule eine geschlossene Gruppe von Erbkranken präsentiert zu bekommen. Die Hypothese von der Gleichsetzbarkeit von Hilfsschülern und Erbkranken löst eine Unzahl von Untersuchungen aus, die zu stark unterschiedlichen Ergebnissen führen. Sie zu referieren und zu bewerten erscheint angesichts der zumeist ungenügenden statistischen Absicherung und / oder nicht nachprüfbarer Methoden müßig. Je nach Standort und Untersuchungsansatz werden Ergebnisse angeboten, von denen angenommen werden muß, daß es sich häufig nur um Schätzungen handelt. Die Skala dieser Angaben reicht von "wenige", "nur ein geringer Teil; 20 % (Hiller in einem Tätigkeitsbericht der Fachschaft V im NSLB, Gau Württemberg-Hohenzollern, für das erste Vierteljahr 1936 [50]) über "68 % sind erblich belastet" (Jörns 1934, 42) bis "Hilfsschüler sind zumeist erbkrank" (Lange 1936).

Wichtiger erscheint es uns, die Frage zu untersuchen, inwieweit der zweite Aspekt der Sammelbeckenfunktion der Hilfsschule in der praktischen Arbeit zum Tragen kommt. Dieser umfaßt die Verpflichtung, Material über die Schüler dieser Schulart zu sammeln, welches die Erbgesundheit beweisen bzw. die Grundlage für Erbgesundheitsverfahren mit dem Ziel "der Ausmerze aus dem Erbgang" (Eydt 1939, 110) schaffen soll.

Bald nach der Machtübernahme durch die Nationalsozialisten ist eine Gruppe von Hilfsschullehrern auszumachen, die sich mehr oder weniger deutlich zur Mitarbeit an den erbbiologischen Maßnahmen drängt. Besonders tut sich dabei Breitbarth hervor. Er geht zwar nicht so weit, die Beteiligung der Heilpädagogen an den "Spruchkammern" (Erbgesundheitsgerichte) zu fordern, glaubte die Lehrer jedoch maßgebend im Vorfeld der Entscheidungen über die Erbgesundheit beteiligen zu müssen. Im einzelnen soll der Heilpädagoge an folgenden Teilentscheidungen mitwirken: Wenn "Blender" auftreten, die bei Prüfungen gut abschneiden, sonst aber schwach sind, so soll das Urteil der Heilpädagogen solche Fehlurteile korrigieren. Dies kann auch geschehen, wenn Kinder mit "gefährlichen Charakteranomalien" (Breitbarth 1933 b, 454) bei den Tests der Psychologen durchschlüpfen könnten. Darüber hinaus sollen die Heilpädagogen häufig bei den Tests im Erbgesundheitsverfahren teilnehmen, um auch da "wo eindeutig praktische Intelligenz, Pflichtbewußtsein und Gewissenhaftigkeit vorliegen", die Intelligenzprüfung des Psychologen nicht allein entscheiden zu lassen. Eine weitere Teilverpflichtung meint Breitbarth dem Hilfsschullehrer in der Aufklärung der Eltern und Kinder über die erbgesundheitlichen Maßnahmen des Staates zuweisen zu müssen. Eine Hauptaufgabe sieht Breitbarth in

der "Materialsammlung zur Gewinnung von Wesens- und Charakterbildern geschädigter Kinder und ihrer Ahnenreihe", was sich in der Führung des Personalbogens bzw. der Schülercharakteristik realisiert. Daß Breitbarth sich, wohl aus Gründen einer Überanpassung an das neue Regime, sehr weitgehend um eine Mitwirkung der Hilfsschullehrer an den erbgesundheitlichen Maßnahmen bemüht, beweisen zwei Formulierungen am Ende seines Aufsatzes. Der Materialsammlung spricht er die Bedeutung zu, neben einer "gesicherten Grundlage für die richtige unterrichtliche und erziehliche Behandlung seiner Schutzbefohlenen .... im erheblichen Umfang die Beweisaufnahme für das Spruchkollegium über zukünftiges Sein oder Nichtsein des betreffenden Erbganges" zu bilden (459). Daß eine solche Formulierung nicht unabsichtlich einem vom Wunsch nach schneller Angleichung beseelten Nationalsozialisten in die Feder geflossen ist, beweist die folgende Beurteilung der Funktion des Personalbogens. Er "wird zur Urkunde für das Schicksal des betreffenden Kindes und legt damit dem Heilpädagogen die allergrößte Verantwortung auf, die er nur zu tragen vermag, wenn er sich seiner Pflicht gegen die deutsche Volkheit voll bewußt ist" (459). Konnte solch ein pentrante Abbiederung der Meinung aller Hilfsschullehrer entsprechen?
Unter der Voraussetzung, daß schon bald nach 1933 zumeist nur noch parteikonforme Äußerungen gedruckt werden können, läßt sich im folgenden sicher kein klares Bild über die Meinung der Hilfsschullehrer zu der von Breitbarth angeschnittenen Problematik zeichnen. Für den heutigen Betrachter ist die große Zahl von Autoren auffällig, die - wenn auch nicht immer in der Ausschließlichkeit wie Breitbarth - ihre Meinung dem Zeitgeist anpassen. Tornow (1934 b) bekennt sich wohl zur positiven Mitarbeit bei der "praktischen Durchführung rassenhygienischer Maßnahmen" (d.h. das Erarbeiten von "Kenntnissen über zu berücksichtigende Verwandtschaftsverhältnisse über mehrere Geschlechterfolgen hin", 110), doch meldet Tornow Beden -

ken gegenüber den Methoden der Psychologie an, die
Intelligenzquotienten bzw. Intelligenzalter feststellen soll. Er meint, daß die Feststellung "Minderwertigkeit oder nicht" nur in Zusammenarbeit mit dem Hilfsschullehrer, der die Gelegenheit zu langjähriger Beobachtung habe, getroffen werden könne. Er wehrt sich
gegen eine pauschale Gleichsetzung von Hilfsschüler
und erblichem Schwachsinn, was zwangsläufig die Mechanik des GzVeN in Gang setzen würde.
Auch Krampf weist "dem Heilpädagogen die Erfüllung
seiner ihm von dem Volksgesamt zugewiesenen volksbiologischen Aufgabe (zu), die sich in Forschung, Prüfung
und Aufklärung gliedert" (Krampf 1936a, 42). Doch ist
festzustellen, daß Krampf gerade in seinen Veröffentlichungen von 1937 (1937a und 1937 c) von der Überbewertung der volksbiologischen Aufgabe der Hilfsschule
abrückt und das erziehliche und unterrichtliche Moment
der Hilfsschularbeit als gleichrangig verstanden haben
will.
Doch vorerst noch, in den Jahren 1933 bis 1935, ist
eine überdeutliche Anpassung an die NS-Ideologie in der
Hilfsschullehrerschaft zu verzeichnen. Daß Ruckau, als
Führer der Fachschaft V im NSLB, "den Juristen und den
Medizinern in den Erbgesundheitsgerichten aus unserer
reichen Erfahrungen unsere ganze Kraft zur Hilfe und
Mitarbeit" (Ruckau 1934, 28) anbietet, versteht sich
fast von selbst. Es wirkt heute jedoch beschämend, wenn
ein Hilfsschullehrer (Erich Gossow) am 19.2.1934 bei
MinRat Dr. Gütt im RMinI folgende Anfrage stellt: (51)
Er, Gossow, habe eine Reihe von Stammtafeln von Hilfsschulfamilien erforscht und gezeichnet, "aus denen hervorgeht, daß in ihnen Schwachsinn vererbt wird. Aufgrund
dieser Vorarbeiten fühle ich mich verpflichtet, dem hiesigen Amtsarzt Anzeige zu erstatten. Von meinem stellvertretenden Schulleiter wurde mir aber gesagt, daß ich
dazu nicht berechtigt wäre. Ich bin aber anderer Meinung!
In der Verordnung zur Ausführung des GzVeN vom 5.12.1933
heißt es im Artikel 3 Abs. 4: 'Die gleiche Verpflichtung

haben sonstige Personen, die sich mit der Heilbehandlung, Untersuchung und Beratung von Kranken befassen.'
Sind mit diesen 'sonstigen Personen' auch wir Hilfsschullehrer als Heilerzieher gemeint?
Recht dankbar wäre ich, wenn ich von Ihnen eine Antwort bekommen könnte, um an der Erbgesundung unseres Volkes mitarbeiten zu können. Heil Hitler! gez.E.G."
Dr. Gütt läßt am 12.3.1934 über das RMinWEV und den zuständigen Regierungspräsidenten von Madgeburg Gossow antworten, daß "für Hilfsschullehrer eine Verpflichtung zur Anzeige nicht begründet" sei. "Selbstverständlich muß aber das Schülermaterial der Hilfsschulen nach Erbkranken durchforscht werden. Dies dürfte am besten durch den Schularzt geschehen. Die Erfahrungen und Beobachtungen der Hilfsschullehrer werden dabei zu verwerten sein."
Bei der Diskussion über die Mitwirkung der Hilfsschule und der Hilfsschullehrer bei erbpflegerischen Maßnahmen des nationalsozialistischen Staates in den Jahren zwischen 1933 und 1935 konzentrieren sich die Beiträge der Autoren bzw. die noch auffindbaren Dokumente immer mehr auf die Ausgestaltung, Funktion und Auswertung der Personalbögen. Für die Ausgestaltung dieses Bogens werden von allen Seiten Vorschläge gemacht. Die Fachschaft V im NSLB Gau Westfalen Süd und Nord, läßt den in ihrem Bereich verwendeten Hilfsschulpersonalbogen am 21.12.1933 von Prof. Eugen Fischer bzw. v. Verschuer vom Kaiser-Wilhelm-Institut für Anthropologie, Erblehre und Eugenik in Berlin begutachten. (52) Danach läuft dieser Vorschlag an das RPrMinWEV, welches am 4.4.1934 den Bogen einschließlich des "genealogischen Ergänzungsbogens" an die Regierungspräsidenten von Düsseldorf und Liegnitz und an den Oberpräsidenten von Berlin schickt. Von daher kommen nun Bedenken gegen die allzu hochfliegenden Pläne der Erbhygieniker und der überangepaßten Hilfsschullehrer. Der Oberpräsident von Berlin und Brandenburg formuliert am 26.4.1934 seine Bedenken. (53) Damit trifft er auch die

Überlegungen seiner Kollegen von Liegnitz und Düsseldorf. "Ich verweise zunächst auf die Tatsache, daß die Eltern der für die Hilfsschule in Frage kommenden Kinder in vielen Fällen schon an und für sich ein schwer zu behandelndes Menschenmaterial darstellen. Die Scheu, die Kinder den Hilfsschulen zu überweisen, ist weit verbreitet und das Mißtrauen der Eltern gegen eine mit der Überweisung des Kindes an eine Hilfsschule angeblich verbundene Minderung der Achtung und des Ansehens ist groß. Wenn nun noch dazu die psychologischen Verhältnisse erschwert werden durch Fragen wie, ob Fürsorgeerziehung bei den Eltern oder Intelligenz-Defekte, Strafen und dergleichen vorliegen, so ist leicht daran zu sehen, daß die Nachfrage nach solchen Unterlagen zur Erschwerung des Verhältnisses zwischen Schule und Eltern führen könnte. Es wird gewiß verständige Eltern geben, die eine wohlgemeinte Frage nach in der Familie möglicherweise vorliegenden Krankheiten um des Kindes willen beantworten. Aber im allgemeinen wird die Aufstellung eines um die gekennzeichneten Fragen erweiterten Fragebogens derart viel Mühe und Verdruß machen, daß man sich fragen muß, ob der Aufwand die Ergebnisse daraus rechtfertigt."

In diese Zeit der ungeklärten Aufgabenstellung für den Personalbogen der Hilfsschule fällt auch eine Anfrage des Heilpädagogischen Instituts Berlin vom 16.6.1934 an das RPrMinWEV. [54] Das Institut habe erfahren, daß "mehrere Hilfsschulen gegenwärtig von Schul- und Bezirksärzten um schriftliche Auskünfte über die Kinder der Hilfsschule zwecks Durchführung des Sterilisationsgesetzes angegangen werden. Die meisten Hilfsschulen sind dem Verlangen nachgekommen, da die Lehrer selbstverständlich der Forderung des Gesetzes entsprechend, bereit sind, an der Ausführung der gesetzlichen Vorschriften nach Kräften mitzuarbeiten. Da im preußischen Schulwesen aber grundsätzlich ein die persönlichen Verhältnisse der Kinder betreffender Bericht ohne Erlaubnis oder allgemeine Aufforderung des Unterrichtsministeriums an keine

Behörde abgegeben werden darf, erscheint es zweckmäßig, die Hilfsschulen und auch die Normalschulen generell anzuweisen, auf welche Krankheitserscheinungen, in welchem Umfang (besonders bei Debilen und Psychopathen) und an welche Behörden sie Berichte über Erbkranke oder erbkrankverdächtige Kinder abzugeben haben, und ob die Eltern und Erziehungsverpflichteten der Kinder über diese Berichterstattung zu benachrichtigen sind."

Während noch die Ausgestaltung und die Verwendung des Personalbogens ungeklärt bleiben und es noch zu keiner offiziellen, bindenden Äußerung des RPrMinWEV kommt, erläßt der Regierungspräsident von Düsseldorf den oben erörterten Runderlaß vom 27.2.1935. Zwischen ihm und der Übernahme in Preußen am 6.7.1935 ist wiederum eine Aktivität der Heilpädagogen festzuhalten. Die Fachschaft V des NSLB, Gau Essen, sucht in Eingaben an das Rassenpolitische Amt der NSDAP (Dr. Groß) vom 2.4.1935 und an das RPrMinWEV vom 25.5.1935 die rassenpolitische Aufgabe der Hilfsschule durch die Übernahme in Preußen bzw. im Reich zu fixieren. [55] MinRat Frank vom RPrMinWEV stellt am 24.6.1935 in einer Aktennotiz fest, daß "das rassenpolitische Amt eine Ausdehnung der Verfügung auf Preußen bzw. auf das Reich für zweckmäßig halten würde. In diesem Sinne hat eine mündliche Besprechung mit MinRat Dr. Stolze stattgefunden." Für den NSLB hat sich also die Kalkulation, über ein Parteiamt (Rassenpolitisches Amt) Druck auf die Administration auszuüben, als richtig erwiesen. Schon am 6.7.1935 erfolgt die Übernahme des Düsseldorfer Erlasses in Preußen, ohne daß im Text "die tätige Mitarbeit zur Erreichung dieser Ziele" (d.h. der Ziele des nationalsozialistischen Staats auf erb- und rassenpolitischem Gebiet) näher erläutert wird. Daß der Entscheidungsprozeß zu dieser Zeit noch nicht abgeschlossen ist, geht aus der oben genannten zugehörigen Aktennotiz [56] des MinRats Dr. Stolze hervor. Man will zwar die "möglichst enge Verbindung der Hilfsschule mit den zur Durchführung des GzVeN betroffenen Einrichtungen"

anstreben. Doch "in dieser Hinsicht ist schon heute
zu sagen, daß das Reichsministerium des Innern den hier
und da zutage getretenen Bestrebungen der Hilfsschullehrer, Sitz und Stimme in den Erbgesundheitsgerichten
zu erhalten, ablehnend gegenübersteht. Ob der Hilfsschullehrer über die ihm jetzt schon obliegende Aufgabe des sachverständigen Gutachters und Beraters hinaus
zu weiteren, amtlich abgegrenzten Aufgaben zugelassen
werden kann, werden Verhandlungen mit dem RMin des
Innern ergeben müssen".
Inzwischen versuchen einige parteitreue Hilfsschullehrer - allen voran der Fachgruppenleiter "Hilfsschulen"
der Fachschaft V im NSLB, Alfred Krampf - einen Personalbogen für die erbbiologische Erfassung der Hilfsschüler in der Schulverwaltung unterzubringen. Am
29.11.1935 schreibt Krampf an MinRat Dr. Stolze im
RMinWEV, daß er den von ihm früher schon vorgeschlagenen Anmelde- und Personalbogen für Hilfsschüler nochmals überarbeitet habe und ihn sofort einführen wolle.(57)
Er versucht, das RMinWEV zu einem Erlaß zu drängen, in
dem dieser Bogen reichseinheitlich gedruckt und eingeführt
wird. Krampf strebt offensichtlich eine zentrale, unter
Zeitdruck stehende Regelung an, die ihn sogar die Herstellung des Bogens im Selbstverlag vorschlagen läßt.
Doch am 24.12.1935 wird ihm geantwortet, daß der Bogen
noch durch das RMinI geprüft werden müsse. Was die Herstellung und Verteilung des Bogens angeht, so zeigt sich
bei diesem Vogang wieder einmal deutlich, daß die deutsche Verwaltungstradition häufig den vom Parteiinteresse
bestimmten Praktiken in der Verwaltung (z.B. Wunsch nach
zentraler Regelung auch wenig wichtiger Angelegenheiten)
entgegensteht. Krampf muß es sich gefallen lassen, darauf
hingewiesen zu werden, daß dem Vorschlag, den Bogen im
Ministerium "herstellen zu lassen oder die Herstellung
einer dritten Stelle zu übertragen" aus "grundsätzlichen
Erwägungen nicht entsprochen werden" könne. "Es ist
Sache der Schulunterhaltsträger, die von den Schulaufsichtsbehörden für den Hilfsschulbetrieb vorgeschriebenen

Vordrucke zu beschaffen. Ob die Unterhaltsträger die
Vordrucke selbst herstellen oder sie von Dritten herstellen lassen, muß ihnen überlassen bleiben."
Auch was den eigentlichen Inhalt der Initiative von
Krampf angeht, den Vorschlag eines Personalbogens,
wird Krampf eine deutliche Absage erteilt. Dr. Gütt
vom RMinI schreibt am 11.1.1936 an das RMinWEV, daß
der Präsident des Reichsgesundheitsamtes einen Bericht
über den Bogen von Krampf gefertigt habe. "Der Reichsfachgruppenleiter (Krampf) für Hilfsschule im NSLB
hat danach seinen Entwurf für den Fragebogen über
Hilfsschulkinder zunächst zurückgezogen. Ich habe ihm
empfohlen, die weiteren Vorarbeiten im Einvernehmen
mit dem Herrn Präsidenten des Reichsgesundheitsamts
zu fördern. Das Reichsgesundheitsamt hat von mir Auftrag erhalten, einen neuen einheitlichen Personalbogen für Schüler vorzubereiten, aus dem dann der Fragebogen für Hilfsschuler entsprechend weiterentwickelt
werden müßte. Ich möchte deshalb anregen, von weiteren
Maßnahmen dort vorerst abzusehen."
Daß die Ausarbeitung bzw. Nutzung eines Personalbogens
für Hilfsschulen in die Bereiche mehrerer staatlicher
Verwaltungen fällt und damit die Möglichkeit für Kompetenzreibereien schafft, geht aus einem Vermerk von
MinRat Frercks vom RMinWEV und einem Brief desselben
vom 1.4.1936 an das RMinI hervor. Darin wird zugebilligt,
daß die schulärztliche Beurteilung der Kinder vom RMinI
ausgehen könne. Doch soll die pädagogische Beobachtung
der Schüler im Vordergrund stehen und vom RMinWEV gesteuert werden. "Ich stimme Ihnen darin zu, daß die
Einführung von Personalbogen für die Schüler und Schülerinnen <u>aller</u> mir unterstellten Schulen aus Gründen,
die näherer Erörterung nicht bedürfen, wünschenswert ist.
Eine solche Maßnahme wird der eingehendsten Prüfung
bedürfen. Ich bin gerne bereit, diese Prüfung <u>federführend</u> - unter Ihrer Mitwirkung - zu veranlassen, sobald
mir die von Ihnen aufgestellten Entwürfe vorliegen."

Schulungskurse f. Sonderschullehrer

Auch der Parteiapparat bzw. ihm nahestehende Organisationen glauben, sich um die erbpflegerische Verwertung von Hilfsschulakten kümmern zu müssen. In den Akten des Deutschen Gemeindetages finden sich Briefe des "Hauptreferenten für Volksgesundheit der NS-Volkswohlfahrt, Kreis Heidelberg", an Stellen der Kommunalverwaltung, Gerichte und Gesundheitsbehörden mit dem Wunsch nach "Aufbau eines automatisch wirksamen Meldeapparates", bezogen auf das GzVeN. (58) Der Vertreter der NSV vertritt darin die Meinung, daß die Querverbindung zu den Schulämtern und damit die Verwertung von "Schulzeugnissen, insbesondere die Beurteilungen über Hilfsschüler zur Feststellung geistig defekter Familien von äußerster Wichtigkeit sind. Die Namen dieser Hilfsschüler sowie deren Eltern müssen bei dieser Bearbeitungsstelle der NSV kartothekmäßig bekannt sein." (Daten des Briefes waren nicht zu ermitteln; vermutlich bald nach 1933!)
Um die Sonderschullehrer auf die auf sie zukommende Aufgabe des Sammelns von Unterlagen für die Durchführung des GzVeN vorzubereiten, finden immer wieder Schulungskurse und -lager, veranstaltet von Universitätsinstituten, Gesundheitsbehörden, den rassenpolitischen Ämtern und dem NSLB statt. Eine Großveranstaltung dieser Art ist in der Zeit vom 27.9. bis 7.10.1936 der "1. Rassenpolitische Reichskurs im NSLB in Zusammenarbeit mit dem Rassenpolitischem Amt" in Tasdorf, dem Schulungslager des Gaues Großberlin. (59)
Die enge Verbindung der Anliegen des Rassenpolitischen Amts der NSDAP mit der Zielsetzung der Hilfsschule als Sammelbecken erbbiologisch und rassenhygienisch bedenklicher Kinder und Jugendlicher findet ihren Ausdruck in der Schaffung eines "Referats für negative Auslese und Sonderschulfragen" beim Rassenpolitischen Amt der NSDAP am 18.1.1937, für das, in Personalunion mit der Fachschaftsleitung Sonderschule im NSLB, Ruckau, als Leiter fungiert. (60)
Die Zusammenarbeit von Hilfsschulen und Gesundheitsämtern,

die ja überwiegend mit der Sicherung von Material
zur Einleitung von Erbgesundheitsverfahren befaßt sind,
besteht, soweit dies heute noch nachweisbar ist,
schon vor dem Erlaß der Verpflichtung zur Führung eines
erbbiologischen Bedürfnissen genügenden Personalbogens durch die Hilfsschulen. Diese Zusammenarbeit ist
jedoch vor 1940 stark von persönlichen Initiativen
der Sonderschullehrer bzw. der Beamten der Gesundheitsämter abhängig. In München ist es z.B. der Obermed.Rat
Dr. Stemplinger, der am 8.4.1938 eine Zusammenarbeit
zwischen Gesundheitsamt und Hilfsschulen/Hilfsberufsschulen zwecks "Erfassung und Ausmerze schwachsinniger Hilfsschüler in München" anregt. (61) Nach einem
Gespräch am 29.6.1935 zwischen Vertretern seines Amtes und Hilfsschullehrern bringt er in seinem Amtsbereich einen "Erbbiologischen Schülerbogen für Sonderschulen" zur Einführung.
Dr. Tornow berichtet aus Madgeburg, daß "die Pestalozzischule in Magdeburg im Jahre 1939 wiederum 130
ausführliche Gutachten über einen Teil ihrer Schüler
und ehemaligen Schüler an die Erbgesundheitsbehörden,
die Jugendämter usw. ausgestellt" habe. (62) Es ist
Tornow abzunehmen, daß die Hilfsschullehrer sich in
"jahrelanger Kleinarbeit ... um ein treffendes, etwas
besagendes und gerechtes Urteil nach den verschiedensten Seiten" bemüht haben. Doch muß der Beurteiler aus
unserer heutigen Sicht heraus die Korrumpierung der pädagogischen Arbeit des Hilfsschullehrers in dieser
Zeit, wie sie in den Angaben von Tornow zum Ausdruck
kommt, außerordentlich bedauern.
In ähnlicher Weise weist das Stadtschulamt in Pforzheim am 15.11.1942 in einem "Bericht über die Durchführung der Neuordnung der Erziehung und des Unterrichts
in der hiesigen Hilfsschule gemäß der Richtlinien von
1942" auf die Mitwirkung der Hilfsschule an "rassenpflegerischen Maßnahmen" hin. "Diese verantwortungsvolle
Arbeit findet seit Ostern 1934 alljährlich ihren Niederschlag in dem alljährlichen erbbiologischen Bericht

an das hiesige Staatliche Gesundheitsamt über jedes
zur Entlassung kommende Hilfsschulkind." (63)
Daß die Hilfsschule auch ihren Beitrag zu - angeblich -
wissenschaftlichen Untersuchungen auf dem Gebiet der
Erbbiologie (Genealogie) leistet bzw. leisten muß,
geht aus einem Erlaß des Kultministers von Württemberg vom 6.2.1936 hervor. (64) In einem Schreiben an das
Kaiser-Wilhelm-Institut für Genealogie und Demographie
in München bietet er die Mitarbeit der württembergischen Hilfsschulen bei den Untersuchungen über schwachsinnige Zwillingspaare an. Es sei z.B. in der Stuttgarter Hilfsschule schon Vorarbeit geleistet, indem
"unter den 1600 bis 1800 Schülern der Stuttgarter
Hilfsschule der letzten 25 Jahre bis jetzt 8 Zwillingspaare nachgewiesen werden können. Deren Schulakten
können für kurze Zeit zur Verfügung gestellt werden."
Der Kultminister möchte den Erlaß auch außerhalb von
Stuttgart auf die Hilfsschulen angewendet wissen,
fügt jedoch hinzu: "Außer den Akten über die Zwillingspaare dürfen keine Akten abgegeben werden."
Alle diese regionalen, von Einzelaktivitäten abhängigen
Maßnahmen der Hilfsschule zur Sammlung von Unterlagen
für die erbpflegerischen Absichten des NS-Staates erfahren ihre öffentliche Legitimation durch den Erlaß
des RMinWEV vom 2.3.1940 "Personalbogen für Hilfsschüler". (65) In der vom RMinWEV vorgeschriebenen Fassung
sind "der bisherige Anmeldebogen der Volksschule und
der von der Hilfsschule zu führende Personalbogen zu
einem Bogen zusammengefaßt. Hierdurch ist eine übersichtliche Darstellung der gesamten Entwicklung des
Hilfsschulkindes von seiner Ausschulung aus der allgemeinen Volksschule bis zur Beendigung der Schulpflicht
bzw. Berufsschulpflicht gewährleitet." In diesem Bogen hat die Volksschule, die das Kind zur Hilfsschule
anmeldet, die Hilfsschule über die Ergebnisse der Aufnahmeprüfung, der Schul- oder Amtsarzt über den Aufnahmebefund, der Schulrat über seine Entscheidung über

die Aufnahme in die Hilfsschule und der Hilfsschullehrer bzw. der Schul- und Amtsarzt über die Entwicklung des Kindes während der Hilfsschulzeit ihre Eintragungen zu machen. Dazu kommen "kurz vor Beendigung der Schulpflicht eine zusammenfassende Darstellung der Gesamtentwicklung des Hilfsschulkindes während der Hilfsschulzeit" und Eintragungen der Berufsschule. Zu der zusammengefaßten Darstellung der Entwicklung und der Schullaufbahn eines Hilfsschulkindes, wie sie in der vorgeschlagenen Form sehr vernünftig und praktikabel war, kommt nun noch die Unterlage zur "erbgesundheitlichen Erfassung" des Hilfsschulkindes. Sie ist "durch die jedem Personalbogen beizufügende Sippentafel gewährleistet. Die Eintragungen in die Sippentafel sind von der Hilfsschule in Zusammenarbeit mit dem Gesundheitsamt vorzunehmen."
An die Querelen über Formen und Kompetenzen bei der erbbiologischen Erfassung der Hilfsschüler zwischen dem RMinWEV, dem RMinI und Parteiorganisationen (NSV, Rassenpolitische Ämter) erinnert die parallel zu den Sammel- und Registrierungsaufgaben der Hilfsschule eingeführte Regelung. "Daneben wird bei dem für den Wohnort des Hilfsschülers zuständigen Gesundheitsamt über jeden Hilfsschüler eine Karteikarte nach den vom Reichsministerium des Innern herausgegebenen 'Grundsätzen für die Tätigkeit der Beratungsstellen für Erb- und Rassenpflege usw.' geführt. Nach Aufnahme des Kindes in die Hilfsschule haben die Leiter der Hilfsschule die Personalien in die Karteikarten, die ihnen von den Gesundheitsämtern kostenfrei zur Verfügung gestellt werden, einzutragen und diese zurückzusenden." Durch die doppelte Registrierung von Hilfsschülern will man vermutlich sowohl den bei Verwaltungsvorgängen unabsichtlich entstehenden Unzulänglichkeiten als auch einem absichtlichen Verschleiern von Daten über Hilfsschüler durch die Hilfsschulen entgegenwirken. Zudem kommt in dieser Regelung zum Ausdruck, wie stark das RMinI, als vorgesetzte Behörde der Gesundheitsämter, die erbge-

sundheitliche Überwachung des Hilfsschulwesens für sich in Anspruch nimmt und somit einen unangemessenen Einfluß auf den pädagogischen Bereich gewinnt.

4.1.2 Hilfsschüler und Sterilisation

Grundlage für alle erbhygienischen Maßnahmen des nationalsozialistischen Staates, die sich überwiegend auf freiwllige oder zwangsweise Sterilisation beziehen, ist das GzVeN vom 14.7.1933 und die zugehörigen Ausführungsverordnungen der kommenden Jahre. Darin sind der Personenkreis, das Antrags- und Entscheidungsverfahren und die Bestimmungen der Durchführung gesetzlich geregelt.

Für Hitler und seine Parteigänger sind die erbpflegerischen, erbhygienischen und rassenpflegerischen (diese Begriffe werden häufig in sich ganz oder teilweise deckender Sinngebung verwendet!) Maßnahmen, die sie verwirklichen sollen bzw. verwirklichen, zentrale Inhalte ihres politischen Denkens und Handelns. Entsprechende Gedankengänge durchziehen Hitlers "Kampf" und viele Reden vor der Machtergreifung.

In der Rede zum ersten Jahrestag der Übernahme der Macht durch die Nationalsozialisten geht Hitler auf das Problem der erwünschten und unerwünschten Vererbung in einem Staat ein. Er sieht für das Volk eine schwere Belastung in dem "Heer jener, die aus Erbveranlagung von vornherein auf der negativen Seite des völkischen Lebens geboren wurden. Hier wird der Staat zu wahrhaft revolutionären Maßnahmen greifen können" (Domarus 1965, 355). Er preist dann das GzVeN, das vor etwa einem halben Jahr erlassen worden ist und sucht vor allem caritative Einstellungen, wie sie besonders bei den Kirchen zu finden sind, anzuprangern. Das "Geschehenlassen auf diesem Gebiet (ist) nicht nur eine Grausamkeit gegen die einzelnen unschuldigen Opfer, sondern auch eine Grausamkeit gegen die Gesamtheit des Volkes" (355). Hitler macht den Kirchen nun ein fadenscheiniges Angebot, das durch die Repressionen gegen kirchlich-caritative Einrichtungen für Behinderte während der gesamten Zeit des Nationalsozialismus als Lüge entlarvt wird. "Wenn sich die Kirchen bereiterklären

sollten, diese Erbkranken aber in ihre Pflege und
Obsorge zu nehmen, sind wir gerne bereit, auf ihre
Unfruchtbarmachung Verzicht zu leisten. So lange
aber der Staat dazu verdammt ist, von seinen Bürgern
jährlich steigende Riesenbeträge aufzubringen – die
heute in Deutschland bereits die Summe von 350 Millionen überschreiten – zur Erhaltung dieser bedauerlichen Erbkranken der Nation, dann ist er gezwungen,
jene Abhilfe zu schaffen, die sowohl verhütet, daß
sich in der Zukunft so unverdientes Leid weitervererbt, als auch verhindert, daß damit Millionen Gesunder oft das Nötigste entzogen werden muß, um Millionen
Ungesunde künstlich am Leben zu erhalten" (355).
Neben der deutlich angesprochenen Absicht, die Sterilisation durch den Staat durchführen zu lassen, klingt
hier bereits der zweite Aspekt der negativen eugenischen Maßnahmen an, den Hitler in Zukunft zu verwirklichen hofft: Die Euthanasie, die Tötung "lebensunwerter" Bürger des deutschen Staates.
Schüler, die die Hilfsschule besuchen, sind von den Bestimmungen des GzVeN in soweit betroffen, als diese im
§ 1, Abs. 2 den Personenkreis, bei dem "nach den Erfahrungen der ärztlichen Wissenschaft mit großer Wahrscheinlichkeit zu erwarten ist, daß die Nachkommen an
schweren körperlichen oder geistigen Erbschäden leiden müssen" (GzVeN, § 1, Abs.1), folgendermaßen umschreiben: "(2) Erbkrank im Sinne dieses Gesetzes ist,
wer an einer der folgenden Krankheiten leidet: 1. angeborener Schwachsinn, 2. .....". Der angeborene
Schwachsinn als Kriterium für die Sterilisation muß
den Hilfsschüler nahezu pauschal treffen, da die Heilpädagogen, die Hilfsschullehrer, die Ärzte und Psychologen drei Jahrzehnte lang den Hilfsschüler mehr oder
weniger eindeutig als "Schwachsinnigen" umschrieben
haben. Jetzt zeigt sich schnell die verhängnisvolle
Wirkung des leichtfertigen Verwendens des Begriffes
"Schwachsinn", der sich im Zuge der Profilierungsbedürfnisse der Hilfsschule und ihrer Lehrer immer mehr
eingebürgert hat.

Nachdem "Hilfsschüler" und "Schwachsinniger" nahezu ausschließlich schon in der Weimarer Zeit gleichgesetzt waren, konzentriert sich nun angesichts des GzVeN die Diskussion über die Sterilisation von Hilfsschülern auf die Definition von "angeboren" und dessen eventuelle Zuordnung zu Urteilen über das Erbkranksein von Hilfsschülern.
Den Anspruch auf weitgehende Gültigkeit erhebt der Kommentar zu GzVeN von Gütt/Ruttke (1934).
Er begrüßt die Formulierung des Gesetzes, das nicht von "erblichem", sondern von "angeborenem" Schwachsinn spricht. Der schlüssige Nachweis der Erblichkeit wäre nämlich zu schwer zu führen und würde damit die Anwendbarkeit des Gesetzes zu sehr einschränken. Gütt/Rüdin/Ruttke heben hervor, "daß zum Nachwis der Erblichkeit der Nachweis einer erblichen Belastung in der Familie des Unfruchtbarzumachenden selbst durchaus nicht unerläßliche Voraussetzung ist, da eine solche ja in Einzelfällen zufällig fehlen oder nicht nachweisbar sein kann" (93). Nachdem nach der Hinzuziehung verschiedener Ergebnisse über die Erblichkeit des Schwachsinns bei Hilfsschülern (siehe 2.2.3) bereits zwei Drittel der Schwachsinnsfälle als erblich angenommen werden (91), glaubt der Kommentar auch für das restliche Drittel den vom Gesetz geprägten Begriff "angeboren" wenigstens zum Teil anwenden zu können. Er schließt in diesen Begriff "Oligophrenie, angeborene und früh erworbene Schwachsinnszustände ohne nachweisbare Ursachen" (91) mit ein, so daß noch ein größerer Personenkreis als die angenommenen zwei Drittel der Hilfsschüler unter die Bestimmungen des GzVeN fallen müsse. Die Tendenz des Kommentars von Gütt/Rüdin/Ruttke, den Personenkreis auszudehen, der unter den Kriterienkatalog des Gesetzes fallen soll, wird weiter sichtbar, wenn er sich mit Formen der "Debilität", des "leichten Schwachsinns" auseinandersetzt. Er bemüht sich, die Grenzen sehr weit zu ziehen, indem nicht nur der "Grad des angeborenen Schwachsinns annäherungsweise durch objektive Bestimmung der Intelligenzent-

wicklung, etwa nach der Binet-Simon-Methode oder nach Gregors Definitionsmethode oder nach ähnlichen Verstandesmeßmethoden festzustellen" sei (94). Vielmehr glauben die Kommentatoren, daß bei "Untersuchung und Beurteilung der Schwachsinnsart und des Schwachsinnsgrades der Umstand Berücksichtigung zu finden (habe), daß Störungen des Gefühls, des Willens, des Trieblebens, der ethischen Regungen zsw., die mit der Verstandesschwäche verknüpft sein können und ebenfalls erblich bedingt sind, die schon durch die Intelligenzstörung hervorgerufene Abnormität noch gewaltig verstärken" (94). Eine solche Ausweitung läßt Gütt/Rüdin/Ruttke zwangsläufig zu der Ansicht kommen, daß "bei zahlreichen asozialen und antisozialen, schwer erziehbaren, stark psychopathischen Debilen man die Unfruchtbarmachung daher als unbedenklich für zulässig erklären könnte, selbst wenn sie in ihrer Intelligenzentwicklung allein nicht übermäßig zurückgeblieben sind" (94). Es ist hier die Absicht zu verzeichnen, unter dem Begriff "angeborener Schwachsinn" möglichst alle Störungen von intellektuellen, emotionalen und sozialen Funktionen zusammenzufassen. Dabei werden die zunächst vorgeschalteten Kriterien der Erblichkeit, später auch des Angeborenseins, immer mehr aufgeweicht zugunsten von Kriterien, die ihre Begründung im sozialen Raum haben. Gütt/Rüdin/Ruttke verdeutlichen diese Verschiebung der Begriffsinhalte, wenn sie glauben, daß man auch "viele Psychopathen, Hysteriker, Verbrecher, Prostituierte usw., die gleichzeitig debil sind, mit Fug und Recht aufgrund des § 1, Ziffer 1 unseres Gesetzes der Unfruchtbarmachung zuführen kann" (94).
Noch einen Schritt weiter, jedoch ohne Anspruch einer gewissen Rechtsgültigkeit, meint Rüdin (1934), daß man auch bei der "reinen moralischen Idiotie, bei der Intelligenzdefekte nennenswerter Art, wenn wir den Begriff dieses Zustandes scharf fassen, bei aller sonstigen Abnormität (schwere ethische De-

fektheit) ja fehlen" (157), an die Unfruchtbarmachung
denken müsse. Nachdem in der Hilfsschule zumindest
für die Zeit zwischen 1934 und 1938 viele stark ver-
haltensgestörte Schüler Aufnahme finden, ist die beabsichtigte Aufnahme dieses Personenkreises in die Bestimmungen des GzVeN ein weiterer Schritt zur pauschalen Gleichsetzung von Hilfsschüler und "angeborenem Schwachsinnigen". Rüdin ist sich zwar im
klaren, daß die genannte Ausweitung der Betroffenen
des § 1, Ziffer 1 bei allen sich aus der Unschärfe
des Begriffes "angeborener Schwachsinn" ergebenden
Interpretationsmöglichkeiten nicht mehr unterzubringen ist. Er glaubt aber auf "kommende Gesetzgebungen" vertrösten zu können, "welche später einmal auch
rein psychopathische Zustände ohne Beimischungen de-
biler Intelligenz für die Unfruchtbarmachung erfassen werden" (157).
Im Umfeld der weitgehend für die Rechtspflege verbindlichen Interpretationen von Gütt/Rüdin/Ruttke finden
sich in sehr großer Zahl Äußerungen von Erbbiologen,
Ärzten, Psychologen und Juristen zum Problem der Sterilisation von Hilfsschülern. Neben den mehr pro-
grammatischen Äußerungen von Staemmler (1933 a;
1933 b; 1933 c), Hartnacke (1930) und Saller (1934),
die recht pauschal die Sterilisation von Hilfsschülern
aus dem sozialdarwinistisch bestimmten Argumentationsraum heraus fordern, finden sich viele besser fundierte
Untersuchungen der erbbiologischen Problematik. So
hat schon vor der Machtübernahme Fritz Lenz in dem
Klassiker der "Eugenik", Baur/Fischer/Lenz (1927;
^{3}1930; ^{4}1932) wegen der überdurchschnittlichen Fortpflanzung von Schwachsinnigen (besonders leicht Schwachsinnigen vgl. 32/33) die Sterilisation der "allermei-
sten" Hilfsschüler für sinnvoll erachtet.
Ihre Fortpflanzung liege nicht im sozialen Interesse
und "durch ihre Sterilisation könnten die künftigen

Generationen von einer Unsumme von Schwächsten und
anderer geistiger Minderwertigkeit entlastet werden"
(279). Dies könne im wirtschaftlichen Sinne zur Einschränkung der Kosten für die Betreuung und Förderung
dieses Personenkreises beitragen.
Zwei Veröffentlichungen sind hier zu erwähnen, die die
Arbeit der Hilfsschule unmittelbar in die Kalkulation
über Quantität und Qualität der unter das GzVeN fallenden "Schwachsinnigen" stellen. Es handelt sich um
Hoffmeister (1934), der die Arbeit der Hilfsschule hinsichtlich der späteren Lebensbewährung männlicher
Hilfsschüler beurteilt und um Innecken (1935), die
diese Untersuchung für weibliche Hilfsschüler durch-
führt. Beide Arbeiten versuchen, unter Zuhilfenahme
eigener und vergleichbarer fremder Längsschnittunter-
suchungen das Erreichen "sozialer Lebenstüchtigkeit"
(Hoffmeister 1934, 193) bei Hilfsschülern aufgrund
der Arbeit der Hilfsschule unter eugenischen und volkswirtschaftlichen Gesichtspunkten zu bewerten. Hoffmeister kommt zu folgenden Ergebnissen: Wo sich der
"psychische Defekt hauptsächlich auf das intellektuelle Gebiet erstreckt" (194) und bei Kindern, "bei
denen Ängstlichkeit und Schüchternheit die Entwicklung der Persönlichkeit hemmte", habe die Hilfsschule
helfen können. Wenn aber bei Kindern "die körperliche
und geistige Betätigung durch Langsamkeit und Schwer-
fälligkeit, Willensschwäche und mangelnde Ausdauer
stark eingeschränkt wurde" (194) bzw. ein "überwiegen-
der Mangel in der Charakteranlage vorherrsche", könne
die Hilfsschule wenig leisten, was über die Dauer der
Schulzeit hinaus verbleibe.
Zu ähnlichen, aber etwas günstigeren Ergebnissen
kommt Innecken. Beide Autoren leiten davon ab, daß
die von der Hilfsschule propagierten Erfolge, was die
Erwerbs- und Lebenstüchtigkeit angeht, nichts an der
Notwendigkeit änderten, "die Zahl der erblichkörperlich

und -geistig Minderwertigen dadurch zu vermindern, daß man sie hindert, sich fortzupflanzen" (Hoffmeister 1934, 196). Es sei ein falscher Standpunkt von Humanität, wenn man für Hilfsschüler mehr Mittel aufwende als für "Gesunde, Lebenstüchtige".
Innecken sieht bei Hilfsschülerinnen besonders die Maßnahmen des NS-Staates bei der "Aufartung" gefährdet, wenn dieser Personenkreis sich vermehren könne. Hilfsschülerinnen könnten die "soziale Aufgabe" der "deutschen Frau und Mutter" (54) nie lösen, "ein gesundes Leben zu führen und zahlreiche kräftige Kinder aufzuziehen". Die Forderung nach der Sterilisation von weiblichen Hilfsschulkindern vor der Schulentlassung habe ihre völlige Berechtigung.

Hoffmeister und Innecken möchten die Hilfsschule als Einrichtung für die jetzt vorhandenen "Schwachsinnigen" weiterhin behalten wissen und würdigen in dieser Situation den Einsatz der Lehrer an dieser Schule. Lediglich in der Zukunft müßte diese Einrichtung durch die Verminderung der für sie vorgesehenen Schüler abgebaut werden.
Einen massiven Angriff auf die Hilfsschule und ihre Arbeit unter dem Blickwinkel der Rassenhygiene und der Erbbiologie leitet Gottschick (1935) als Antwort auf Äußerungen von Buchholz (1934) und Nöll (1934) in der Zeitschrift "Die Deutsche Sonderschule", dem Organ der Fachschaft V (Sonderschulen) im NSLB, ein. Neben seiner Überzeugung, daß bei fast allen Hilfsschülern die Minderbegabung erblich sein müsse und diese Kinder deshalb der Sterilisationsgesetzgebung unterworfen seien, spricht er auch der Hilfsschule in der Jetztzeit ihre Berechtigung ab. Die Hilfsschüler und ihre schulische Einrichtung hemmten dadurch, "daß sie an gewisse Kultureinrichtungen - meist erbanlagemäßig - nicht angepaßt sind, den Kulturfortschritt" (9). Durch Rücksichtnahme oder mit der Anpassung von vorhandenen Kultureinrichtungen an die Bedürfnisse von Hilfsschülern würden unterdurch-

schnittliche Begabungen geradezu gezüchtet (vgl.9), indem man ihnen Gelegenheit gebe, "ihre Erbanlagen mehr in der Bevölkerung zu verbreiten als Normalbegabte" (25). Gottschick, Assistent am rassenbiologischen Institut in Hamburg, wirft den Hilfsschullehrern vor, sie wüßten nicht, daß die Hilfsschüler, auch mit leichteren Schwachsinnsformen, ein "mindestens so unerwünschtes Erbgefüge haben wie 'Idioten'" und deshalb aus rassenhygienischen Gründen aus dem Erbgang "auszumerzen" seien. "Es mag sein, daß diese Einsicht noch nicht Gemeingut unseres Volkes ist; es muß aber dringend erwartet werden, daß es sich zum mindesten seine Führer und Erzieher aneignen" (25/26).

Es soll hier erwähnt werden, daß einzelne Ärzte sich gegen die Gleichsetzung von Hilfsschülern mit angeborenen Schwachsinnigen wenden. Schneider (1934), Arzt am Stadtgesundheitsamt in Halle, berichtet aus seiner Tätigkeit: Von 595 Hilfsschulzugehörigen sind nach seinen Untersuchungen nur 36 % als unter das GzVeN fallend anzusehen. Er zweifelt am Kommentar Gütt/Rüdin/Ruttke und stellt seine Erfahrungen deren Auffassung entgegen.

Nach mehreren Jahren des Umgangs mit dem GzVeN und seinen Bestimmungen des "angeborenen Schwachsinns", läßt sich eine weniger optimistische Auffassung festhalten, was die Abgrenzung des Personenkreises mit dieser Krankheitsform angeht. Diese gewandelte Haltung der Ärzte, die in den Erbgesundheitsgerichten mit der ganzen Problematik befaßt sind, drückt Villinger (1939) am Anfang seines Artikels in der "Zeitschrift für Kinderforschung" aus. "Wert die Problematik des Krankheitsbegriffes Schwachsinn kennt, den wundert es nicht, daß die vom Gesetzgeber als Hauptvoraussetzung der Unfruchtbarmachung verlangte, einwandfreie Feststellung des angeborenen Schwachsinns eine oft ganz besonders mühevolle, fast unlösbare Aufgabe darstellt" (36). Schwere Formen des Schwachsinns seien wohl leicht zu erkennen, doch bei Schwachsinn leichten Grades, bei der Debilität, gebe es keine scharfen Grenzen zu schweren Behinderungen bzw. zur Normalität hin (vgl. 37/38). Da die vom Gesetzgeber bzw. dem amtlichen Kommentar von Gütt/Rüdin/Ruttke geforderten Merkmale des angeborenen Schwachsinns wie "Schwachsinn, d.h. intellektuelle Leistungsschwäche mindestens vom Ausmaß leichten Schwachsinns, Früherkennbarkeit, d.h. das Deutlichwerden eines verstandesmäßigen Versagens oder Zurückbleibens in der frühen Kindheit, spätestens zu Beginn des Schulalters, und Fehlen äußerer Ursachen" (41) oft sehr schwer im Erbgesundheitsverfahren sicher festgehalten werden könnten, schlägt Villinger eine aus seiner Sicht pragmatische, die differential-diagnostischen Schwierigkeiten umgehende Lösung vor. Da es "Menschen von geringer geistiger Weite gibt, die aus Mangel an geistiger Anregung und aus früher Anspannung im praktischen Beruf - z.B. als Landarbeiter - eine nur kümmerliche geistige Entfaltung, insbesondere hinsichtlich der sogenannten allgemeinen Bildung, aufweisen, aber in ihrer Berufstätigkeit fleißig, tüchtig und geradezu unentbehrlich sind, getestet wirken sie wie Leichtschwachsinnige, in ihrem Lebensraum sind sie Vollmenschen" (46/47), es aber dagegen Menschen gebe, deren "formale Intelligenz, gewissermaßen die Intelligenz an sich, bei solchen Grenzfällen so gut sein kann, daß erstaunliche Ergebnisse bei den Intelligenzprüfungen herauskommen" (47), sie aber "Lebensunbrauchbarkeit (zeigen), die bald auf den Mangel an 'praktischer Intelligenz', bald auf dem Gebiete des Trieb-, Willens- oder Gemütslebens, d.h. dem Fehlen einer einheitlichen Zusammenfassung und Steuerung der Gesamtpersönlichkeit beruht" (47) und sie zu Anstaltspfleglingen machen, müsse die "Lebensbewährung bzw. die Anstaltsbeobachtung den Ausschlag geben für die Entscheidung des Gerichts, nicht der günstige Augenblickseindruck, den es beim Termin gewinnt" (47).

Das Bemühen, bei Gottschick (1935) bereits angeklungen,

die Lehrerschaft, besonders die Hilfsschullehrer
für die Sterilisationsmaßnahmen des NS-Staates zu
gewinnen, scheint durch viele Artikel von Ärzten und
Erbwissenschaftlichern hindurch, die sie in den Fachzeitschriften der Lehrer bzw. in Zeitschriften zur
Ausrichtung auf die NS-Ideologie unterbringen.
Mit der Frage der Sterilisation befaßte sich z.B.
Eberhard (1936) in den "Nationalsozialistischen
Monatsheften" (Hrsg. Alfred Rosenberg). Er versucht,
Widerstände gegen die Sterilisation, die im kirchlichen
Raum angesiedelt sind, durch das Darlegen von Meinungen einiger katholischer Moraltheologen zu entkräften. Eine vorsichtige Andeutung Tillmanns, daß Eingriffe in die Persönlichkeitsrechte und in das Leben
des Leibes vom Gemeinwohl her beurteilt werden könnten, wird schon als Teilzugeständnis zur Sterilisation
gewertet. Breit wird jedoch die Einsicht Prof. Dr. Josef Mayers von 1927 zitiert, der sich recht deutlich
für die Sterilisation ausgesprochen hat (vgl. S. 621).
Mehr verschämt und unwillig geht Eberhard auf die
Enzyklika Papst Pius' IV "Casti conubii" vom 31.12.1930
ein, die die Sterilisation als nicht erlaubt erklärt
hat. Diese päpstliche Lehrentscheidung wird als in
den "Romanisierungsprozeß" der Kirche passende Proganda abgetan, die das Gewissen der Gläubigen unnötig
unter Druck setze (vgl. S. 623).
Es sei hier noch auf den Artikel vom Eydt (1934) in
der "Reichszeitung der deutschen Erzieher", der Zeitschrift des NSLB, verwiesen, der die ganzen sozialdarwinistischen Argumente zusammenfaßt, gut verständlich darstellt und als entscheidende negative eugenische Maßnahme die Sterilisation preist.
Übersieht man die Bestimmungen des GzVeN, deren amtliche Kommentatoren und die Äußerungen der Ärzte und
Vererbungswissenschaftler zu dem Problem der Sterilisation von Hilfsschulkindern, so ist nahezu durchgängig
festzustellen, daß das Bestreben besteht, den überwiegenden Teil der Hilfsschüler als unter den Begriff

"angeborene Schwachsinnszustände" zu fassen und damit den im GzVeN ausgewiesenen Sterilisationsmaßnahmen zu unterwerfen. Die Fachwissenschaftler bemühen sich, diese Ansicht möglichst breit durch dauerndes Wiederholen derselben Argumente und Untersuchungsergebnisse in allen öffentlichen Organen den Lehrern zu übereignen. Im Rahmen der fachinternen Diskussion tauchen im Laufe der Jahre nach der Verkündung des GzVeN Schwierigkeiten beim Nachweis von angeborenen Schwachsinnszuständen auf, die häufig ein Modifizieren der Bestimmungen des Gesetzes fordern lassen.

Es stellt sich nun die Frage, wie die Hilfsschullehrer und deren Vertreter in den Fachverbänden sich zu den Forderungen der Erbhygieniker stellen. Als grundlegende Feststellung kann getroffen werden, daß sich keine Stimme findet (und wohl auch wegen der bald nach 1933 einsetzenden Überwachung der Fachpresse nicht finden kann), die sich grundsätzlich gegen die Sterilisation ausspricht. Vielmehr tritt im Jahre 1933, auch noch 1934, eine Gruppe von Hilfsschullehrern publizistisch in den Vordergrund, die die Sterilisation nahezu vorbehaltlos billigt. Die "Anpassungs-" Äußerungen von Breitbarth (1933 b; 1933c), Tornow (1933 b), Höhne (1933), Schenk (1934) und Müller am Stein (1934) begrüßen die eugenischen Maßnahmen des NS-Staates in heute oft peinlich wirkender Lobpreisung. Es darf jedoch nicht verkannt werden, daß diese Vertreter der Hilfsschule die unmittelbare Gefährdung ihrer Schuleinrichtung (vgl. 3.) spüren und sich und die Hilfsschule durch Zugeständnisse an die erbhygienische Zielsetzung des Nationalsozialismus vor dem Druck aus dem ideologischen Raum retten wollen. Doch schon in vielen grundsätzlichen Zustimmungen zu den Sterilisationsmaßnahmen klingen Vorbehalte und Zweifel durch. Henze (1933), Fetscher (1934) und Nöll (1934) wollen die optimistischen Erwartungen der Rasseideologen (die häufig weit geringere Fachkenntnis als die eigentlichen Erbwissenschaftler besitzen; siehe

Saller 1961) nicht teilen. Sie vertreten die Auffassung, daß es Schwachsinnsformen immer geben werde und von einem Aussterben der Schwachsinnigen in kurzen oder mittleren Fristen nicht die Rede sein könne. Nöll (1934) wendet sich gegen den "rassenhygienischen Radikalismus" (8), denn die Schranke der Natur mache es verständlich "daß auch in Zukunft eine rassenhygienisch veredelte Volksgemeinschaft mit Schwachsinnigen und anderen Anormalen belastet sein wird" (21). Nöll und alle oben genannten Autoren aus dem Kreis der Hilfsschullehrer leiten aus der Aussicht, daß die Schwachsinnigen nur langsam zurückgehen werden, die zumindest für die nähere Zukunft bestehende Berechtigung der Hilfsschule ab. Dabei tauchen alle die Argumente auf, wie sie in den Jahren nach 1935 zum Inhalt offizieller Aufgabenstellungen werden: Entlastung der Volksschule, Brauchbarmachung der Schüler und Mithilfemöglichkeit der Schule bei der Durchführung des GzVeN. Es ist zu verzeichnen, daß in den Jahren 1933 und 1934 noch vereinzelt soziale bzw. moralische Begründungen für die Arbeit in der Hilfsschule herangezogen werden (Nöll 1934: "sittliche Verantwortung" (120); Henze (1933): "Segen des Leidens und des Leides" (541)). Solche Begründungsversuche verlieren sich jedoch sehr schnell in der rauhen, von den Sozialdarwinisten bestimmten Atmosphäre, in die sich die Hilfsschule und ihre Lehrer gestellt sehen.
In den Jahren zwischen 1933 und 1935 glauben diejenigen, die sich für die Hilfsschule und ihre Schüler verantwortlich fühlen, wohl nicht zu unrecht, daß die einzige Überlebenschance für die Hilfsschule darin besteht, sie unter das Diktat des GzVeN zu stellen. Die Übernahme dieser unpädagogischen Funktion in dem Glauben, somit die interne pädagogische Arbeit retten zu können, muß sich jedoch verhängnisvoll auswirken. Das Vertrauensverhältnis zwischen Lehrern, Schülern und Eltern unterliegt nun massiven Störungen, da der Lehrer nicht mehr weitgehend die individuellen Erziehungs- und Lern-

bedürfnisse des Schülers, sondern rassenpolitische
bzw. erbhygienische Ansprüche des Staates (Mithilfe
beim Sammeln von Daten; Aufklärung der Eltern über
Sterilisation usw.) zu vertreten hat. Verantwor-
tungsbewußte Hilfsschullehrer wie Hiller (1934)
oder Wiegand (1934) warnen schon früh vor dem Hinein-
drängen des Hilfsschullehrers in Entscheidungspro-
zesse beim Sterilisationsverfahren, da dies seiner pädagogischen Aufgabe nicht entspräche. Es überrascht
den heutigen Beurteiler, daß gerade Krampf, der sich
bis 1936 zum eifrigsten, wenig reflektierten Verfechter der Ansprüche der NS-Ideologie in der Hilfsschule gemacht hat, in einem Artikel (1937 b) viele
Fehlentwicklungen der Jahre zwischen 1933 und 1936
erkennt und anspricht. Jetzt pädiert er für Vorsicht
"bei der Feststellung des geistig-seelischen Zustandes"
(770), möchte "das endgültige Urteil über eine Persönlichkeit in eine spätere Zeit" (770) d.h. nach der Bewährung am Arbeitsplatz verschieben und warnt davor,
"einen in seiner Haltung vom Normalen sich abweichend
zeigenden Jugendlichen von vornherein als schwachsinnig zu bezeichnen" (770). "Wir haben also überall da
nicht korrekt gehandelt - freilich unbewußt - wo wir
früher den Hilfsschüler ganz allein 'schwachsinnig'
in verschiedenen Gradabstufungen hinstellten" (770).
Jetzt, angesichts der einige Jahre praktizierten Bestimmungen des GzVeN zum "angeborenen Schwachsinn",
sieht Krampf die Gefahr für die Hilfsschüler. Der Ruf
der Hilfsschule als Schwachsinnigenschule und damit
die Gleichsetzung mit "Sterilisationsschule" soll
nun schnell und gründlich abgebaut werden. Die Arbeit
in der Hilfsschule muß jetzt unter den Anspruch der
"Leistung" gestellt bzw. das Phänomen der Hilfsschulbedürftigkeit unter den Begriff der "Leistungsschwäche"
gesehen werden (vgl. 773). Inwieweit sich eine solche
Meinungsänderung, zu der Krampf hier nur den Auftakt
gegeben hat, praktisch auf das Selbstverständnis, die
Aufgabenstellung und die Schularbeit der Hilfsschule

ausgewirkt hat, soll weiter unten (7.;10.1) dargestellt werden. Es bezeichnet jedoch zumindest grob die Veränderung des Bezuges zwischen Hilfsschule und den Maßnahmen des GzVeN in den Jahren zwischen 1936 und den ersten Kriegsjahren, daß Bittrich (1942) in einer "offiziösen" Zeitschrift (Weltanschauung und Schule;" Hrsg. von A. Bäumler) schreiben darf, daß "wegen dieser Erbkrankheit (angeborener Schwachsinn! M.H.) bisher etwa 50 v.H. aller Hilfsschüler sterilisiert wurden" (77). Aus dem Kontext ist zu entnehmen, daß offensichtlich von der radikalen Auffassung, daß Hilfsschüler überwiegend unter die Bestimmungen des GzVeN fallen, abgerückt worden ist.
Überblickt man die heute noch zugänglichen Quellen über die Sterilisation von Schwachsinnigen, so stellt man fest, daß wohl einzelne Nachweise darüber zu finden sind, auch Teilstatistiken bei einzelnen Erbgesundheits- und Erbgesundheitsobergerichten noch verfügbar sind. Doch sind keine Gesamtzahlen aus Ländern bzw. Gauen oder für das Reich greifbar. Dies schlägt sich auch in der historischen Literatur nieder. Es findet sich keine Untersuchung auf Reichsebene zum Thema "Sterilisation". Dies trifft sogar auf Länder bzw. Gaue des nationalsozialistischen Reiches zu. Eine so gründliche und umfassende Studie wie Sauer (1975) enthält wohl ein Kapitel "Volksgesundheit, Rassenpflege und Bevölkerungspolitik" (146-151) mit interessanten Details über die Durchführung von Sterilisationen an Einzelpersonen, organisatorische Maßnahmen der Behörden und der Krankenhäuser, Widerstände und Komplikationen, kann jedoch keine Statistik über die Zahl der Sterilisationen in bestimmten Regionen liefern.
Die Durchführung des GzVeN setzt offensichtlich nach seiner Verkündung am 14.7.1933 (und der Inkraftsetzung am 1.1.1934) mit viel Optimismus und Tatkraft ein. In Hamburg richtet am 14.9.1933 die Gesundheitsbehörde ein Rundschreiben an die Jugendbehörden, das die Durchführung des GzVeN sofort einleiten soll, obwohl dieses

erst am 1.1.1934 in Kraft tritt (66). "Eine Verzögerung in der Durchführung der nach dem 1.1.1934 gemäß § 1, Abs. 2 des genannten Gesetzes anzuwendenden Sterilisation ist höchst unerwünscht. Ich ersuche daher, für die Sterilisation schon jetzt etwa in Betracht kommende Personen fortlaufend der Gesundheitsbehörde zu melden unter Angabe von Namen, Geburtsdatum, Wohnort, ganz kurzer Begründung der wahrscheinlich in Betracht kommenden Sterilisation sowie kurzer Angabe, welche aktenmäßigen Grundlagen schon vorliegen". In demselben Schreiben wird eindringlich auf die besondere Gefährlichkeit der leichten Formen des angeborenen Schwachsinns hingewiesen, "weil diese Personen frei herumlaufen, sich ungehemmt triebhaft vermehren und erbbiologisch erfahrungsgemäß genau so ernst zu nehmen sind wie schwerere Schwachsinnsformen".

Bald schon werden einzelne Zahlen über die Sterilisation bekannt und veröffentlicht. Peust (1934), Stadtarzt in Magdeburg, berichtet auf einer Tagung der Fachschaft Sonderschule des NSLB im Gau Magdeburg-Anhalt am 3.11.1934 über Sterilisationen im Bereich verschiedener Erbgesundheitsgerichte (Berlin: 348 Beschlüsse, 325 mal Sterilisation angeordnet; ähnliche Zahlen von Hamburg, Düsseldorf, Dortmund, Kiel. Magdeburg: Von März bis 1.1.1934 etwa 600 Anträge; bis Ende des Jahres 2/3 der Fälle rechtskräftig; 8,3 % der Anträge abgelehnt; "In Baden sei das Gesetz bisher am weitesten durchgeführt. Auf 3025 Anträge hin sei dort in 997 Fällen die Unfruchtbarmachung rechtskräftig angeordnet und in 32 Fällen abgelehnt worden. In weiteren 940 Fällen liege der Beschluß auch schon vor, in 34 Fällen sei eine Sterilisierung abgelehnt worden" (708).

Für Hamburg haben sich einige "Jahresberichte über die Durchführung des Gesetzes zur Verhütung erbkranken Nachwuchses" des staatlichen Gesundheitsamtes für die Jahre 1935 und 1936 erhalten. (67) Danach gehen im Jahre 1936 3326 Anträge auf Sterilisation ein, davon

1845 wegen "angeborenen Schwachsinns". Es erfolgt die
Durchführung von 2335 Beschlüssen zur Unfruchtbarmachung, davon 1335 wegen angeborenen Schwachsinns. Im Jahre 1935 werden 2768 Sterilisationen durchgeführt. In
einem Bericht der Verwaltung in Hamburg ist davon
die Rede, daß in den ersten beiden Jahren, d.h. 1934
und 1935 von den erfolgten Sterilisationen 54 %
Schwachsinnige waren. (68)
Über Komplikationen bei der Sterilisation, wie sie
auch Sauer für Württemberg erwähnt, finden sich in
Hamburg Unterlagen. (69) Das RMinI fordert in einem
Runderlaß vom 28.8.1935 die Meldung von Todesfällen
bei Unfruchtbarmachungen. Alle Krankenhäuser werden
in große Nervosität versetzt, da die Todesfälle offenbar doch nicht so selten sind, als daß sie völlig unentdeckt bleiben können. Als nun das RMinI in seinem
Rundschreiben noch die "Ausschaltung schädlicher Rückwirkungen der Rassenpolitik auf die auswärtigen Beziehungen des Staates" als Grund für seine Forderung nach
Meldung anführt, werden fieberhaft umfassende Statistiken über Komplikationen bei der Sterilisation (Todesfälle, bleibende Schädigungen, darauffolgende Selbstmorde
usw.) unter "vertraulich" oder "streng vertraulich" an
das RMinI weitergegeben.
Obwohl, wie Sauer für Württemberg berichtet, viele
Krankenhäuser sich darum bemühen, in das Verzeichnis
der Anstalten aufgenommen zu werden, die für die Unfruchtbarmachung vorgesehen sind, waren es gerade von
der Kirche geführte Einrichtungen, die sich der Durchführung der Sterilisation in ihren Häusern widersetzten.
In Stuttgart weist Bischof Sproll am 2.2.1934 "die Direktion des Marien-Hospitals an, keine zur Sterilisation
bestimmten Personen aufzunehmen. Dabei betonte er, es
sei ganz unmöglich, daß sich ein katholisches Krankenhaus bereit erkläre, bei der Durchführung von Sterilisationen mitzuwirken" (Sauer 1975, 147).
Vom Widerstand einer Ärztegruppe (4 Ärzte) berichtet
der Sicherheitsdienst RFSS, SD-Unterabschnitt Trier am

6.11.1936 an das Reichssicherheitshauptamt in Berlin.[70]
Die vier namentlich genannten Ärzte, von denen die
Einschätzung ihrer politischen Einstellung durch die
Ortsbehörden mitgeliefert wird, hätten sich geweigert, Sterilisationen an erbkranken Kindern vorzunehmen. Sie sind im Herz-Jesu-Krankenhaus, einer von Nonnen geführten Einrichtung, beschäftigt. Aufgrund ihrer
Weigerung wird den Ärzten das Recht auf ärztliche Gutachtertätigkeit und dem Krankenhaus "die Pflege und
Betreuung von Krüppelkindern" entzogen.
Daß Widerstände gegen die Sterilisation gerade aus dem
Bereich der Kirchen zu verzeichnen sind, geht weiterhin aus einem Rundschreiben des RMinI vom 8.8.1935
an die Gesundheitsämter des Reiches hervor.[71] Unter
dem Betreff "Propaganda gegen das GzVeN" wird festgestellt, daß kirchliche und NS-feindliche Kreise gegen
das GzVeN hetzen. Die Gesundheitsämter werden um Bericht
über solche Erscheinungen in ihrem Bereich gebeten. Aus
Berichten, die von Gesundheitsämtern in Hamburg erstellt
werden, ist zu entnehmen, daß man zumeist keine Widerstände verzeichnen könne. Wo ein solcher zu registrieren
sei, handle es sich um "katholische Kreise".
In den Akten des Staatssekretärs der Inneren Verwaltung
in Hamburg befindet sich eine Notiz vom 7.2.1934, in der
niedergelegt ist, daß katholische Fürsorgerinnen grundsätzlich die Sterilisation ablehnen und sich deshalb
weigern, entsprechende Feststellungen über die in Frage
kommenden Personen zu machen.[72] Eine solche Einstellung
wird in diesem Fall von der Verwaltung respektiert (!).
Die Fürsorgerinnen sollen demnach für einschlägige Nachforschungen nicht mehr eingesetzt werden. Bestimmt vorgebrachte Vorstellungen konnten offensichtlich in Einzelfällen durchaus den NS-Vorstellungen entgegengestellt
werden, ohne aber die unmenschliche Maschinerie zum Stehen bringen zu können.
Wie lange Sterilisationen umfassend und konsequent
durchgeführt werden, läßt sich nicht mehr genau feststellen. Doch neben zwei Andeutungen in der Sekundärliteratur

(Sochaczewski 1969: "Die Sterilisationen wurden
1938/39 weitestgehend eingestellt" (76), mit Quellenangabe "Interview mit der Hilfsschulleiterin
Frl. Tschusch, und Grosse 1967, 12: "Sterilisation
1938 eingestellt") besteht ein glaubwürdiger Hinweis
auf das Einstellen bzw. Reduzieren der Sterilisationsmaßnahmen in der Zeit des Kriegsbeginns in einem Bericht des "RFSS, Chef der Deutschen Polizei und Chef
der Sicherheitspolizei und des SD" vom 22.11.1939.[73]
In dem "Bericht zur innenpolitischen Lage" steht unter
"Einzelmeldungen": 2. Einige Stadtgesundheitsämter
seien in Sorge über die weitere Behandlung von Schwachsinnigen, Triebhaften und Asozialen, die von ihnen
überwacht werden, aber noch nicht sterilisiert worden
sind, nachdem Anträge auf Unfruchtbarmachung Erkkranker seit Kriegsbeginn nicht mehr bearbeitet werden.
Es werde zwar versucht, die schweren Fälle auf dem
bisherigen Wege noch durchzubekommen, bei der großen
Zahl der leichten Fälle sei dagegen ein Verfahren nicht
mehr möglich" (S.11). Leider geht aus dem Bericht nicht
hervor, wo die Sterilisationen in der bezeichneten Weise
zum Stillstand gekommen sind.

Im Widerspruch zu der Meldung des RFSS scheinen Angaben in Akten des Erbgesundheitsgerichtes in Hamburg zu
stehen, die beweisen, daß Verhandlungen und Beschlüsse
bis Anfang 1945 durchgeführt werden.[74] Das Erbgesundheitsobergericht, das sich mit Revisionsfällen der Erbgesundheitsgerichte zu befassen hat, weist noch bis zu
dem angegebenen Zeitraum Beschlüsse zur Unfruchtbarmachung
zurück bzw. bestätigte sie. Es geht aus den Unterlagen
aber nicht hervor, ob die Unfruchtbarmachungen auch tatsächlich zur Ausführung kommen. In soweit ergibt sich
nur ein Teilwiderspruch zum SD-Bericht vom 22.1.1939.

Wenn auch unter den Bedingungen des Krieges die Durchführung des GzVeN in regional unterschiedlichem Ausmaß
behindert wird, so will das zuständige RMinI wenigstens die Unterlagen für die Zeit nach dem Krieg erhalten wissen. Dies geht aus einem Schreiben der Gemeinde-

verwaltung der Hansestadt Hamburg, Schulverwaltung, Dienststelle Schülerfürsorge, vom 1.10.1942 hervor.(75) Es richtet sich an die Leiter der Hilfs- und Sonderschulen (und anderer Behörden) und bezieht sich auf ein Rundschreiben des RMinI vom 3.8.1942. Danach sollen "gemeindliche Akten, die für die Sippen-, Rassen- und Erbforschung sowie für den Abstammungsnachweis von Bedeutung sind, von der Vernichtung ausgeschlossen und für die künftige Auswertung durch Gesundheits- und Sippenämter aufbewahrt" werden. Solche Akten, die u.a. auch bei Hilfsschulen liegen, können Angaben über "Hilfsbedürftigkeit aus erblichen, körperlichen oder geistigen Gebrechen", über "geistige und körperliche Erkrankungen", über "Verwandtschaftsverhältnisse" oder über "Entwicklung (Erziehungs- und Führungsbericht, Schulzeugnisse, Mitteilungen über Prüfungsergebnisse)" enthalten. Zum Schluß wird festgestellt, daß "einer sofortigen Auswertung ... die derzeitigen kriegsbedingten Schwierigkeiten entgegenstehen. Sie wird erst nach Beendigung des Krieges, nach Entlastung der Gesundheitsämter und nach Einrichtung der Sippenämter möglich sein".

Zur Sterilisation von Hilfsschülern kann, wie oben schon angedeutet, nur auf gesicherte Teilinformationen zurückgegriffen werden. Im ersten Schwung des neuen Gesetzes (GzVeN) werden die Hilfsschulen überall aufgefordert, zur Entlassung anstehende, zum Teil auch schon früher entlassene Hilfsschüler den Gesundheitsämtern zu melden. Der Minister für Kultur, Unterricht und Justiz in Karlsruhe weist schon am 19.3.1934 die Kreis- und Stadtschulämter an, zur Erfassung der Hilfsschüler, einer "Personengruppe, die vornehmlich für die Unfruchtbarmachung in Frage kommt" beizutragen.(76) Sie hätten Sorge zu tragen, "daß die jetzt mit Schuljahresschluß zur Entlassung kommenden und in den letzten 10 bis 15 Jahren zur Entlassung gekommenen Hilfsschüler und Hilfsschülerinnen den Bezirksämtern namentlich gemeldet werden."

Daß solche umfassenden Meldungen an die Gesundheitsämter in den Kreisen der Bevölkerung, besonders der Eltern von Hilfsschulkindern, nicht unbekannt bleiben, geht aus verschiedenen Quellen hervor. In Hamburg sieht sich die Landesunterrichtsbehörde in einem Schreiben vom 17.10.1934 an alle Leitungen von Hilfsschulen veranlaßt, diese zu ersuchen, "in gegebenen Fällen für die Beruhigung der Eltern von Kindern, die der Hilfsschule zugeführt werden müssen, Sorge zu tragen".[77] In dem beigegebenen erläuternden Schreiben der Gesundheits- und Fürsorgebehörde vom 9.10.1934 werden die aufgetretenen Schwierigkeiten ausführlich und anschaulich geschildert. "Bei der Bearbeitung der Hilfsschulbögen, zwecks Einleitung des Sterilisationsverfahrens bei Hilfsschulkindern, ist in letzter Zeit hier aufgefallen, daß Kinder verängstigt zur Untersuchung kamen. Ein Mädchen wurde heulend mit Gewalt des Vaters gebracht und die Nachforschung ergab, daß diese Kinder in der Hilfsschule aufgehetzt und verängstigt worden waren. So soll unter anderem den Kindern dort erzählt werden, sie würden bei der Untersuchung hier gleich zurückbehalten und operiert, und demzufolge hätten sie sich gegenseitig verabredet, auf die Vorladungen nicht ins Gesundheitsamt zu gehen. .... Es sind auch tatsächlich weiterhin nur sehr wenige Hilfsschülerinnen zur Untersuchung gekommen, während der ganz überwiegende Teil ferngeblieben ist.
Einerseits wird dieser Erschwerung der ärztlichen Arbeit diesseits kurzer Hand durch die Anordnung polizeilicher Vorführung begegnet werden können, andererseits scheint es doch im Interesse der großen Aufgabe, welche in der Durchführung des Sterilisationsgesetzes liegt, geboten, daß von geeigneter Seite aus auf die Hilfsschulkinder und deren Angehörigen aufklärend und beruhigend eingewirkt wird. Im Gesundheitsamt findet nur die Untersuchung zum Antragsgutachten statt, dann wird der fertige Antrag dem Erbgesundheitsgericht übergeben, wo gesetzliche Berufungsmöglichkeiten vorhanden

sind. Eine derartige Beunruhigung ist daher absolut
unbegründet. Sie wird jedoch unter Umständen von üblen Elementen systematisch betrieben, um die Durchführung des Sterilisationsgesetzes zu erschweren.
gez. Dr. Peters". Kurze Zeit später, am 4.12.1934,
sieht sich die Gesundheits- und Fürsorgebehörde nochmals gezwungen, sich über die Landesunterrichtsbehörde
an die Hilfsschulen zu wenden. [78] "Die Anfrage, ob
alle Hilfsschulkinder sterilisiert werden oder ob von
Fall zu Fall entschieden wird, ist dahin zu beantworten, daß selbstverständlich von Fall zu Fall entschieden werden muß, um die wirklich erbgefährlichen Fälle
von angeborenem Schwachsinn und eventuellen sonstigen
Erbkrankheiten zu erfassen. Eine unterstützende Mitarbeit der Hilfsschullehrer ist dringend wünschenswert, weil Hilfsschulkinder und deren Angehörige
erfahrungsgemäß viel Schwierigkeiten bereiten. gez.
Dr. Peters". Aus letzterem Schreiben ist herauszuhören, daß die nahezu pauschale Gleichsetzung von Hilfsschülern und sterilisationsbedürftigen Schwachsinnigen
sich bereits "negativ" ausgewirkt bzw. die Mitarbeit
der Hilfsschullehrer noch nicht den Vorstellungen der
Gesundheitsbehörden entspricht. Es scheint jedoch angesichts der gesicherten Quellen fraglich, ob auf einen
weitgehenden Widerstand der Hilfsschullehrer geschlossen werden kann. Äußerungen in der Literatur wie
"Jahrelanger hinhaltender Widerstand der Schule gegen
die Sterilisationsmaßnahmen" (Grosse 1967, 11), es
"wurde versucht, auf jede nur mögliche Art und Weise,
Hilfsschüler vor diesem grausamen Schicksal zu bewahren" (Sochaczewski 1969, 75) sind wohl zu sehr von den
sich selbst rechtfertigenden Äußerungen von Hilfsschullehrern der Zeit des Nationalsozialismus geprägt.
Einer solchen vorsichtigen Beurteilung der Widerstände der Hilfsschullehrer gegen die Sterilisationsmaßnahmen scheint zwar der geradezu klassische Erlaß der
Landesschulbehörde in Hamburg vom 21.11.1935, der am

12.12.1935 für Preußen, Berlin und die Unterrichtsverwaltungen der Länder übernommen wird, zu widersprechen.(79) Unter der Überschrift "Sterilisation von Hilfsschulkindern" teilt das Staatliche Gesundheitsamt über die Landesschulbehörde den Hilfsschulen folgende Beobachtung mit: "Bei der Begutachtung erbkranker Kinder zur Vorbereitung des Verfahrens der Unfruchtbarmachung findet in Fällen von angeborenem Schwachsinn durch das Staatliche Gesundheitsamt eine Intelligenzprüfung statt, deren Fragen vom Reich auf einem sogenannten Intelligenzprüfungsbogen vermerkt sind. Der Inhalt dieses Intelligenzprüfungsbogens ist namentlich in den Kreisen der Hilfsschüler bereits dermaßen bekannt, daß die Hilfsschulkinder sich gegenseitig seine Fragen abhören. Das Staatliche Gesundheitsamt hat daraufhin einen anderen Intelligenzbogen entworfen, der aber ebenfalls nach kurzer Zeit in den Kreisen der Hilfsschüler bekannt war. Besonders auffällig und verwerflich ist folgender Vorfall: Ein Lehrer, der wußte, daß ein ihm verwandtes Mädchen wegen Schwachsinns zur Begutachtung beim Staatlichen Gesundheitsamt erscheinen sollte, hatte keine Bedenken, diesem Kind die auf beiden Fragebogen verzeichneten Fragen und ihre Beantwortung einzupauken. Die Schulleitungen der Hilfsschulen werden ersucht, darauf hinzuwirken, daß die Maßnahmen des Staatlichen Gesundheitsamts in jeder Hinsicht unbeeinflußt vor sich gehen können. Auffällige Tatsachen sind dem Staatlichen Gesundheitsamt sofort mitzuteilen". Der konkret angesprochene Vorfall ist an Verwandtschaftsverhältnisse geknüpft (Onkel ist Leiter einer Hilfsschule in Hamburg(80)), während die allgemeine Feststellung, daß der Inhalt des Intelligenzprüfungsbogens den Schülern bekannt ist und von ihnen weitergegeben wird, nicht zwingend auf den verdeckten Widerstand der Hilfsschullehrer schließen läßt. Ein solcher ist sicher nicht auszuschließen, jedoch muß die Weitergabe von Informationen über die Prüfverfahren der Gesundheitsämter von Schüler zu Schüler

bzw. über die Eltern mit in die Beurteilung einbezogen werden.
Über den Ablauf eines amtlichen Verfahrens mit dem Ziel der Sterilisation eines Hilfsschülers wegen angeborenen Schwachsinns im Sinne des § 1, Abs. 2 des GzVeN konnten keine Unterlagen ausfindig gemacht werden. Inwieweit jedoch Hilfsschüler, die den Bestimmungen des GzVeN unterworfen sind, sich in den Vorschriften anderer rassen- und erbhygienischen Zwecken dienender Gesetzgebungen verfangen, geht aus mehreren Vorgängen beim Hamburgischen Staatsamt, Abt. I, Gesundheit, hervor.[81] Am 19.2.1937 wird durch dieses Amt an den RMinI ein Antrag auf "Ausnahmebewilligung von den Vorschriften des Ehegesundheitsgesetzes im Falle D/K" (Namen dem Verfasser bekannt!) weitergegeben. In dem Schreiben wird dargelegt, daß Herr D. und Frl. H. heiraten wollten. "Da der Verlobte an einem angeborenen Schwachsinn leidet, besteht ein Ehehindernis gem. § 1 Abs. 1 d des Ehegesundheitsgesetzes". Der Antrag der Verlobten auf Ausnahmebewilligung wird von der Behörde nicht befürwortet. In der beiliegenden gutachterlichen Äußerung des Staatlichen Gesundheitsamts heißt es zur Begründung: "Der Kistenmacher J.D. besuchte die Hilfsschule in Hamburg und wurde aus der 2. Klasse entlassen. Er hat gemeinsam mit seinen beiden älteren Geschwistern während der Schulzeit mehrfach gestohlen und wurde deswegen unter Erziehungsaufsicht genommen. Nach der Schulentlassung arbeitete er 6 Jahre in einer Kistenfabrik, dann mehrfach bei anderen Firmen als Arbeiter; lebt jetzt arbeitslos zusammen mit seinem Bruder. Vom Gerichtsgefängnis M., in dem er sich wegen Fahrraddiebstahls befand, wurde der Antrag auf Unfruchtbarmachung gestellt. Die Unfruchtbarmachung wurde am 4.5.1935 rechtskräftig vom Erbgesundheitsobergericht K. beschlossen und durchgeführt. Die Braut ist ein kräftiges, sehr gesund aussehendes Mädchen. Körperlich sind keine krankhaften Befunde bei ihr nachweisbar, intellektuell steht sie über dem Durch-

schnitt, irgendwelche geistigen Störungen sind nicht feststellbar. Es wäre bedauerlich, wenn die Braut, die aus erbgesunder Familie stammt und selbst als vollwertig anzusehen ist, mit diesem minderwertigen Mann ehelich verbunden würde. Es wäre sowohl für sie selbst und für die Volksgemeinschaft weiterhin bedauerlich, wenn sie auf Nachkommen verzichten würde. Aus diesem Grunde erscheint die geplante Eheschließung als unerwünscht und eine Ausnahmebewilligung wird daher nicht befürwortet."
Ein ähnlicher Fall enthält folgende gutachtliche Äußerung des Staatlichen Gesundheitsamts vom 7.5.1937:
"Der Nieterlehrling G.K. geb. ... besuchte die Volksschule in Hamburg bis zur 1. Klasse und war anschließend 1/2 Jahr in der Schlosserlehre, die er aus wirtschaftlichen Gründen nicht beenden konnte .... Körperlich finden sich keine krankhaften Befunde bei ihm. Er ist gut begabt und macht einen frischen und gesunden Eindruck. In seiner Familie sind Erbkrankheiten nicht zu ermitteln.
Die Braut W.R. geb. ... stammt aus einer belasteten Sippe. Der Vater besuchte die Volksschule bis zur 3. Klasse; er ist von Beruf Bauarbeiter und wird als beschränkt und rabiat gekennzeichnet. Die Mutter hat zeitweise Krampfanfälle mit Bewußtlosigkeit gehabt und wird als zanksüchtig geschildert. Vor ihrer Ehe hatte sie ein Kind, das die Volksschule bis zur 4. Klasse besuchte und als Bote beschäftigt ist. Eine verstorbene Schwester besuchte die Hilfsschule bis zur 2. Klasse, eine weitere Schwester besuchte ebenfalls die Hilfsschule und verließ sie mit ungenügenden Zeugnissen. Die Braut selbst besuchte die Hilfsschule bis zur 2. Klasse; sie wurde schon in der Schule charakterlich ungünstig beurteilt (frech, ungehorsam, triebhaft). Von 1933 bis 1936 hatte sie neun kurzdauernde Stellungen als Hausangestellte. Auf Grund eines rechtskräftigen Beschlusses des Erbgesundheitsgerichtes wurde sie am 30.6.1936 unfruchtbar gemacht. Die Unterbrechung der damals beste-

henden Schwangerschaft wurde von ihr abgelehnt. Sie wurde am 13.2.1937 von einem Mädchen entbunden.
Bei der charakterlichen und intellektuellen Verschiedenartigkeit der Verlobten kann die geplante Eheschließung trotz des vorhandenen gemeinsamen Kindes nicht befürwortet werden. Es wäre für die Volksgemeinschaft unerwünscht, wenn auf weiteren Nachwuchs verzichtet werden müsse ...."
Aus den dargestellten Vorgängen geht hervor, daß die Sterilisation eines Hilfsschulkindes nicht nur ein Eingriff in die körperlich-seelischen Gestaltungsmöglichkeiten des betroffenen Menschen bewirkte, sondern darüberhinaus tief in den Bereich der engeren und weiteren Sozialbeziehungen eindrang. Das Versagen der "Ehetüchtigkeit" als Folge einer Sterilisation wegen "angeborenen Schwachsinns" konnte nicht mehr als weitgehend im Intimbereich verbleibende Teilmaßnahme verstanden werden, sondern mußte in den meisten Fällen einer weiteren Öffentlichkeit bekannt werden und somit für den Betroffenen stark diskriminierend wirken.
Es ist deshalb völlig unangemessen beurteilt, wenn Erbhygieniker der NS-Zeit bzw. Hilfsschullehrer, die in dieser Zeit gewirkt haben, die Sterilisationsmaßnahmen als im engeren Persönlichkeitsbereich verbleibende und deshalb leicht zu verantwortende Schutzmaßnahme des Staates gegen "unerwünschten Nachwuchs" bewerten.

4.1.3 Hilfsschüler und Euthanasie

Die Diskussion über Euthanasie, dem "konsequentesten" Ausfluß sozialdarwinistischer Denkmodelle, reißt seit 1920, dem Erscheinungsjahr von "Binding/Hoche. Die Freigabe der Vernichtung lebensunwerten Lebens. Ihr Maß und ihre Form" nicht mehr ab. Der Jurist Binding glaubt primär vom rechtlichen, darauf aufbauend aber auch vom sozialen, sittlichen und religiösen Standpunkt aus, keinen Grund finden zu können, die Tötung von Menschen, die den Tod verlangen und von "unheilbar Blödsinnigen", "die weder den Willen haben zu leben, noch zu sterben" (31), nicht freizugeben. Vielmehr interpretiert er solche Tötungen als "reine Heilshandlung", als "Heilwerk" (18), als die Pflicht sozialen und gesetzlichen Mitleids (30). Binding ist sogar der Ansicht, daß das Risiko des Irrtums eingegangen werden muß.

Bindings Ausführungen lösen im kommenden Jahrzehnt eine Welle von Stellungnahmen aus, die von der begeisterten Zustimmung bis zur empörten Ablehnung reichen. Entscheidend ist jedoch der Umstand, daß in den Zwanziger Jahren es weitgehend bei der Diskussion bleibt und die Verwirklichung der Bindingschen Pläne kaum angestrebt wird (mit Ausnahme von "verdeckter" Euthanasie als Sterbehilfe!). Auch die Autoren der frühen Dreißiger Jahre, die Stellung zu negativen eugenischen Maßnahmen gegenüber "Minderwertigen" nehmen (z.B. Lenz ^{4}1932; Staemmler 1933 b; Fetscher 1934; Meltzer 1934), stellen sich zumeist deutlich gegen Euthanasiebestrebungen.

Die Hilfsschule der nationalsozialistischen Zeit wird nur indirekt von den nun Wirklichkeit werdenden Euthanasiemaßnahmen berührt. Wie in 5.3 dargestellt wird, trennt sich die Hilfsschule aus verschiedenen Gründen in den Jahren 1933 bis 1938 von den "Schwerschwachsinnigen", d.h. solchen Kindern und Jugendlichen, die später den Lebensvernichtungsmaßnahmen unterworfen werden.

Diese ausgeschulten Schwerbehinderten werden in die Familien zurückgeschickt oder in Anstalten aufgenommen. Über diese laufen dann seit Anfang 1939 die Tötungsprogramme wie "Kinderaktion" (Bouhler, Brack; Durchführung bis zum Ende des Krieges) mit etwa 5000 Opfern, die "Aktion T 4" (Bouhler, Brandt, Conti; im August 1941 durch den Befehl Hitlers eingestellt) mit etwa 80.000 bis 100.000 Opfern und einige "Sonderaktionen" (alle Angaben nach Dörner 1967; dort auch ausführliche Darstellung der Ideengeschichte und der praktischen Durchführung durch die Nationalsozialisten).

Leider konnten keinerlei Zeugnisse über Euthanasiemaßnahmen gegenüber Kindern und Jugendlichen, die aus der Hilfsschule ausgeschult worden waren oder von dort in Anstalten übernommen und dann getötet wurden, aufgefunden werden. Der Verfasser ist sich jedoch im klaren, daß das Fehlen jeglicher Nachweise über mögliche Berührungsbereiche zwischen dem Hilfsschulwesen und den Euthanasiemaßnahmen der Nationalsozialisten noch kein Beweis dafür ist, daß sie nicht in Einzelfällen bestanden haben.

4.2 Die Hilfsschule und die wirtschaftliche und völkische Brauchbarmachung ihrer Schüler

Seit den Anfängen der Hilfsschulbewegung haben die Hilfsschullehrer sich bemüht, mit den Fähigkeiten ihrer Schüler angepaßten Erziehungs- und Unterrichtsmethoden einen Beitrag zur sozialen Eingliederung eben dieser Schüler zu leisten. Teilzielsetzungen dieses Integrationsprozesses sieht man von jeher in der Hinführung zur Berufsfähigkeit, zur angemessenen Teilnahme am wirtschaftlichen Leben und in der Anleitung zu einer den Fähigkeiten und Bedürfnissen entsprechenden Teilhabe am gesellschaftlichen Leben. Die Fähigkeit zur angemessenen Teilnahme an den wirtschaftlichen und sozialen Prozessen des Volkes wird in der Hilfsschulpädagogik schon seit der Jahrhundertwende als "Brauchbarkeit" benannt. Dieser Ausdruck, der in unserer Zeit Erstaunen, gar Unwillen auslöst, weil man aus ihm nahezu ausschließlich die auf die Gesellschaft hinzielende Komponente der Erziehungs- und Unterrichtsgeschehnisse in der Hilfsschule heraushört, ist bis zum Ende der Zwanziger Jahre keineswegs so kollektivbestimmt, wie man heute annehmen möchte. Es ist zwar häufig festzustellen, daß die stark betonte Anbahnung individuellen Erfülltseins, wie sie gerade von den Reformpädagogen der Weimarer Zeit gefordert worden ist, im Bereich der Hilfsschule nie voll zum Tragen kommt. Dafür sind wohl Begründungen in Zeitströmungen zu suchen. Zum einen schließt sich die Hilfsschulpädagogik in ihrem Bestreben, ihre Eigengesetzlichkeit und ihre Eigenwertigkeit gegenüber allgemeinpädagogischen Bemühungen zu beweisen, oft unnötig von neuen Bestrebungen des allgemeinen pädagogischen Denkens ab. Zum anderen steht die Hilfsschule und ihre Lehrer in dauernder Abwehr gegenüber dem Nützlichkeitsdenken als einem Element des sozialdarwinistischen Gedankenkomplexes, so daß immer die Notwendigkeit besteht bzw. angeblich besteht, den Nutzen der Hilfsschularbeit für die Gesellschaft zu beweisen.

Eine Zusammenfassung der Auseinandersetzung der Hilfsschulpädagogik mit ihrer Zielsetzung, bezogen auf den Hilfsschüler und die Gesellschaft, nimmt Tornow (1932) in seiner Dissertation "Der Lehr- und Bildungsplan der Hilfsschule" vor. Im Geist der Kulturphilosophie und -pädagogik Sprangers sieht Tornow Kultur als einen Sinn- und Wertzusammenhang, der konkret auf das Individuum wirkt bzw. von ihm beeinflußt werden kann. In diesen Wirkungszusammenhang von Wertbestimmtheit und Wertsetzung stellt Tornow auch die Wirtschaft im weitesten Sinn und weist ihr deshalb eine wichtige soziale Funktion zu. Die Hilfsschule muß demnach sich bemühen, den Schüler in die Gegebenheiten des Wirtschaftslebens einzuführen, ihm die Teilnahme ermöglichen. Wenn diese Aufgabe gelöst ist, sich der Schüler also "selbst erhalten" kann, so sei ein Teilziel der "sozialen Brauchbarkeit" bereits erreicht.
Dieses Teilziel ist nach Tornow Grundlage bzw. zum Teil auch Ergebnis des zweiten Teilziels der sozialen Brauchbarkeit, dem "selbständigen Einordnen" eines ehemaligen Hilfsschülers (148). Für die Arbeit in der Hilfsschule stellt sich die Aufgabe, die "sittliche Gesamtpersönlichkeit" zu schaffen und "Kenntnisse und theoretisches Wissen" (152) zu vermitteln.
Ein Ausgewogensein zwischen indiviuellen Bedürfnissen und gesellschaftlichen Notwendigkeiten meint Tornow darin zu sehen, daß beim Hilfsschüler im Lauf des Bildungsprozesses eine "innere Berufenheit, für welche die Gemeinschaft eine berufliche Auswirkungsmöglichkeit bietet", zum Ausdruck kommt. Er beruft sich dabei auf Kerschensteiner: "... der Weg zur Menschenbildung geht über die Berufsbildung, oder wie wir auch sagen können: der Weg zur Bildung geht über die Arbeit, zu der der einzelne jeweils innerlich berufen ist oder berufen gemacht werden kann" (152).
Übersieht man die Tornowsche Füllung des Begriffes "Soziale Brauchbarkeit", so sind die Aspekte des sozialen Nutzens und des individuellen Erfülltseins in einer durchaus vertretbaren Ausgewogenheit anzutreffen.

Auch das Verflochtensein von beruflicher, wirtschaftlicher Eingliederung und Teilhabe am gesamten sozialen Geschehen wird gesehen und in die Zielsetzung der Hilfsschule eingebaut.

Die angedeutete Verzahnung von wirtschaftlicher Anstelligkeit und gesellschaftlicher Integrationsfähigkeit des Hilfsschülers löst sich in den letzten Jahren der Wirtschaftskrise (1930-1932) schon zu einem Teil. Massiv verstärkt sich dieser Ablösungsprozeß nach der Machtübernahme der Nationalsozialisten. Nun wird einerseits recht pragmatisch der Aspekt der "wirtschaftlichen Brauchbarmachung" unter das Leistungsprinzip gestellt, während andererseits der gesellschaftliche Faktor unter dem Begriff "völkische Brauchbarmachung", z.T. auch "völkliche Brauchbarmachung", ideologisch aufgeladen wird. Es ist deshalb legitim, die wirtschaftliche und die soziale Zielsetzung der Hilfsschularbeit in der nationalsozialistischen Zeit getrennt darzustellen, obwohl dies aus dem Wesen der Sache heraus schwer zu rechtfertigen ist.

4.2.1 Die Hilfsschule und die wirtschaftliche Brauchbarmachung ihrer Schüler

Weil die Ideologen des Nationalsozialismus, wie Furck (1961) in seiner Studie "Das pädagogische Problem der Leistung in der Schule" nachgewiesen hat, für ihre Forderung an die Schule, zur Leistung zu erziehen, kaum Inhalte anbieten, die dieses Schlagwort zu füllen vermögen, können für die verschiedenen schulischen und außerschulischen Erziehungsmaßnahmen fast beliebige Inhalte ausgewählt werden. Aus der Maximalforderung, daß alles gut sei, was dem Volk nütze, kann grob der Inhalt abgeleitet werden, daß alles zu unternehmen sei, was zur völkischen, wirtschaftlichen und militärischen Kraft des nationalsozialistischen Staates beitrage (nach Furck 1961, 88). Im Bereich der Hilfsschule glauben führende Autoren den Forderungen nach wirtschaftlicher Leistungsfähigkeit der Schüler nachkommen zu können, indem sie ihnen im Rahmen der Volkswirtschaft einfachste Tätigkeiten zuweisen. Gerade in den ersten vier bis fünf Jahren des von den Nationalsozialisten geführten Staates wird in den Äußerungen von Hilfsschulpädagogen der Tätigkeitsbereich des früheren Hilfsschülers auf den eines Hilfsarbeiters, Handlangers bzw. Zuarbeiters eingeengt.

Tornow schwenkt weitgehend von der in seiner Dissertation von 1932 vertretenen Linie ab und macht sich zu einem entschiedenen Vertreter der neuen Auffassung. Schon bald nach dem staatlichen Umschwung schreibt er in der "Hilfsschule": "Zum Straßenkehren oder Aschenkübelabfahren muß es auch Menschen geben und im organischen Volksstaat sind diese Arbeiten genauso wichtig wie z.B. die des Lehrers in der Schulstube" (Tornow 1933 c, 354). In seinem Bemühen, die "Brauchbarmachung" der Hilfsschüler den neuen Machthabern einsichtig zu machen und sie von der Auflösung der Hilfsschulen abzuhalten, glaubt Tornow die wirtschaftlichen Betätigungsmöglichkeiten stark einengen zu müssen. "Ganz besonders unsere differenzierte Kultur bietet eine Menge von Berufen, für die der ehemalige Hilfsschüler geradezu geschaf-

fen erscheint, da er sich bei mancher notwendig mechanischen und seelenlosen Arbeit als nützliches Glied der Volksgemeinschaft dort wohlfühlt, wo der geistig vollwertige Mensch seelisch leidet und innerlich verkümmert" (Tornow 1934 b, 111).
Nachdem, wie weiter oben schon angeführt, aus nichtpädagogischen Kreisen (z.B. Untersuchungen von Hoffmeister und Innecken) Zweifel an der bisherigen Arbeit der Hilfsschule bezüglich der "wirtschaftlichen Brauchbarmachung" geäußert werden, reduziert sich der Antrieb der Hilfsschullehrer und ihrer publizistischen Vertreter deutlich, dem Hilfsschüler besser qualifizierte Berufsbereiche zu eröffnen. Heinrichs sieht als Ziel der Hilfsschularbeit in seinem "Entwurf für einen Hilfsschullehrplan" (Heinrichs 1937 a) den jungen Menschen, "der als Hilfsarbeiter oder als angelernter Arbeiter Glied in der völkischen Gemeinschaft wird" (488), während Krampf (1936 a) sehr ideologiekonform sowohl die wirtschaftliche Brauchbarmachung vom Erbbild abhängig sieht als auch das Bemühen um diese Brauchbarmachung vom noch vertretbaren Erbbild abhängig machen will (18).

Daß die Tendenz, dem ehemaligen Hilfsschüler einen eng umgrenzten, einfach strukturierten beruflichen Leistungsbereich zuzuordnen, um "höherwertigen Volksgenossen" eine Entlastung zugewähren, auch auf die Arbeit in der Hilfsschule zurückgeschlagen hat, läßt sich an verschiedenen Äußerungen in der Literatur bzw. an Quellen nachweisen. Der Lehrplanentwurf von Krampf der in verschiedenen Veröffentlichungen (Krampf 1936 a; 1937 c) bekannt gemacht wird und im norddeutschen Raum viel Zuspruch findet, ersetzte wesentliche kognitive Inhalte der früheren Hilfsschularbeit durch sogenannte "praktische Tätigkeit". Daß dieser Plan zudem noch unter dem Diktat der "volklichen Zielsetzung" steht, wird weiter unten noch näher ausgeführt (7.1)

In der im Zusammenhang mit Abschaffungstendenzen bei der Hilfsschule nach 1933 schon erwähnten Rundfrage des Deutschen Gemeindetages wird aus verschiedenen Städten Nord- und Westdeutschlands berichtet, daß die Lehrpläne der Hilfsschulen den in Aussicht genommenen Berufs- und Lebensbereichen der Hilfsschüler angepaßt werden. (82) In Lübeck wird "der gesamte Lehrplan der Hilfsschule umgestaltet mit dem Ziel, nur lebensnotwendiges Wissen zu vermitteln und im übrigen durch praktisch-technischen Unterricht zu erreichen, daß das Hilfsschulkind jede Art einfacher Arbeiten einwandfrei auszuführen vermag, um nicht später dem Staat zur Last fallen zu müssen, sondern sich selbst seinen Lebensunterhalt verdienen zu können".

Einige Jahre später stellt Zeising (1937) in seinem Artikel "Was ist aus unseren Hilfsschülern geworden?" dar, wie stark sich in Sachsen die Meinung bezüglich der beruflichen Tätigkeitsbereiche bzw. der voranzugehenden schulischen Förderung in der Hilfsschullehrerschaft verändert hat. Der Großteil der Hilfsschüler sei zu "brauchbaren und tüchtigen Menschen" geworden. Dies müsse unter der Voraussetzung gesehen werden, daß "Intelligenz nicht alles ist" (356). Vielmehr sei der Grund für die "Konkurrenzfähigkeit der Hilfsschüler in den weitaus meisten Fällen in der Anspruchslosigkeit und Bescheidenheit der sich anbietenden Hilfsschüler" zu suchen (357). Mit dieser angepaßten Haltung habe "die Hauptmasse ehemaliger Hilfsschüler ihr Brot in den ungelernten bzw. angelernten Berufen" (362) gefunden. "Fabrikarbeit und Landwirtschaft bieten für Knaben und Mädchen die hauptsächlichen Betätigungsmöglichkeiten. Bei den Mädchen kommt noch die Hauswirtschaft dazu" (362).

Es darf in diesem Zusammenhang nicht verkannt werden, daß nicht nur ideologische Zielsetzungen die Vorstellungen von möglichen Betätigungsfeldern ehemaliger Hilfsschüler beeinflußt haben . Gründe hierfür sind auch im

rein ökonomischen zu suchen. Die Jahre vor und nach der Machtergreifung der Nationalsozialisten sind von großen volkswirtschaftlichen Schwierigkeiten gekennzeichnet. Ein hoher Anteil von Arbeitslosen läßt gut qualifizierte Arbeitskräfte in ihnen nicht angemessene berufliche Tätigkeiten drängen. Es ist deshalb volkswirtschaftlich kaum erwünscht, den Hilfsschüler durch erhöhte Ausbildungsanstrengungen des staatlichen Schulsystems und der Wirtschaft für Berufsbereiche zu qualifizieren, für die bereits ein Überhang an Arbeitskräften besteht.
Erst als um die Jahre 1936 und 1937 eine deutliche wirtschaftliche Erholung aufgrund der Maßnahmen zur Aufrüstung und der allgemeinen weltwirtschaftlichen Konsolidierung eintritt, ist der Boden dafür geschaffen, dem Hilfsschüler wieder etwas günstigere berufliche Entwicklungen und besserqualifizierte berufliche Tätigkeiten zuzubilligen. Nun besteht nicht mehr sosehr die Gefahr, daß ein gut ausgebildeter Hilfsschüler einem ehemaligen Schüler der Regelschule den Arbeitsplatz streitig machen kann. Zudem kommt es nach 1936 strukturell zu einem Mangel an Facharbeitern, der sich günstig auf die Einstellung zur beruflichen Bildung der Hilfsschüler auswirkt.
Gerade bei Tornow macht sich um 1938/39 in seinen Beiträgen für die Fachzeitschrift der Sonderschullehrer "Die Deutsche Sonderschule" eine erneut modifizierte Einstellung bemerkbar. Tornow (1939 b, 628) bringt "die erfreuliche wirtschaftliche Entwicklung" in Zusammenhang mit der "Berufsschulfrage ehemaliger Hilfsschüler". Er fordert eine eigene Hilfsberufsschule, möchte aber "in erhöhtem Maße eine Überführung der ehemaligen Hilfsschüler in die allgemeine Berufsschule" (632/33) einleiten. Im Bereich der beruflichen Qualifikation fordert Tornow den weitgehenden Abbau von ungelernten Berufen zugunsten angelernter und Lehrberufen. Die erste Veränderung der Berufsqualität betreffe den Großteil, die zweite einen nicht unerheblichen Teil der

Hilfsschüler. Zumindest in Sachsen und Thüringen scheinen sich (Tornow 1940) solche veränderte Auffassungen zur beruflichen Ausbildung von Hilfsschülern zu konkretisieren (siehe auch 8.2 und 8.3).

Offiziellen Ausdruck findet die von etwa 1937 ab sich ausbildende Anschauung, daß der Hilfsschüler nicht zwangsläufig aufgrund des Besuches dieser Schulart einen sehr niedrig qualifizierten Beruf ergreifen müsse, in den rechtseinheitlichen Richtlinien von 1942. Dabei ist von vornherein darauf hinzuweisen, daß das Bezeichnende in der für alle Hilfsschulen bindenden Formulierung im Fehlen einer diskriminierenden Zuordnung zu sehen ist. Die Richtlinien führen im ersten Absatz, der sich mit der Zielsetzung der Hilfsschule befaßt, aus: "Kinder sollen so in den Stand gesetzt werden, nach Maßgabe ihrer Kräfte arbeits- und erwerbsfähige Glieder des deutschen Volkes zu werden".
Daß jedoch eine planmäßige Umsetzung dieser Forderung in der Schulwirklichkeit an den sich immer mehr verschlechternden Verhältnissen im Kriege scheitert, sei hier nochmals erwähnt.

4.2.2 Die Hilfsschule und die völkische Brauchbarmachung ihrer Schüler

Ähnlich wie der Leistungsbegriff wird die Forderung nach völkischer Brauchbarmachung der Hilfsschüler in den ersten Jahren der nationalsozialistischen Herrschaft als Leerformel gehandelt. Gesprochenem und Geschriebenem, das völkische Sinngebung der Hilfsschularbeit für notwendig erklärt, wird ein ehrfürchtiger Ton unterlegt, ohne daß Übereinstimmung über den Inhalt einer solchen Forderung besteht. Redner und Autoren sind überzeugt, daß in dem – angeblich – nun vorhandenen "ganzheitlich-organischen" Denken der Hilfsschule und ihren Schülern ein Platz zugewiesen werden muß. Doch auf welche Weise und bis zu welchem Grad diese Eingliederung der Hilfsschule in das mythische Volksganze erfolgen soll, darüber will und/oder kann man in den Jahren 1933/1934 noch kaum Aussagen treffen.

Für den Bewußtwerdensprozeß der Hilfsschullehrer hinsichtlich ihrer völkischen Aufgabe bietet Tornow ein geeignetes Beispiel. In mehreren Artikeln in der – noch nicht gleichgeschalteten – "Hilfsschule" (Fachzeitschrift des VdHD) des Frühjahrs 1933 finden sich Gedanken, die versuchen, die Überzeugung von der Einordnung der Hilfsschule in das "völkische Bild des Nationalsozialismus" bei den Hilfsschullehrern zu verbreiten und gleichzeitig gegenüber den neuen Machthabern zu legitimieren. Der Wunsch nach "Einheit" im völkischen Sinn drückt sich in Sätzen wie dem folgenden aus, der all die neuen Begriffe und Bezüge (Volksorganismus; Volk – Rasse – Staat; usw.) einschließt:
"Auch die Hilfsschule ist ein berechtigtes, notwendiges und naturhaft gewachsenes Glied innerhalb des Volksorganismus. Durch ihre notwendige organische Einordnung und Eingliederung will und wird sie aktiv unter rassisch-völkischem Ziele mit dazu beitragen, die weltanschaulich-politischen Aufgaben der Gegenwart zu lösen, nämlich ein Volk, ein Staat, eine Schule zu

werden" (Tornow 1933 c, 356). Hier ist noch sehr stark
der Einfluß Kriecks zu bemerken, der um die Mitte des
Jahrzehnts jedoch stark zurückgedrängt wird.
In dem Beitrag "Vom Wesen völkischer Hilfsschularbeit"
(Tornow 1933 a) werden von Tornow schon einige Inhalte
zum Begriff der "völkischen Brauchbarmachung" der Hilfsschüler angedeutet. So bestimmt die Eugenik negativ
einen Teilaspekt dieser Brauchbarkeit, indem sie dem
Hilfsschüler das Recht zur Fortpflanzung abspricht.
Positiv fördert die Hilfsschule einen weiteren Teilbereich völkischer Brauchbarkeit beim Hilfsschüler, indem sie "einer wahren Bildung als Charakter- und Willensschulung und der Erlangung einer gewissen inneren
sittlichen Haltung" (263) vor dem umfassenden allgemeinen Schulwissen den Vorrang einräumt. Ähnlich un-
klar und noch keineswegs spezifisch nationalsozialistisch äußert sich Müller am Stein (1933 a; 1933 b).

O. Kroh, der mit seiner "Völkischen Anthropologie"
(1934) maßgebend das anthropologische Verständnis
der Erzieher in der Anfangszeit des Nationalsozialismus beeinflußt, glaubt, daß "die Grundlage der völkischen Weltanschauung jedem Glied des Volkes prinzipiell
zugänglich sei" (40) und jeder seinen völkischen Beitrag leiste, wenn er nach der Erkenntnis mit "ge-
schulter Kraft und in entschiedener Haltung .... mit
Dreingabe seiner persönlichen Existenz die erlebte
und erkannte Pflicht zu erfüllen bereit ist" (41).
Diese noch sehr schwammig und unscharf beschriebenen
Inhalte ordnet Kroh dem Begriff "Bildung", "Gebildet-
sein" zu und eröffnet damit dem Hilfsschullehrer ein
Betätigungsfeld im "völkischen" Sinn.
In den Jahren 1934 bis 1937 erscheinen mehrere Beiträge von Krampf, Heinrichs und anderen in den Fachzeitschriften für Sonderschullehrer, die die Inhalte der
"völkischen Brauchbarkeit" näher bestimmen und für den
Hilfsschullehrer praktikabel machen sollen.

Im Bewußtsein, daß der Hilfsschüler den Kriterien einer
völkischen Brauchbarkeit, die den erbbiologischen Aspekt
mit einschließt, nicht gerecht werden kann, wendet
Krampf in seiner Studie "Gedanken zum Ausleseproblem"
(1937 a) den Begriff der "Volklichen Brauchbarkeit"
an. Ihn möchte er im Sinne eines "von den Notwendigkeiten der Gemeinschaft her gewonnenen Werturteils
über die Bewährung eines Volksgenossen" (13) verstanden wissen, ohne den Hilfsschüler in die Diskussion
über die Erbwertigkeit einzubeziehen.
Heinrichs (1937 b) ordnet dem Hilfsschüler einen
"grundständig-bäuerlichen", einen "technisch-werkschaffenden" und einen "organisatorisch-kaufmännischen"
Dienstkreis zu. Schon der Begriff "Dienstkreis" bezeichnet das ausschließliche Bezogensein auf die Bedürfnisse und Wertmaßstäbe der "Volksgemeinschaft".

Im ersten, dem "grundständig-bäuerlichen Dienstkreis"
steht übergreifend der "Erzieherische Bezug: Einsatz
als Helfer in der Landarbeit" (96, 97). Die Beziehung des einzelnen Hilfsschülers zur Gemeinschaft
drückt sich nach Qualität und Quantität in folgenden
Schlagworten aus:
"Der Mensch:
In der Wirtschaft: Hilfsarbeiter in Haus und Hof,
Landarbeiter, Garten-, Forstarbeiter. (Pferde-, Och-
sen-) Knecht. Arbeiter in der Fischerei und Schiff-
fahrt.
In der Wehr: Fußsoldat; Kolonnenfahrer.
In der Kultur: Mitwirken bei Hausmusik, Gemeinschafts-
gesang. Liebhaberei für Malen, Basteln u.ä. Rundfunkhörer.
In der Politik: Der Volksgenosse; der ausführende Ge-
folgsmann".
Im Bereich des "Könnens" wird das extreme Dienstver-
hältnis des Hilfsschülers in der Gemeinschaft u.a. mit
"Einordnung in Verbände; marschieren, laufen, kämpfen"
charakterisiert. Dazu werden ihm Einstellungen wie
"Tapferkeit, Einsatz, Aufopferung; Opfersinn, Gefolg-
schaftssinn und Treue" abverlangt.

Im zweiten, "technisch-werkschaffenden Dienstkreis" stellt sich der "Erzieherische Bezug: Einsatz als Helfer, als Arbeiter in Handwerk und Industrie". Wesen und Umfang des Lebenskreises des Hilfsschülers stehen unter folgenden Stichpunkten:
"Der Mensch:
In der Wirtschaft: Hilfsarbeiter, Handlanger, Transportarbeiter, ungelernter Arbeiter, angelernter Arbeiter, Kraftfahrer.
In der Wehr: Artillerist, Bedienungsmann am Geschütz, Munitionsträger und -fahrer.
In der Kultur: Zeitungsleser, Rundfunkhörer, Kinobesucher. Liebhaberei für technische Hausarbeiten.
In der Politik: Mitglied der Arbeitsfront, der NSV".

Dem Hilfsschüler wird u.a. auch "Rassisch-völkisches Verständnis" zum Ziel gesetzt, das ihn "Krankheit als Erbtatsache", den Zusammenhang von "Erblichkeit und sozialer Not" und "die Existenz der Rasse" verstehen läßt.

Im dritten, "Organisatorisch-kaufmännischen Dienstkreis" wird an den "Einsatz als Hilfskraft, ... als Laufbursche, Austräger, Kutscher, Beifahrer, Bote, Aushilfe und angelernter Arbeiter in Lager und Kontor" gedacht.

Eine Anpassung an die Ziele der Mädchenerziehung nimmt Heinrichs vor, indem er die völkischen Dienstleistungen von Hilfsschülerinnen im Lebenskreis von "Hausmädchen, Aufwarterin, Kinderwarterin; Hausfrau im ländlichen Haushalt; Land-, Garten- und Forstarbeiterin, Tagelöhnerin, Fabrikarbeiterin, Arbeiterin im Frauengewerbe (Plätterin; Näherin); Käuferin und Verbraucherin; Hausfrau" ansiedelt. Er betont jedoch ausdrücklich, daß "die Mädchenerziehung dadurch ausdrücklich eingeschränkt wird, daß eine eigentliche Erziehung zur Mutterschaft" nicht wesentlicher Bestandteil ist (97).

Wie schon weiter oben ausgeführt, zeigen die reichseinheitlichen Richtlinien von 1942, die ja eigentlich der Ausdruck der nahezu zehnjährigen Beeinflussung der Hilfsschularbeit durch nationalsozialistisches Gedankengut sein sollten, nur relativ blasse Züge einer "Völkischen Sinngebung". Es ist festzustellen, daß sie zu einem großen Teil die Ansprüche des völkischen Denkens nicht zur Kenntnis nehmen (z.B.: Die für notwendig erachtete Einführung in das Kartenbild soll an der Verkehrskarte, nicht an der militärisch-strategischen Geländekarte erfolgen, 10), sie zum Teil abwehren (Beispiel: Bei den Unterrichtsgrundsätzen im Werken werden ausdrücklich "bloße Nachahmung, mechanische Aneignung und leerer Drill" aus der Hilfsschularbeit verbannt, 7) und zum Teil in abgemilderter Form übernehmen (z.B. Turnen steht <u>auch</u> im Dienste der Wehrerziehung; Heimatkunde: Die Schüler sollen den Führer lieben lernen; Musik: Unter vielen anderen musikalischen Formen wird eher der Vollständigkeit halber das "nationalpolitische Liedgut" erwähnt).

Das Ziel der "völkischen" bzw. "volklichen Brauchbarmachung" des Hilfsschülers drückt sich bis etwa 1937/1938 in Bestrebungen aus, ihn zu einem eifrigen, äußerst angepaßten, wehrbereiten Staatsbürger zu machen, der seinen Unterhalt bei einfachen beruflichen Tätigkeiten findet und positiv zu der persönlichen Aussicht steht, kaum etwas zur erbgesundheitlichen Aufartung des deutschen Volkes beitragen zu können. Im Zuge der Kriegsvorbereitungen, der Verbesserung des Arbeitsplatzangebotes und der Durchführung des Eroberungskrieges werden die hochfliegenden ideologischen Bestimmungen der Hilfsschularbeit zu einem Gutteil abgebaut und münden in dem Erlaß von Richtlinien für die Hilfsschularbeit, die nur noch mit Rudimenten der "völkischen Sinngebung" garniert sind.

4.3 Die Hilfsschule und ihre Entlastungsfunktion für die Volksschule

Neben den Aufgabenstellungen, als Sammelbecken für Erbkranke zu wirken und die Schüler wirtschaftlich und völkisch brauchbar zu machen, wird der Hilfsschule vom nationalsozialistischen Staat noch eine weitere wichtige Aufgabe zugedacht: Sie soll die Volksschule entlasten, damit diese die ihr gestellten Ziele unbehindert erfüllen kann.

Schon in der Weimarer Zeit ist eine solche Entlastungswirkung der Hilfsschule für die Volksschule einkalkuliert. Dies geschieht weniger in den - wenn überhaupt bestehenden - offiziellen Richtlinien als ganz pragmatisch in den Vorstellungen der Schulverwaltungen bzw. der Volksschullehrer.

In den ersten Monaten nach der Machtübernahme der Nationalsozialisten ist in der Entlastungswirkung der Hilfsschule nahezu das einzige schlagende Argument für das Weiterbestehen der Hilfsschule gegeben. Mit dem Einsetzen der Umstellung des Schulsystems im nationalsozialistischen Sinne ergibt sich verstärkt die Notwendigkeit, ein schulisches Auffangbecken für die Schüler zu schaffen, die den gesteigerten Anforderungen der Volksschule nicht mehr gerecht werden. Der erhöhte Leistungsanspruch an die Volksschule insgesamt, die spätere Einführung der Hauptschule als leistungsorientierte Oberstufe, rückt die Entlastungswirkung vom Randbereich in das Zentrum der Aufgabenstellung der Hilfsschule.

Die Entlastung der Volksschule wiegt nach Ansicht der Schulverwaltungen und der Sachträger den Aufwand an pädagogischer Arbeit und öffentlichen Mitteln zumindest zu einem Teil wieder auf. In diesem Sinne äußert sich z.B. Ministerialrat Dr. Stolze vom RMinWEV nach seiner Besichtigungsreise im Juli 1936.[83] Aus der Rundfrage des Deutschen Gemeindetages anläßlich des beabsichtigten Erlasses der AAoPr ist zu entnehmen, daß die Bürgermeister und Oberbürgermeister die hohen Kosten für die Hilfsschulen an sich nicht als sinnvoll und sozial gerechtfertigt ansehen, sie aber unter dem Gesichtspunkt der Hilfestellung für die Volksschularbeit als gerade noch tragbar bewerten.[84]

Ihren ersten offiziellen Niederschlag findet die Entlastungsfunktion der Hilfsschule gegenüber der Volksschule in der AAoPr von 1938. Im Rahmen der "Aufgaben der Hilfsschule" wird an erster Stelle angeführt, daß "die Hilfsschule die Volksschule entlastet, damit ihre Kräfte ungehemmt der Erziehung der gesunden deutschen Jugend dienen können". Dieser Teilaufgabe muß sogar die in den ersten Jahren der nationalsozialistischen Herrschaft favorisierte "Unterstützung der erb- und rassenpflegerischen Maßnahmen des Staates" das Recht der ersten Nennung überlassen. Im Rahmen des RMinWEV zur Einführung der Richtlinien für Erziehung und Unterricht in der Hilfsschule vom 18.2.1942 wird der Hilfsschule die Aufgabe der Entlastung der Volksschule wiederum an den Anfang gestellt.

5. Die Schülerschaft der Hilfsschule und ihr Bezug zu benachbarten Schülergruppierungen

Entscheidend für die Arbeit der Hilfsschule und für das Aufgabenverständnis ihrer Lehrer ist die Zusammensetzung ihrer Schülerschaft. In der Hilfsschule ist die Schülerschaft durch die Vorauswahl der Regelschule grob festgelegt, weshalb sie selbst die Zusammensetzung ihrer Schülerschaft nur dadurch steuern kann, daß sie einen Teil der ihr zugewiesenen Schüler wiederum abdrängt oder durch das Signalisieren besonderer Bereitschaft zur Übernahme bestimmter Schülergruppierungen einen Sog auf Mischbereiche zu benachbarten Schulformen erzeugt.

In der Zeit des Nationalsozialismus nehmen die verstärkt aus dem ideologischen Raum hineingetragenen Zielsetzungen Einfluß auf die Zusammensetzung der Schülerschaft. Im folgenden Abschnitt soll deshalb der Kreis der Schüler der Hilfsschule in seiner Besonderheit beschrieben und auf eventuelle Veränderungen während des Dritten Reiches hin untersucht werden.

5.1 Das Erscheinungsbild des Hilfsschülers

Der Versuch, das Erscheinungsbild des Hilfsschülers in der Zeit des Nationalsozialismus zu skizzieren, führt in dieselbe Problematik, die solchen Beschreibungsansätzen in unserer Zeit anhaftet. Grobeinstufungen wie "Soziokulturell Benachteiligter", "Schwachbegabter", "Schulversager", "Lernbehinderter", "Schüler mit generalisierten Lernstörungen", wie sie der Sonderpädagogik der Jetztzeit geläufig sind und die von Wissenschaftlern bzw. ihren "Schulen" mehr oder weniger ausschließlich vertreten werden, finden sich in den Veröffentlichungen der nationalsozialistischen Zeit ebenso. Daß andere Begriffe verwendet werden, erschwert zwar den Vergleich mit der heutigen Diktion und deren Inhalten, spricht aber nicht für das Bestehen einer grundsätzlich andersartigen Problematik.

Im folgenden soll das Bemühen der Hilfsschulpädagogen um die Definition ihres Schülerkreises unter drei Gegensatzpaare gestellt werden. Bezogen auf die Hilfsschüler als Gesamtheit sollen Aussagen erörtert werden, die den Nachweis der Homogenität bzw. der Heterogenität zum Ziel haben. Homogenität in der Weise, daß alle Hilfsschüler weitgehend einheitliche Wesenszüge, Fähigkeiten und/oder defizitäre Erscheinungen ausweisen, so daß man von einem Typ "Hilfsschüler" sprechen kann. Heterogenität so verstanden, daß in einer Gruppe von Hilfsschülern keine Besonderheiten im emotionalen, affektiven, motorischen oder kognitiven Bereich auszumachen sind, die allen (oder fast allen) Indiviuen dieser Gruppe zu eigen sind.

Bezogen auf das Indiviuum "Hilfsschüler" werden Positionen der Hilfsschulpädagogen unter dem "Gegensatzpaar "Gesamtdefizit" und "Teilbeeinträchtigung" zur Darstellung kommen. Unter "Gesamtdefizit" sind pauschalierende Feststellungen zu verstehen, die dem Hilfsschüler im Vergleich zum "Normalschüler", zum Schüler der Volksschule, defizitäre Besonderheiten über die gesamte

Palette menschlicher Ein- und Ausdrucksmöglichkeiten hinweg zuschreiben. Unter dem Schlagwort "Teilbeeinträchtigung" werden solche Aussagen erörtert, die grundsätzlich von der Annahme ausgehen, daß jeder "Hilfsschüler" bestimmte, nur ihm eigene Einzelfähigkeiten besitzt, die sich von Einzelfähigkeiten eines in der Volksschule verbliebenen Schülers unterscheiden können, nicht aber müssen.

Ansichten über mögliche Verursachungen, die zu dem Erscheinungsbild eines Hilfsschülers führen bzw. beitragen können, sollen unter dem Gegensatzpaar "Ererbter Schwachsinn" und "Erworbene/milieubedingte Beeinträchtigung" zusammengefaßt werden. Der Ausdruck "Erworbener Schwachsinn" soll Positionen charakterisieren, die das Erscheinungsbild des Hilfsschülers überwiegend mit "Schwachsinnigkeit" gleichsetzen, die ihm über die Vererbung mitgegeben worden ist. Hilfsschulpädagogen, die die Ursache für die schulorganisatorische und pädagogische Notwendigkeit, solche Schüler nicht in der Volksschule zu betreuen, in vor- und nachgeburtlichen physischen Schädigungen, in ungünstigen Gegebenheiten der sozialen Umwelt und der Regelschule suchen, sollen unter dem Ausdruck "Erworbene/milieubedingte Beeinträchtigung" zusammengefaßt werden.

5.1.1 Homogenität kontra Heterogenität der Hilfsschülerschaft

Meinungen, daß Hilfsschüler generell Merkmale aufweisen, die sie als solche von den Schülern der Regelschule unterscheiden und die die Benennung "Hilfsschultyp" rechtfertigen oder - um den im nationalsozialistischen Sprachgebrauch so beliebten Ausdruck zu verwenden - einen "Typus" Hilfsschüler ausmachen, finden sich kaum bei solchen Autoren, die unmittelbar mit Hilfsschülern befaßt sind. Vielmehr sind solche Äußerungen da zu finden, wo im negativen Sinn Vorurteile vorhanden sind oder erzeugt werden sollen.
Ein für den Hilfsschullehrer deprimierendes Beispiel findet sich in einem Rundschreiben des RMinWEV. [85]
Die Wehrmacht hatte dem RMinWEV eine Anzahl von "Rekruten ohne Schulbildung" gemeldet und dieses veranlaßt, bei den zuständigen Schulräten nachzuforschen, ob es sich bei diesen Fällen um ein "Versagen der Schule oder um Hilfsschultypen" handle. Vom Schulamt Münster wird als Antwort angeführt, daß ein Versagen der Schule ausgeschlossen werden könne. Vielmehr handle es sich wirklich um "Hilfsschultypen", die aber aus den verschiedensten Gründen nicht in die Hilfsschule gegangen seien. Ohne inhaltliche Aussagen über diesen Schülerkreis zu treffen, außer daß er "keine Schulbildung" hat, wird von der Wehrmacht angenommen und vom Schulamt bestätigt, daß es eine solche mit ganz bestimmten Merkmalen von anderen Schülern abgrenzbare Gruppe gäbe. Hier wird die Homogenität einer Schülergruppe ohne weiteres angenommen und zur negativen Qualifikation gemacht. Daß bei den "Hilfsschultypen" andere Gründe als die in der Person liegenden für die Mängel in der Schulbildung in Frage kommen könnten, wird suggestiv in der Fragestellung bereits verneint und von der Schulverwaltung natürlich im Sinne der eigenen Rechtfertigung bestätigt.

W. Hartnacke, ein Autor, der schon in der Weimarer
Zeit durch Versuche aufgefallen ist, sozialdarwinistisches Gedankengut im Denken der Erzieher und der Schulverwaltungen zu verankern, liefert ein weiteres, abschreckendes Beispiel für ein Vorurteil, das die Abgrenzbarkeit der Hilfsschüler auf Grund ihnen gemeinsamer Merkmale suggeriert. In seiner "Seelenkunde vom Erbgedanken aus" (Hartnacke 1944) liefert er im Rahmen der "Beispiele von Seelengebilden" eine Beschreibung des Hilfsschülers, die eine solche diskriminierende Abgrenzung annimmt. Beim Hilfsschüler ist die Auffassungsfähigkeit begrenzt, der Geist oft nur für einfache Zureich- und Handlangerdienste ausreichend, die Ansprechbarkeit für Gefühle der Zustimmung und Befriedigung meist nur für ein Erleben in niedriger Sphäre möglich, eine Lenkbarkeit und Beeinflußbarkeit vorhanden. Letztere besonders wende sich oft gegen die Gemeinschaft. Dabei bestehe die "Unfähigkeit, den Trieben korrigierende Wert- und Pflichterkenntnisse entgegenzustellen" (142). Solche pauschalierenden Beschreibungen einer angeblich bestehenden homogenen Personengruppe setzen eine wenig kritische, penetrant elitäre, kaum vom unmittelbaren Umgang mit den Beschriebenen getrübte Einstellung voraus. Sie ist in der intoleranten Atmosphäre des nationalsozialistischen Denkens sehr häufig zu finden. Leider kann jedoch nicht von einem Verschwinden dieser Grundeinstellung mit dem Zusammenbruch des politischen Gebildes unter Hitler und seiner Partei ausgegangen werden.

Aus den Kreisen der Hilfsschullehrer dringen von Zeit zu Zeit zumindest Ansätze von pauschalierenden Beschreibungen des Hilfsschülers. Sie sind jedoch meist von einer bestimmten Absicht getragen, die vordergründig zugunsten der betroffenen Schülergruppe wirken soll. Aus der Vielzahl entsprechender Versuche sei Zeising (1937) herausgegriffen, der sich in seinem Beitrag "Was ist aus unseren Hilfsschülern geworden?" darum bemüht, die wirtschaftliche Brauchbarkeit, die "Produktivität" der Hilfsschüler zu beweisen. Bei der Suche nach Gründen für die Konkurrenzfähigkeit der Hilfsschüler gegenüber Volksschülern bei der Besetzung von Arbeitsstellen im sächsischen Raum, glaubt Zeising als durchgängige Besonderheit "die Anspruchslosigkeit und Bescheidenheit der sich anbietenden Hilfsschüler" (357) herausstellen zu können. Eine solche Beurteilung erfolgt hier sicher in der guten Absicht, eine positive Meinung bei Arbeitgebern zu erzeugen und die Hilfsschullehrer anzuhalten, ihre Maßnahmen auf die Förderung der gewünschten Eigenschaften abzustimmen. Doch kann die ausschließliche Zuordnung von Eigenschaften zu einer bestimmten Personengruppe die Bildung von Vorurteilen, die dann zumeist negativ wirken, unabsichtlich fördern.

Wie gefährlich es sein kann, die Hilfsschüler mit pauschalierenden Begriffen zu belegen, die eine Homogenität vortäuschen, bemerkt im Jahre 1937 A. Krampf. Er selbst ist bis dahin fahrlässig mit dem Begriff "Schwachsinn" umgegangen. Er hat ihn benutzt, um jede Art von Besonderung im Hilfsschulbereich zu begründen. Besondere Erziehungs- und Unterrichtsmaßnahmen, besondere organisatorische Bedingungen bis hin zur besonderen Besoldung der Hilfsschullehrer wurden aus dem Schwachsinn der Schüler abgeleitet. Daß eine solche Pauschalierung die Automatik des GzVeN in Gang gesetzt hat, bemerken viele Pädagogen erst nach einigen Jahren. Krampf erscheint es so, "als ob man bei der Feststellung des geistig-seelischen Zustandes noch vorsichtiger sein müßte" (Krampf 1937 b, 770). Es gehe nicht an, so früh schon das Urteil "Schwachsinn" über einen Schüler zu sprechen. Krampf ringt sich sogar zur Erkenntnis durch, daß "wir überall da nicht korrekt gehandelt haben - - freilich unbewußt - wo wir früher den Hilfsschüler ganz allgemein als 'schwachsinnig' in verschiedenen Gradabstufungen hinstellten, und wir müssen in Zukunft eine solche Kennzeichnung als wahrscheinlich nicht den Tatsachen entsprechend vermeiden" (770/771).

Es fällt auf, daß sich bei nahezu allen Autoren, die sich mit der Zusammensetzung der Hilfsschülerschaft befassen, die Erkenntnis von einer mehr oder weniger deutlich feststellbaren Hetorogenität dieser Population durchsetzt. Der Gesamtheit dieser Schüler wird zwar häufig noch eine irgendwie geartete Eigengesetzlichkeit zugedacht, doch bei näherem Zusehen entpuppen sich diese Behauptungen häufig als Legitimationsversuche der Hilfsschulpädagogen. Sie möchten die Besonderheit ihrer Methoden und Schulverhältnisse anerkannt und gesichert wissen, obwohl sie sich im Grunde der Vielfalt ihrer Schüler hinsichtlich der Formen, Intensität und Verursachung der Lernbeeinträchtigungen bewußt sind.

In einem Argumentationszwiespalt, wie er oben angeführt wurde, finden sich z.B. Enke (1937), Krampf (1937 b; 1937 c) und Tornow (1939 a; 1939 b). In dem Beitrag "Zur Eigengesetzlichkeit der Hilfsschulerziehung" braucht Tornow (1939 a), um die Eigengesetzlichkeit der Hilfsschulerziehung nachweisen zu können, eine "psychologische Eigengesetzlichkeit des Hilfsschulkindes". Nachdem Tornow zur Kennzeichnung der angenommenen Eigengesetzlichkeit viele qualitative und quantitative Merkmale aufgestellt hat (auf sie soll in 5.1.2 noch näher eingegangen werden!), muß er seine Feststellungen fast bis zur sinngemäßen Umkehrung modifizieren. "Es ist selbstverständlich, daß die hier erwähnten Kennzeichen keineswegs bei jedem Hilfsschulkind vorhanden sind, vielmehr treten bald diese bald jene in den verschiedensten Stärkegraden von der bloßen Schwäche bis zum völligen Ausfall in den verschiedensten Kombinationen miteinander auf, so daß das Ineinander- und Miteinanderverworbensein die jeweilige geistig-seelische Struktur eines bestimmten Hilfsschulkindes ausmacht" (508). Nach solchen Ausführungen ist Tornow die Frage zu stellen, wo nun die Eigengesetzlichkeit der Gruppe der Hilfsschüler zu finden ist, die es berechtigt sein läßt, sie so eindeutig vom Regelschüler abzugrenzen.

5.1.2 Gesamtdefizit kontra Teilbeeinträchtigung beim Hilfsschüler

Eng mit der Einstellung, die zu einer möglichen Homogenität oder Heterogenität der Hilfsschülerschaft vorliegt, hängt die Grundposition zur Frage eines vorliegenden Gesamtdefizits oder vorherrschender Teilbeeinträchtigungen beim Individuum "Peter U." oder "Monika M.", die die Hilfsschule in A. besuchen, zusammen. Unterscheiden sich diese Schüler in allen Funktionsbereichen des Menschseins von ihren früheren Klassenkameraden der Volksschule oder weisen sie in Teilbereichen Beeinträchtigungen oder anders gelagerte Fähigkeiten auf, die es ihnen schwer oder unmöglich machen, den in der Volksschule an sie gestellten Forderungen gerecht zu werden?

Für die sich während der Regierung durch Nationalsozialisten ändernde Haltung zu obiger Problematik steht exemplarisch die Veränderung der Position bei Tornow. In dem Sammelband von Löpelmann (Hrsg.), "Wege und Ziele der Kindererziehung unserer Zeit", der die erste Zusammenfassung nationalsozialistischen Erziehungsdenkens durch ernstzunehmende Fachpädagogen bringt (ohne Jahr; etwa 1935), trägt Tornow Erörterungen über "die Erziehung des körperlich- und geistig geschwächten Kindes" bei. Bei der Charaktersisierung des Hilfsschulkindes geht Tornow davon aus, daß bei diesem eine grundsätzliche intellektuelle Einschränkung vorliegt. Darüber hinaus jedoch spricht er dem Hilfsschulkind, unter Benutzung des geradezu klassischen Begriffes von Hanselmann, eine "Gesamtseelenschwäche" zu, die es grundlegend vom "Normalkind" unterscheidet. Diese gemäßigte, solide Sachkenntnis ausstrahlende Behauptung, für ein weites, nicht unbedingt fachlich vorgebildetes Publikum gedacht, faßt Tornow in einem Artikel der "DSoSch", der damit für Facherzieher bestimmt ist, sehr viel deutlicher und wahrscheinlich ehrlicher. Bei seinem Bemühen,

den Kollegen die Eigenständigkeit der Hilfsschularbeit
verständlich zu machen und sie vor einer Imitation
anderer Schularten abzuhalten, läßt sich Tornow dazu
hinreißen, den Hilfsschüler als ein Wesen hinzustellen, das kaum mehr einen Vergleich mit einem Schüler der
Volksschule zuläßt. Tornow glaubt behaupten zu können,
daß sich die Hilfsschullehrerschaft "in jahrelanger
Entwicklung mühsam zu folgender Erkenntnis durchgerungen"
hat: "Ein Schwachsinniger bleibt Zeit seines Lebens ein
Schwachsinniger, keine Hilfsschulerziehung kann einen
Normalen aus ihm machen" (Tornow 1935 b, 804). Auch
bei anderen Autoren, z.B. Dohrmann (1933), Klinkebiel
(1938), Krampf, Heinrichs, läßt sich bis etwa 1938 die
Tendenz herauslesen, zwischen dem Volksschüler und dem
Hilfsschüler geradezu einen qualitativen Sprung zu sehen
und herauszustellen. Daß nach dieser grundlegenden Unterscheidung noch zusätzliche graduelle Beeinträchtigungen bzw. Teilfähigkeiten bei den einzelnen Schülern
zu Kenntnis genommen werden, sei noch erwähnt. So befaßten sich Klinkebiel (1938) vertieft mit "Wollen und
Empfindungen bei Hilfsschülern" oder Dohrmann (1933)
mit der "motorischen Minderbegabung".
Den offiziellen Ausdruck solcher Meinungen der Fachleute findet man in der AAoPr von 1938. Unter A1, "Begriff
der Hilfsschule", unternimmt der Erlaß eine äußerst reduzierte Charakterisierung der Kinder, die in die Hilfsschule kommen sollen. Diese Kinder können dem Bildungsgang der Volksschule nicht folgen und sind bildungsfähig.
Nach diesen vornehmlich schulorganisatorischen Abgrenzungen nach oben und unten folgen Aussagen über die Qualität solcher Schüler. Sie weisen "Hemmungen in der körperlich-seelischen Gesamtentwicklung" auf. Nach dieser
Feststellung eines allgemeinen defizitären Zustandes
folgt eine Erläuterung, die zugleich als inhaltliche
Erweiterung aufzufassen ist. Hilfsschulkinder unterliegen "Störungen im Erkenntnis-, Gefühls- und Willensleben", weshalb sie "unterrichtlich und erziehlich"
dem Bildungsgang der Volksschule nicht zu folgen vermögen.

Seit etwa 1938 kündigt sich in vielen Veröffentlichungen zur Hilfsschularbeit eine Verschiebung der Schwerpunkte bei der Beurteilung von Hilfsschulkindern im Vergleich zu Kindern der Regelschule an. Die Annahme einer vollkommenen Andersartigkeit der Hilfsschulkinder wird zurückgedrängt, während die Meinung, daß diese Kinder sich nur in Teilbereichen bzw. graduell von Volksschulkindern unterscheiden, mehr an Raum gewinnt.

Wiederum sei hier zuerst Tornow angeführt, der in zwei Beiträgen in der "DSoSch" (1939 a; 1939 b) seine modifizierte Stellungnahme niederlegt. Er glaubt zwar noch immer, eine "Eigenständigkeit" des Hilfsschülers im Unterschied zum "normalen Kind" herausstellen zu müssen, schränkt aber nun die Intensität der Besonderheit ein. Er bezeichnet den Unterschied zwischen Hilfsschulkind und "normalem Kind" nur noch als "ziemlich eindeutig", sieht Grenzfälle, die den angeblichen Qualitätssprung nicht aufweisen und bemüht sich sehr schnell um differenzierende Feststellungen. Er nennt "Kennzeichen allgemeiner Art", die bei Hilfsschulkindern diagnostiziert werden könnten, ohne daß sie - wie in 5.1.1 schon erörtert - jedem Indiviuum grundsätzlich bzw. in gleicher Wirkungsbreite zugesprochen werden könnten. Tornow nennt Kennzeichen wie "geistig-seelische Dispositionsschwankungen, Bewegungsstörungen und -beeinträchtigungen, Koordinationsstörungen, die verschiedensten Aufmerksamkeitsstörungen, Besonderheiten und Beeinträchtigungen des Gedächtnisses, mangelhafte Begriffs-, Urteils- und Schlußbildung, herabgesetzte Kombinationsfähigkeit, Phantasiearmut oder -überschwenglichkeit, mangelnde abstrakt-logische Fähigkeiten, vorhandene praktische Intelligenz oder anschaulich-motorische Kombinationsfähigkeit, mangelnde Gefühlsbeteiligung, sinnliche Triebhaftigkeit, Willensschwäche, langsames Arbeitstempo, herabgesetzte Sinnerfassung, mangelnde Arbeitsbereitschaft usw." (1939 a, 507/508).

Daß sich der Vorgang, die Vorstellung von der totalen oder weitgehenden Andersartigkeit des Hilfsschülers gegenüber dem Regelschüler abzubauen, nicht nur bei Tornow vollzogen hat, wird aus einer wichtigen Veröf-

fentlichung des Jahres 1939 offenbar. In diesem Jahr
erscheint das Buch von Frieda Buchholz, "Das brauchbare Hilfsschulkind - ein Normalkind". Aus der Arbeit
mit Peter Petersen in Jena kommend, versucht Buchholz
nachzuweisen, daß es ungerechtfertigt ist, ein Hilfsschulkind generalisierend als "schwachsinnig", "krank",
"dumm" oder "asozial" einzustufen und ihm damit eine
bestimmte schulische und soziale Rolle zuzuweisen.
Mit ihrer "Tatsachenforschung" (1) möchte Buchholz
von solchen verallgemeinernden Einstellungen loskommen und endlich die Diskriminierung der Hilfsschulkinder abbauen. Sie bemüht sich nachzuweisen, daß sich
die einzelnen Hilfsschulkinder von den Kindern in der
Volksschule lediglich durch graduelle Unterschiede
bei den Leistungen (z.B. im Lesen, Rechtschreiben,
Heimatkunde, Malen, Musizieren, Turnen usw.) abheben.
Sie stellt in Einzelfällen dar, daß solche Unterschiede
in Teilleistungsbereichen nicht nur negativ zu bewerten sind, sondern daß Teilfähigkeiten durchaus über dem
Niveau anderer Kinder liegen können, die nicht die
Hilfsschule besuchen.
Die zumindest in Abstufungen veränderte Position führender Hilfsschulpädagogen zur Frage der "Eigengesetzlichkeit des Hilfsschulkindes" findet ihren Ausdruck in
den Richtlinien für Erziehung und Unterricht in der
Hilfsschule von 1942. Sie, die in der Zusammenarbeit von
Tornow und dem in der Schularbeit recht pragmatisch eingestellten Erwin Lesch entstanden sind, klammern umfassende Theoriebildung über das Wesen des Hilfsschulkindes
und seines Verhältnisses zum Volksschulkind nahezu
ganz aus. Geradezu lapidar wird das Ziel herausgestellt,
in der Hilfsschule die "Erziehung der Kinder, die infolge ihrer Hemmungen und Störungen in der körperlichen, geistigen und seelischen Entwicklung dem allgemeinen Bildungsgang der Volksschule nicht zu folgen
vermögen, einer Bildung und Erziehung aber zugänglich
sind und bedürfen", abzustreben. Der vollziehende Leh-

rer soll offensichtlich auf keine Theorie mehr festgelegt werden, die als übergreifendes Moment die grundlegende Andersartigkeit des Hilfsschülers enthält. In dieser von pädagogischer Unvoreingenommenheit getragenen Grundannahme ist mit ein Grund zu sehen, daß dieser Lehrplan nach Beendigung des 2. Weltkrieges für eine länger andauernde Übergangszeit zur Grundlage der Arbeit in den Hilfsschulen gemacht wird.

5.1.3 Ererbter Schwachsinn kontra erworbene Beeinträchtigung

Was die Stellungnahme von Hilfsschulpädagogen zur Frage der Vererbung oder des Erworbenseins von Beeinträchtigungen, die den Hilfsschüler charakterisieren, angeht, so läßt sich häufig die persönliche Meinung des einzelnen Autors und der Anteil der schulpolitischen Taktik schwer auseinanderhalten. Ordnet man nämlich solche Meinungsäußerungen in Entwicklungslinien des Hilfsschulwesens, der erbpflegerischen Maßnahmen, des allgemeinen Schulwesens und der allgemeinen Staatspolitik in der Zeit des Nationalsozialismus, so ergeben sich z.T. Parallelen, z.B. werden aber Gegenströmungen sichtbar, die einen höheren Tatikanteil vermuten lassen.

Hilfsschulpädagogen, die den Vererbungsradikalismus vieler Rassenhygieniker (weniger der Vererbungswissenschaftler!) uneingeschränkt unterstützen, sind (außer Gossow) nicht auszumachen.

Eine Gruppe von Autoren ist zu registrieren, die in der Vererbung den bestimmenden Faktor für Beeinträchtigungen zu finden glauben, die zum Besuch einer Hilfsschule führen müssen. Es sind in diesem Kreis Nöll (1934; 1937) Geissler (1939), Krampf, Enke (1937) und Seidel (1940) zu nennen.

Nöll, der zur "alten Generation" der Hilfsschullehrer zählt, die schon in der Weimarer Zeit recht deutlich Vererbungstheorien vertreten hat, fühlt sich zu einem Gutteil durch den neuen Trend, die Ursachen für den schulischen "Ausfall" mancher Kinder in der Erbmasse zu suchen, bestätigt. Nölls Begründung für den zahlenmäßigen Überhang von Jungen gegenüber Mädchen in der Hilfsschule basiert auf ausschließlich "vererbungswissenschaftlichen Tatsachen" und wehrt jede Begründung aus dem Bereich der "Milieutheorie" (z.B. Zusammenhang zwischen Verhaltensauffälligkeiten und Hilfsschul-

überweisung) ab (Nöll 1934). Es muß jedoch noch erwähnt
werden, daß Nöll neben einem hohen Anteil "erbkranker
Schwachsinniger" noch eine Teilgruppe von "exogen geschädigten, erbgesunden" Hilfsschülern ausmacht, bei
denen eine "außenweltliche Beeinflussung durch einen
angepaßten 'Heilunterricht' und besondere 'stoffge-
bundene geist-orthopädische Übungen' sinnvoll und
eine spontan einsetzende Selbstentfaltung (Spätent-
wicklung und Nachreifung", Nöll 1937, 467) zu erwarten ist.
Krampf, dessen Karriere ein ausschließliches Produkt
des nationalsozialistischen Umschwungs war, dankt dies
seinen Förderern bis 1936 durch eine sehr NS-konforme
Begründung des Versagens der späteren Hilfsschüler in
der Regelschule und der Notwendigkeit besonderer
Unterrichts- und Erziehungsmaßnahmen in der Hilfsschule.
Er möchte den Hilfsschüler, den er unter dem Begriff
"medizinischer Schwachsinn" als intellektuell und/oder
moralisch defekt charakterisiert, unter der Zielsetzung "Brauchbarkeit für die Gemeinschaft" beurteilt
wissen. Gleichzeitig jedoch sieht er von vornherein
den erreichbaren Grad der Brauchbarkeit vom Erbbild
abhängig (Krampf 1936 a, 14,18,19). Nachdem Krampf somit seinen Tribut an den Vorrang der Vererbungskompo-
nente im Erscheinungsbild des Menschen, wie ihn nationalsozialistische Anthropologen sehen, geleistet
hat, schert er seit 1937 aus der Reihe der für das
Regime angenehmen Hilfsschulpädagogen z.T. aus. Ob
der Grund in der nun sichtbar im Anrollen befindlichen Maschinerie des GzVeN, in echter Einsicht eines
durchaus engagierten Hilfsschulpädagogen, in dem inzwischen gesicherten Bestand der Hilfsschule als Ganzes oder in der Beeinflussung durch Vererbungswissenschaftler, die den Vererbungsradikalismus nicht mehr
voll unterstützen, zu suchen ist, läßt sich heute
kaum eindeutig entscheiden. Festzustellen ist nur, daß
Krampf nicht nur den Schwachsinnsbegriff vorsichtiger

handhaben möchte (siehe 5.1.1), sondern auch die weitgehende Fixierung des Erscheinungsbildes und der Ausdrucksformen von Hilfsschulkindern durch Vererbungskomponenten abschwächt. Für ihn ist jetzt weniger die im Erbbild verankerte Potenz als vielmehr der aktualisierbare Ausdruck der Fähigkeiten, "die Leistung", ausschlaggebend. Krampf wehrt sich nun gegen die zu frühe Festlegung einer Entwicklungsmöglichkeit aufgrund ererbter Qualitäten und sieht in der Hilfsschule "Förderungs- und Ausgleichsmöglichkeiten" (Krampf 1937 a, 773), die er noch einige Jahre zuvor weit von sich gewiesen hat. (Daß die persönliche Karriere Krampfs nach 1937 abbricht, sei an dieser Stelle vermerkt, ohne daß seine Einziehung zur Wehrmacht oder seine Standpunktmodifikationen vorschnell in den Ursache-Wirkungszusammenhang gestellt werden sollen).
Mehrdimensionale Begründungsversuche, wie sie sich bei Krampf 1937 schon angedeutet haben, häufen sich danach auffallend. Nun sucht und findet man neben der ererbten Begabungskomponente noch andere, mit ausschlaggebende Ursachen für Wesens- und Lernbeeinträchtigungen des Hilfsschülers. Im Jahre 1939 tragen zu einer solchen Veränderung der Einstellung die Schriften von Fr. Buchholz und Geissler und die Artikel von E. Drexel bei.
Buchholz (1939) arbeitet "Faktoren für das Versagen des brauchbaren Hilfsschulkindes in der Normalschule" heraus. Sie möchte den Faktor "ererbte geringere Begabung" nicht ganz aus dem Begründungszusammenhang nehmen, weist jedoch dem "häuslichen Milieu" (Körperliche Pflege; Erziehungs- und Unterrichtshilfen) (157) und dem "gebundenen Klassenunterricht" eine mindestens gleichrangige Stellung zu. Sie ist mit Peter Petersen der Meinung, daß "über die Hälfte der Hilfsschulkinder einfach Produkte des üblichen Klassenunterrichts sind, der vor lauter Schülern die Kinder nicht mehr sieht" (P. Petersen 1929, 12). Das starre

Klassensystem erfordere es, daß "alle Kinder in ihrer nach Umfang, Inhalt und Tiefe so verschiedenen Begabtheit in derselben Zeit eine bestimmte Lesefertigkeit oder Rechenfertigkeit usw. beherrschen sollen" (Buchholz 1939, 159) und hemme so die Entwicklungsmöglichkeiten der einzelnen Schüler. Ähnliche Kritik übt Geissler (1939) am bestehenden Regelschulsystem und wendet sich dabei insbesondere gegen die Praxis des Sitzenbleibens. Dieses "Grundübel unserer Schule" (61) hemme "die Entwicklung der an sich schon geringen Fähigkeiten" (47) und befreie den Lehrer vordergründig von der Notwendigkeit, sich Gedanken über die angemessene Förderung jedes einzelnen Schülers zu machen.

In der Reihe derer, die den äußeren Lebensumständen mancher Kinder (Familie, Schule) zu einem großen Teil die Schuld am Schulversagen geben, reiht sich in den Jahren 1938 bis 1940 eine Schulärztin, Emmi Drexel, aus Berlin ein. In mehreren Beiträgen (1938; 1939) greift sie den bestehenden Grundschulbetrieb scharf an und macht ihn für viele "Versager" verantwortlich. "Schematisierende Massenabfertigungen, einseitige Überforderungen, unelastische Methodiken, konstanter Zwang zur Leistung auf Termine, allgemeine Lehrernervosität, nicht rechtzeitig erkannte Schulunreife, neurotische Lernschwäche, längere Schulversäumnisse, Schulwechsel, trübe familiäre Verhältnisse" (1939, 264) führten zu Sitzenbleiben und zur Überweisung in die Hilfsschule. Dies erzeuge eine äußerst heterogene Zusammensetzung der Schülerschaft, die weniger erb- als vielmehr milieu- und schulgeschädigt sei. Auch wenn sich Seidel ("Was eine Ärztin zur Hilfsschule meint", 1940) in der "DSoSch" heftig dagegen wehrt, daß in der Hilfsschule "unverschuldete Hilfsschüler" zu finden seien und nicht nur eindeutige Schwachsinnige (die Qualität des Intelligenztests wird als Gegenbeweis herangezogen!), läßt sich doch eine

mehrdimensionale Betrachtungsweise der Ursachen für
Schulversagen nicht mehr verhindern. Hatte schon die
AAoPr in ihrem kurzen Beschreibungsversuch des Hilfsschülers den Vererbungsaspekt unberücksichtigt gelassen und ihn nur über die Aufgabenstellung "Unterstützung
der erb- und rassenhygienischen Maßnahmen des Staates"
indirekt wieder eingebracht, so ist er in den Richtlinien von 1942 nahezu ganz eliminiert (außer in einer
pflichtgemäßen Erwähnung im Aufgabenbereich des Hilfsschullehrers).
Betrachtet man im Überblick über die 12 Jahre nationalsozialistischer Herrschaft das Bild, das sich Hilfsschulpädagogen, Mitglieder der Schulverwaltung und andere
mit diesem Personenkreis befaßte Menschen vom "Hilfsschüler" gemacht haben, so ist bei allen verbleibenden
Vorbehalten eine nicht unerfreuliche Entwicklung festzustellen. Nach einer ersten Phase (1933 bis 1936/37),
die eher geneigt ist, die Hilfsschüler in der Form eines
"Typs" zu fassen, ihnen ein weitgehendes qualitatives
und quantitatives Sondersein gegenüber dem Regelschüler
zuzuschreiben, das seine Ursache überwiegend in Schwachsinnsformen hat, zeichnet sich nach 1937 eine differenziertere, von Ideologie weniger belastete und stärker
pädagogisch bestimmte Betrachtungsweise des Hilfsschülers
ab. Der einzelne Hilfsschüler mit seiner ganz speziellen
Beeinträchtigung, die ihre Ursachen nicht nur in ihm
selbst, sondern zu einem großen Teil in einem Lebenskreis
wie Familie und Schule hat, rückt eher in den Blickpunkt
pädagogischer Bemühungen und läßt damit eine angemessenere Förderung erhoffen. Sie scheitert jedoch zum Teil
an der grausamen Wirklichkeit des 2. Weltkrieges.

5.2 Berührungspunkte zwischen Hilfsschule und Volksschule

Daß die Hilfsschule in enger Berührung mit dem gesamten Erziehungs- und Ausbildungssystem des nationalsozialistischen Staates steht, versteht sich von selbst und ist an mehreren Stellen der bisherigen Erörterungen bereits von verschiedenen Seiten beleuchtet worden. Solche Berührungspunkte ergeben sich an erster Stelle mit der Regelschule, mit der Volksschule. Im gesamten Schulsystem werden der Hilfsschule und der Volksschule bestimmte Aufgaben zugewiesen, so daß sich zwangsläufig unter diesen beiden, einander so nahe stehenden Schulformen schulpolitische Bezüge ergeben. Der übergreifende Kontakt im schulpolitischen Raum formt sich in Überlappungen im schulorganisatorischen Bereich aus und setzt sich in Berührungspunkten bei der Zuordnung der Schülerschaft und deren unterrichtlicher Versorgung fort.

5.2.1 Berührungspunkte zwischen Hilfs- und Volksschule im schulpolitischen Raum

Wie schon in 4.3 ausgeführt, halten die Schulpolitiker und die Schulverwaltung es für dringend erforderlich, die Volksschule von "minderwertigem Schülermaterial" zu entlasten, wenn diese den neuen Leistungsansprüchen gerecht werden soll. Gezwungenermaßen entsteht dadurch ein Druck auf die Hilfsschule, da sie von nun an eine erhöhte Zahl von Schülern aufnehmen soll. Dieser Ausweitung des Hilfsschulwesens stehen jedoch, besonders stark bis etwa zum Jahre 1936, ideologische und wirtschaftliche Hemmnisse entgegen. So verbleibt der Hilfsschule nur die Möglichkeit, den von der Volksschule erzeugten Druck ohne nennenswerte Ausweitung zu verkraften, indem auch in ihr "nach unten ausgelesen" wird. Diese Lösungsmöglichkeit, Schüler im unteren Leistungsbereich der Hilfsschule ("Schwerschwachsinnige", "Nothilfsschüler", Schüler der "Vorklassen" und der "Sammelklassen") aus dieser auszuschließen, wird vielfach diskutiert (z.B. Tornow in Löpelmann; Müller am Stein 1934; Hoffmeister 1934; Breitbarth 1932; Eydt 1938 und 1939; Kircher 1942 usw., siehe 5.3) und praktiziert, bis sie in der AAoPr zur verbindlichen Maßnahme erklärt wird. In der Rundfrage des Deutschen Gemeindetages von 1934 schlagen viele Kommunalpolitiker ein solches Verfahren vor bzw. melden es als schon verwirklicht.[86]

Ein besonderes Problem stellt im schulpolitischen Berührungsfeld zwischen Hilfsschule und Volksschule die Verwirklichung der Volksschulentlastung im kleinstädtischen und ländlichen Raum dar. In Groß- und Mittelstädten bestehen zum Teil schon seit Jahrzehnten Hilfsschulen, die entsprechend den neuen Erfordernissen umstrukturiert oder nach 1936 auch erweitert werden können. Doch im ländlichen Bereich stehen der Verwirklichung des Auffangprinzips der Hilfsschule die äußeren Verhältnisse entgegen. Weite Entfernungen mußten überwunden werden, um Schulsprengel mit sinnvollen Hilfsschulgliederungen bilden zu können. Kommunale Kompetenz- und Finanzierungskonflikte erschweren die Schaffung solcher großer Schulsprengel. Das Bewußtsein der Landlehrkräfte muß verändert werden, so daß sie bereit sind, Kinder zur Überweisung in die Hilfsschule zu melden (Verpflichtung nach der AAoPr von 1938), auch wenn noch keine Hilfsschule besteht. Ähnliche Bewußtseinsveränderungen bei den Eltern im ländlichen Raum sind anzustreben. Daß zudem einem Ausbau des Hilfsschulwesens auf den Lande schon bald nach 1933 ein spürbarer Hilfsschullehrermangel entgegensteht, wird weiter unten noch erörtert. (10.4)

5.2.2 Berührungspunkte zwischen Hilfsschule und Volksschule im schulorganisatorischen Bereich

Im Bereich der Schulorganisation stellt sich für die Schulverwaltung die Frage, ob zwischen Volksschule und Hilfsschule permanente oder am Bedarf orientierte, zeitlich begrenzte schulische Organisationsformen erforderlich und wünschenswert sind. Besteht die Notwendigkeit, schulische Gliederungen für solche Kinder zu betreiben, die in der Volksschule nicht genügend gefördert, nicht aber dauernd einer Hilfsschule zugewiesen werden müssen? Ist es schulorganisatorisch sinnvoll, "Förderklassen" oder "Nachhilfeklassen" in den Volksschulen zu schaffen, die Schüler mit temporären und/oder partiellen Lernschwierigkeiten aufzunehmen haben?

Solche Bestrebungen haben seit etwa 1900 im Mannheimer Schulsystem ihren Ausdruck gefunden. Viele deutsche Städte haben, besonders nach dem 1. Weltkrieg, ebenfalls "Förderklassen" gebildet (nach Geissler 1939), ohne alle Strukturelemente des Mannheimer Systems zu übernehmen. In manchen Orten bilden Förderklassen sogar einen gewissen Ersatz für nicht bestehende Hilfsschulen. In der Zeit der großen Wirtschaftskrise von 1929 bis 1932 fällt ein Großteil der Förderklassen den allgemeinen Sparmaßnahmen im Schulbereich zum Opfer. Doch schon zuvor war die Einrichtung einer Zwischenform zwischen Volksschule und Hilfsschule, meist regional beschränkt, in die Diskussion geraten, weil Verantwortliche der Schulverwaltung und der Sachträger im Zuge des Hilfsschulausbaus die Notwendigkeit einer im unteren Volksschulbereich angesiedelten Auffangebene bezweifelten.

Widerstand gegen die Förderklassen regt sich auch in den Reihen der Hilfsschullehrer. Das Bild von der Eigenständigkeit ihrer Arbeit muß unter dem Bestehen einer Einrichtung leiden, die - zumindest in den Augen nicht eingehend Informierter - ähnliche Aufgaben wie die Hilfsschule erfüllt.

Daß auch nach der Machtübernahme der Nationalsozialisten und der Aufhebung der Einsparungsmaßnahmen im Schulbereich seit 1934/35 wieder Förderklassen eingerichtet werden, geht aus verschiedenen Veröffentlichungen (z.B. Krampf 1938 a; Geissler 1939; Kunze 1938; Hiller 1941) indirekt hervor. Gerade bei Krampf ist die Frontstellung der Hilfsschullehrer gegen hilfsschulähnliche Unternehmungen im Rahmen der Volksschule deutlich zu spüren. Er frohlockt, daß durch die damals zu erwartende AAoPr "eine Entscheidung zugunsten unserer Schulart" (486), d.h. der Hilfsschule, gefallen sei. Krampf möchte sogar den Eindruck erwecken, als würden Förderklassen durch die AAoPr verboten. Hier schießt jedoch der standespolitische Wunsch über die Wirklichkeit hinaus: Die AAoPr erwähnt "Förderklassen" nicht und spricht somit kein Verbot aus. Sie billigt allerdings der Hilfsschule die Entlastungsfunktion für die Volksschule zu und ordnet dazu die Errichtung selbständiger Schuleinheiten an.

Ist man gegen Förderklassen eingestellt, so kann man einen Wunsch der Verfasser der AAoPr heraushören, die Hilfsschule zur bevorzugten Auffangstation für gescheiterte Volksschüler zu machen. Ist man jedoch von der Notwendigkeit einer unteren Auffangebene in der Volksschule, wie sie die Förderklassen darstellen, überzeugt, so läßt die AAoPr die Weiterführung dieser schulorganisatorischen Differenzierung durchaus zu. In Wirklichkeit bestehen, wie aus den oben genannten Veröffentlichungen indirekt herauszuhören ist, die Förderklassen auch nach Erlaß der AAoPr weiter.

Noch im Mai 1941 erscheint ein Beitrag von Christian Hiller in der "DSoSch". Er fragt, ob "Förderklassen nach Einführung der Hauptschule noch notwendig" sind, da einerseits die Hauptschule nach oben, andererseits die Hilfsschule nach unten differenzierend wirke. Eine klare Gruppierung der Schüler nach der Begabung sei nun im

deutschen Schulwesen eingeführt: "Für die Bestbegabten
die höhere Schule, für die Gutbegabten die Hauptschule,
für die Mittelbegabten die Volksschule und für die
Schwachbegabten oder sonst Gehemmten die Sonderschule"
(1941 b, 257).
Für die Oberstufe der Volksschule verneint Hiller die
Frage nach der Notwendigkeit der Förderklassen "rundweg".
Dafür, daß aber zu dieser Zeit auch in den oberen Klassen der Volksschulen noch Förderklassen bestehen, spricht
der Satz: "Soweit Förderklassen auf dieser Stufe noch
vorhanden sind, müssen sie nach Einrichtung der Hauptschule verschwinden" (257).
Der Idee, in der Unterstufe in mehrzügigen Schulen eine
Art von "B-Zug" in Form einer Förderklasse einzurichten,
kann Hiller eine gewisse Sympathie abgewinnen. Sogleich
berichtet er von Erfahrungen, die trotzdem seine Ablehnung bestätigen sollen. Er sieht die Gefahr, die in
Stuttgart schon Wirklichkeit geworden sein soll, "daß
zunächst alle Schulversager in die Förderklassen geschoben werden und die Grenze zur Hilfsschule völlig verwischt wird" (258). Das habe bewirkt, daß Schulen keine
Schüler mehr für die Hilfsschule meldeten, bis die
kriegsbedingte Aufhebung der Förderklassen das frühere
Bild wiederherstellen half. Dadurch sei wertvolle Zeit
für die Förderung von Schülern verloren gegangen, die
von Anfang an die Betreuung in einer Hilfsschule gebraucht hätten.
Bei solcher Argumentation vermischen sich durchaus berechtigte pädagogische Einwände gegen die Praxis der
Überbelegung von Förderklassen mit vordergründigen standespolitischen Bedürfnissen. Hiller bringt gegen die
Förderklassen, wie schon vor ihm Kunze (1938) und Krampf
(1938 a), zusätzlich erbbiologische Bedenken vor. Er
vermutet - wohl mit Recht - daß sich viele Volksschullehrer durch das Zuweisen eines Kindes mit Lernschwierigkeiten zur Förderklasse einen Ausweg aus der schweren

Verantwortung schaffen, die sie gegenüber Kind und Eltern durch die Überweisung in die Hilfsschule und damit das zu erwartende Ingangsetzen des Apparates des GzVeN auf sich laden könnten. Der Trost, daß "diese Verantwortung doch nach dem Gesetz der Prüfungsausschuß und nur zu einem kleinen Teil der Klassenlehrer der Volksschule, der das Kind zur Prüfung vorschlägt" (258), trägt, wirkt in der aktuellen Siuation, in der sich ein Volksschullehrer befindet, wenig überzeugend.
Daß die Wirklichkeit den standespolitischen und erbbiologischen Vorstellungen Hillers deutlich entgegensteht, ahnt dieser wohl. Denn er schlägt die Erfassung dieser Wirklichkeit (Wo und wie viele Förderklassen bestehen in Deutschland?) durch die Reichsfachschaft vor und möchte durch diese auch "bei den zuständigen Stellen entsprechende Maßnahmen beantragt" wissen, "die eine solche Umgehung der 'Allgemeinen Anordnung für die Hilfsschulen' durch Förderklassen verhindern" (258).

Es ist kaum anzunehmen, daß der Wunsch Hillers und anderer Hilfsschulpädagogen in Erfüllung gegangen ist. Leider ließen sich Quellen dazu nicht finden. Ein Beweis für das Scheitern der Bemühungen der Hilfsschullehrer, eine schulorganisatorische Zwischenform zwischen Volksschulen und Hilfsschulen zu verhindern, ist allerdings unumstößlich: In der am 15. November 1942 vom Staatsministerium für Unterricht und Kultus in München für Volksschulen erlassenen "Landesschulordnung in Bayern" wird im Rahmen der "Schulgliederung" folgende Maßnahme zur Durchführung freigestellt: "3. In Städten können unter Zusammenfassung mehrerer Schulen F ö r d e r - k l a s s e n gebildet werden, in denen schwachbegabte, jedoch nicht hilfsschulreife Schüler vereinigt werden, die dem Unterricht in Normalklassen nur schwer zu folgen vermögen. Die Auswahl dieser Schüler trifft der Schulleiter im Benehmen mit den Klassenlehrern und dazu berufenen Sachverständigen; bei entsprechender Steigerung

ihrer Leistungen werden solche Schüler wieder in die Normalklassen zurückversetzt. Die Förderklassen sollen nicht mehr als 3 Jahrgänge und nicht mehr als 35 Schüler umfassen" (25). Daneben ist es den Volksschullehrern selbstverständlich aufgegeben, jährlich zum 5.11. die hilfsschulbedürftigen Schüler dem Schulamt zu melden, "das die Möglichkeit und Zweckmäßigkeit der Unterbringung in einer Hilfsschule prüfen wird" (21).
Trotz aller Wünsche und Beteuerungen der Hilfsschullehrer besteht offensichtlich in der Zeit des Nationalsozialismus zwischen Hilfsschule und Volksschule eine schulorganisatorische Ebene, die eine gewisse Abmilderung der scharfen Trennung zwischen diesen beiden Schulformen bringt. Da diese Zwischenebene mehr informell, nicht voll institutionalisiert bleibt, regional unterschiedlich sich ausprägt und stark von der Initiative bzw. der Widerstandsfähigkeit von Schulleitern und Schulräten gegenüber mehr oder weniger deutlich ausgesprochenen Anweisungen der oberen Schulbehörden und der Großzügigkeit der Schulträger (Niedrigere Klassenfrequenzen in den Förderklassen im Vergleich zu den Normalklassen der Volksschule mit entsprechend höheren Unterhaltskosten!) abhängig ist, bleibt der pädagogisch sinnvolle schulorganisatorische Ansatz unbefriedigend und unvollständig.

5.2.3 Berührungspunkte zwischen Hilfsschule und Volksschule in der Frage der Schülerschaft

Die Frage nach der möglichen Abgrenzbarkeit der Populationen der Volksschule und der Hilfsschule blieb während der Zeit des Nationalsozialismus ein Punkt, der eine enge, andauernde Berührung des Volksschul- und des Hilfsschulwesens mit sich bringt. Vielseitige und vielschichtige Ursachen führen zu Diskussionen über die Feststellbarkeit eigener Populationen, über den Umfang der Schülerschaft, die der einen oder der anderen Schulform zugewiesen werden sollen und über die in der Wirklichkeit erreichte Trennung der Populationen.

Über die diagnostischen Fragen bei der Trennung der Schülerschaft von Volksschule und Hilfsschule soll eingehend in 6.3 "Aufnahme in die Hilfsschule" berichtet werden. Hier wird nur auf eine Denkschrift W. Hofmanns hingewiesen, die der Gau Württemberg-Hohenzollern im NSLB am 19.6.1934 an die NSLB-Zentrale in Bayreuth gesandt hat.[87] Diese Schrift mit dem Titel "Die Begrenzung der Sonderschulbedürftigkeit nach oben bei Geistesschwachen" kennzeichnet die Zuversicht vieler Hilfsschulpädagogen, den Personenkreis, der nicht mehr in die Volksschule, sondern in die Hilfsschule gehört, mit großer Sicherheit feststellen zu können.

Hofmann führt in seiner Denkschrift aus, daß es notwendig sei, eine gewisse Leistungshöhe in der Volksschule durch eine stärkere Auslese nach unten zu erreichen und zu erhalten. Nach den Zielsetzungen der Volksschule im Sinne des Nationalsozialismus sinke "zwangsläufig eine Anzahl von durchaus noch bildungsfähigen Kindern unter die Ebene der Volksschultüchtigkeit" (7), was für diese Kinder eine Aufnahme in die Hilfsschule bedeute. Hofmann ist sich sicher, daß "unsere Prüfungsverfahren - psychologisch und pädagogisch - derart ausgebaut und gesichert sind, daß mit Bestimmtheit die Hilfsschulbedürftigkeit festgestellt werden kann" (7).

"Die Zusammensetzung des Prüfungsausschusses gibt die Gewähr dafür, daß Fehlurteile nach menschlichem Ermessen fast unmöglich sind" (8). Aus dieser grundlegenden Sicherheit heraus gibt Hofmann die IQ-Grenze von 85 an, unter der bei Versagen in der Volksschule "ohne weiteres für Einweisung in die Hilfsschule gesprochen werden kann. Die Grenze der Sonderschulbedürftigkeit kann aber hinaufgehen bis zum IQ von 95 und darüber. Allerdings müssen dann die entsprechenden mangelhaften Funktionen, die zum Leistungsausfall in der Volksschule geführt haben, aufgezeigt werden" (7/8).

Letztere Angabe Hofmanns weist auf die Frage des zwischen der Volksschule und der Hilfsschule grob vereinbarten Umfangs der jeweiligen Schülerschaft hin. Denn wenn man sich auch über die Mittel zur Diagnostik einer bestimmten Population einig und sicher ist, so kann noch die Grobabgrenzung von Teilbereichen der Population zwischen Volks- und Hilfsschule strittig sein. Einen solchen, lange in der Diskussion stehenden Teilbereich stellen die Erziehungsschwierigen, die "Asozialen", die "Psychopathen", die "moralisch Schwachsinnigen", die "willensschwachen Schulversager" dar. Ihre Stellung zwischen der Schülerschaft der Volksschule und der "klassischen" Population der Hilfsschule soll in 5.4 erörtert werden.

Daß die von Volksschul- und Hilfsschullehrern so herbeigesehnte und vorschnell für unbedingt durchführbar gehaltene exakte Trennung der Volksschülerschaft von der Schülerschaft der Hilfsschule bei weitem nicht gelungen ist (und wohl auch nicht gelingen konnte und durfte!), geht immer wieder aus der Literatur und aus Quellen hervor.

Tornow (1940 c) berichtet z.B. aus Magdeburg, daß dort etwa ein Drittel der aus der Hilfsschule entlassenen Schüler die Regelberufsschule (Fachklassen der Industrie- und gewerblichen Berufsschule) besuchen, während eine nicht geringe Anzahl von ehemaligen Volksschülern in die Hilfsberufsschule eingewiesen werden müsse. Die

Folgerung Tornows, daß diese ehemaligen Volksschüler eigentlich Hilfsschüler seien, gründet sich auf dem unbedingten Glauben an die Trennbarkeit der Volksschul- von der Hilfsschulpopulation, sofern alle Beteiligten (Volksschullehrer, Eltern usw.) sachgerecht handelten. Daß ein Teil der Hilfsschüler die Regelberufsschule besuchen konnte, verrechnet Tornow als "Erfolg einer rechtzeitigen Hilfsschulüberweisung" und will wohl damit im Unterton die Arbeit der Hilfsschule herausstellen. Doch ist Tornow inkonsequent, was seinen Glauben an die Feststellbarkeit der Hilfsschulpopulation angeht, wenn er – unserer Meinung nach wohl zurecht – die Hilfsschularbeit lobt und nicht einen solchen Hilfsschulerfolg der Fehlzuweisung dieser Schüler in die Hilfsschule zuschreibt.

Die Wirklichkeit der Trennung der Volksschul- von der Hilfsschülerschaft soll mit Hilfe zweier Quellen den Wunschvorstellungen der Pädagogen gegenübergestellt werden.

Bei der schon weiter oben erwähnten Auflösung der Hilfsschulklasse in Weingarten im Sommer 1934 ergibt sich die Notwendigkeit, die verbliebenen 19 Schüler anderweitig unterzubringen. Ohne Rücksicht auf irgendeinen, von noch so differenzierten Tests festgestellten Eigencharakter dieser ehemaligen Hilfsschüler stellt der Amtsarzt (!) fest, daß sie "ihren Kenntnissen entsprechend auf die Normalklassen verteilt werden können". [88]

In den Vorbemerkungen zum Stoffplan für die Hilfsschule Rastatt, der am 1.12.1942 an das Schulamt Baden-Baden geht, stellt Hilfsschulhauptlehrer Bender fest, daß von seinen 35 Schülern "fast ein Viertel kaum bildungsfähig" sei, eine Unterbringung in Anstalten jedoch an der Weigerung der Stadt scheiterte, die Kosten dafür zu übernehmen. [89] "Ein weiteres Viertel der Schüler sind Normalschüler (Volksdeutsche), die hier untergebracht werden, weil sie in den sowieso überfüllten Normalklassen nicht mitgekommen wären. Außerdem ist in der Hilfsschule ein Ausländer untergebracht, der kein Wort Deutsch versteht ....".

Eine solche Unterscheidung der Schülerschaft von Volksschule und Hilfsschule, wie sie in den Klassen von Rastatt zu finden war, ist sicher zu einem Teil auf die Kriegsverhältnisse zurückzuführen. Doch ist der Schluß, auch auf der Basis anderer Fundstellen in der Literatur und in den Akten, erlaubt, daß die exakte Trennung der Schülerschaft von Volksschule und Hilfsschule, wie sie in den Wunschvorstellungen der für die entsprechenden Schulen Verantwortlichen bestand, nicht der Wirklichkeit entsprach bzw. entsprechen konnte.

5.2.4 Berührungspunkte zwischen Volks- und Hilfsschule im unterrichtlichen Bereich

Der Berührungsbereich zwischen Volks- und Hilfsschule auf dem Gebiet des Unterrichts läßt sich mit Fragen abdecken wie: "Was leistet die Volksschule bzw. die Hilfsschule mit ihrem Unterricht? Für welche Kinder ist der Unterricht der Volksschule bzw. der der Hilfsschule angemessen? Bringt der Unterricht der Hilfsschule für bestimmte Kinder Vorteile, für andere Nachteile? Unter welchen schulischen Umständen kann die Volksschule ähnliche Unterrichtsergebnisse bei lernschwachen Kindern erreichen wie die Hilfsschule bzw. umgekehrt?"
Teilantworten auf solche Fragen, wie sie in der Zeit des Dritten Reiches gegeben werden, klangen schon in 5.1 an und werden noch bei der Darstellung der Unterrichtsarbeit in der Hilfsschule weiter unten gegeben werden.
An dieser Stelle sollen Antworten von Pädagogen der nationalsozialistischen Zeit auf die Frage nach vergleichbaren Leistungen der beiden Schularten zur Darstellung kommen.
Hier ist zuerst die schon genannte Gruppe von Autoren auszumachen, die unter der Voraussetzung, daß die Volksschule begrenzte organisatorische, vor allem aber unterrichtliche Verbesserungen vornimmt, den gleichen Unterrichtserfolg bei einem Teil der Kinder voraussagt, der bisher in die Hilfsschule überwiesen und dort unterrichtet wurde. Die Vorschläge von Geissler (1939), Drexel (1938; 1939) und Buchholz (1939), die sich zu einem Teil wie die Vorwegnahme der "Empfehlungen zur Förderung behinderter und von Behinderung bedrohter Kinder und Jugendlicher" der Bildungskommission des Deutschen Bildungsrates von 1973 lesen, beinhalten die Forderung nach Formen der äußeren und inneren Differenzierung (z.B. flexible Lerngruppen, Stütz- und Förderkurse). Eine Verwirklichung solcher schulischer Individualisierungsmaßnahmen würde nach Ansicht der genannten Autoren den Unterricht in der Volksschule so effektiv

machen, daß einem Teil der bisherigen "Schulversager" die Umschulung in die Hilfsschule erspart werden könnte. Keiner dieser Autoren geht jedoch so weit, eine Abschaffung der Hilfsschule zu fordern. Sie bleibt auch ihrer Ansicht nach mit ihren erziehlichen und unterrichtlichen Fördermaßnahmen unersetzlich. Die Diskussion um die Effektivität des Hilfsschulunterrichts gegenüber der des Volksschulunterrichts bei stark lernbeeinträchtigten Schülern soll an einem Beispiel aus der bayerischen Hilfsschulsituation veranschaulicht werden. Der Leiter der Hilfsschule Amberg beklagt in einem Schreiben vom 2.7.1941 an die Schulleiter der Volksschulen der Stadt Amberg folgenden Tatbestand:[90] "Während der beiden letzten Schuljahre mußten in den männlichen wie in den weiblichen Abteilungen der Städtischen Berufsschule festgestellt werden, daß aus den 7. und 8. Klassen der Volksschulen Schüler (-innen) in nicht unerheblicher Zahl überwiesen wurden, welche in ihren Leistungen nicht den bescheidensten Anforderungen im schriftlichen Ausdruck, Rechtschreiben und Rechnen genügten, die aber nicht als bildungsunfähig anzusprechen sind; bei ihnen ist zu erwarten, daß sie nach der Entlassung aus der Schulpflicht auf die Leistungsstufe von Analphabeten herabsinken". Was unsere Problematik der Effektivität von Unterricht in Volks- und Hilfsschulen angeht, so muß zurecht angenommen werden, daß der Unterricht der Volksschule den Gegebenheiten dieser Schüler nicht gerecht werden konnte. Der Schulleiter von Amberg folgert weiter, daß "solche Schüler erfahrungsgemäß in ihren Leistungen hinter solchen zurückbleiben, die ihre gesamte Vorbildung in der Hilfsschule erhielten". Einen schlüssigen Beweis muß die Hilfsschule in einem solchen Fall natürlich schuldig bleiben, doch waren Übereinstimmungen mit ähnlichen Fällen ("erfahrungsgemäß") nicht auszu-

schließen. Von ähnlichen Erfahrungen berichteten Hilfsschullehrer - nicht ganz uneigennützig - laufend in der Fachschaftszeitschrift "DSoSch".
In anderer Hinsicht bieten sich Vergleichsmöglichkeiten zwischen dem Unterricht der Volksschule und dem der Hilfsschule. Die Hilfsschullehrer suchen aufgrund ihrer eher defensiven Position in der Reihe der Lehrer allgemeinbildender Schulen den Unterricht der Hilfsschule zumindest in Teilbereichen als ebenso effektiv wie den der Volksschule erscheinen zu lassen. Aus Unmengen von Beispielen in der Fachpresse der Hilfsschulen seien zwei herausgegriffen, die in Inhalt und Darstellung von der Gesamtsituation der Hilfsschule im Schulsystem des Hitlerstaates geprägt sind.
1934 berichtet R. Lilie aus Halle/Saale über "Hilfsschüler im sportlichen Wettkampf mit Normalen". Nach der Darstellung von Einzelergebnissen zieht Lilie folgendes Fazit: "Die Durchschnittsleistung der Knaben-Hilfsschulklassen reihte sich dem der Normalklassen an, so daß ein besonders schroffer Abstand von den Normalklassen nicht zu konstatieren war" ... "Auch bei den Mädchen zeigte es sich, daß manche Hilfsschulklassen den Normalklassen ebenbürtig waren" (391). Der ganze Bericht steht unter dem Bestreben, der Allgemeinheit, die noch so stark an der Existenzberechtigung der Hilfsschule zweifelt, zu beweisen, daß die Hilfsschüler "auch" Leistungen erbringen, die zumindest "in Richtung" der Leistungen der "Normalen" zielen und mit diesen - bei aller "Bescheidenheit" - verglichen werden können ("kein besonders schroffer Abstand"). Aus dieser Meldung tritt geradezu die ungesicherte Situation der Hilfsschule in den ersten Jahren der nationalsozialistischen Zeit zutage.
Ein anderer, von einem gewissen Selbstbewußtsein getragener Ton wird von Lenz/Tornow in "Abschlußprüfung auch in der Hilfsschule?" (1939) angeschlagen. Hier wird, weil man für die Volksschulen in Magdeburg in der Entlaß-

klasse eine Abschlußprüfung verlangt, eine ebensolche mit
"lebenspraktischer und lebensnaher Ausrichtung" auch in
der Hilfsschule durchgeführt. Sie reicht vom Schreiben
einer Postkarte über Rechnen, Turnen und Schwimmen,
Hauswirtschaft bis zur nationalpolitischen Erziehung
und Heimatkunde. Im abschließenden Urteil sehen die Autoren "den Beweis erbracht, daß eine sinngemäße Anwendung
dieser Prüfung in der Hilfsschule sehr gut möglich und
durchführbar ist. Die Prüflinge waren sich der Situation
bewußt und zeigten das deutlich in ihrer Haltung und
angespannten Arbeitseinstellung" (367). Aus dem gesamten
Bericht ist die wiedergewonnene Selbstsicherheit der
Hilfsschullehrer herauszuhören, die in der AAoPr für
ihre Arbeit die rechtliche und politische Sicherung erhalten haben. Nun erwächst ihnen der Mut, ihre Arbeit,
ihren Unterricht - soweit notwendig und sinnvoll - den
Erfordernissen ihrer Schüler anzupassen und die erzielten Ergebnisse in Vergleich mit den Leistungsansprüchen
und -beweisen der Volksschule zu setzen.

5.3 Die Hilfsschule und die Betreuung schwerschwachsinniger Kinder und Jugendlicher

Die Hilfsschule muß, wie schon weiter oben dargestellt, nach der Übernahme der Regierungsgewalt durch die Nationalsozialisten um ihr Überleben fürchten. Argumente aus dem ideologischen und wirtschaftlichen Raum stellen die Existenz der Hilfsschule grundlegend in Frage. Ein zweifelhafter Ausweg bietet sich sehr bald in der Zuweisung der sogenannten "Sammelbeckenfunktion". Dieser neue Aufgabenkreis, der vorläufig eine noch schwankende Grundlage für die Existenz der Schulart "Hilfsschule" bildet, wird primär aus dem außerpädagogischen, dem ideologisch-rassenpolitischen Bereich an die Hilfsschule herangetragen. Er wird zu einem geringeren Teil aus Überzeugung, zu einem größeren aus Opportunismus und Existenzangst im weitesten Sinne von den Hilfsschullehrern und der Schulverwaltung angenommen. Zugleich glauben die Vertreter der Hilfsschule aus dem schulischen Verständnis heraus einen Beitrag zur Existenzsicherung ihrer Schule leisten zu müssen und zu können. Diese Schule soll ihr Bild in der Öffentlichkeit verbessern und der von der Partei geforderten Leistungshöhe besser genügen können, indem sie die Zusammensetzung ihrer Schülerschaft zu einem Teil verändert. Dies bedeutete in erster Linie eine Beschneidung der Schülerschaft im unteren Leistungsbereich und als Ausgleich dafür die Hereinnahme von Schülern im Grenzfeld zwischen Volks- und Hilfsschule. Die Begrenzung der Schülerschaft nach unten erfolgt durch die Verdrängung der sogenannten "Schwerschwachsinnigen" aus der Hilfsschule.

5.3.1 Das Abdrängen schwerer Behinderungsformen aus der Hilfsschule zwischen 1933 und dem Erlaß der AAoPr von 1938

Schlagartig setzt nach der Machtübernahme durch die Nationalsozialisten eine Welle von Veröffentlichungen in der Fachpresse der Hilfsschulen ein, die sich für die Entfernung schwerer Behinderter aus der Hilfsschule stark macht. Unter den Autoren sind sowohl Pädagogen, die erst durch die neue politische Welle hochgespielt wurden (Breitbarth, Voigt, Müller a.St., auch Tornow), als auch solche aus der Reihe verdienter Hilfsschulpädagogen aus der Weimarer Zeit (z.B. Fleischer, Nöll).

Die Kampagne beginnt Breitbarth (1933 a), der von den Nationalsozialisten zum Bindeglied zwischen der alten Mannschaft des VdHD und der neuen Garde nationalsozialistischer Heilpädagogen auserkoren und zum Vorsitzenden des VdHD gemacht wurde, in seinem Artikel "Warum die Heilpädagogische Fachschaft?". Nach einer groben Rentabilitätsrechnung, die die Hilfsschularbeit als lohnend darstellen soll, findet er schnell die neue Linie. "Lediglich die bildungsunfähigen, schwerschwachsinnigen Kinder, die überhaupt nicht in die Hilfsschule, sondern in die Pflegeanstalt gehören – sie sind jetzt vielfach in Hilfsschulen, um die größeren Kosten der Anstaltspflege zu sparen – zum Ausgangspunkt für Kostenaufrechnungen zu machen, die die Unwirtschaftlichkeit heilpädagogischer Arbeit dartun sollen, dürfte sicher nicht im Interesse der Volkheit, auch nicht der Volkswirtschaft liegen" (326). Diese Kinder hätten, aus Gründen "verkehrter Sparsamkeit" in den Hilfsschulen "unmögliche Arbeitsbedingungen" geschaffen.

Während Breitbarth seine Forderung im Schwerpunkt mit ökonomischen Erwägungen begründet, stellt Fleischer (1933) dieselbe Forderung unter dem Aspekt der öffentlichen Meinung zur Diskussion. Sein Beitrag in der "Hilfs-

schule", der den bezeichnenden Titel "Hilfsschule und
Volksmeinung" trägt, steht unter der Frage: "Wie beurteilt der Laie die Hilfsschularbeit?". Sie werde auf
der Grundlage falscher Kenntnisse über die "Insassen"
beantwortet. Fleischer ist überzeugt, daß "die öffentliche Meinung vielfach glaubt, die Hilfsschule sei eine
Aufenthaltsstätte für Schwerschwachsinnige und Idioten"
(462). Im Sinne eines Vorurteils habe "die Bevölkerung ...
wenige schwere Schwachsinnsformen dem Begriff der Hilfsschule gleichgesetzt und begeht damit zum Schaden der
Hilfsschulbewegung und für die Volkheit einen verhängnisvollen Irrtum" (463). Die Aufklärung müsse dahin
gehen, den Begriff "Idiot" weit vom Begriff "Hilfsschüler" abzurücken und diesen in der Sicht des Laien
näher an den "Normalschüler" heranzuführen. Ebenso wie
Voigt (1934), Hoffmeister (1934), Müller a.St. (1934),
Krampf (1936 a) und Tornow (1934 b und in Löpelmann)
ist auch Fleischer der Meinung, daß die "Nothilfsschüler"aus der Hilfsschule zu entlassen sind, um den Hilfsschulgedanken retten zu können. Durch eine solche Bereinigung der Schülerschaft werde, wie alle diese Autoren betonen, der Leistungsstand der Hilfsschule und damit ihr Ansehen in der Öffentlichkeit gehoben, was bisher bestehende Widerstände mancher Eltern gegen die Aufnahme ihres Kindes in die Hilfsschule abbauen werde
(Gudden 1934).
Nahezu alle genannten Autoren sprechen sich für die
Betreuung der aus der Hilfsschule entlassenen schwerschwachsinnigen Kinder und Jugendlichen in Anstalten
bzw. Horten aus. "Für derartige Kinder genügt oft eine
pflegerische Betreuung durch eine geeignete Horterin
oder dergleichen, eine fachlich vorgebildete Lehrkraft
aber ist wegen des allzu geringen Erfolges der Arbeit
zu kostspielig und volkswirtschaftlich auf die Dauer
nicht tragbar" (Tornow in Löpelmann, 212).

Ähnlich argumentiert Günzler in seiner Denkschrift an
des NSLB.[91] Er sucht vor allem Einwände abzuwehren,
die ein solches Vorgehen als "hart" und "unchristlich"
bezeichnen könnten. Er möchte deshalb das praktizierte
Verfahren diskriminieren und behauptet, daß die bisherigen Maßnahmen nicht dem Wesen des Schwerschwachsinnigen entsprachen. "Christliche Liebe und christlicher
Geist aber sind nicht gebunden an einen Unterricht in
Lesen, Schreiben und anderen Fächern, also nicht gebunden an die Schulbildung". Günzler sagt inhaltlich
durchaus Bedenkenswertes aus, benutzt es jedoch so, daß
es den Betroffenen zu dieser Zeit nur schaden kann.
Daß die im Sinne der Anpassung an das neue Regime
überzogenen Forderungen vieler Hilfsschulpädagogen
sich nur zögernd und in Teilen in die Wirklichkeit
umsetzen, geht aus verschiedenen Quellen der Jahre
1934 bis 1938 hervor. Ist in der Rundfrage des Deutschen Gemeindetages vom 10.4.1934 zur Thematik
"Hilfsschulen und Hilfsschulklassen an den Volksschulen" [92] noch von der Auflösung der Vorklassen, wo
in erster Linie schwerer behinderte Kinder betreut
wurden, in verschiedenen Städten berichtet worden (z.B.
Lübeck, Darmstadt, Berlin), so fordert im Oktober 1936
der Gaufachschaftsleiter der Gauverwaltung Ost-Hanno-
ver im NSLB in einem Vierteljahresbericht seine Fachschaft V an die NSDAP-Reichsleitung, Hauptamt für Erzieher (NSLB) in Bayreuth dringend die Errichtung von Vorklassen an mehrklassigen Hilfsschulen.[93] Wohl begründet er seinen Wunsch mit der Notwendigkeit, die
"Unterstufe von den an der Grenze zur Idiotie stehenden
Kindern zu befreien und somit das Ansehen der Hilfsschule zu heben", plädiert aber keineswegs für die Ausschulung der betreffenden Kinder.
Daß die Art der Betreuung schwerschwachsinniger Kinder
bis 1936/37 noch nicht einheitlich (weder für Preußen
noch für das Reich) entschieden ist, geht aus dem schon
mehrmals herangezogenen Bericht von Ministerialrat
Dr. Stolze vom RMinWEV über seine Besichtigungsreise im

Juni/Juli 1936 hervor. [94] U.a. befaßt sich Stolze mit der "Beschulung oder Ausschulung der bildungsunfähigen Kinder (Imbezillen, Idioten)", die viele Schwierigkeiten bereite. "Die Gemeinden scheuen die hohen Kosten, die ihnen aus der Unterbringung solcher Kinder in Anstalten erwachsen können ... Sie neigen deshalb dazu, die Kinder entweder in die Hilfsschule zu schicken, - in der sie entweder völlig teilnahmslos herumsitzen oder durch ihre Unarten stören - oder sie in besonderen Klassen (Sammelklassen, Vorklassen) betreuen zu lassen. Soweit diese Klassen <u>Horte</u> darstellen, in denen die Kinder von Kindergärtnerinnen oder Jugendleiterinnen betreut werden, wird gegen sie nichts einzuwenden sein (Kassel, Hannover). Starke Bedenken bestehen dagegen, diese Klassen als Unterrichtsklassen aufzuziehen, wie es in Hagen geschieht oder gar die betreffenden Kinder in die Hilfsschulklassen einzureihen". Es ist also weder die schulorganisatorische Zuordnung von Schwerbehindertengruppen noch über die Art der pädagogischen Betreuung in Richtung pflegerischen oder schulischen Charakters entschieden.

Die ungeklärte Siuation in Preußen und im Reich tritt exemplarisch bei einer Anfrage des Oberbürgermeisters der Stadt Insterburg (Ostpreußen) an den Deutschen Gemeindetag (Provinzialdienststelle Ostpreußen) auf. [95] Der Oberbürgermeister berichtet: "In der Stadt Insterburg befindet sich eine Anzahl Kinder (etwa 10), die wegen Bildungsunfähigkeit bzw. aus anderen Gründen aus der Hilfsschule ausgeschult sind. Diese ausgeschulten Kinder treiben sich tagsüber auf der Straße umher, was bei einzelnen Volksgenossen bereits Anstoß erregt hat. Tatsächlich sind es Kinder aus fast ausnahmslos asozialen Familien. Grundsätzlich wären diese anstaltspflegebedürftig. Aus Gründen der Konstenersparnis habe ich bisher von einer Anstaltsaufnahme durch die Verwaltung des Provinzialverbandes abgesehen.

Da ich beabsichtige, für diese Kinder eine sogenannte
Vorklasse zur Hilfsschule als Fürsorgemaßnahme einzurichten, wäre ich dankbar, wenn Sie durch Rundfrage bei
den Städten Königsberg, Elbin, Tilsit und Allenstein
feststellen würden, ob bereits in anderen Städten eine
derartige Fürsorgemaßnahme getroffen ist. Die Kosten
der Vorklasse würden erheblich niedriger sein als diejenigen, die ich bei Anstaltsunterbringung an die Verwaltung des Provinzialverbandes zahlen müßte, wozu dann
noch die weiteren Kosten des Landesfürsorgeverbandes
kommen". Da der Außenstelle Ostpreußen die Berichte aus
den ostpreußischen Städten für eine Empfehlung nach
Insterburg nicht genügen (diese Berichte sind nicht erhalten!), gibt sie das Anliegen an die Zentrale des
Deutschen Gemeindetages in Berlin weiter. Diese Stelle
versucht ebenfalls, vergleichbare Informationen zu erhalten, was ihr im Falle Frankfurt/Main und Spandau
gelingt. Hier bestehen Vorklassen mit Hortnerin, deren
Kosten geringer als für Hilfsschullehrer sind. Der
Deutsche Gemeindetag glaubt aber, diese Beispiele nicht
zur Nachahmung empfehlen zu können, da ja in Insterburg
die Bildung der Vorklassen zur Hilfsschule im Sinne
einer Fürsorgemaßnahme betrieben werde. "Es erscheint
mir zweifelhaft, inwiefern durch Bildung derartiger Vorklassen die zutage getretenen Mißstände gebessert werden sollen, da diese Vorklassen, für die überdies ein
Schulzwang wohl kaum bestehen dürfte, die in Betracht
kommenden Kinder nur für eine verhältnismäßig geringe
Zeit des Tages aufnehmen könnten. Offenbar macht aber
das Verhalten dieser Kinder ihre Anstaltsunterbringung
und ständige Überwachung notwendig, so daß die Voraussetzungen des § 6 der Preußischen Ausführungsverordnung zur
Fürsorgepflichtverordnung gegeben sein dürften". Hinter
dem ganzen Vorgang ist eine Einstellung zu spüren, die
sich ausschließlich um das reibungslose Funktionieren
des Zusammenlebens der Nichtbehinderten mit den Behinder-

ten kümmert, nicht aber um die individuelle Förderung
der Letzteren, um sie für eine Teilhabe am sozialen Leben fähig zu machen.
Die Verantwortlichen im RMinWEV sind trotz der Bedenken
in den Städten jedoch offensichtlich entschlossen, eine
einheitliche Regelung für Preußen, womöglich auch für
das Reich durchzudrücken, die einen endgültigen Schnitt
zwischen Hilfsschule und Schwerschwachsinnigen verpflichtend machen soll. Der Entwuf für die AAoPr, die ja das
Verbot der Sammelklassen bringen soll (und auch bringt),
geht dem Deutschen Gemeindetag (21.12.1937) zur Stellungnahme zu. [96] Aufgrund der Berichte der Schulräte äußern
sich die Bürgermeister zu dem Entwurf. Was die Sammelklassen angeht, so vertritt der Oberbürgermeister von
Düsseldorf am 31.12.1937 folgenden Standpunkt: "Gegen
die Nichteinrichtung von sogenannten Sammelklassen
für bildungsunfähige Kinder habe ich ebenfalls Bedenken. Es handelt sich doch hier um die Beschulung von
schwerschwachsinnigen Kindern, deren Zustand jedoch
nicht derart ist, daß sie in einer Anstalt untergebracht werden müssen. Wenn auch mit der Beschulung
dieser Kinder, die zum Teil eine soziale Fürsorgemaßnahme darstellt, in rein schulischer Hinsicht keine
besonderen Erfolge zu erzielen sind, wird diesen Kindern doch neben einigen manuellen Fertigkeiten Lesen
und Schreiben und einfaches Rechnen beigebracht, die
sie oft in den Stand setzen, später eine, wenn auch einfache, gewinnbringende Tätigkeit auszuüben". Diese Argumentation enthält sowohl Elemente eines kühlen, ökonomischen Denkens als auch solche pädagogischer Verantwortung für das Individuum und den Sozialverband.
Eine auf solchem Verständnis beruhende schulische Einrichtung für geistig behinderte Kinder hätte durchaus
die Zustimmung in der Zeit vor und nach dem Nationalsozialismus finden können.
Leider jedoch finden solche Begründungen vorerst in
Berlin kein Gehör, denn am 27.4.1938 wird die AAoPr
erlassen, die den endgültigen Ausschluß geistig behinderter Kinder aus der Hilfsschule verordnet.

5.3.2 Die Betreuung geistig behinderter Kinder nach Erlaß der AAoPr von 1938

In B.4 "Aufbau der Hilfsschulen" der AAoPr lautet der Absatz (3): "Sogenannte Sammelklassen für bildungsunfähige Kinder sind unzulässig". In den gleichzeitig erschienenen Ausführungsbestimmungen steht erläuternd: "Sammelklassen für bildungsunfähige Kinder dürfen an Hilfsschulen nicht mehr eingerichtet werden. Bestehende Sammelklassen sind aufzuheben". Nach dem bald danach erlassenen Reichsschulpflichtgesetz (6.7.1938) werden solche Kinder für bildungsunfähig erklärt und kraft Gesetzes von der Schulpflicht befreit (§ 11;1; auch DVO vom 7.3.1939). Damit sind solche Kinder "der Fürsorge oder privater Betreuung überlassen" (AAoPr C.3 Abs.2). Konkret bedeutet diese Regelung, daß sich der Staat solange nicht um diese Kinder zu kümmern braucht, solange sie nicht die Öffentlichkeit in irgendeiner Weise beeinträchtigen. Sollte jedoch, wie schon im Beispiel Insterburg, etwa die Gefahr der Verwahrlosung drohen, so muß aufgrund der gesetzlichen Fürsorgeverpflichtung eingegriffen werden. Für Fürsorgemaßnahmen aber ist nicht mehr das RMinWEV, sondern das RMinI zuständig. Den Reichsminister des Innern beginnt das Problem der Betreuung bildungsunfähiger Kinder schon sehr bald zu beschäftigen. In einem Schreiben an den Präsidenten des Deutschen Gemeindetages vom 17.7.1938 bekennt der zuständige Referent des RMinI, daß man bei der AAoPr davon abgesehen habe, "zu der unter Abschnitt C Ziffer 3 Absatz 2 und Ziffer 5 erwähnten Betreuung bildungsunfähiger Kinder vom fürsorgerischen Standpunkt besondere Vorschläge zu machen, da die Betreuung durch die öffentliche Fürsorge nicht ohne weiteres, sondern erst bei Vorliegen fürsorgerechtlicher Hilfsbedürftigkeit eintritt".(97) Aus der Zufriedenheit mit einer Lösung, die nur im Notfall ("fürsorgerechtliche Hilfsbedürftigkeit") ein Eingreifen staatlicher Stellen erforderlich gemacht hätte, wird das RMinI durch den "Stellvertreter des Führers"

geschreckt. In demselben Schreiben wird bekannt, daß der
Stellvertreter des Führers zur Frage der Betreuung bildungsunfähiger Kinder "um Klarstellung gebeten habe, wer
sich der bildungsunfähigen Kinder annehmen solle". Es
war nämlich ein nicht erwünschter Stellvertreter für den
sich aus der Betreuung zurückziehenden Staat aufgetreten,
die Kirche. "Solange Unklarheit über die Betreuung dieser
Kinder besteht, ist anzunehmen, daß die Kirche diesen Umstand zum Anlaß nehmen wird, um sich ihrerseits einzuspannen, ihren Einfluß geltend zu machen und weiter auszubauen. Es wird aber dafür Vorsorge zu treffen sein, daß konfessionelle Einflüsse auf diese Kinder in jeder Hinsicht
unterbunden werden".
Einer solchen grundlegenden Weisung der Kanzlei des
Führerstellverteters kann sich das RMinI nicht entziehen.
Bei der Überlegung, wer mit der Betreuung dieser Kinder
zu beauftragen sei, glaubt das RMinI, daß die Gesundheitsämter nur soweit befaßt werden sollten, "als das
Interesse des Staates an der Verhütung erbkranken Nachwuchses berührt wird". Die NSV komme nicht in Frage, weil
sie sich "grundsätzlich nur des erbbiologisch wertvollen
Volksbestandes annimmt". Neben der bereits bestehenden
Regelung, daß im Falle fürsorgerechtlicher Hilfsbedürftigkeit die Wohlfahrtsämter tätig werden müßten, sieht
das RMinI die beste Lösung darin, "die Jugendämter mit
der umfassenden Betreuung dieser Kinder zu beauftragen,
um die vom Stellvertreter des Führers befürchteten
kirchlichen Einflüsse zurückzudrängen". Dazu wird die
Stellungnahme des Deutschen Gemeindetages erbeten.
In seiner Antwort vom 8.8.1938 spricht sich der Deutsche
Gemeindetag für den Vorschlag des RMinI aus, die Jugendämter mit der Betreuung bildungsunfähiger Hilfsschüler
zu beauftragen. Doch die Praxisnähe des Gemeindetages
läßt den geschäftsführenden Präsidenten sogleich einschränken: "Bei der geringen Zahl der für den einzelnen
Jugendamtsbezirk in Betracht kommenden Kinder kommt naturgemäß die Schaffung besonderer Einrichtungen nicht in
Frage, vielmehr wird sich das Jugendamt bereits vorhande-

ner Einrichtungen, sei es zur Beschäftigung, sei es zur
Bewahrung der Kinder, bedienen müssen. Der Deutsche Gemeindetag glaubt jedoch, darauf hinweisen zu müssen, daß
dabei angesichts des Mangels entsprechender öffentlicher
Einrichtungen auf die Inanspruchnahme konfessioneller Einrichtungen zunächst wohl noch nicht völlig verzichtet werden könne. Es kann jedoch damit gerechnet werden, daß bei
der geringen Zahl der in Betracht kommenden Kinder bald
das von dem Stellvertreter des Führers gewünschte Ergebnis einer Ausschaltung der konfessionellen Einrichtungen
auf diesem Gebiete erreicht wird".
Am 29.3.1940 beauftragt das RMinI die Jugendämter mit
"der umfassenden Betreuung der bildungsunfähigen Kinder".
Zu den Kriterien für die Ausschulung äußert sich am
4.5.1940 nochmals das RMinWEV, indem es die Abschnitte C
(3) (Zurückstellung für ein oder zwei Jahre) und C (5)
(Ausschulung nach 2jährigem Hilfsschulbesuch ohne "wesentliche Fortschritte") der AAoPr bestätigt und den
Volks- und Hilfsschulen zur Anwendung vorschreibt. Die
Schulverwaltung hat nur noch die Verpflichtung, für die
Meldung der betreffenden Kinder im Anschluß an deren Ausschulung Sorge zu tragen.
Daß die Regelung, die bildungsunfähigen Kinder von den
Jugendämtern betreuen zu lassen, mit der Absicht getroffen wird, solche Kinder organisatorisch leichter und
vollständiger in die Maßnahmen im Rahmen des GzVeN und
in das Euthanasieprogramm einbeziehen zu können, kann mit
Quellen nicht belegt, muß jedoch aus den vorhandenen Dokumenten abgeleitet werden.
Man sollte nach dem Erlaß der AAoPr, den Bestimmungen
des RSchPflG und den Entscheidungen des RMinI annehmen
können, daß die Betreuung "bildungsunfähiger Kinder" für
die Institution "Hilfsschule" nun kein Problem mehr sein
sollte, für das Überlegungen angestellt, geschweige denn
Maßnahmen getroffen werden müssen. Und doch bricht, nach
etwa drei Jahren nahezu vollkommener Ruhe, im Jahre 1941
die Diskussion über die Betreuung dieser Kinder überraschend wieder aus. Den Anlaß dazu gibt ein Beitrag Tor-

nows im Januar 1941 "Bildungsunfähige Hilfsschüler. Was wird aus ihnen?".

Tornow vertritt darin die Meinung, daß die früheren Sammelklassen mit "schwachsinnigen oder schwergeistesschwachen" Schülern neben ihrer Aufgabe, den angehenden Hilfsschullehrer "das in deutlichen Farben aufzuzeigen, was die sonstige Hilfsschulklasse nur verschleiert und angedeutet hier und da erkennen läßt" (24), für die Beurteilung des Hilfsschulwesens in der Öffentlichkeit nur Schaden gebracht habe. Doch nach dieser pflichtgemäß wirkenden Wiederholung des offiziellen Standpunktes zu diesem Problem, verändert Tornow sehr schnell seine Aussage. Er meint, daß die Schüler der Sammelklassen nur eine Bildungsunfähigkeit "im schulischen Sinne", also vor allem im Sinne der Vermittlung von Kulturtechniken ("Lesen, Schreiben, Rechnen") aufwiesen. Tornow interpretiert die Bildungsunfähigkeit der Kinder, auch im Sinne der AAoPr, nur "in Hinblick auf einen erfolgreichen Hilfsschulunterricht. Damit ist zugleich ausgedrückt, daß diese Kinder nicht etwa als absolut bildungs- und erziehungsunfähig zu bezeichnen sind" (27). Wichtig erscheint es Tornow vor allem, auf die Bestimmung der AAoPr hinzuweisen, die sich mit der "Ausschulung der bildungsunfähigen Hilfsschüler" befaßt. Eine solche Maßnahme ist danach erst gerechtfertigt, wenn die Kinder "in zweijährigem Besuch der Hilfsschule auf keinem der für ihre Beurteilung besonders in Betracht kommenden Gebiete, zu denen auch der Unterricht in Handfertigkeit (Werken) gehört, wesentlich fortgeschritten sind" (AAoPr, C.5). Ein Kind könne, so entnimmt Tornow zurecht, nicht als bildungsunfähig aus der Hilfsschule ausgeschult werden, weil es in Rechnen oder Lesen oder in beiden Fächern zugleich versagt (27). Tornow versucht hier zuerst, dem Lehrer der Hilfsschule den Rücken zu stärken, indem er ihn auf die Möglichkeit hinweist, eine Ausschulung durch die Förderung von Teilfähigkeiten bei schwerbehinderten Schülern zu verhindern oder zumindest zu erschweren.

Zugleich macht es Tornow jedoch zu seinem Anliegen, auch Kinder, bei denen die Ausschulung aus der Hilfsschule nicht verhindert werden kann, die Anstaltsunterbringung zu ersparen. Anhand einiger Fallbeispiele will er die Bildungsunfähigkeit im emotionalen, sozialen und motorischen Bereich herausstellen. Er macht sich die Verhältnisse der Zeit zunutze und argumentiert, daß "bei dem heutigen Mangel an Arbeitskräften es sich das deutsche Volk nicht leisten kann, diese (als Hilfskräfte) immerhin arbeitsfähigen Kräfte ungenutzt zu lassen" (33).
Als billigste und effektivste Lösung bietet Tornow den "Tageshort" an, der in Zusammenarbeit zwischen Jugendamt, Gesundheitsbehörden und NSV, aber auch in Verbindung mit Heimen und Anstalten betrieben werden könne.
Daß Tornow mit seinen Ausführungen mitten in das Spannungsfeld zwischen NS-Ideologie, wirtschaftlichen Erfordernissen und heilpädagogischer Verantwortlichkeit getreten ist, und sich wohl auch über die Gefahr, in die er sich damit begibt, bewußt war, geht aus dem letzten Absatz des Beitrages hervor. "Diese Ausführungen haben den Zweck, einmal für die Berufskameraden eine Auslegung der entsprechenden Stellen der 'Allgemeinen Anordnung' zu geben und das Wesen der als bildungsunfähig im Sinne der Hilfsschule zu bezeichnenden Kinder an praktischen Beispielen aufzuzeigen, da hierüber noch nicht überall endgültige Klarheit besteht, zum andern aber auf eine vorliegende wichtige soziale und bevölkerungspolitische Aufgabe hinzuweisen, deren Lösung seit einigen Jahren dringend geworden ist und im Interesse des Volksganzen nicht mehr hinausgeschoben werden kann, soll nicht ein Schaden für das deutsche Volk daraus entstehen. Mögen diese Zeilen aus dieser Verantwortung heraus verstanden werden" (35).
Trotz der möglichen Brisanz des Themas findet der Artikel Tornows in der Fachschaftszeitschrift "DSoSch" ein schnelles, lebhaftes Echo. Zwei Monate später erscheinen gleichzeitig Stellungnahmen von Münchau (1941) und Hiller

(1941), später auch noch von Michel (1941) zu der von Tornow aufgeworfenen Frage.
Münchau berichtet in seiner "Antwort" von den Groß-Berliner Verhältnissen. Dort habe man bis zur Auflösung der Sammelklassen im Jahre 1936 die darin befindlichen Kinder vormittags durch einen Hilfsschullehrer unterrichten und nachmittags von einer Hortnerin betreuen lassen. Seit 1936 werde die Hortgruppe (15 Kinder im Alter von 6 bis 15 Jahren) in der Zeit zwischen 9 und 16 Uhr ausschließlich von der Hortnerin (Kindergärtnerin) versorgt. Sie fördere die Kinder "durch Beschäftigungsspiele und Gesellschaftsspiele, durch Blumen- und Tierpflege, durch Sinnes- und Gedächtnisübungen, durch Hausarbeit aller Art ... so, daß sie bei ihrer Entlassung nicht hilflos den Eltern zur Last fallen. Hier und dort werden auch Ansätze im Lesen und Schreiben erzielt" (147). Diese kurze Beschreibung der Erziehungs- und Bildungsarbeit mit den schwerbehinderten Kindern läßt keine unerfreuliche Vernachlässigung vermuten. Vielmehr sind in ihr Bildungsbereich- und inhalte aufgezeigt, die auch dem heutigen Verständnis der "Schule für Geistigbehinderte" zugerechnet werden.
Zur Abstützung gegenüber Rentabilitätsansprüchen außerpädagogischer Kreise führt Münchau eine Übersicht über 44 ehemalige Hortkinder auf. Danach konnten von diesen nach dem Hortbesuch 3 sich selbst ernähren, 7 einen Teil ihres Unterhalts verdienen (Landwirtschaft, Haushalt, Mitfahrer, Zeitungsausträger usw.), 3 seien beschränkt erwerbsfähig, 16 blieben bei den Eltern und trügen zur häuslichen Arbeit bei, 11 mußten nach der Entlassung aus dem Hort in die Anstalt eingewiesen werden und 4 seien verstorben. Münchau ist überzeugt, daß durch die Förderung der Kinder jährlich große Kosten für andernfalls notwendige Anstaltsunterbringung gespart würden und es zu wünschen sei, "daß ähnliche Einrichtungen an anderen Orten geschaffen werden, nicht nur zum Wohl der betreffenden Kinder, sondern im Interesse der Volksgemeinschaft" (149).

Hiller, bemüht, zum Verständis seiner Ausführungen "Bildungsfähigkeit" und "Schulfähigkeit" als zwei sich nicht deckende Begriffe klarzulegen, berichtet über die Verhältnisse in Stuttgart. Er steht dazu, daß er im Frühjahr 1933 die Ausschulung der "Nothilfsschüler" betrieben, sich jedoch gleichzeitig um eine anderweitige Versorgung bemüht habe. Nachdem sich die Schulbehörde schon vor 1938, danach jedoch auf geregelter Grundlage, geweigert habe, für die geistig behinderten Kinder eine schulische Einrichtung zu schaffen, sei Hiller über das Jugendamt um eine Anstaltsunterbringung bemüht gewesen. Dieses jedoch wollte, sicher um Kosten zu sparen, vielleicht auch weil zwischen 1939 und 1941 in Ansätzen die Euthanasiemaßnahmen durchsickerten, nur die Anstaltsunterbringung fördern, "wenn die Erziehungsberechtigten einen entsprechenden Antrag stellen würden. Gerade das wollten nun aber die Eltern in den meisten Fällen nicht tun und sie werden es heute auch nicht tun" (150). Hiller erreicht nach vielen Widerständen, daß in einer, später auch in einer zweiten privaten "Heilerziehungsschule" die aus der Hilfsschule ausgeschulten oder von ihr nicht angenommenen Kinder aufgenommen und die Kosten erstattet werden. Unter einer "gewissen Aufsicht" der Schulbehörde und des Ortsschulrates lernen die Kinder "ihre Glieder zu gebrauchen, ordentlich zu sprechen und sich entsprechend zu benehmen, den Namen schreiben und auch etwas lesen (Blockschrift), was für ihre Verkehrsfähigkeit in der Großstadt nicht ganz entbehrt werden kann. Dazu wird - mehr im Spiel - zählend gerechnet, gesungen, gemalt und als Hauptfach allerlei Handarbeit getrieben. Die Jungen lernen namentlich Seilstricken, auch einfache Web- und Perlarbeiten. Für die weibliche Handarbeit steht eine pensionierte Fachlehrerin zur Verfügung. Zur Abwechslung werden Märchen und Geschichten erzählt, Sprüche und Verse gelernt, Bilder betrachtet und besprochen" (151). Auch hier ergibt sich, unter Hinzuziehung weiterer Angaben (Haus im Garten mit Möglichkeit zur Naturkunde; Schulzimmer mit einfachen Möbeln,

Klavier und Hobelbank usw.), ein durchaus ansprechendes Bild von der Arbeit mit den "bildungsunfähigen" Kindern im Raum Stuttgart.
Noch im selben Jahr berichtet Michel aus Meißen über eine ähnliche Förderung schwerbehinderter Kinder. Dort besteht allerdings eine engere Beziehung zur Hilfsschule. Der dortige Hort versteht sich als "Hilfsschulhort" und steht unter der Aufsicht des Schulleiters der Hilfsschule. Wenn sich Michel auch deutlich gegen eine direkte Aufnahme in die Hilfsschule wehrt, möchte er doch die Erweiterung des bestehenden Hortes zum Tageshort betreiben.
Daß auch in anderen Reichsgebieten die AAoPr mit ihrem Verbot, Schwerschwachsinnige in irgendeiner Weise im Bereich der Hilfsschule zu betreuen, teilweise oder ganz umgangen wird, zeigt ein in der "DSoSch" veröffentlichter Bericht von E. Lesch über das Hilfsschulwesen in Bayern (1940). Während danach Augsburg die Wiedereinführung der "Vorstufe" (= Vorklasse für nicht unmittelbar in den Hilfsschulklassen zu fördernde Kinder) für "dringend notwendig" hält, hat Nürnberg "eine 'städtische Sammelsonderschule' für sonderschulunfähige Kinder, an deren Spitze eine geprüfte Kindergärtnerin steht" (441). Lesch interpretiert die Nürnberger Einrichtung als städtisch und damit nicht unter das Verbot der AAoPr fallend. "Ebensowenig sind die Hilfsschulen an den klösterlich geleiteten Heimen und Anstaltsschulen 'öffentliche Hilfsschulen' " (441). Daß gerade in Bayern das Bestreben vorhanden ist, wenigstens einen Teil der schwerer behinderten Kinder in der Hilfsschule halten zu können und hartnäckig um eine gewisse rechtliche Absicherung einer solchen Praxis gerungen wird, läßt sich aus dem Vergleich der AAoPr und der Form dieser AAo ablesen, die in Bayern übernommen wird (am 10.10.1941!). Während in C 5 der AAoPr über die Ausschulung bildungsunfähiger Hilfsschüler nur bestimmt wird, daß sie, falls ihre Leistungen innerhalb von 2 Jahren in der Hilfsschule nicht wesentlich fortgeschritten sind, als bildungsunfähig entfernt werden müssen, wird in der Fassung für Bayern ein Satz eingeschoben, der der Hilfsschule eine weitgehende Steuerungsmöglichkeit an die Hand gibt: "(3) Die

Hilfsschule stellt ihre Bildunsunfähigkeit ausdrücklich fest, besorgt neben dem heilpädagogischen das amts- oder schulärztliche Gutachten und leitet die Überstellung an die öffentliche Fürsorge oder private Betreuung ein". Somit ist der Hilfsschule die Initiative und zu einem großen Teil auch die notwendige Begründung der Entscheidung über die Ausschulung von Schwerbehinderten zugewiesen. Diese Möglichkeit konnte zugunsten dieses Personenkreises (Verbleiben in der Hilfsschule) genutzt werden.

Da sich durch die kriegsbedingte Verminderung der Heimplätze (Verwendung für Lazarette, Kurheime, KLV usw.) wohl verstärkt die Notwendigkeit ergibt, Kinder im Grenzbereich der damals angenommenen Hilfsschulfähigkeit in der Hilfsschule zu belassen, geht u.a. aus dem schon erwähnten Bericht über die Hilfsschule Rastatt vom 1.12.1942 hervor. (98) Der Leiter dieser Schule meldet darin an das Schulamt Baden-Baden, daß "unter den 35 Schülern, die die Schule beherbergt, fast ein Viertel kaum bildungsfähig ist und seit Jahren schon an der Grenze ihres Auffassungsvermögens steht".

Im Falle der Ausschulung schwerschwachsinniger Kinder aus der Hilfsschule erscheint es angebracht, von "hinhaltendem Widerstand" mancher Hilfsschullehrer gegen die Anordnungen der obersten Schulbehörden zu sprechen. Wohl muß angenommen werden, daß ein Großteil der Hilfsschulen dem Druck der öffentlichen Meinung und der Anordnungen nachgegeben und die Ausschulung "Geistigbehinderter" durchgeführt hat. Doch soll hier der Mut und das pädagogische Engagement vieler bekannter (Tornow, Hiller, Münchau, Michel) und unbekannter Hilfsschullehrer gewürdigt werden, die - bewußt oder unbewußt - manches schwerbehinderte Kind vor den Tötungsanstalten der Nationalsozialisten bewahrt haben.

5.4 Die Hilfsschule und schwererziehbare Kinder und Jugendliche

Das Problem der Beschulung schwererziehbarer Schüler beschäftigt Volks- wie Hilfsschulen während der gesamten Dauer des Dritten Reiches. Es ist allerdings zu bemerken, daß die Erörterungen der Erb- und Rassebiologen und der Pädagogen kaum auf die schulische Wirklichkeit durchschlagen.
Gerade die Erbbiologen und die erbbiologisch interessierten und engagierten Pädagogen treten für eine Sonderbeschulung der "Asozialen", der "Psychopathen", der "Schwererziehbaren" ein.
V. d. Leyen (1935), die den "Psychopathen" von ihrem psychologischen Standpunkt her als einen Menschen mit "Störungen in dem harmonischen Zusammenwirken von Intelligenz, Trieben, Willen, Affekt und Handeln" (4) definiert und die Ursache dafür in der Verflochtenheit von Umwelt und Anlage sucht, möchte der Heilerziehung, neben der Erziehung und Bildung der Schwachsinnigen, auch die "individualisierende Erziehung" der Psychopathen anvertrauen. Sie macht zwar keine konkrete Aussage, wo sie schulorganisatorisch diese Erziehung der Psychopathen ansiedeln will, doch ist ihren Ausführungen zu entnehmen, daß sie zumindest der Meinung ist, daß die Volksschule nicht der Ort solcher Maßnahmen sein kann.
Von den Interessen der Erbbiologie ausgehend, möchten Wolter (1939) und Eydt (1938, 1939, 1943) die Sondererziehung der "Asozialen" vor allem deswegen institutionalisieren, weil dadurch die Volksschule im Sinne von Auslese und Ausmerze (Eydt 1938) gefördert und die Durchführung des GzVeN erleichtert würde. Gerade Wolter versucht, das Problem der "Gemeinschaftsunfähigen" unter dem Blickwinkel der Erbbiologie zu beurteilen. Er ist sich darüber im klaren, daß die "fortschreitende Ausmerzung der Asozialen" mit den bisherigen gesetzlichen Mitteln nicht zu bewerkstelligen ist. Er fordert deshalb, daß "neben die erbbiologischen Gesichtspunkte der Begriff der Lebensbewährung treten müsse. Bei der Beurteilung des Er-

scheinungsbildes neben der Tatsache des Erbbildes wird die Mitarbeit des politischen Hoheitsträgers der Partei unerläßlich sein" (59).

Aus dem Kreis der Hilfsschulpädagogen macht sich besonders Krampf immer wieder für eine Sonderbeschulung der "Schwererziehbaren" außerhalb der Volksschule stark. In seinem Buch "Hilfsschule im neuen Staat" (1936 a) berichtet er von den E- (Erziehungs) klassen in Berlin, die vor der Zeit der Nationalsozialisten Schwererziehbare betreut hätten. Sich auf den Erlaß von 1935 berufend, glaubt Krampf interpretieren zu können, daß nun "die Hilfsschule ihre Tore weit zu öffnen hat für alle die Kinder, die den Bildungsprozeß der Volksschule dauernd hemmen oder die Formung der Klassengemeinschaft hindern oder ihr gefährlich sind" (180). Seiner Meinung nach müssen also auch schwererziehbare Kinder in die Hilfsschule aufgenommen werden. Hilfsschulen hätten in Zukunft "Jugendliche mit geistigseelischen Defekten zu betreuen" (181). Dazu sei es aber notwendig, die Klassenverbände hinsichtlich ihrer Zusammensetzung zu differenzieren. "Deshalb muß die zukünftige Hilfsschule drei Züge haben. Zug A hätte die geistig Geschädigten, also unser jetztes Schülermaterial zu erfassen, in Zug B wären schulisch dauernd Leistungsunfähige mit normaler Intelligenz zu betreuen, und der Zug C würde die Kinder mit psychopathischen Konstitutionen derjenigen Form umschließen, die nach Meinung der Ärzte durch besondere Behandlung von der Pubertätszeit mit Erfolg erziehbar sind" (182).

Diese seine Gedanken zur Zusammensetzung der Schülerschaft der Hilfsschule legt Krampf in einem Entwurf für ein Reichshilfsschulgesetz nieder, das er auch dem RMinWEV zuleitet. Krampf verschweigt allerdings in seinem 1936 erschienenen Buch, daß er schon im Herbst 1935 vom RMinWEV eine Abfuhr erhalten hat. In dem Aktenvermerk Dr. Stolzes vom 10.12.1935 zu den Vorschlägen Krampfs steht u.a.: "3. In sachlicher Hinsicht wird darauf hingewiesen werden müssen, daß die Frage, ob schwer erziehbare (A2 der Vorschläge) und milieugefährdete (A3 der Vorschläge) Kinder der Hilfsschule zuzuweisen sind, stark umstritten ist. Sie bedeuten zweifellos eine Belastung der Volksschule. Aber es fragt sich, ob diese Kinder, die nicht selten trotz allem Träger wertvollen Erbguts sind, in der Hilfsschule zu ihrem Rechte kommen". Die Hilfsschule "würde die Schwererziehbaren und Milieugefährdeten nur in besonderen Klassen fördern können. Starke Gründe sprechen dafür, diese Kinder in besonderen Klassen der Volksschule zu betreuen" (99). Ist die Stellung des zuständigen Referenten im RMinWEV Ende 1935 noch eindeutig gegen die Übernahme von schwererziehbaren Schulversagern in die Hilfsschule gerichtet, so bringt die AAoPr eine kurze Definition der für die Hilfsschule bestimmten Kinder, die in ihrer Vieldeutigkeit durchaus dem Anliegen Krampfs entsprechen konnte. Der Volksschulversager, der "dem allgemeinen Bildungsgang der Volksschule aber wegen seiner Hemmungen in der körperlich-seelischen Gesamtentwicklung und seiner Störungen im Erkenntnis-, Gefühls- und Willenslebens unterrichtlich und erziehlich nicht zu folgen vermag" (A1 der AAoPr) schließt offenbar den gemeinschaftsschwierigen Schüler mit ein, der Mißerfolge im Schulleistungsbereich hat (Eine Zuordnung von Ursache und Wirkung soll selbstverständlich in diesem Zusammenhang unterbleiben!). Krampf triumphiert zurecht (1938 a) in seinem erläuternden Artikel zur AAoPr. "Wer nach seinen gezeigten unterwertigen Leistungen im allgemeinen Bildungsvollzug der Volksschule nicht unterrichtlich und erziehlich gefördert werden kann, gehört in die Hilfsschule!" (485).

Eine ähnliche Interpretation der AAoPr gibt Bittrich (1942) und plädiert für die Einrichtung von Sonderklassen für Asoziale neben denen für die eigentlichen Hilfsschüler.

Leider ist es heute kaum mehr möglich, zu überprüfen, inwieweit die Forderungen der Erbbiologen, mancher Hilfsschullehrer bzw. der AAoPr bezüglich der Hereinnahme erziehungsschwieriger Schüler in die Hilfsschule zur Verwirklichung kommen. Indirekt ist allerdings aus

den Beiträgen (Krampf, Bittrich, Eydt) abzuleiten, daß
die Erweiterung der Schülerschaft der Hilfsschule durch
Gemeinschaftsschwierige weit hinter den Forderungen nach-
hinkte. Äußerungen in der Sekundärliteratur (z.B. Grosse
1967: "Vom Jahre 1934 an wurde unter politischem Druck
verfügt, daß auch Volksschulversager, die nicht intelli-
genzschwach, sondern nur verhaltensgestört, verwahrlost
oder willensschwach waren, in die Hilfsschule aufgenommen werden mußten," 12) sind, was die Trennbarkeit von
Ursache und Wirkung beim Schulversagen angeht, meist
zu sehr vereinfachend und können außerdem nicht beweisen,
ob sie die Wirklichkeit oder nur die Wunschvorstellungen
von bestimmten Autoren der NS-Zeit wiedergeben.

6. Schulorganisatorisch-pädagogische Einzelprobleme der Hilfsschule in der NS-Zeit

6.1 Das Hilfsschulwesen in der Statistik

Aufstellung und Interpretation von statistischen Angaben zum Hilfsschulwesen während des Dritten Reiches (bzw. einiger Jahre vorher) unterliegen mehreren Schwierigkeiten. Zum einen sind für die Zeit vor 1933 schwer völlig stichhaltige Zahlen zu erhalten (außer für Bayern; die preußische Statistik weist noch keine Angaben über Hilfsschulen auf). Zum zweiten fehlen statistische Angaben zwischen 1931 und 1934 bzw. 1935 (für Preußen) und zwischen 1931 und 1936 (für das Reich). Zum dritten verlieren sich die Zahlen, nach einer statistischen "Hochblüte" zwischen 1935/36 und 1939, mit wenigen Ausnahmen im Wirrwarr der Kriegsverhältnisse. Zum vierten sind die Vergleiche bei der Entwicklung der Schulen und der Klassen durch unterschiedliche statistische Kriterien (selbständige bzw. unselbständige Schulen; Klassen an selbständigen Hilfsschulen bzw. an Volksschulen) erschwert. Zum fünften leiden Vergleiche zwischen den Zahlen der Hilfsschüler und denen der Volksschüler an der ungleichen regionalen Verteilung der Hilfsschulen (große Dichte in den Großstädten; dünner Bestand in Kleinstädten und auf dem Lande). Aus den genannten Gründen sind sowohl Interpretationen in sich als auch Vergleiche mit Interpretationen anderer Autoren mit nicht genau kalkulierbaren Fehleranteilen behaftet.

Die Zahlenangaben sind mit Ausnahme derer für 1927 (Zahlen für das Reich, 1927, aus Hofmann 1966, 92) den "Statistischen Jahrbüchern für das Deutsche Reich; hrsg. vom Statistischen Reichsamt", dem "RMinAmtsblDtschWiss" und der "Zeitschrift des Bayerischen Statistischen Landesamtes" entnommen.

Die Entwicklung der Schülerzahlen in den Hilfsschulen des Reiches, Preußens und Bayerns nimmt einen bemerkenswert unterschiedlichen Verlauf. Für das Reich steht einer leichten Abnahme der Hilfsschüler zwischen 1927 und 1931,

also in der Zeit der aufziehenden Wirtschaftskrise
(wobei allerdings die Zahl für 1927 aus Hofmann, 1966,
nicht nachprüfbar ist!), einer nahezu konstanten Zunahme zwischen 1931 und 1942 gegenüber. Einschränkend
ist jedoch zu bemerken, daß zwischen 1931 und 1936,
also in der Zeit eines möglichen Teilabbaus der Hilfsschulen, keine statistischen Erhebungen veröffentlicht
werden. Doch sind im Jahre 1936 die eventuellen Verluste der ersten Jahre nach der Machtübernahme bei weitem ausgeglichen. Ein deutlicher Sprung der Schülerzahlen nach oben kann mit dem Erlaß der AAoPr von 1938
in Verbindung gebracht werden. Die Schülerzahlen für
Preußen, bei denen die statistiklose Zeit nur zwischen
1931 und 1934 besteht, bleiben nach einem leichten Aufschwung zwischen 1931 und 1934 nahezu konstant bis 1938.
Erst die AAoPr bringt wieder einen leichten Anstieg. Es
muß angenommen werden, daß das Hilfsschulwesen in
Preußen schon etwa um 1934 den Stand erreicht hat, den
sich das Ministerium, die Schulverwaltungen und die
Schulträger zum Ziel gesetzt haben. Im Vergleich dazu
unterliegt die Zahl der Hilfsschüler in Bayern einer
stark abweichenden Entwicklung. Nach einem kräftigen Anstieg der Schülerzahlen zwischen 1927 und 1931 sinken sie
bis etwa 1936 (allerdings mit derselben Einschränkung wie
bei den Reichszahlen in diesem Zeitraum!), steigen schon
vor dem Erlaß der AAoPr (in Bayern erst im Jahre 1941
übernommen!) stark an und verharren seit 1937 auf etwa
demselben Stand. Allerdings besteht in Bayern bereits
seit 1931 ein sehr viel höherer Ausbaugrad (Verhältnis
von Hilfsschülern zu Volksschülern) als im Reich bzw. in
Preußen.
Betrachtet man die Entwicklung der Anzahl der Schulen und
der Klassen, so ist in Preußen bei einer Konstanz der
Klassen eine Abnahme der selbständigen Schulen bis 1938
(durch die Bildung größerer Schulkörper) und eine Zunahme
nach 1938 (Umwandlung der an Volksschulen bestehenden
Hilfsschulklassen in selbständige Hilfsschulen) zu verzeichnen. Einen ähnlichen Verlauf nimmt die Entwicklung

der Schulen und der Klassen im Reich, wobei allerdings der Anteil der selbständigen Schulen nach 1938 (AAoPr) sprunghaft steigt. Nachdem zuvor der Anteil der unselbständigen Hilfsschulklassen im Vergleich zu Preußen höher gewesen ist, werden offensichtlich nach dem Erlaß der AAoPr sehr viele selbständig, jedoch wenig gegliederte Hilfsschulen (1938: 3190 Klassen in 678 selbständigen Hilfsschulen; 1939: 3902 Klassen in 1003 selbständigen Hilfsschulen; d.h. aus etwa 700 Hilfsschulklassen werden etwa 300 selbständige Hilfsschulen) gebildet.
In Bayern bleibt die Zahl der selbständigen Hilfsschulen zwischen 1931 und 1940 nahezu konstant, wobei die Zahl der Klassen durch die Erhöhung der Klassenfrequenzen leicht abnimmt.
Bei den Klassenfrequenzen ist durchgängig zu verzeichnen, daß diese in der Zeit des Dritten Reiches langsam aber stetig bis auf etwa 25 Schüler pro Klasse ansteigen. Die Verschlechterung dieses Wertes ist besonders deutlich in Bayern zu verspüren.
Was den Anteil der Hilfsschüler an der Gesamtheit der Volksschüler (Volksschüler und Hilfsschüler zusammen) angeht, so steht eine Beurteilung dieser Entwicklung unter dem schon erwähnten Vorbehalt, daß der Durchschnitt für das Reich, Preußen oder Bayern die Wirklichkeit verschleiert wiedergibt, da in den Großstädten der Anteil der Hilfsschüler sehr viel höher liegt als im kleinstädtischen und ländlichen Bereich. Vergleicht man das Reich und Preußen, so kann Preußen schon in den frühen Dreißiger Jahren ein höherer Ausgestaltungsbestand beim Hilfsschulwesen zugesprochen werden. Nach der AAoPr gleichen sich die Verhältniszahlen zwischen Hilfs- und Volksschülern in Preußen und dem Reich jedoch an. Eine auffällige Ausnahme macht hier Bayern. Schon 1931 ist der Versorgungsgrad mit Hilfsschulen drei- bis viermal höher als im gesamten Reich oder in Preußen. Nach einem Rückschritt in den ersten Jahren der Hitlerherrschaft steigt der Hilfsschüleranteil wieder auf einen Satz, der auch im Vergleich mit heutigen Verhältnissen Staunen erweckt (nahezu 5 %).

Vergleicht man diese Ergebnisse und ihre Interpretationen mit denen anderer Autoren, so bestätigen sich die Angaben Beschels (1977, 140) überwiegend, während sich die Angaben von Hofmann (1966, 92) als ungenau und z.T. fehlinterpretiert erweisen. Die Zahlen von 1927 sind nicht nachprüfbar und diese für 1938 unrichtig und unvollständig (nur die Zahlen der Klassen und Schüler in selbständigen Hilfsschulen!). Die Wertung "So schrumpfte fast in ganz Deutschland das Hilfsschulwesen zusammen" ist in dieser pauschalen Form nicht haltbar.

-193-

Stand	Schulen	Klassen	Schüler	Knaben	Mädchen	Klassendurchschnitt	Zahl der Volksschüler in Mill.	Anteil d. Hilfsschüler an den Volksschülern
1927	1027(?)	3966	71 902				6,66	1,08 %
Mai 1931	756		67 279				7,59	0,89 %
15.5.1936 *) HS / VS / ges.	698	3126 / 459 / 3585	71 516 / 10 345 / 81 861	42 327 / 6 065 / 48 392	29 189 / 4 280 / 33 469	22,88 / 22,54 / 22,83	7,89	1,03 %
25.5.1937 HS / VS / ges.	684	3161 / 547 / 3708	73 044 / 12 125 / 85 169	43 072 / 7 087 / 50 159	29 972 / 5 038 / 35 010	23,11 / 22,17 / 22,97	7,76	1,09 %
25.5.1938 HS / VS / ges.	678	3190 / 556 / 3746	75 813 / 12 574 / 88 387	44 609 / 7 409 / 52 018	32 204 / 5 165 / 37 369	23,76 / 22,62 / 23,60	7,60	1,16 %
25.5.1939	1003	3902	96 591	56 356	40 235	24,75	7,48	1,29 %
15.11.1942	1163	4334	107 417	62 605	44 812	24,78	7,30	1,47 %

Statistische Angaben zum Hilfsschulwesen im Reich
(ohne annektierte Gebiete; Stand Anfang 1938)
*) HS = an selbständigen Hilfsschulen
VS = an Volksschulen angegliedert
ges. = Gesamtzahl

Stand	Schulen	Klassen	Schüler	Knaben	Mädchen	Klassen-durch-schnitt	Zahl der Volks-schüler in Mill.	Anteil d. Hilfs-schüler an den Volks-schülern	
Mai 1931	585		51 825				4,68	1,11 %	
1934		2 484	58 436			23,52	5,00	1,17 %	
15.5. 1935	527	2 221 199 2 420	52 402 5 148 57 550	31 126 3 073 34 199	21 276 2 075 23 351	23,59 25,87 23,78	4,91	1,17 %	HS VS ges.
15.5. 1936	524	2 208 192 2 400	52 354 4 813 57 167	31 166 2 822 33 988	21 188 1 991 23 179	23,71 25,07 23,82	4,82	1,18 %	HS VS ges.
25.5. 1937	512	2 199 198	52 736 5 107	31 263 3 000	21 473 2 107	23,98 25,79	4,71	1,22 %	HS VS ges.
25.5. 1938	498	2 161 189 2 350	53 705 5 008 58 713	31 806 2 950 34 756	21 899 2 058 23 957	24,85 26,50 24,98	4,61	1,26 %	HS VS ges.
25.5. 1939	597	2 485	64 159	37 618	25 541	25,82	4,47	1,44 %	
15.11. 1942	593	2 455	62 944	36 609	26 335	25,64	4,38	1,44 %	

Statistische Angaben zum Hilfsschulwesen in Preußen

Stand	Schulen	Klassen	Schüler	Knaben	Mädchen	Klassen-durch-schnitt	Zahl der Volks-schüler in Tsd.	Anteil d. Hilfs-schüler an den Volks-schülern
1926/27	14	59	1 016	554	462	17.2	761	1,33 %
1931	33	191	3 819	2 169	1 650	20,0	937	4,07 %
1936	31	130	3 073	1 756	1 317	23,6	946	3,24 %
1937	29	137 HS / 47 VS / 184 ges.	3 301 / 1 051 / 4 352	1 901 / 597 / 2 498	1 400 / 454 / 1 854	23,6	944	4,61 %
1938	30	145 HS / 46 VS / 191 ges.	3 480 / 1 041 / 4 521	1 976 / 629 / 2 605	1 504 / 412 / 1 916	23,6	982	4,60 %
1940	27	179	4 500			25,0	966	4,65 %
1941		183	4 697			25,1		

Statistische Angaben zum Hilfsschulwesen in Bayern

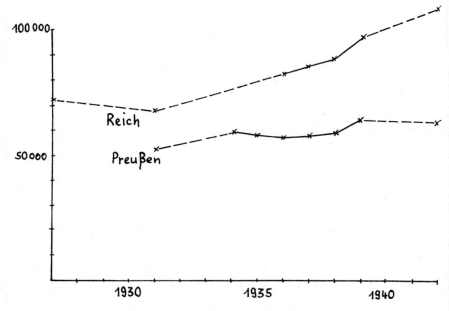
Hilfsschüler im Reich und in Preußen

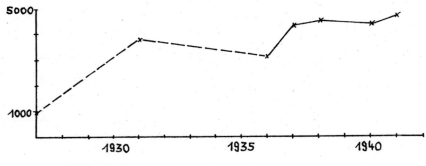
Hilfsschüler in Bayern

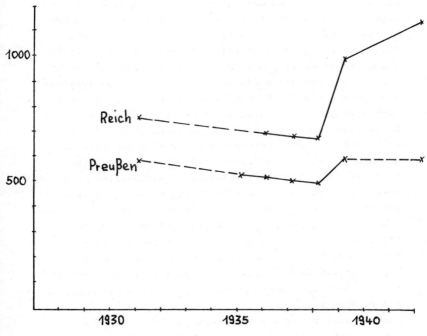

Selbständige Hilfsschulen im Reich und in Preußen

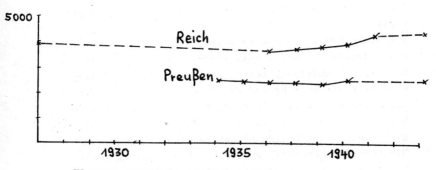

Klassen im Reich und in Preußen

6.2 Die Kosten für die Hilfsschule

Für Gemeinden und Länder ist die Unterhaltung von Hilfsschulen auch vor der Nationalsozialistischen Zeit schon kostspieliger als der Betrieb von Volksschulen. Erhöhte Personal- und Sachkosten aufgrund geringerer Klassenbelegung (mehr Lehrer, mehr Räume) und der zumeist gewährten Zulagen für die Hilfsschullehrer machten es zweifellos teurer, eine Hilfsschulklasse in der Gemeinde zu unterhalten als eine Klasse an einer Volksschule. Doch mit Hilfe eines Gemisches aus pädagogischen (z.B. "Die Kinder der Hilfsschule können nur bei geringeren Klassenfrequenzen angemessen gefördert werden"), sozialen ("Der Sozialverband ist verpflichtet, auch behinderten Mitgliedern eine personengerechte Förderung zukommen zu lassen") und ökonomischen ("Durch die Hilfe zur sozialen und wirtschaftlichen Einordnung von Hilfsschülern werden dem Staat spätere Fürsorgelasten erspart!") Begründungen konnten die Befürworter der Hilfsschulen auch widerstrebende Finanzverwalter von der Notwendigkeit der Hilfsschule überzeugen oder zumindest zu einer etwas unwilligen Duldung bewesen.

Nachdem aber zu Anfang der Dreißiger Jahre der ökonomische Aspekt verstärkt gegen die Hilfsschulen ins Feld geführt wird, kommt es nach der Machtübernahme der Nationalsozialisten auch noch zu verstärkten Angriffen durch die Heranziehung sozialdarwinistischer Begründungen, ohne daß die Vorbehalte bezüglich der Rentabilität geringer würden.

Wie schon weiter oben ausgeführt, lassen sich die Verteidiger der Hilfsschule, insbesondere die Hilfsschullehrer bzw. ihre standespolitischen Vertreter bei ihrer Argumentation oft zu sehr auf fachfremdes, für sie schlecht überschaubares Gebiet drängen. Es sei jedoch nicht verkannt, daß diese Verteidiger der Hilfsschule solche Angriffe nicht völlig ignorieren konnten.

Ein besonders krasses, geradezu rührend naiv wirkendes Beispiel für die sogenannte Rentabilitätsberechnung der Hilfsschularbeit bietet Breitbarth (1933 a). Die wirtschaftliche Vernünftigkeit des Einsatzes eines Hilfsschullehrers will Breitbarth durch folgende Rechnung beweisen: Ein Hilfsschullehrer (42 Jahre Dienstzeit) führt je 20 Kinder siebenmal durch die sechs Hilfsschulklassen. Wenn jedes dieser 140 Kinder "im späteren Leben eine täglich nur um 50 Pf. höher zu bewertende Arbeitsleistung durch die zweckmäßige Ausbildung und Erziehung vollbrächte – in sehr vielen Fällen ist der Mehrwert ungleich höher –, so würde sich die Lebensarbeit der betreffenden hochwertigen Lehrers mit täglich mindestens 70 RM abgelten bzw. auf der Kreditseite der deutschen Volkswirtschaft bemerkbar machen" (326). Breitbarth vergißt zwar nicht, auch noch die "Schaffung innerer Werte" und das Verhindern "amoralischen Tuns" in die Bewertung der Arbeit des Hilfsschullehrers einzubeziehen, verläßt sich jedoch in erster Linie auf die Wirkung seiner Beispielrechnung. Daß bei ihm, ähnlich wie bei Voigt (1934), die Rentabilitätsgleichung bei den schwerschwachsinnigen Kindern nicht aufgeht, zeigt sofort die Fragwürdigkeit solcher Berechnungen im Bereich pädagogischen Handelns.

Gerade aus Berlin ist mehrfach das Argument zu registrieren, daß der "Aufwand für die Minderwertigen" doppelt so hoch liege wie für die "Normalen". Offenbar gehen diese Aussagen, die durch ihre Eingängigkeit und ihren vorurteilsfördernden Charakter sehr schnell von den Gegnern der Hilfsschule aufgefaßt werden, von dem neuen, parteikonformen Stadtschulrat Berlins, Dr. Meinhausen, aus, der sie für die Begründung des Teilabbaus des beispielhaft ausgebauten und differenzierten Berliner Hilfs- bzw. Sonderschulwesens benutzt (siehe "Preußische Lehrerzeitung Nr.48 vom 21.4.1934 und Rundfrage des Deutschen Gemeindetages von 1934).

Zu Anfang des Jahres 1936 möchte die Fachschaft V im NSLB endlich Klarheit über die wirklichen Kosten für die Förderung eines Hilfsschülers haben, um unqualifizierten Angriffen entgegentreten zu können. Als Beispiel für eine solche diskriminierende Angabe, die zu dieser Zeit aller-

orts publiziert werden, soll hier aus dem Sach-Rechenbuch für die Volksschulen "Der Nationalsozialismus in Zahlen", Düsseldorf 1936, die Aufgabe 57 angeführt werden: "Die Zahl der Hilfsschüler beträgt 70 000. Die Aufwendungen für einen Hilfsschüler betragen im Jahresdurchschnitt 1015 RM - während sie für einen normalen Schüler nur 328 RM betragen. Rechne!" (29)
Doch die Fachschaft hat bei ihrer Umfrage bei den Gemeinden wenig Erfolg. Dies ist wohl darauf zurückzuführen, daß aufgrund einer Anfrage beim Deutschen Gemeindetag in Berlin dieser seinen Mitgliedern die Verweigerung der Unterlagen empfiehlt. Die Zentrale des Gemeindetages befürchtet, daß der NSLB die amtlichen Zahlenunterlagen für seine "standespolitischen Zwecke" auswertet und verweist auf die Zahlen der amtlichen Stellen (RMinWEV, Statistisches Reichsamt). (100)
Lediglich für Württemberg erscheint durch Christian Hiller eine Kostenrechnung "für die Ausbildung der Abnormalen" (Hillfer 1936). Danach kostet gegenüber den 197 RM für einen Volksschüler die Ausbildung eines Hilfsschülers jährlich 325 RM. Hierbei berücksichtigt Hiller in erster Linie die geringere Klassenschülerzahl, aber auch das etwas höhere Gehalt der Hilfsschullehrer.
Sowohl bei Hiller als auch bei den schon genannten Quellen (z.B. Insterburg, Brieg) fällt die Zwiespältigkeit solcher Vergleichsrechnungen auf. Versucht man die erhöhten Kosten für die Hilfsschüler mit einer in volkswirtschaftlichen Effekt umgesetzten Entlastung für die Volksschule oder mit der in manchen Fällen verhinderten Anstaltsunterbringung (z.B. Fürsorgemaßnahmen aufgrund von Verwahrlosung) in Beziehung zu setzen, so spürt man schnell den spekulativen Charakter solcher Vergleiche, die zudem häufig von Nichtfachleuten angestellt und deshalb mit entsprechenden Fehlern behaftet sind.
Zumindest für Preußen läßt sich eine genau umrissene Kostenbelastung der Gemeinden durch den Betrieb von Hilfsschulen nachweisen. (101) Nach § 16 des "Preußischen Volksschulfinanzierungsgesetzes vom 2.12.1936" müssen die Ge-

meinden für sogenannte "Mehrstellen" einen Sonderbeitrag
in Höhe des 2 1/2-fachen Stellenbeitrages an die Landesschulkasse zahlen. Mehrstellen entstehen, wenn in einer
Gemeinde soviel Schulstellen bestehen, daß auf je 1 Schulstelle weniger als 50 Kinder entfallen. Bei dieser Berechnung werden aber auch Hilfsschulstellen gleichwertig mitgezählt. Nachdem aber nach der AAoPr in den Hilfsschulklassen nicht mehr als 25 Kinder unterrichtet werden dürfen, entsteht einer Gemeinde durch die Bildung von 2 Hilfsschulklassen zu je 25 Schülern mindestens eine Mehrstelle.
Das bedeutet, daß diese Gemeinde statt einem Stellenbeitrag von 1680 RM je Schulstelle jährlich mit dem Sonderbeitrag von 4200 RM nun 5880 RM an die Landesschulkasse
zu zahlen hat.
Nachdem die Parteikanzlei offenbar seit 1938 ein gewisses
Interesse am Ausbau des Hilfsschulwesens zeigt, unternimmt im Jahre 1942 das RMinWEV einen Vorstoß bei dem
Preußischen Finanzminister, dem Reichsfinanzminister
und dem Innenminister, mit dem Ziel, die Hilfsschulfinanzierung für die Gemeinden günstiger zu gestalten. Im
RMinWEV ist man davon überzeugt, "daß die Bemühungen um
die Hilfsschule, die auch den Wünschen der Parteikanzlei
entsprechen, von keinem wesentlichen Erfolg begleitet
sein werden, wenn nicht die Hemmungen, die in der finanziellen Ebene liegen, ausgeräumt werden .." (Brief an
das RMinFin vom 27.5.1942). Neben der Last für die notwendigen zusätzlichen Schuleinrichtungen werde den Gemeinden auch noch die Belastung durch die oben beschriebenen
"Luxusstellen" an den Hilfsschulen aufgebürdet. Das RMinWEV
schlägt deshalb vor, für die Hilfsschulstellen in der Berechnung der Gesamtschulstellen einer Gemeinde die Meßzahl
20 oder 25 einzuführen. So werde eine Hilfsschulstelle
erst dann zur "Luxusstelle", wenn die Klassenbesuchsziffer unter 20 oder 25 falle.
Die Parteikanzlei zeigt in einem Aktenvermerk vom Juni 1942
eine gewisse Unterstützung für den Wunsch des RMinWEV,
möchte aber dem Preußischen und dem Reichsfinanzminister
nicht vorgreifen. Der Preußische Finanzminister sucht

in seinem Schreiben vom 11.11.1942 aus zwei Richtungen
gegen das Anliegen des RMinWEV anzugehen. Rein sachlich meint Popitz, daß, wie auch schon vor der AAoPr,
den Trägern der Hilfsschulen ("in der überwiegenden
Mehrzahl der Fälle leistungsfähige Städte") die Mehr-
belastung zugemutet werden könne. "Soweit aber leistungs-
schwache Gemeinden Träger von Hilfsschuleinrichtungen
sind, reichen die Mittel des Ergänzungszuschußfonds aus,
ihnen eine teilweise oder volle Entlastung zu gewähren".
Außerdem leide unter der Zweiteilung der Meßzahl die
Klarheit und Übersichtlichkeit der Kostenrechnung und
Preußen könne "dann kaum noch den Anspruch erheben, im
Volksschulfinanzgesetz eine Reglung getroffen zu haben,
die anderen Ländern und dem Reich als Muster dienen
könnte".
Daneben sucht Popitz den Anspruch des RMinWEV jedoch politisch abzublocken. Er meint, daß "die Änderung der gesetzlichen Reglung der Volksschulunterhaltung zu Gunsten
der Träger von Hilfsschuleinrichtungen ... zu den während
des Krieges nicht unbedingt nötigen Arbeiten zu rechnen
(ist), die nach dem Führererlaß vom 25.1.1942 zur Sicher-
stellung der Erledigung der kriegswichtigen Arbeiten
zurückzustellen sind". Der RMinWEV glaubt zwar in einem
Schreiben vom 15.1.1943 nochmals seine Argumente vorbringen
zu müssen, unterliegt jedoch schließlich der geschickten
politischen Argumentation des preußischen Finanzministers
und vielleicht auch dessen besserer Beziehungen zur Parteikanzlei. Denn am 29.1.1943 geht an den RMinWEV folgendes Schreiben der Parteikanzlei: "Finanzierung des
Hilfsschulwesens. Ich halte eine Änderung des Preußischen
Volksschulfinanzierungsgesetzes zur Entlastung der Gemeinden, die Hilfsschulen unterhalten, nicht für kriegsnot-
wendig. Ich bitte deshalb, von einer weiteren Verfolgung
der Angelegenheit bis auf weiteres abzusehen".
Somit blieb die Unterhaltung von Hilfsschulen für die Gemeinden weiterhin eine starke Belastung, die nur in Einzelfällen besonderer Finanzschwäche gemildert oder aufgehoben werden konnte.

6.3 Die Aufnahme in die Hilfsschule

Das Aufnahmeverfahren in die Hilfsschule lag (und liegt heute noch) im Schnittpunkt rechtlicher, schulpolitischer, pädagogischer, psychologischer, medizinischer und sozialer Komponenten der gesamten Hilfsschulproblematik. Als rechtlicher Vorgang machte es entsprechende gesetzliche Grundlagen erforderlich. Schulpolitisch beruhte seine Handhabung auf dem Unterordnungsprinzip der verschiedenen Schularten. Pädagogisch- psychologische Fragestellungen begleiten die Überprüfung der Fähigkeiten des mutmaßlich hilfsschulbedürftigen Kindes. Medizinische Fragen werden bei der ärztlichen Untersuchung des Kindes berührt, in der organische Ursachen für die schulischen Lernschwierigkeiten nachgewiesen oder ausgeschlossen werden sollten. Schließlich stellte sich die Frage nach den möglichen sozialen Folgeerscheinungen für den Schüler und seine Familie bei der eventuell bevorstehenden Aufnahme in die Hilfsschule.

6.3.1 Rechtliche Grundlagen für die Aufnahme in die Hilfsschule

Die rechtlichen Grundlagen für die Aufnahme von Schülern in die Hilfsschule sind schon in der ersten Zeit von Weimar schmal, wenig gesichert und regional stark unterschiedlich ausgeprägt. Die Versuche der Hilfsschullehrer und ihrer Interessenvertreter, eine Regelung auf der Ebene von Preußen oder gar des Reiches zu erreichen, haben keinen Erfolg. Das Reichshilfsschulgesetz bleibt aus, trotz mehrerer Anläufe in der zweiten Hälfte der Zwanziger Jahre. Die gesetzgebenden Gremien des Reiches wollen den Wünschen der Hilfsschullehrer nicht nachgeben, eine etwas stärkere Ablösung von der Volksschule gesetzlich zu verankern. Die Hilfsschule soll weitgehend allen Regelungen der Volksschule unterworfen bleiben. Deshalb überläßt das Reich den Ländern die Feinregelung des Überganges von Kindern aus der Volksschule in die Hilfsschule mit Hilfe von Erlassen und Verordnungen.

Nach der Machtübernahme durch die Nationalsozialisten ist bei mehreren maßgeblichen Vertretern der Hilfsschullehrerschaft wiederum das Bemühen festzustellen, nun ein Reichsgesetz für die Hilfsschule und damit für die Hilfsschulaufnahme durchzusetzen. Eine solche Hoffnung ist in den ersten Jahren nach 1933 sicher nicht unberechtigt, da die zentralistischen Tendenzen des NS-Staates sehr schnell in die gesetzgeberische Wirklichkeit einfließen. Gerade Alfred Krampf bemüht sich zwischen 1934 und 1936 hartnäckig um den Erlaß eines Rechtshilfsschulgesetzes. Er erhält aus dem RMinWEV stets ausweichende Antworten, was ihn zu immer neuen Aktivitäten anspornt.

Was die Frage der Aufnahme in die Hilfsschule angeht, die ein wichtiger Teil der gesetzlichen Regelung sein sollte, so findet sich in den Akten des RMinWEV ein Vermerk vom 10.12.1935 (Dr. Stolze), der die Stellung des zuständigen Referenten zu dieser Zeit charakterisiert. (102) Da die Hilfsschule rechtlich ein Teil der

Volksschule sei, müsse eine gesetzliche Regelung des Hilfsschulwesens im Rahmen von solchen für die Volksschule vorgenommen werden. "Der Erlaß eines Reichshilfsschulgesetzes wäre daher abzulehnen". Eine deutliche Absage erteilt Dr. Stolze den Bestrebungen Krampfs im Bereich des Aufnahmeverfahrens für Hilfsschulkinder. Für ihn ist es klar, "daß derartig eingehende Vorschriften unmöglich Gegenstand eines Gesetzes und zwar eines Reichsgesetzes sein können. Sie gehören allenfalls in die Durchführungsbestimmungen". Daß Dr. Stolze nicht nur gesetztechnische Vorbehalte hat, sondern offensichtlich auch die Rücksichten gegenüber den Ländern nicht fallen lassen möchte, geht aus seiner Überlegung hervor, "ob von solchen eingehenden Vorschriften nicht überhaupt abzusehen sei und ob es nicht zweckmäßiger wäre, in gewissen Rahmenvorschriften - etwa derart, daß das Zusammenwirken von Volksschule, Hilfsschule und Schularzt vorgeschrieben würde - das Erforderliche anzuordnen".

Als Beispiel für das durchaus noch bestehende Zusammenspiel von Ländern und Reich bei der gesetzlichen Regelung des Hilfsschulwesens in den ersten Jahren der Regierung des Nationalsozialismus sei hier der Entstehungsprozeß des Württembergischen Hilfsschulgesetzes kurz skizziert. In Stuttgart sind am 15.5.1930 "Richtlinien für die Hilfsschulen in Württemberg" erlassen worden, die eine Mischung aus Organisationsgesetz und schulischen Richtlinien darstellen. Sie regeln sowohl die Schulorganisation (Wesen der Hilfsschule; Aufnahme in die Hilfsschule; Organisation der Hilfsschule) als auch den Unterrichtsprozeß ("Lehrplan", "Methode des Unterrichts und der Erziehung"). Am 6.5.1935 beschließt das Kultministerium in Stuttgart ein "Gesetz über die Hilfsschulen", das sich weitgehend auf die Richtlinien von 1930 stützt und sie in das bestehende Volksschulgesetz einbaut. (103) Dieses Gesetz von 1935 regelt in erster Linie die Einrichtung von Hilfsschulen und die Aufnahme von hilfsschulbedürftigen Kindern. Bei der Frage des unterrichtlichen Vollzugs wird auf die Richtlinien von 1930 verwiesen. Da nach dem "Gesetz über den Neuaufbau des Reiches" das Württemberger Hilfsschulgesetz zustimmungspflichtig ist, bittet der

"Reichsstatthalter in Württemberg", Murr, am 13.5.1935 in Berlin um diese Zustimmung. Diese wird am 9.7.1935 erteilt, wobei Dr. Frercks das Gesetz ausdrücklich begrüßt, da es die gesetzliche Verpflichtung der hilfsschulbedürftigen Kinder zum Besuch der Hilfsschule bringe. Er würde eine solche Regelung für das Reich begrüßen.
Der Vorgang zeigt deutlich, daß die Aufgaben- und Kompetenzverteilung zwischen Ländern und Reichsregierung in den ersten Jahren des Nationalsozialismus mit gewissen Einschränkungen durchaus noch besteht und respektiert wird. Zudem verdeutlicht er, daß mit der Übernahme der Regierungsgewalt durch die Nationalsozialisten keineswegs vor ihrer Zeit bestehende Regelungen aufgehoben werden. Vielmehr wird gerade im Falle des Württembergischen Hilfsschulgesetzes eine Regelung aus dem Jahre 1930 ausdrücklich in ein Gesetz von 1935 aufgenommen.
Die AAoPr von 1938 bringt zuerst für Preußen, später durch ihre Übernahme in den Ländern auch dort, die Regelung der Aufnahme von hilfsschulbedürftigen Kindern, wie sie schon 1935 in dem Aktenvermerk von Dr. Stolze angeklungen ist. Unter C 2 wird "das bei der Auswahl zu beachtende Verfahren" den Regierungspräsidenten "unter Berücksichtigung der besonderen Verhältnisse ihrer Bezirke" und der Beachtung bestimmter Rahmenvorschriften (C 3 bis 6 der AAoPr) überlassen. Sie betreffen unter 3 "die Beschulung hilfsschulbedürftiger Schulanfänger", unter 4 die "Umschulung hilfsschulbedürftiger Volksschüler", unter 5 "die Ausschulung bildungsunfähiger Hilfsschüler" und unter 6 "die Rücküberweisung von Hilfsschülern an die Volksschule".
Ergänzende Rahmenbestimmungen finden sich im Reichsschulpflichtgesetz vom 6.7.1938 [104] und in dessen 1. DVO vom 7.3.1939. [105] Insbesondere wird darin eine Regelung über die Zurückstellung von Schulanfängern (bis zu 2 Jahren) und die Ausschulung wegen Bildungsunfähigkeit ("Wer mit den vorhandenen Sonderschuleinrichtungen nicht gefördert werden kann") getroffen.

Eine weitere rechtliche Absicherung des Aufnahmevorganges
in die Hilfsschule bildet der Erlaß eines "Personalbogens
für die Hilfsschüler" vom 2.3.1940. (106) In ihm sind der
bisherige "Anmeldebogen" der Volksschule und "der von
der Hilfsschule zu führende Personalbogen zu einem Bogen
zusammengefaßt". Zudem sind amtliche Vordrucke für den
Überweisungsvorgang (Meldung der Volksschule; Ergebnis
der Aufnahmeprüfung; weitere Aufnahmebefunde; Entscheidung
des Schulrates) in den Erlaß aufgenommen.
Eine endgültige Bestätigung der in der AAoPr getroffenen
Regelung wird durch den Runderlaß "Überweisung von Kindern in die Hilfsschulen, Sehschwachen-, Schwerhörigen-
und Sprachheilschulen" vom 14.3.1942 vorgenommen. (107)
In ihm kommt wörtlich der "reichseinheitliche" Anspruch
zum Tragen. Nun endlich kann die Reichsregierung ihr bisher übliches Verfahren fallenlassen, Regelungen für Preupen zu schaffen, die dann nach außen hin nach dem Ermessen
der Länder von diesen übernommen werden konnten. Daß im
Innern mehr oder weniger Druck auf die Länder ausgeübt
worden ist, die preußischen Maßnahmen zu übernehmen,
läßt sich an verschiedenen Beispielen feststellen und belegen (z.B. Übernahme der AAoPr in Bayern im Jahre 1941!).

6.3.2 Kriterien für die Hilfsschulbedürftigkeit

In Ergänzung zu den in 5.1 erörterten Charakterisierungsversuchen des Hilfsschülers soll an dieser Stelle auf die Bemühungen eingegangen werden, in rechtlich verbindlichen Äußerungen der Unterrichtsverwaltungen Kriterien für die Hilfsschulbedürftigkeit festzulegen. Preußen hält sich bis 1938 an den Erlaß des "Ministers für geistliche Angelegenheiten", Studt, vom 2.1.1905. [108] In ihm ist bestimmt, daß in die Hilfsschule "nur die für den Volksschulunterricht als zweifellos nicht hinreichend begabt erkannten Kinder" (227) gehörten. Ausdrücklich sind "an sich normal veranlagte Kinder, die erziehlich vernachlässigt oder infolge von Kränklichkeit p.p. zurückgeblieben sind" von der Hilfsschule ausgeschlossen. "Die Hilfsschule ist keine Nachhilfeschule und sie verfolgt nicht das Bestreben, die ihr anvertrauten Kinder nach einiger Zeit in die Volksschule zurückzubringen" (227). Auf diesen Erlaß berufen sich bis etwa 1935 sowohl die Verwaltung als auch viele Hilfsschulpädagogen, wenn es darum geht, den für die Hilfsschule bestimmten Personenkreis abzugrenzen. Dieser Erlaß bildet die Grundlage für die extreme Ausbildung des "Schwachsinn-Kriteriums" im ersten Viertel des 20. Jahrhunderts. Noch 1926 ist Karl Bartsch in seinem "Entwurf eines Hilfsschulgesetzes und Hilfsschullehrplans" (Bartsch 1926) sicher, daß es bei späteren Hilfsschülern die Regel sei, "daß die Störungen der psychischen Funktionen schon vor Eintritt in das schulpflichtige Alter vorhanden" sind, dies aber erst beim Eintritt in die Volksschule beachtet und bewertet würde (255/256).

Doch zu Anfang der Dreißiger Jahre ist die Tendenz festzustellen, die Hilfsschulbedürftigkeit nicht mehr ausschließlich in der Schwachbegabung oder dem "Schwachsinn" zu begründen. Nun sollen neben dem intellektuellen Rückstand auch Beeinträchtigungen des Gefühls, des Willens

(Tornow 1932) den Ausschlag für die Umschulung in die
Hilfsschule geben. Eine solche Wandlung in der pädagogisch-psychologischen Begründung für die Aufnahme bestimmter Kinder in die Hilfsschule drückt sich im Rahmen
des Schulsystems in der Einstellung aus, daß ein Volksschüler nicht nur dann in die Hilfsschule kommen solle,
wenn bei ihm eindeutig die Schwachbegabung feststeht,
sondern auch wenn ein Schulleistungsversagen vorliegt,
dessen Begründung nicht eindeutig im Intellektuellen
zu suchen ist.
Schon die Richtlinien von Württemberg vom 15.5.1930
haben Kinder für die Hilfsschule vorgeschlagen, die
"in der Regel körperlich gesund sind, jedoch wegen geistiger Schwäche oder wegen ihrer seelischen Beschaffenheit,
zuweilen auch wegen körperlicher Mängel oder häuslicher
Vernachlässigung das der allgemeinen Volksschule gesteck-
te Ziel nicht erreichen können" (§ 4).
Als in den ersten Jahren der Herrschaft des Nationalsozialismus die Entlastungsfunktion der Hilfsschule für
die Volksschule noch stärker in den Vordergrund drängt,
ist der Boden dafür bereitet, als ausschließliches Kriterium für die Hilfsschulaufnahme das Volksschulversagen
anzusetzen. Ihren Ausdruck findet diese Einstellung in
den Rahmenbestimmungen der AAoPr. Danach (C. 4 Abs. 1) ist
der Antrag auf Umschulung dann zu stellen, wenn Kinder
" a) bei Anlegung eines strengen Maßstabes nach zweijährigem Schulbesuch das Ziel des ersten Schuljahres nicht
erreicht haben, b) nach dreijährigem Schulbesuch nicht
das Ziel des zweiten oder nach vierjährigem Schulbesuch
nicht das Ziel des dritten Schuljahres erreicht haben.
In diesen Fällen ist von den Antragstellern eingehend
zu begründen, warum die Umschulung nicht schon nach Ablauf des zweiten Schulbesuchsjahres beantragt worden ist."
Tornow stellt 1938 in seiner Interpretation der AAoPr
"Zum Auswahlverfahren des hilfsschulbedürftigen Kindes"
mit Recht fest, daß das Ziel des Auswahlverfahrens nicht
mehr die Feststellung von Schwachsinn, sondern ausschließlich der Hilfsschulbedürftigkeit in Gleichsetzung mit
Volksschulversagen ist (Tornow 1938, 705/706).

6.3.3 Sichtung und Meldung hilfsschulbedürftiger Kinder durch die Volksschule

Vor dem Erlaß der AAoPr, die der Volksschule eindeutig schullaufbahnbezogene Kriterien für die Meldung von hilfsschulbedürftigen Kindern an die Hand gibt und diese Meldung zur Dienstpflicht erklärt, lag es zu einem großen Teil im Ermessen der Volksschule, ob ein Kind zur Überprüfung auf Hilfsschulbedürftigkeit angemeldet wurde oder nicht. Wohl haben die örtlichen Schulbehörden und auch die Leiter der Hilfsschule immer wieder versucht, dem Volksschullehrer Bewertungsrichtlinien für mögliche hilfsschulbedürftige Kinder an die Hand zu geben, doch blieben diese Kriterienkataloge entweder örtlich begrenzt oder hatten keinen verbindlichen Charakter.
In Hamburg gibt die Schulbehörde den Volksschulen in Groß-Hamburg folgende Richtlinien für die Auswahl hilfsschulbedürftiger Kinder: [109] "Als hilfsschulbedürftig sind anzusprechen: 1. Kinder, die nach 2-jährigem Besuch der 8. Klasse das Klassenziel nicht erreicht haben. In Ausnahmefällen können bei klar erkennbarer Minderbegabung Meldungen schon nach einem Jahr erfolgen.
2. Kinder mit schweren Charakterfehlern, die im Rahmen der Volksschule als schuluntüchtig auzusehen sind (ausgesprochene Willensschwäche, mangelnder Gemeinschaftssinn).
3. Durch Umwelteinflüsse derart geschädigte Kinder, die schulisch so in Rückstand geraten sind und voraussichtlich bleiben, daß sie aus den 4. bzw. 3. Klassen der Volksschule entlassen werden müßten" (Schreiben vom 6.12.1937; Umgekehrte Zählung der Jahrgänge!). Ein Jahr später (5.12.1938) kommt als weiterer Auswahlgesichtspunkt dazu, daß "grundsätzlich kein Kind für die Hilfsschule gemeldet werden darf, das die Volksschule mehr als 4 Jahre besucht hat. Als Ausnahmefälle können gelten: Krankheiten, Unglücksfälle und Umschulungen aus Schulbezirken, wo die Überweisung in die Hilfsschule nicht möglich war".

In dem Hilfsschulgesetz von Württemberg von 1935 ist
eine Meldung an die Hilfsschule erst nach "mindestens
einjähriger Probezeit in der Volksschule möglich"
(DVO vom 14.12.1935, I;2).
Der Wunsch, aus der Unsicherheit über die Kriterien
für die Meldung hilfsschulbedürftiger Schüler herauszu-
kommen, wird in einem Vorstoß des Regierungspräsidenten
von Potsdam im Jahre 1934 deutlich. [110] Er legt dem
RMinWEV den Entwurf eines Erlasses vor, der seiner Meinung nach "die im Bezirk zur Zeit noch herrschende
übergroße Beschickung der Hilfsschulen auf ein zweckentsprechendes Maß senken" könne. In dem Erlaß wird u.a.
bestimmt, daß "die Aufnahme erst beantragt werden kann,
wenn das Kind mindestens zwei Jahre lang die Grundschule
besucht hat und durch ärztliches Zeugnis oder Urteil des
Klassenlehrers und des Schulleiters festgestellt ist,
daß es wegen abnormer Veranlagung am Unterricht der normalen Volksschule nicht mit Erfolg teilnehmen kann".
Das RMinWEV lehnt jedoch einen solchen Erlaß, der zur
Steuerung des Hilfsschulzuganges benutzt werden sollte,
in einem Schreiben vom 26.2.1934 ab und empfiehlt, die
Verfügung zurückzuhalten. "Die Frage, in welchem Alter
und unter welchen sonstigen Voraussetzungen schulpflichtige Kinder in Hilfsschulen zu überweisen sind, wird im Zusammenhang mit der bevorstehenden Neuordnung des Schulwesens behandelt werden".
In München legt die Stadtschulbehörde den Volksschulen in
den Jahren 1937 und 1938 ein äußerst detailliertes Rundschreiben zur "Aufnahme in die Hilfsschule" vor. [111]
Darin wird bestimmt, welche Kinder von den Volksschulen
gemeldet werden müssen (z.B. Wiederholungsschüler im 1.
und 2. Jahrgang; weitere Wiederholungsschüler; befreite
und zurückgestellte Schüler, "Grenzfälle" und "Blöd-
sinnige und Schwachsinnige schwereren Grades; Epileptiker
mittleren und schweren Grades, Blinde, Taube, Taubstumme
und sittlich verwahrloste Kinder") und daß deren Unterlagen
einer Kommission aus "dem zuständigen Schulleiter, dem
bisherigen Klassenlehrer und einem Hilfsschullehrer" vor-

zulegen sind.
Nach dem Erlaß der AAoPr, die, wie schon oben angegeben, genau auf das Volksschulversagen bezogene Richtlinien für die Meldung von möglichen Hilfsschülern bietet, entwickeln die Schulverwaltungen auf der neuen Grundlage erhöhte Aktivität, um die Meldungen zu vereinheitlichen und zu vervollständigen. In Bayern wird z.B. ein ausgefeiltes Schema aufgestellt, das den Volksschulen jährlich zur Meldung vorgelegt wird. [112] In ihm müssen die Entlaßschüler nach Entlaßklasse, die schul- und bildungsunfähigen Kinder nach "zurückgestellt", "schulbefreit", "in Anstaltsschule" und "in Privatunterricht" aufgeschlüsselt werden und die Zahl der schulfähigen Kinder in ihrer Zuordnung von Klasse und Schulpflichtjahr gemeldet werden. So will die Schulverwaltung einerseits konkrete Unterlagen über "mitgeschleifte" Schüler in der Volksschule erhalten und andererseits einen gewissen indirekten Zwang zur Meldung von hilfsschulbedürftigen Kindern erzeugen, um der Bloßstellung vor der Schulverwaltung zu entgehen. Ähnliche Meldungen verlangen der "Kultminister in Stuttgart" (z.B. am 29.7.1940) [113] und die Schulverwaltung in Hamburg. [114] In Bayern wird erst im Jahre 1943 (5.1.1943) von der Verpflichtung "in Hinblick auf die Kriegslage" Abstand genommen, die Übersicht der für die Hilfsschulen in Betracht kommenden Kinder zu erstellen. [115]
Den formellen Rahmen für die Meldung hilfsschulbedürftiger Kinder durch die Volksschule bietet der am 2.3.1940 eingeführte "Personalbogen für die Hilfsschüler". Die Volksschule muß im Teil A Auskunft über die "bisherigen Schulverhältnisse" (Zurückstellungen; Ein- und Umschulungen; Wiederholungen; Meldungen für die Hilfsschule") geben und im Teil B "Beobachtungen" zur "geistigen und leib-seelischen Entwicklung", zur "häuslichen Erziehung und zu wirtschaftlichen und persönlichen Verhältnissen der Eltern" liefern.

6.3.4 Die Untersuchung des hilfsschulbedürftigen Kindes

Für die Untersuchung des hilfsschulbedürftigen Kindes kommen im pädagogisch-psychologischen Bereich der Hilfsschullehrer und im ärztlichen der Amts- oder Schularzt in Frage. Die pädagogisch-psychologische Untersuchung beinhaltet zumeist eine Intelligenzprüfung und die Prüfung der Schulleistungen. Doch schon zu Anfang der Dreißiger Jahre ist die Auswahl durch den Intelligenztest nicht unumstritten, so daß sich viele Hilfsschullehrer für die Ausweitung des pädagogischen Auswahlverfahrens einsetzen. Z.B. fordert Hofmann schon 1934 die Ergänzung der Intelligenzprüfung durch eine Dauerleistungsprüfung (Beurteilung der Arbeitsfähigkeit in der Gruppe) (in Hiller 1934, 301). Ähnliche Vorstellungen hat Tornow (1932, 1938) und verwirklicht sie in Magdeburg (1 Woche Probeunterricht). Ähnliches berichtet Enke (1937) aus Halle. Ansätze zu einer solchen Ausweitung der pädagogischen Beurteilung des hilfsschulbedürftigen Kindes finden sich auch in München (1937 und 1938). [116]

Die ärztliche Untersuchung, vorgenommen durch den Amtsarzt, in manchen Orten (z.B. in München) auch durch Schulärzte bzw. auf Hilfsschulen spezialisierte Schulärzte, gehört schon vor 1938 (AAoPr) zum festen Bestandteil des Umschulungsverfahrens. Es ergeben sich zwischen den Pädagogen und den Ärzten immer wieder Reibungsflächen, da es oft schwer auseinanderzuhalten ist, was der Arzt und was der Pädagoge bei dem Kind festzustellen hat. Auswüchse des ärztlichen Kompetenzbereichs finden sich in verschiedenen Dokumenten. Bei der Auflösung der Hilfsschule in Weingarten werden die 19 Schüler "laut ärztlichem Bericht ihren Kenntnissen entsprechend auf die Normalklassen verteilt". [117] Am 11.10.1938 berichtet der Landrat von Recklinghausen dem Regierungspräsidenten von Münster, daß er den Amtsarzt Dr. Schlüter angewiesen habe, "zu prüfen, ob die z. Zt. die Hilfsschulen besuchenden Kinder und die nach Auffassung des Kreisschulrats zu Ostern 1938 neu in die Hilfsschulen einzuweisenden Kinder

tatsächlich in die Hilfsschulen gehören, oder ob nicht
ein Teil entweder wieder der Volksschule zugeführt werden kann oder als bildungsunfähig zu entlassen ist". (118)

Nach den Rahmenvorschriften der AAoPr sollen Hilfsschullehrer und Arzt (Schularzt, Amtsarzt) bei der Feststellung der Hilfsschulbedürftigkeit zusammenwirken und somit die Grundlage für die Entscheidung des Kreisschulrats liefern. Diese wenig griffige Aussage wird im Erlaß "Personalbogen für die Hilfsschüler" präzisiert. Die "Aufnahmeprüfung in der Hilfsschule" umfaßt "Auskunft des Kindes über seine Person und Umwelt", Feststellungen über "Bildauffassung, Denken und Urteilen, Merkfähigkeit und Gedächtnis, Formensinn, Ausdrucksfähigkeit durch Handbetätigung, Lesefertigkeit, Schreiben, Rechenfertigkeit und Sprache". Dazu kommt das "Ergebnis der psychotechnischen Prüfung (falls vorgenommen)" mit der Feststellung eines IQ. Die gesamte Untersuchung mündet in ein "Gesamturteil und Vorschlag des Hilfsschulleiters oder -lehrers".
Die ärztliche Untersuchung umfaßt Feststellungen zur "Vorgeschichte (Besondere Verhältnisse in der Sippe, Entwicklung des Kindes, überstandene Krankheiten" und Untersuchungsbefunde ("Allgemeine Körperbeschaffenheit, Organbefund, Nervensystem, Seh- und Hörvermögen, Sprache") und wird in einem "Urteil des Schul- oder Amtsarztes unter Berücksichtigung des Ergebnisses der Aufnahmeprüfung" zusammengefaßt. Auffallend ist hierbei, daß der Arzt das Urteil des Hilfsschullehrers in sein Gesamturteil einbezieht und sich somit als diesem übergeordnete Instanz verstehen kann.

6.3.5 Die Entscheidung der Schulaufsicht und das Einspruchsrecht der Eltern

Die Entscheidung des Kreisschulamtes, aufgrund der Ergebnisse der pädagogisch-psychologischen und der ärztlichen Untersuchung bzw. der Beobachtungen der Volksschule ein Kind in die Hilfsschule einzuweisen, beruht, zumindest bis zum Erlaß der AAoPr, auf unsicherer rechtlicher Grundlage. Wohl hat in Preußen am 22.2.1927 das Kammergericht entschieden, daß "Kinder, bei denen die Voraussetzungen für den Besuch der Hilfsschule vorliegen, auch gegen den Willen der Eltern einer Hilfsschule ihres Bekenntnisses überwiesen werden können, wenn am Ort zwar eine allgemeine Simultanschule, nicht aber eine Simultan h i l f s schule vorhanden ist". (119) Doch müssen Einzelfälle aufgrund des Fehlens einer bindenden gesetzlichen Grundlage immer wieder mühsam über mehrere Instanzen durchgesetzt werden. Gerade das Problem der Konfessionsschule verhindert oft die rechtzeitige Aufnahme von Kindern in die Hilfsschule. In einem Bericht vom 25.7.1935 des Kreisschulrates von Hersfeld, der vom Regierungspräsidenten von Kassel an das RMinWEV weitergeleitet wird, erläutert der Schulrat eine besondere Konfliktsituation aufgrund der Konfessionsgebundenheit der Schule. (120) In eine ausschließlich von evangelischen Kindern besuchte Hilfsschulklasse wollen katholische Eltern ihre Kinder nicht einweisen lassen, "da sie auf dem Standpunkt stehen, es würde dies dem Grundsatz der Konfessionsschule widersprechen. Es ist sogar vorgekommen, daß evangelische Eltern ihr Kind, um es vor der Hilfsschule zu retten, katholisch werden ließen". Auf eine erneute Anfrage des Regierungspräsidenten von Kassel, der einem ähnlichen Fall grundsätzliche Bedeutung beimißt, entscheidet das RMinWEV zwar, daß Kinder nicht gegen den Willen der Eltern in die Schule des anderen Bekenntnisses eingewiesen werden könnten, wenn mehrere Schulen verschiedenen Bekenntnisses in einem Ort seien, dies aber nicht gelte, wenn nur <u>eine</u> Hilfsschuleinrichtung vorhanden sei. (121) Er gibt

aber auffallenderweise keine gesetzliche Grundlabe
dafür an. Diese besteht offensichtlich zu dieser Zeit
nicht (zumindest in Preußen).
Eine Ausnahme bei dieser Problematik bildet wieder
Württemberg. In seinem Hilfsschulgesetz vom 13.7.1935
bzw. der 1. DVO vom 14.12.1935 wird ausdrücklich erklärt,
daß "in die Hilfsschule des anderen Bekenntnisses ein
Kind nur dann geschickt werden darf, wenn weder eine
Hilfsschule seines eigenen Bekenntnisses noch eine nach
Bekenntnissen nicht getrennte Hilfsschule vorhanden
ist" (I; 5).
Für Baden ist ein Fall dokumentiert, bei dem der Schulrat von Freiburg/Br. beim Minister in Karlsruhe am 28.4.
1936 anfragt, ob Kinder gegen den Willen der Eltern in
die Hilfsschule eingewiesen werden könnten. [122] Ihm
sei keine gesetzliche Handhabe bekannt. Das Ministerium
antwortet am 6.5.1936: Wenn die Eltern nicht zu überzeugen sind, können die Kinder in die Grundschule. Vermögen
sie aber dem Normalunterricht nicht zu folgen, "ist
Antrag wegen Ausschluß aus der Grundschule bei mir zu
stellen und das Verfahren wegen Unterbringung der Kinder
in einer Anstalt für geistesschwache Kinder aufgrund des
Gesetzes vom 11.8.1902, über die Erziehung und Unterricht nichtvollsinniger Kinder, von dort aus einzuleiten.
Die in Betracht kommenden Eltern sind in jedem Einzelfall über die Sachlage aufzuklären". Man versucht hier,
indirekt Druck auf die Eltern auszuüben, weil man sich
über das Fehlen einer auf die Hilfsschuleinweisung bezogenen gesetzlichen Regelung im klaren ist. (Ein Schüler
wird tatsächlich am 13.7.1937 nach obigem Verfahren
ausgeschlossen!)
Die AAoPr und ihre Ausführungsbestimmungen bringen zwar
eine gewisse Klärung der Problematik der konfessionsabhängigen Hilfsschulen, da die Ausführungsbestimmungen
regeln, "daß Bestrebungen, in einer Gemeinde mehrere einklassige Hilfsschulen nebeneinander zu errichten, grundsätzlich abzulehnen sind. Insbesondere dürfen konfessio-

nale Rücksichten niemals dazu führen, daß in einer Gemeinde mehrere einklassige Hilfsschulen nebeneinander bestehen (zu Abschn. B, Zi.3). Doch bietet der nichtgesetzliche Erlaßcharakter der AAoPr nur solange eine Lösung, als nicht von den Eltern alle rechtlichen Möglichkeiten ausgeschöpft werden. In der AAoPr ist in C 4 (2) wohl geregelt, daß "über etwaige Einsprüche der Erziehungsberechtigten der Regierungspräsident nach Anhörung der Beteiligten endgültig entscheidet", doch fehlt auch ihm die sichere rechtliche Grundlage.

Aus Solingen ist ein Fall bekannt, bei dem nach dem Verfahren der AAoPr entschieden wird. [123] Der Schulrat berichtet dem Regierungspräsidenten von Düsseldorf, daß ein Vater sich über die Einweisung seines Sohnes beschwert hat. Der Schulrat besichtigt daraufhin die Klasse und stellt fest, daß der Schüler zurecht in der Hilfsschule sein muß. Der Regierungspräsident schließt sich diesem Urteil an und teilt dem Vater seinen entsprechenden Entscheid mit.

Bittrich (1942) spricht diese Schwierigkeit sehr deutlich aus: "Bei Einsprüchen entscheidet der Regierungspräsident nach vorheriger Anhörung der Erziehungsberechtigten. Es wäre angezeigt, diese Bestimmung nicht zu veröffentlichen .... Es ist dann zu erwarten, daß fast alle Erziehungsberechtigten versuchen würden, die Umschulung ihrer Kinder zu verhindern" (83). Es wird hier also ganz offen die rechtliche Verschleierung empfohlen, um das Fehlen gesetzlicher Grundlagen zu vertuschen.

6.4 Einzelfragen der Hilfsschulorganisation

6.4.1 Schulgröße und Schulaufbau

Noch zu Anfang der Dreißiger Jahre bestehen in den deutschen Städten (denn fast nur dort gibt es Hilfsschulen!) häufig sehr kleine Hilfsschulgebilde. Oft existieren in einer Stadt mehrere ein- oder zweiklassige Hilfsschulen. Dies ist aus der Entstehungsgeschichte vieler Hilfsschulen erklärbar. Sie sind an den Volksschulen als Hilfsschulklassen gebildet worden und verblieben als solche lange Zeit an der Mutterschule. Erst im Zuge der zunehmenden Verselbständigung der Hilfsschulen in der ersten Hälfte der Dreißiger Jahre entsteht der Wunsch, kleine Hilfsschuleinheiten in einem Ort zu einer größeren zusammenzufassen. Diesem Bestreben steht jedoch in vielen Ländern (bestätigt durch das Reichskonkordat von 1933) das Prinzip der Konfessionsschule entgegen (siehe auch 6.3.4).

Gerade aus den Jahren 1934 bis 1938 stammen vielen Quellen, aus denen Maßnahmen zur Zusammenlegung von Hilfsschulen hervorgehen. Als Beispiele sind zu nennen: Zusammenlegungen im Raum Dortmund zwischen 1935 und 1937 (Dortmund, Herten, Marl, Recklinghausen). In den meisten Fällen handelt es sich dabei um die Vereinigung katholischer und evangelischer Hilfsschulklassen. (124) Dagegen erhebt sich vereinzelt der Widerspruch der Kirchen (z.B. Katholisches Stiftspfarramt Dortmund-Hörde am 22.4.1938 wegen "Widerspruchs gegen das Konkordat von 1933") und mancher Eltern. Doch die Stadt Dortmund erfährt vom RMinWEV Unterstützung für ihre Maßnahmen, so daß der Regierungspräsident die Einsprüche zurückweisen kann. Im März 1936 nimmt der Oberbürgermeister von Bocholt mit Duldung der Regierung in Münster eine "Neuordnung" des Hilfsschulwesens in seiner Stadt vor und ordnet jedem der 3 Schulaufsichtsbezirke seiner Stadt je eine Hilfsschule zu, die aus den vorher bestehenden kleinen Hilfsschulorganisationen gebildet werden. (125)

Mehreren Quellen ist zu entnehmen, daß das RMinWEV seit etwa Anfang 1935 seinerseits über die Regierungspräsidenten auf die Gemeinden einzuwirken sucht, Hilfsschulen einer gewissen Mindestgröße zu bilden und sie von der Verbindung mit Volksschulen zu lösen. Sehr deutlich geht dies aus einem Schreiben des RMinWEV an den Regierungspräsidenten von Merseburg vom 13.5.1935 hervor. (126) Dem Versuch des Oberbürgermeisters von Zeitz, die dortige Hilfsschule von 5 auf 3 Klassen zu reduzieren, tritt das RMinWEV engergisch entgegen: "Zu der vom Oberbürgermeister vorgeschlagenen Aufhebung der Hilfsschule als selbständige Schule und Angliederung der Hilfsschulklassen an die Knabenvolksschule ist nach § 65 Abs. 2 VUG meine Genehmigung erforderlich. Ich bemerke allgemein, daß gegen die Unterstellung der Hilfsschule unter den Rektor der Volksschule ernste Bedenken bestehen. Die Aufgaben, die die Hilfsschule jetzt und künftig zu erfüllen hat, sind so schwierig und für den Aufbau einer gesunden Volksgemeinschaft so wichtig, daß sie der Leitung durch einen im Hilfsschulwesen erfahrenen und ihrer besonderen volksbiologischen Aufgaben stets bewußten Schulmanns nicht entraten kann. Die Verbindung von Hilfsschuleinrichtungen mit Normalschulen sollte schon aus diesem Grund nur da zugelassen werden, wo die Zahl der hilfsschulbedürftigen Kinder für die Einrichtung einer besonderen leistungsfähigen Hilfsschule (mindestens 3 aufsteigende Klassen) nicht ausreicht. Es kommt hinzu, daß die erziehliche und unterrichtliche Arbeit so stark von der Arbeit der Normalschule abweicht, daß sie sich nur unter starken Schwierigkeiten in den Gesamtorganismus der Schule eingliedern läßt".

Auch Dr. Stolze stellt in seinem Bericht über die Besichtigung von Hilfsschulen (Juni/Juli 1936) das in großen Städten schon erreichte Ziel von sechs aufsteigenden Klassen in Hilfsschulen als Richtmaß für den kommenden Ausbau dar. (127)

Insbesondere nach dem verstärkten Ausbau der Hilfsschulen aufgrund des Erlasses der AAoPr stellen sich zwei Fragen unterschiedlicher Gewichtung zur Klärung. Zum einen das Randproblem der Bezeichnung der Klassen in den vergrößerten Hilfsschulsystemen und zum anderen das Kernproblem der Versorgung der neugeschaffenen Klassen mit Hilfsschullehrern.
Die Frage der Benennung der Hilfsschulklassen wird intensiv zwischen 1937 und 1940 auf vielen Ebenen diskutiert. Krampf (1937 a) und Tornow (1937) setzen sich zuerst für die Benennung als 1. bis 6. Klasse (1. Klasse als Eingangsklasse der Hilfsschule, also 3. Schulbesuchsjahr der Kinder und 6. Klasse als Entlaßklasse im 8. Schulbesuchsjahr) ein. Doch aus einem Briefwechsel zwischen Tornow und Krampf, der 1940 in der "DSoSch" veröffentlicht wird, geht eine Meinungsänderung der beiden führenden Hilfsschullehrervertreter hervor. Im Anschluß an einen Entscheid des Regierungspräsidenten von Magdeburg, der in den Volksschulen die bisherige Zählung "8. Klasse = Eingangsklasse" und "1. Klasse = Abschlußklasse" umgekehrt und dies auch für die Hilfsschule anordnet, sieht Tornow eine Diskriminierungsgefahr für die Hilfsschüler. Es würde, da die Schüler üblicherweise erst nach 2 Jahren Volksschule in die Hilfsschule überwechselten, die 6. Klasse zur Abschlußklasse. Das erweckt "den Eindruck, als ob der betreffende Schüler nicht den erforderlichen Abschluß für das Leben erhalten hat. Außerdem unterstützt eine solche Regelung den immer wieder auftauchenden falschen Gedanken, als sei die Hilfsschule eine Volksschule mit um 2 Jahre verkürzten Lehrplan" (70). Tornow schlägt, und er wird darin von Krampf unterstützt, deshalb die Zählung der Hilfsschuljahre von der 3. Klasse an vor, so daß die Hilfsschüler auch aus der 8. Klasse entlassen würden.
Leider erteilt das RMinWEV solchen Wünschen eine strikte Absage. Am 18.4.1940 läßt es im RMinAmtsblDtschWiss 1940, 262, ein Schreiben an den Regierungspräsidenten in Hanno-

ver veröffentlichen, das offenbar zumindest für ganz
Preußen als bindend verstanden werden soll. "Für die Bezeichnung der Hilfsschulklassen kann der Umstand, daß
die Kinder vor ihrem Eintritt in die Hilfsschule in der
Regel schon ein oder zwei Jahre die Volksschule besucht
haben, nicht maßgebend sein. Entscheidend ist vielmehr,
ebenso wie sonst bei den Volksschulen, die Zahl der
tatsächlich vorhandenen Klassen der jeweiligen Hilfsschule.
Bei einer sechsklassigen Hilfsschule bespielsweise sind
daher die Klassen als erste bis sechste zu bezeichnen".
Das RMinWEV legt sich hierbei nicht auf eine Klassenrichtzahl pro Schule fest und läßt durchaus den Fall zu, daß
ein Hilfsschüler aus der 3. Klasse zur Entlassung kommt.

Den Bemühungen in Bayern um Frühaufnahme von Hilfsschülern,
einem besonderen Anliegen von E. Lesch, und damit des
Ausbaus der Hilfsschule auf 7 Klassen wird durch den Entscheid vom 18.4.1940 zumindest nichts entgegengesetzt.
Solche Vorschläge konnten sich aufgrund der Kriegsverhältnisse und der Widerstände der anderen Reichsgebiete zwar
nur ganz vereinzelt in den Schulen verwirklichen und
überhaupt nicht in den reichseinheitlichen Richtlinien
von 1942 durchsetzen, blieben jedoch bis in die Nachkriegszeit lebendig und befruchtend.
Das Zentralproblem der Versorgung der neugebildeten
Hilfsschulklassen nach 1938 wird in vielen Gemeinden
verwaltungstechnisch so gelöst, daß Volksschullehrerstellen in Hilfsschullehrerstellen umgewandelt werden
(z.B. Kleve, Bocholt, Mühlheim, Lüneburg u.a.), doch
ist damit noch nicht die angemessene Besetzung solcher
neuer Stellen geregelt. Deshalb empfiehlt das RMinWEV
die Besetzung solcher Stellen mit Volksschullehrern
(Näheres unter 10.4).

6.4.2 Klassenfrequenz

Beträgt noch gegen Ende der Zwanziger Jahre die durchschnittliche Schülerzahl pro Hilfsschulklasse in vielen Teilen des Reiches 20 bis 25 (Bayern berichtet noch am 13.7.1930 an das PrMinWKV von einem Durchschnitt von 19 Kindern pro Klasse!), so müssen im Zuge der allgemeinen Einsparungsmaßnahmen zwischen 1930 und 1933 die Klassenfrequenz deutlich erhöht werden. Dazu kommen nach 1933 noch die ideologisch bestimmten Begründungen für höhere Schülerzahlen in den Hilfsschulen. Das führte zu Schülerzahlen von 23 bis 29 in Hildesheim, 35 in München [128], 28 bis 36 in Göttingen [129], 30 in Düsseldorf [130], 30 in Schleswig [131], 30 bis 34 in Lübeck [132], 36 in Bocholt [133] und 50 in Bad Freienwalde [134]. Alle diese dokumentierten Klassenbesuchsziffern bestehen in den Jahren zwischen 1933 und 1937. Daß solche extrem hohen Klassenbesuchsziffern im Reichsdurchschnitt durch sehr gering besetzte Klassen wieder aufgewogen werden, geht aus den Berechnungen unter 6.1 hervor.

Die Richtlinien von Württemberg von 1930 nehmen folgende Schülerzahlen als Regel an: "a) in der einklassigen Hilfsschule bis zu 20 Schüler, b) in der mehrklassigen Hilfsschule für die Unterstufe bis zu 16 Schüler, für die Mittelstufe bis zu 18 Schüler, für die Oberstufe bis zu 20 Schüler". Doch ist zu vermuten, daß die schulische Wirklichkeit solchen Vorstellungen in der ersten Hälfte der Dreißiger Jahre auch in Württemberg nicht entsprechen kann.

Etwa seit Anfang 1935 bemüht sich das RMinWEV, Auswüchse bei der Klassenfrequenz zu unterbinden. Es tritt in dem schon erwähnten Schreiben an den Regierungspräsidenten in Merseburg vom 13.5.1935 für "noch zulässige Höchstzahlen für Hilfsschulklassen" ein: "a) Unterstufe (2. und 3. Schuljahr) 20, b) Mittelstufe (4. und 5. Schuljahr) 20 bis 25, c) Oberstufe (6., 7. und 8. Schuljahr) 25". [135] Krampf erfährt diese Richtzahlen und veröffentlicht sie im Herbst 1935 in der "DSoSch". Er verbindet sie, taktisch klug, mit dem Erlaß von 1935, der

die endgültige Daseinsberechtigung der Hilfsschule
(wenn auch vorerst im pädagogisch unerwünschten Sinne)
bestätigt. Sowohl Autoren (Hilfsschullehrer) als auch
Kräfte der Schul- und Kommunalverwaltung (z.B. Dr. Stolze,
OB von Bocholt) berufen sich später auf diese Äußerung
des RMinWEV.
Die sich zwischen 1937 und 1939 abzeichnende günstige
Entwicklung der Klassenfrequenzen in der Hilfsschule
erleidet durch den Ausbruch des Krieges eine schmerzliche
Unterbrechung. Der Hilfsschullehrermangel, verschärft
durch Einberufungen, zwingt zur dramatischen Erhöhung der
Klassenbesuchsziffern. So muß MinRat Kolb vom ByMinUK
am 28.4.1943 an das RMinWEV in Berlin berichten, daß die
Hilfsschulklassen inzwischen auf über die doppelte Größe
("60 und mehr statt 20 bis 25 Hilfsschüler") angewachsen sind. [136] (Näheres unter 6.5).

6.4.3 Schülerstundenzahl

Bis zum Erlaß des Lehrplans 1942 liegt es in der Entscheidung der Regierungen, die Wochenstundenzahlen für die Schüler in Hilfsschulen festzulegen. Offensichtlich werden diese Zahlen zumeist den Stundenzahlen der Volksschulen angenähert, was schon aufgrund der häufig bestehenden Angliederung an die Volksschulen praktikabel ist.
Nur in Orten, wo Hilfsschullehrerpersönlichkeiten mit Durchsetzungs- und Überzeugungsfähigkeiten wirken, kommt es zu abweichenden Regelungen. Die Unterschiedlichkeit der Zuweisung von Wochenstundenzahlen für Hilfsschüler soll an einigen Beispielen aufgezeigt werden. Der Lehrplan der Pestalozzischule in Halle aus den Jahren 1929/1930 (maßgeblich von Tornow mitgestaltet!) sieht für die Eingangsstufe der Hilfsschule (Klasse 6) 20, für Klasse 5 24, für Klasse 4 26, für Klasse 3 30, für Klasse 2 31 und für Klasse 2 (Entlaßklasse) 32 Wochenstunden vor. Diese Zahlen bestehen jedoch unter folgender Voraussetzung: "Jede Lehrstunde darf im Interesse der Kinder nicht über 40 Minuten dauern. Die Zwischenpausen werden auf 15 Minuten festgelegt".
Die Richtlinien von Württemberg von 1930 legen für die Unterstufe 25, für die Mittelstufe 28 und für die Oberstufe 30 Wochenstunden fest. "Nach jeder Stunde ist eine Pause von 10 Minuten, nach zwei Stunden eine solche von 15 Minuten einzuschalten". Leider ist in den Richtlinien nicht ausgeführt, wie lange die Schulstunde zu dauern hat.
Mit Beginn des Schuljahres 1934/35 wird in Hamburg für die Volks- und Hilfsschulen die Kurzstunde von 40 Minuten eingeführt. [137] Als Stundenmaß für die Schüler werden 24 bis 36 Stunden (Hilfsschuleingangs bis -entlaßklasse) festgelegt. Zwischen den Kurzstunden des Schulvormittags liegen insgesamt 75 Minuten als Pausen. Eine ähnliche Regelung trifft Krampf in seinem Hannoverischen Unterrichtsversuch (Utermöhlen 1938).

Daß in den Volksschulen offenbar zum überwiegenden Teil noch die 60-Minuten-Stunde zur Anwendung kommt, geht aus einem Artikel von Tornow (1939 a) hervor. Er setzt sich hierin für die 40-Minuten-Stunde und die dazwischenliegende 15-Minuten-Pause ein, was bei den Hilfsschulkindern die besten Erfolge bringe. "Auch hier gilt es, sich von der Volksschule freizumachen" (518). Aus dem dort vorgenommenen Stundentafelvergleich geht hervor, daß eine Wochenstundenzahl von 20 bis 24 für die Unterstufe, 26 bis 30 für die Mittelstufe und 30 bis 32 für die Oberstufe der Hilfsschulen zumeist zur Anwendung kommt. Der Lehrplan von 1942, in Zusammenarbeit zwischen Lesch und Tornow entstanden, legt für die einzelnen Hilfsschuljahre folgende Stundenzahl pro Woche fest:
1. Klasse 22, 2. Klasse 24, 3. Klasse 28, 4. Klasse 30, 5. und 6. Klasse 32. Die Einzelstunde ist als Kurzstunde von 40 Minuten zu führen und durch eine Pause von 15 Minuten von der nächsten Stunde getrennt. Daß die Kriegsverhältnisse die volle Erteilung der angegebenen Stundenzahlen nicht mehr zulassen, muß angenommen werden. (Siehe auch 6.5)

6.5 Die Hilfsschulen im 2. Weltkrieg

In mehreren Abschnitten dieser Untersuchung kamen bereits Auswirkungen des zweiten Weltkriegs auf die Entwicklung der Hilfsschulen zur Sprache. Solche Randinformationen sollen im folgenden Abschnitt in Verbindung mit weiteren Zeugnissen der Zeit ein Bild von der Situation der Hilfsschule in der Zeit des 2. Weltkrieges ergeben. Angesichts der lückenhaften Quellenlage kann allerdings nicht mit einer thematisch, zeitlich und örtlich vollständigen Darstellung gerechnet werden. Vielmehr soll versucht werden, aus einer großen, aber keineswegs vollständigen, oft nur zufällig erhaltenen Menge von Informationen eine Übersicht über die Verhältnisse in den Hilfsschulen während des Krieges zu gewinnen.

Im Sinne der Schulpolitik befinden sich alle irgendwie mit der Hilfsschule befaßten Personen und Institutionen in einem Zwiespalt. Der Krieg bringt für das gesamte Schulsystem große Belastungen mit sich, die, bezogen auf die Hilfsschule, in zwei gegensätzliche Richtungen argumentieren lassen. Einerseits sollen die Volksschulklassen, die oft erhöhte Schülerzahlen, geringeres Unterrichtsangebot und ungünstige äußere Schulverhältnisse hinnehmen müssen, noch eher von den schwächeren Schülern entlastet werden. Selbstverständlich suchen viele Vertreter der Hilfsschule diese Argumentationsrichtung zu stützen (z.B. Tornow 1940 a; Erfurth 1941; Zwanziger 1940), doch gibt es auch Quellen, in denen die Schul- und Stadtverwaltungen diese Ansicht vertreten (z.B. in Hamburg-Lokstedt). Andererseits neigen viele Schulträger, zum Teil auch Schulverwaltungen gerade in den ersten Kriegsjahren zu der Meinung, daß bei den Hilfsschulen zuerst gespart werden müsse, damit die Volksschulen von Einschränkungen verschont bleiben könnten. Aus verschiedenen Quellen geht hervor, daß aufgrund dieser Argumentation viele Hilfsschulen, zumindest für einige Zeit, aufgehoben werden (nähere Angaben siehe unten!)

Einige Hilfsschullehrer warnen schon sehr bald vor
der Aufhebung von Hilfsschulen aufgrund von Sparüber-
legungen. Sie sehen die Gefahr heraufziehen, daß Hilfsschüler ohne Beschulung in der Kriegszeit sehr schnell
verwahrlosen könnten (Tornow 1940 a; Erfurth 1941).
Sie können sich schon nach ein oder zwei Jahren in
ihrer Befürchtung bestätigt fühlen. In Hamburg sind
in mehreren Teilen der Stadt die Hilfsschüler in den
Jahren 1941 und 1942 nicht beschult worden. Schulverwaltung und Gemeindeverwaltung sehen sich im Jahre 1943
gezwungen, für die Hilfsschüler, um "sie vor Verwilde-
rung und Verwahrlosung zu schützen", wieder Hilfsschulklassen einzurichten (in Lokstedt 1943 eine Klasse,
1944 eine zweite; Meldung nichtbeschulter Hilfsschulkinder in allen 9 Schulkreisen zum 27.3.1943). (138, 139)

Der Hilfsschule wird sowohl von den Hilfsschullehrern
als auch den Schulverwaltungen in soweit eine wichtige
"kriegspolitische Aufgabe" (Erfurth 1941) zugeschrieben,
als durch die Kriegsverhältnisse (Vater an der Front;
Mütter oft im Arbeitseinsatz) ein erhöhter Erziehungsbe-
darf entsteht. Diese an sich berechtigte und einleuch-
tende Begründung für die Arbeit in der Hilfsschule wird
im Sprachstil der Zeit als "Beitrag zum Aufbau der inneren Front" formuliert (Erfurth 1941, 89). Sie erfährt
eine Ausweitung durch die unterrichtlichen Aufgabenstellungen wie "Beitrag zur Kriegspropaganda", "Sammeln",
"Rohstoffverwertung" und "Vormilitärische Ausbildung in
der Leibeserziehung" (Erfurth 1941).
Es ist erstaunlich und erfreulich zugleich, daß Lehmensick (1940) im "Deutschen Bildungswesen" viele erziehliche
und unterrichtliche Maßnahmen, die zuvor in erster
Linie von der Hilfsschule als spezifisch "heilpädagogisch" in Anspruch genommen worden sind, angesichts
der starken Gefährdung der Erziehung und des Unterrichts durch die Kriegsverhältnisse nun auch der Volksschule zuweisen möchte. "Die erhöhte Beachtung der
unterrichtlich Schwachen und charakterlich Gefährdeten" (87), das Bemühen um "ein möglichst vollstän-

diges Bild von der charakterlichen Eigenart und den
Lebensverhältnissen der zu erziehenden Kinder" (88)
durch den Lehrer und die intensive Zusammenarbeit
mit den Eltern - eigentlich Aufgabenstellungen jeder
Schule, doch lange der Hilfsschule in besonderem Maße
zugewiesen - sollen in der Volksschule stärker zum
Tragen kommen.

Doch fällt insgesamt auf, daß mehr oder weniger theoretische Erörterungen über erzieherische und unterrichtliche Notwendigkeiten und Möglichkeiten mit der Verschärfung der Kriegslage um 1941/42 rapide abnehmen.
Sie können wohl auch angesichts der harten Wirklichkeit kaum ihre Wirkung entfalten und sind schnell dem
Vorwurf ausgesetzt, sich in Illusionen zu gefallen.

Sehr bald gilt es für die Hilfsschule, wenigstens ein
Mindestmaß an Unterrichtsbetrieb zu erhalten. Tornow
erkennt diese Gefahr schon 1940, als er noch unter relativ günstigen Bedingungen Vorschläge für den Hilfsschulbetrieb im Krieg macht. Er schlägt als "vorübergehende Notmaßnahme" eine Verminderung der Wochenstunden auf 15 bis 20 Kurzstunden vor und gibt zugleich
inhaltliche Kürzungsmöglichkeiten bekannt (1940 a).
Doch selbst Tornow wird in seiner Flucht nach vorne
schon bald von der Wirklichkeit ein- und überholt.
Zwanziger klagt zum Jahreswechsel 1940/41, daß "aus
dem Norden Nachrichten kommen über Nichteröffnungen,
obwohl die Häuser seit Wochen und Monaten leerstehen".
Auf die Hoffnung auf einen sehr kurzen, aber alle Anstrengungen erforderlich machenden Krieg anspielend,
meint Zwanziger (1940 b): "Es geht jedoch entschieden
zu weit, wenn man aus Ersparnisgründen mit dem Rechenstift in die Sache hineingeht und fordert, alle derartigen Schulen einfach zu schließen und die geschädigten Kinder ohne Unterricht zu lassen. Niemand kann
sagen, wie lange es dauern wird. Im Weltkrieg hat
man durch Jahre diese Fehler gemacht. Die Folgen kennt
nur der Eingeweihte" (65). Dieses Zweifeln an den Versprechungen des Führers kommt zu dieser Zeit überraschend.

Zwanziger sind sicher viele Einzelfälle von Schließungen von Hilfsschulen bekannt, die heute nicht mehr nachgewiesen werden können. Es gibt jedoch mehrere Hinweise auf solche Maßnahmen. Im Begleitschreiben zur Datenerhebung für die Reichsschulstatistik an die Volks- und Hilfsschulen (1941) wird gefordert, daß "für ruhende Hilfsschulen ein besonderer Bogen mit Angaben zu fertigen" ist. (140) (Zudem ist diesem Schreiben eine aufschlußreiche statistische Verschleierung zu entnehmen: "Hilfsschulen, die Volksschulen angegliedert sind, sind als selbständige Hilfsschulen zu behandeln". Offensichtlich sollten die Forderungen der AAoPr in der Statistik als voll verwirklicht erscheinen!). Das RMinFin sieht 1942 (Vorgang "Hilfsschulfinanzierung") "bei dem gegenwärtigen katastrophalen Lehrermangel und dem Mangel an Schulgebäuden" keine Möglichkeit zur Einrichtung von Hilfsschulen. Der Bezirksschulrat in Landau berichtet am 6.8.1941 an den Reichsstatthalter in der Westmark: (141) "Hier gibt es keine öffentlichen Hilfsschulen, nachdem die Hilfsschule der Stadt Landau für die Dauer des Krieges nicht mehr geöffnet wird". Wo die Hilfsschulen in den Jahren 1940 bis 1942 nicht ganz geschlossen werden, müssen sie starke Einschränkungen beim Unterricht hinnehmen. Der Leiter der Hilfsschule Hüls stellt am 3.12.1941 an die Regierung in Münster den Antrag, "den Unterrichtsbeginn auf 9 1/2 Uhr festsetzen zu dürfen. Da nicht alle Klassenräume Licht haben, ist die Durchführung des Unterrichts erschwert. Die Schulkinder haben größere Schulwege als die Kinder in der Normalschule. Trotz aller Bemühungen nimmt das Zuspätkommen morgens zu". (142) Die Hilfsschule an der Hafenstraße in Hamburg meldet am 17.3.1942, daß von den 8 Schulräumen 3 von anderen Dienststellen beschlagnahmt sind. (143) Zudem müssen, mit der Zunahme der Luftangriffe, Schulgebäude ohne genügende Luftschutzräume verlassen werden, was immer zu einer Verschlechterung der Raumsituation führt (z.B. in München (144)).

Es ist aus den noch erhaltenen Quellen abzulesen, daß die Beeinträchtigungen der Hilfsschulen durch Sparentscheidungen in den Jahren 1940 bis 1942 am stärksten sind. In dieser Zeit sind viele Verantwortliche bei den Schulträgern und der Schulverwaltung noch der Meinung, daß der schnell zu beendigende Krieg einen solchen zeitlich begrenzten Verzicht vernünftig macht. Als die Hoffnungen auf ein schnelles Ende des Krieges um 1942/43 schwinden und die Verwahrlosungsgefahr unbeschulter Hilfsschüler wächst, kommt es zur Wiedereinrichtung von Hilfsschulen und Hilfsschulklassen in allen Teilen des Reiches.

Doch schon im Laufe des Jahres 1943 beeinträchtigen die sich immer mehr negativ entwickelnden Kriegsverhältnisse die kurze Zwischenerholung des Hilfsschulwesens. Luftalarm (Klotz 1976), Beschlagnahmung und Zerstörungen der Schulräume, fehlende Heizmaterialien, fehlende Lehrmittel und der Lehrermangel machen in den meisten Städten des Reiches seit Herbst 1943 das Aufrechterhalten eines geregelten Unterrichtsbetriebes äußerst schwierig. Im Jahre 1944 muß in manchen Orten der Unterricht völlig ausgesetzt (z.B. Speyer; Klotz 1976) oder kann nur noch notdürftig durchgeführt werden (z.B. Hilfsschule in Niendorf, Bezirk Hamburg: "Die allgemeine Unterrichtszeit liegt von 2 bis 5 Uhr nachmittags in 4 Unterrichtslektionen". [145] Anfang 1945 sind die meisten Hilfsschulen geschlossen. Ansonsten können sich die Schüler, wegen des Ausfalls der Heizungen, nur zweimal wöchentlich in der Schule versammeln. "Bei dieser Gelegenheit sind ihnen Hausarbeiten aufzugeben und angefertigte Hausarbeiten abzunehmen" (Schreiben der Schulverwaltung Hamburg vom 20.1.1945 an alle Schulen; [146]). Aus vielen Großstädten sind schon seit 1943 Schüler durch die KLV evakuiert worden. Hilfsschüler kommen jedoch erst nachrangig in den Genuß solcher Maßnahmen (siehe 9.2).

Die Einführung der Richtlinien von 1942 erfolgt angesichts der hier nur in groben Strichen angerissenen äußeren Schulverhältnisse. Die noch erhaltenen Berichte über die Verwirklichung der Richtlinien sprechen übereinstimmend von den außergewöhnlichen Schwierigkeiten, die der Einführung der Richtlinien entgegenstehen. Neben dem Mangel an Klassenräumen, Neben- und Fachräumen, Lehr- und Lernmitteln, steht ein entscheidender Mangel der Umsetzung der Richtlinien in die Schulwirklichkeit entgegen: Der Mangel an Lehrern. Wie sollte unter folgenden Bedingungen eine Schule den Ansprüchen der Richtlinien gerecht werden: Hilfsschule Hafenstraße in Hamburg: "Schulstatistik zum 12.5.1942: 153 Knaben, 97 Mädchen, 12 Lehrer, davon 4 bei der Wehrmacht, 2 bei der KLV", also 6 Lehrer für 250 Kinder. (147) Aus dem Schreiben vom 15.7.1942 an die Schulverwaltung Hamburg: "Nach den Richtlinien ergibt sich für meine Schule folgende Stundenverteilung: Klasse 3 22 Stunden, Klasse 4a 24 Stunden, Klasse 4b 24 Stunden, Klasse 5a 28 Stunden, Klasse 5b 28 Stunden, Klasse 6 30 Stunden, Klasse 7a 32 Stunden, Klasse 7b 32 Stunden, Klasse 8 32 Stunden. Gesamtstundenzahl 252 Stunden. Die zur Zeit zur Verfügung stehenden Lehrkräfte geben nach den Richtlinien folgende Wochenstunden: 4 Lehrerinnen je 26 Stunden = 104 Stunden, 1 Lehrer 28 Stunden, 1 Schulleiter 18 Stunden; zusammen 150 Stunden. Mithin bleiben noch 152 Wochenstunden unbesetzt. Für diese Stunden werden noch mindestens 5 Lehrkräfte benötigt". Hilfsschule an der Kirchenstraße in München: Schreiben vom 1.10.1942 an den Bezirksschulrat: 461 Kinder in 18 Klassen; dafür stehen 9 Lehrer zur Verfügung! (148) Die Einberufung vieler Hilfsschullehrer zur Wehrmacht, die Verwendung von Hilfsschullehrern an Volksschulen und in der KLV und der grundsätzlich bestehende Hilfsschullehrermangel verbinden sich mit den kriegsbedingten äußeren Schulverhältnissen zu einer Gesamtsituation, die nur zu einem geringen Teil die Anforderungen der Richtlinien von 1942 verwirklichen läßt.

Angesichts solcher Schwierigkeiten nimmt sich der Erlaß des RMinWEV vom 4.5.1943 "Zeugniserteilung in den Hilfsschulen", der das Format der Zeugnisse von DIN A 4 auf DIN A 5 zurücknimmt, sie auch auf der Rückseite bedrucken läßt und bestimmt, "daß die Umrahmungen ... in einfachem Druck herzustellen sind", kleinlich-bürokratisch und geradezu unangebracht aus. (149)

7. Erziehung und Unterricht in der Hilfsschule der nationalsozialistischen Zeit

Besteht schon in der Gegenwart die Schwierigkeit, "die Wirklichkeit der Lernbehindertenschule" (so der Titel einer Reihe, hrsg. von O. Böhm und H.P. Langfeldt, Bonn - Bad Godesberg 1975 und 1977) zu erfassen, indem man bestehende Vorstellungen und Mutmaßungen empirisch nachzuprüfen sucht, so unterliegen Feststellungen über Erziehung und Unterricht, wie sie in der Vergangenheit verwirklicht worden sind, einem noch viel größeren "Beweisnotstand". Aussagen sind zumeist nur mit noch vorhandenen Richtlinien und Anweisungen der Schulverwaltung, mit Stellungnahmen von zeitgenössischen Autoren oder durch die Analyse erhaltener Lehr- und Lernmittel notdürftig abzustützen, ohne daß man sicher sein könnte, damit schon die Wirklichkeit des Erziehungs- und Unterrichtsvollzugs erfaßt zu haben. Unter diesen Vorbehalten soll im folgenden die Erziehungs- und Unterrichtsarbeit in der Hilfsschule der nationalsozialistischen Zeit umschrieben werden.

7.1 Lehrpläne und Richtlinien für die Hilfsschulen

Ähnlich wie bei der Festlegung der Schülerstundenzahlen, lehnen sich die Lehrpläne für die Hilfsschulen bis in die frühen Dreißiger Jahre hinein mehr oder weniger an die auf Länderebene bestehenden Lehrpläne für Volksschulen an. Dieser Adaptionsvorgang macht entweder die Zustimmung der örtlichen Schulaufsichtsbehörde oder, häufiger, des zuständigen Regierungspräsidenten erforderlich. In Bayern müssen nach den Bestimmungen der "Lehrordnung für die bayerischen Volksschulen vom 15.12.1926" für die Hilfsschulen und Hilfsschulklassen "im Anschluß an den Lehrplan für die normalen Volksschulen besondere Lehrgänge aufgestellt" werden, "die dem geistigen Stand der Hilfsschüler angepaßt sind". [150] Diese Lehrgänge bedürfen der Genehmigung durch die Regierungen. Der Lehrplan der Pestalozzischule in Halle wird durch Verfügungen vom 26.2.1929 und 22.3.1929 durch die Regierung in Merseburg genehmigt (Lehrplan Pestalozzi, Vorbemerkungen). Die Richtlinien für Württemberg von 1930 versuchen bereits, den Hilfsschullehrer auf heilpädagogische Erziehungs- und Unterrichtsprinzipien festzulegen. Innerhalb dieses Rahmens überlassen sie ihm die Gestaltung des Stoffplanes auf der Basis des Lehrplans für die Volksschulen (§ 12 und 14 der Richtlinien). In der 1. DVO vom 14.12.1935 zum "Gesetz über die Hilfsschulen vom 13.7. 1935", das weitgehend die Richtlinien von 1930 einbezieht, wird unter II,7 geregelt: "Für jede Hilfsschule ist unter Beachtung der Richtlinien für den Unterricht und die Erziehung in der Hilfsschule vom 1.5.1930 ein eigener Lehrplan aufzustellen, der vom Bezirksschulrat mit seiner Stellungnahme der Ministerialabteilung für die Volksschulen zur Genehmigung vorzulegen ist".

Auf der oben skizzierten schulrechtlichen Basis versuchen einige Hilfsschulpädagogen zwischen 1932 und etwa 1939 in der Fachpresse eigene, ihrer Erfahrung nach hilfsschulspezifische Vorstellungen zur Lehrplangestaltung einzubringen und zu verbreiten. In diesem Zusammen-

hang sind vor allem Krampf, Heinrichs und Tornow zu
nennen. Krampf findet, zumindest in den Jahren 1934 bis
1937 insbesondere bei der Partei und bei einigen maßgeblichen Schulverwaltungsbeamten, den größten Widerhall.
Als Schulrat in Hannover, Reichsfachgruppenleiter für
Hilfsschulen in der Fachschaft V, Sonderschulen, im
NSLB sorgt Krampf schriftlich (besonders in der "DSoSch")
und mündlich (vor allem auf unzähligen NSLB-Veranstaltun-
gen) für die Verbreitung seiner Gedanken. Er stellt,
überaus NS-angepaßt, seinen Lehrplan unter die drei Prinzipien der "Tatschule", der "Lernschule" und der "Gesinnungsschule" (Krampf 1936 a). Die Tatschule geht von
einer starken Betonung des "praktisch-technischen Könnens" (z.B. pro Woche 8 Stunden Werkunterricht, Samstag
als "Wehrsporttag") aus, während die "Gesinnungsschule"
(4 Stunden "Blut und Boden", 3 Stunden "religiös-sittliche
Besprechungen", Sachunterricht als "nationalpolitische Erziehung") die nationalsozialistische Ideologie zum Inhalt hat. Aus dem Bericht von Dr. Stolze
(Juni/Juli 1936) geht hervor, daß im norddeutschen
Raum die Lehrplanvorstellungen Krampfs sich stark
verbreitet und konkretisiert haben, was Dr. Stolze
übrigens mit Genugtuung feststellt.
Das Strohfeuer Krampfscher Lehrplanideen brennt jedoch
schnell ab, während die Lehrplanvorstellungen von
Heinrichs und besonders von Dr. Tornow sich aus dem
mitteldeutschen Raum heraus langsam und unaufhaltsam
ausbreiten. Gerade Tornow, als Schriftleiter der "DSoSch",
setzt seine Grundpositionen im Laufe der Dreißiger Jahre
in Preußen immer mehr durch. Lediglich der süd- und
südwestdeutsche Teil des Reiches bleibt von den Ein-
flüssen der Autoren aus Magdeburg nahezu ganz ausgeschlossen.
Tornow hatte 1932 mit seiner Dissertation "Der Lehr-
und Bildungsplan der Hilfsschule. Theoretische Grundlegung und praktische Gestaltung des heilpädagogischen
Bildungsgeschehens" einen schwergewichtigen Anfang bei
seinen Bemühungen um den Lehrplan der Hilfsschule gesetzt. Auch nach 1933 richtet sich Tornows Augenmerk

weniger auf die möglichst enge Anpassung der Hilfsschularbeit an die Linien der Partei (wenn dies auch in seinen Artikeln um 1933/34 nicht gerade zu einem Ignorieren des "neuen Geistes" führt!), sondern er bemüht sich in erster Linie um das Herausarbeiten einer Eigenständigkeit, einer Eigengesetzlichkeit der Hilfsschularbeit. Ausgehend von der weiter oben schon erörterten "psychischen Eigengesetzlichkeit" des Hilfsschulkindes möchte Tornow für den Lehrplan nur solche "Bildungsgüter auswählen, die unter deutsch-völkischer Sicht lebensnotwendig sind und sich außerdem dem Zögling möglichst als anschaulich-konkrete Gegebenheiten darbieten" (1939 a, 510). Tornow möchte den Fachunterricht und dessen Eigenstruktur zugunsten eines Unterrichts vom Schüler aus zurückdrängen. Für ihn kann nur ein Unterricht, der sich an der "Handbetätigung" (Werkstatt, Schulgarten) orientiert und somit die unterrichtlichen Inhalte weitmöglichst in Handlung umsetzt, den Fähigkeiten und dem späteren Lebenskreis (einfache berufliche Tätigkeiten und eng umgrenzter sozialer Funktionsbereich) entsprechen. Deshalb sind Unterrichtsmodelle wie "ganzheitlicher Unterricht" und "Gelegenheitsunterricht" vorrangig vor systematisch aufgebauter Unterrichtsarbeit.

Was das Konstruktionsprinzip des Hilfsschullehrplans angeht, so vertritt Tornow, ähnlich wie Heinrichs im "Entwurf für einen Hilfsschullehrplan" (1937 a), das Konzept eines "Auswahllehrplans", eines "Rahmenlehrplans". Gerade Heinrichs möchte einen solchen Rahmenplan unter die Forderung stellen, daß es nicht so sehr "auf den im einzelnen jeweils angeführten Stoff ankommt, sondern allein auf die erzieherische Richtung, die in der Gesamtheit der Stoffe und ihrer Anordnung deutlich wird. Die Stoffe stehen hier also nicht um ihrer selbst willen da, sondern als Wegmarken, als Richtungszeichen, zur Kennzeichnung der Erziehungsvollzüge, die für erforderlich gehalten werden" (1937 a, 489). Hier klingen bereits Prinzipien wie der Vorrang der Lernziele gegenüber Lerninhalten und die mögliche Austauschbarkeit der Stoffe (Lerninhalte) an, die in der heutigen Curriculumsdiskussion im Vordergrund stehen. Auch das Prinzip der Spiraligkeit ("immanente Wiederholung"; "schichtenartiger Aufbau des Hilfsschullehrplans") ist Heinrichs ein Anliegen, so daß er es in seinem Lehrplanentwurf (der übrigens im Gau Magdeburg-Anhalt zur Erprobung kommt) zu verwirklichen sucht.

Neben den von Tornow und Heinrichs geprägten norddeutschen Lehrplanvorstellungen, die sich stark von der Volksschule abzusetzen suchen, besteht im südwestdeutschen Raum die Idee eines Hilfsschullehrplans (vertreten vor allem von Hiller, später Hofmann), der im wesentlichen auf dem der Volksschule aufbaut, sich jedoch auf die besonderen Bedingungen und modifizierten Zielsetzungen der Hilfsschule einstellt. Die Richtlinien von Württemberg von 1930, im Hilfsschulgesetz von 1935 bestätigt, äußern dies deutlich. Das Eingehen auf die besonderen Bedingungen der Hilfsschule soll dadurch erfolgen, "daß die Hilfsschule hinsichtlich des Lehrstoffes ihre Ziele wesentlich niedriger stecken muß als die Volksschule". Doch sollen der Stoffauswahl "die Beispiele des Lehrplans für die Volksschulen zugrundegelegt werden" (§ 12). Der unterrichtliche Umgang mit den so ausgewählten Stoffen soll dann allerdings in verstärktem Maße unter dem Ziel der affektiven, emotionalen und sozialen Rehabilitation des Hilfsschülers stehen (§ 14 "Grundsätzliches zur Heilerziehung").

Im Jahre 1939 regt sich, nachdem durch die AAoPr eine organisatorische Vereinheitlichung des Hilfsschulwesens in Gang gesetzt worden ist, immer mehr der Wunsch nach einer reichseinheitlichen Neuordnung der pädagogischen Arbeit in der Hilfsschule. Offenbar macht dies auch der neue Referent für Sonderschulen im **RMinWEV**, Georg Kohlbach, zu seinem Anliegen.

Das RMinWEV läßt gegen Ende des Jahres 1939 "Grundsätze für die Aufstellung von Richtlinien für Erziehung und Unterricht in der Hilfsschule" erstellen. (151) Maßgebender Autor ist sicher Tornow. In diesem Arbeitspapier wird die Hilfsschule als "besondere Einrichtung der Volksschule" angesprochen, die das Ziel verfolgt, "nach Möglichkeit einerseits die Hemmungen und Störungen in der Entwicklung des Kindes auszugleichen, andererseits die körperlichen, geistigen und seelischen Kräfte zu entwickeln, und die Eingliederung des Kindes in das völkische Gemeinschaftsleben vorzubereiten". Als Unterrichtsprinzipien werden "langsames Fortschreiten", "Selbsttätigkeit" und "Veranschaulichung" in den Vordergrund gestellt. Die Fächerung des Unterrichts soll weitgehend unterbleiben. Dem Lehrer soll, außer in Deutsch und Rechnen, die Auswahl aus den vorgeschlagenen Stoffen "gemäß dem Entwicklungsstand der Kinder" überlassen bleiben. Als Organisationsmodell wird die sechsklassige Hilfsschule angesetzt.

Die "Grundsätze" verschickt das RMinWEV am 5.2.1940 an das ByMinUK in München, den Reichsstatthalter in Hamburg, das sächsische Ministerium für Volksbildung in Dresden, den Stadtpräsidenten von Berlin und die Regierungspräsidenten in Düsseldorf und Merseburg. Im Begleitschreiben bittet das RMinWEV um eine Stellungnahme zum 1.5.1940 "nach Anhörung einiger erfahrener und besonders befähigter Hilfsschullehrer"."Weiter bitte ich mir ein bis zwei Lehrkräfte namhaft zu machen, die erforderlichenfalls zur Aufstellung der endgültigen Richtlinien mit herangezogen werden können".

Da sich die Stellungnahmen stark verzögern (E. Lesch/München schickt seinen Kommentar erst am 18.11.1940 an das RMinWEV), kann das Ministerium in Berlin erst im Jahre 1941 zur Ausarbeitung der endgültigen Richtlinien kommen. Kohlbach kommt im Mai 1941 (laut Schreiben vom 10.5.1941 an MinRat Kolb) nach München, um bei der Besichtigung von Hilfsschulen vor allem E. Lesch kennenzulernnen. (152) Dieser ist von ihm für die Mitarbeit an den

Richtlinien vorgesehen. Gründe für die Auswahl der zur
Stellungnahme aufgeforderten Regierungen bzw. für die
endgültige Benennung von Tornow und Lesch zur Ausarbeitung der endgültigen Richtlinien lassen sich nicht zweifelsfrei festhalten. Daß die Einengung des Bearbeiterkreises auf zwei bzw. drei (mit Kohlbach) Personen aus
Gründen der Praktikabilität erfolgt ist, muß vermutet
werden. Es kann auch damit gerechnet werden, daß das
RMinWEV eine gewisse regionale Ausgewogenheit (Kohlbach
spricht in seinem Kommentar von 1943 von zwei Fachleuten,
je aus dem Norden und dem Süden!) erreichen will. Tieferliegende Gründe (z.B. für das völlige Ignorieren des Südwestens!) sind jedoch nicht nachweisbar.

Vom 3. bis 21. Juni 1941 befinden sich Tornow und Lesch
in Berlin zur Ausarbeitung der Richtlinien. Zeitweilig
schaltet sich auch Kohlbach in die Arbeit ein. In seinem
Bericht vom 28.6.1941 an das ByMinUK stellt Lesch
"die sehr gute kameradschaftliche und verständnisvolle Zusammenarbeit mit Dr. Tornow und die besondere
Hochachtung und Anerkennung des bayerischen (Münchner)
Hilfsschulwesens durch das RMinWEV" heraus und glaubt,
daß "die in Bayern (München) bekannten und verwirklichten Begriffe der "Früherfassung" der 'Sichtung der
Schulversager', der 'lebenspraktisch ausgerichteten
7. Hilfsschulklasse' und der 'Leistungshilfsschule mit
Ertragswert in neuem Geiste' richtunggebend für die
Weiterentwicklung und den Ausbau der Hilfsschule im
Reich" geworden seien. (153)
Eine solche Interpretation des "südlichen Einflusses"
ist jedoch bei Vergleich mit den endgültigen Richtlinien nicht angebracht. Gerade "Früherfassung" und
"7. Hilfsschulklasse" sind in keiner Weise angesprochen.
Lediglich die Vorstellung von Lesch, daß jede Auswahl
von Schülern für die Hilfsschule mit der "Sichtung der
Schulversager der Volksschule" zu beginnen habe, ist
in die Aussage über die Hilfsschulkinder ("... können
dem allgemeinen Bildungsgang der Volksschule nicht
folgen") eingeflossen.

Die Richtlinien drücken überwiegend die Vorstellungen Tornows aus. Zugeständnisse muß er nur dahingehend machen, als der bei ihm überbetonten "Charaktererziehung", der "völkischen Ausrichtung" der Hilfsschularbeit das Ziel der "unterrichtlichen Leistung" (kognitive "Kräfteentwicklung und -förderung", auch mit Hilfe "geistorthopädischer Übungen") entgegengesetzt wird. Dies bringt auch eine Zurücknahme der "ganzheitlichen" Unterrichtsgestaltung mit sich. "Der Unterricht hat die Eigengesetzlichkeit und den unterrichtlich-erziehlichen Eigenwert der Fächer und des Fachlichen da zu wahren, wo eine ganzheitliche Zusammenfassung zu einem unbegründeten Zwang und zu einer Herabsetzung der Leistung führen würde" (3). Folgerichtig schließt sich folgende Weisung an: "Besonders in den praktisch-technischen Fächern läßt sich der Grundsatz der möglichst weitgehenden Förderung jedes einzelnen Kindes durch Bilden von Leistungsgruppen und Herausstellen besonderer Aufgaben durchführen" (3).
Die Richtlinien werden formell am 18.2.1942 durch einen Runderlaß des RMinWEV eingeführt. (154) Es besteht die Forderung, daß "nach ihnen künftig in sämtlichen Hilfsschulen des Reiches zu verfahren ist" (Rahmenerlaß zu den Richtlinien). Die Äußerung Hofmanns (1966), daß "die Richtlinien ohne tiefer eingreifende Wirkung blieben. Der Krieg verhinderte es und nicht alle Bundesländer hatten die neuen Richtlinien übernommen", kann sichur nur in ihrem ersten Teil unterstrichen werden. Es erscheint zweifelhaft, ob im Jahre 1942 eine formelle "Übernahme" dieser Richtlinien durch die Länder überhaupt noch erforderlich war. Zu diesem Zeitpunkt war die Länderverwaltung nur noch für die praktisch-organisatorische Durchführung der Richtlinien verantwortlich (siehe Entschließung des ByMinUK vom 5.3.1942 zur <u>Durchführung</u> der Richtlinien!).
Die durch die Richtlinien verschobenen Akzente bei der Zielsetzung der Hilfsschularbeit charakterisiert Kohlbach in seinem Kurzkommentar zu den Richtlinien (1943).

In seiner Argumentation für die Hilfsschule, bei der
er die bekannten Momente "bevölkerungspolitischer Wert"
und "Entlastungsaufgabe für die Volksschule" anführt,
sieht Kohlbach durch die Herausgabe der Richtlinien 1942
ein drittes eingeführt. "Es ist die von dem Lehrer in
der Hilfsschule an den Kindern zu leistende Arbeit" (100).
Betrachtet man die Richtlinien 1942 unvoreingenommen
im zeitlichen Abstand von bald 4 Jahrzehnten, so scheint
das unterrichtlich-erziehliche Moment bei Kohlbach noch
deutlich unterbewertet. Die Richtlinien bringen eine grundlegende Abkehr von den meist vordergründig ideologisch gefärbten Lehrplanversuchen der davorliegenden nationalsozialistischen Zeit.

Das Umsetzen der Richtlinien in die schulische Wirklichkeit bereitet jedoch inmitten des Krieges große Schwierigkeiten. Die Berichte über die Durchführung, vom
RMinWEV im Rahmenerlaß zu den Richtlinien innerhalb eines
Jahres gefordert, loben allgemein die Richtlinien als
solche, sprechen aber die Komplikationen bei der Umsetzung meist sehr deutlich an. Die heute noch auffindbaren Stellungnahmen aus München vom 13.1.1943 (155)
(Richtlinien sind gut, doch ungünstige Verhältnisse
machen Schwierigkeiten), des "Reichsstatthalters in
der Westmark, Saarbrücken" vom 13.2.1943 (156) ("Der
Durchführung stellen sich infolge des Krieges unüberwindliche Hindernisse entgegen"), aus Karlsruhe vom
3.8.1942 (157) (Ausbau des Hilfsschulwesens nach den
neuen Richtlinien" sobald die Zeitverhältnisse dies gestatten") und Hamburg vom 26.2.1943 (158) (Starker Lehrermangel, fehlende Räume) sprechen entweder distanziert verwaltungsmäßig oder engagiert pädagogisch von
den Problemen bei der Durchführung der Richtlinien. Ab
Frühjahr 1943 ruht die Erörterung der Richtlinien nahezu
ganz, da die Tagesprobleme aufgrund des sich immer
mehr verschärfenden Krieges Lehrern und Schulverwaltungen keinen Gedanken für weiterreichende Zielsetzungen
mehr freilassen (siehe auch 6.5).

7.2 Prinzipien der Erziehung und des Unterrichts in der Hilfsschule

Wie schon in 5.1, insbesondere in 5.1.2 ausgeführt wurde, gehen die führenden Hilfsschulpädagogen bis etwa 1938 von der Annahme eines Gesamtdefizits des Hilfsschülers in Vergleich zu dem "Normalschüler" aus. Dieses Defizit besteht demnach im Kognitiven als auch im Emotionalen und Affektiven. Solche weitreichenden Besonderheiten des Hilfsschülers sollen ganz bestimmte, von dem Üblichen abweichende Erziehungs- und Unterrichtsprinzipien erforderlich machen.

Nach 1938 macht sich eine Denkweise bemerkbar, die die "Andersartigkeit" des Hilfsschülers abschwächt, ihm Teilbeeinträchtigungen zuschreibt, die ihre Ursache nicht ausschließlich in seiner Person haben. Eine solche Teilwandlung der Vorstellungen vom Wesen eines Hilfsschülers bringt eine gewisse Veränderung der Erziehungs- und Unterrichtsprinzipien mit sich.

Im folgenden sollen Erziehungs- und Unterrichtsprinzipien in ihrer Abhängigkeit vom angenommenen Erscheinungsbild des Hilfsschülers und den damit in Verbindung gebrachten Zielsetzungen der Erziehung und des Unterrichts zusammenfassend dargestellt werden.

7.2.1 Prinzipien der Erziehung von Hilfsschülern

Der angeblich bestehende Umstand, daß die Schwäche der Begabung, der "Schwachsinn", nahezu zwangsläufig mit moralischen Defekten verknüpft sei, läßt die Hilfsschulpädagogen innerhalb der Bildungseinrichtung "Hilfsschule" den Anteil der Erziehung als vorrangig gegenüber dem des Unterrichts herausstellen. Die Vorstellung vom Primat der Erziehung in der Hilfsschule zieht sich von Tornow (1932) über Heinrichs (1933 a; 1937 a) Klinkebiel (1938) bis zu den Richtlinien von 1942. Verschärft wird der an sich schon auf die Sozietät bezogene Begriff "Charakter" durch die im Nationalsozialismus aufbrechende Herrschaft des Kollektivs, des "Volks", der "Volkheit" gegenüber dem Individuum, dem "Glied" (z.B. Tornow 1933 a, Heinrichs 1933 a).

Das "volkhafte Sein" (Heinrichs 1933 a) des Hilfsschülers soll sich in seiner Rolle als einfacher Hilfsarbeiter erfüllen, der in engstem sozialen Rahmen "bestimmten Grundforderungen des völkischen Lebens zu genügen hat" (z.B. begrenztes Miterleben der nationalen Begeisterung, Wehrbereitschaft) und sowohl im politischen als auch im wirtschaftlichen Sinne "für Zeiten der Gefahr und Hochbeanspruchung einer Reserve, eine Hilfstruppe bedeutet" (Heinrichs 1933 a, 522). Die umschriebenen sozialen Funktionen verlangen beim Hilfsschüler Bescheidenheit, Eifer, Angepaßtheit, Genügsamkeit (Zeising 1937), aber auch Härte (Heinrichs 1933 a, Lesemann 1933) und - eigenartigerweise - "musische Erregbarkeit" (Henneke 1937, Heinrichs 1933 a).

Diesen Zielsetzungen bei der Erziehung von Hilfsschülern kann der Hilfsschulpädagoge nur durch "Charakter- und Willensschulung und der Erlangung einer gewissen inneren sittlichen Haltung" (Tornow 1933 a, 263) durch Gewöhnung, Übung, konsequente Führung ("Man wird auf die Angst als Mittel der Erziehung nicht verzichten können", Lesemann 1933, 724) und Härte ("Eine Verweichlichung der Erziehung ist eingerissen", Lesemann

1933, 725; auch Heinrichs 1933 a) erreichen. Als Formen dieser Erziehung werden die "Grundformen volkhafter Bildung" (Ph. Hoerdt) wie Spiel, Arbeit, Lehrgang, Feier angeboten (Griesinger 1934;, Klinkebiel 1938).

Zu Beginn des Krieges verstärken sich noch die Forderungen nach "Zucht und Ordnung" (Tornow 1940 a: Strenge Schulzucht im Kriege) und damit die dressurartigen Züge der Erziehung des Hilfsschülers, münden jedoch in gemäßigter Form in die Richtlinien von 1942. In ihnen wird zwar noch davon ausgegangen, daß es bei den Hilfsschulkindern oft gilt, "Willensschwäche, vermindertes Selbstbewußtsein, mangelndes Empfinden und egoistische Einstellung, Triebhaftigkeit und Negativismus zu beseitigen" (1), doch sollen die "Weckung des Selbstvertrauens, der Arbeitsfreudigkeit, des Frohsinns und ein besonderes Vertrauensverhältnis zwischen Schüler und Lehrer, das sich auch auf das Elternhaus erstreckt (Elternbesuche, Elternabende usw.)" (1), eine wenn auch nicht hilfsschulspezifische, so doch allgemein positive Erziehungsgrundlage schaffen.

7.2.2 Prinzipien des Unterrichts bei Hilfsschülern

Der Unterricht in der Hilfsschule, dem Erziehungsanteil eindeutig nachrangig, soll unter Vermeidung aller "unnötigen" Kosten den Hilfsschüler in seinen physischen und psychischen Kräften so fordern, daß er im nationalsozialistischem Staat zumindest politisch-sozial nicht auffällig und im wirtschaftlichen Sinne erwerbsfähig wird. Tornow (1933 a) umschreibt dieses Ziel als "die Erlangung der Erwerbsfähigkeit unter völkischem, nicht unter 'kapitalistischem' Aspekt" (260). Von der Annahme ausgehend, daß bei jedem Hilfsschüler ein eventuell mit verschiedenen Schwerpunkten ausgestatteter psychischer Gesamtdefekt besteht, muß der Unterricht versuchen, diesen Schaden so weit wie möglich auszugleichen, um das Ziel den jungen Menschen zu entlassen, "der als Hilfsarbeiter oder als angelernter Arbeiter Glied in der völkischen Gemeinschaft wird" (Heinrichs 1937 a, 488). Ab etwa 1937 wird, hauptsächlich aufgrund der veränderten Verhältnisse auf dem Arbeitskräftemarkt, dem Unterricht in der Hilfsschule gegenüber der Erziehung wieder eher eine Gleichrangigkeit zugesprochen. Die Richtlinien von 1942 stellen zwar die Aufgabe der Erziehung noch in den Vordergrund, nennen jedoch die unterrichtlichen Leistungen unmittelbar danach. Noch deutlicher wird die wiedergewonnene Achtung des Unterrichts in der Hilfsschule beim Überblick über die gesamten Richtlinien. Sie bemühen sich, nach einer knappen Darstellung der erziehlichen Zielsetzungen, um eine detaillierte Anleitung für die Unterrichtsarbeit.

Für die tägliche Unterrichtsarbeit gelten für die Hilfsschullehrer der nationalsozialistischen Zeit grundsätzlich die damals schon "klassischen" Hilfsschulprinzipien wie "Handbetätigung", "Übung", "Gewöhnung", "Lebens- und Heimatnähe","Lernen in kleinsten Schritten", "gelenkte Selbsttätigkeit" usw. Mit solchen Unterrichtsgrundsätzen soll den defizitären Bedingungen beim Hilfsschüler begegnet werden.

In dem Bewußtsein der Kuriosität einer solchen Äußerung, soll doch kurz auf die Vorschläge des Hilfsschullehrers Kurt Löffel aus Leipzig eingegangen werden. (159) Sie kennzeichnen die Gefahr, wenn die "klassischen" Prinzipien des Hilfsschulunterrichts sich mit ökonomischen und rassischen Komponenten des Sozialdarwinismus und der fehlgeleiteten Phantasie eines überangepaßten Pädagogen paaren. Löffel reicht am 8.5.1935 dem RMinWEV eine "Denkschrift zur grundlegenden Änderung des Schwachsinnigenwesens" ein. U.a. soll der Unterricht in der Hilfsschule so verändert werden, daß dieser sich nur noch "mit der Ausbildung in praktischen Arbeiten planmäßig beschäftigt. Jeder Hilfsschüler soll Spezialist in einer praktischen Arbeit werden. Daher muß der Schüler von früher Jugend an jahrelang auf eine spätere dauernde, nützliche Tätigkeit abgerichtet werden... So wie der japanische Zeichenschüler zuerst die Rundung des Oberschnabels eines Vogels einige 1000 Male mit dem Pinsel übt, ... so müssen wir in der Hilfsschule die Arbeitsvorgänge zerlegen, üben und wieder üben". Eine solche unterrichtliche Versorgung des Hilfsschülers soll sich dann in einer "Meisterlehre" (statt Berufsschule), mit dem Ziel "gering bezahlter Hilfsarbeiter" und der darauffolgenden "Verwahrung" (Asylierung) "auf der Stufe der Naturvölker" (einfachste Nahrung und Kleidung; Selbstversorgung" fortsetzen.

Nach dieser Blüte des emanzipationsfeindlichen Dressurverständnisses von Hilfsschulprinzipien soll jedoch auf die grundsätzlich erörternswerte Ebene zurückgeführt werden. Aus dem Untergrund groben Einverständnisses nahezu aller sich akzentuierenden Hilfsschulpädagogen ragen nämlich immer wieder besondere, je einem Autor bzw. einer Autorengruppe (z.B. bei Lehrplänen und Richtlinien) eigene Schwerpunkte auf. So legt z.B. der Lehrplan von Württemberg 1930 unter der Überschrift "Grundsätzliches zur Heilerziehung" Vorschläge dar, die den Hilfsschullehrer auf das "Prinzip der Aktivierung und Motivierung"

(Baier 1977, 452) hinlenken sollen. "Alle unterrichtlichen und erziehlichen Maßnahmen sollen das Seelenleben des Zöglings so beeinflussen, daß er von seinen körperlichen und seelischen Hemmungen nach und nach befreit wird. Deshalb ist stets anzuknüpfen an das, was in der Seele des Schülers besonders stark lebt. Es ist zu fragen: Was regt ihn zur Tätigkeit an? Was freut ihn? Was weckt und stärkt seinen Lebenswillen? Die im seelisch kranken Kind vorhandenen Minderwertigkeitsgefühle sind zu beheben. An ihre Stelle sollen nach und nach Kraftgefühle treten. Daher braucht der Schüler viel Aufmunterung und warme Anerkennung seiner Leistungen. Vor herbem Tadel, vor Spott und vor allem, was seelisch verletzt, ist er zu schützen". Das "Prinzip der Angemessenheit" (Baier 1977) wollen Tornow und auch Krampf durch die Individualisierung, durch die Bildung von Leistungsgruppen in den Vordergrund stellen. Für die Kontretisierung Krampfscher Vorstellungen liefert Utermöhlen (1938) den Nachweis. Er berichtet vom "Hannoverschen Unterrichtsversuch" nach Krampf, der die Klassenverbände häufig in Leistungsgruppen auflöst. Allerdings schränken die Richtlinien von 1942 diese Möglichkeit individualisierender Unterrichtsorganisation wieder deutlich ein (3).

Gegen das "Prinzip der Wissenschaftlichkeit", der Facheigenheit, ziehen Tornow und Heinrichs, z.T. auch Klinkebiel heftig zu Felde. Doch ist dies aus der defektbezogenen Verengtheit des Bildes vom Hilfsschüler bei diesen Autoren zu erklären.

Der Lehrplan 1942 bringt jedoch, wie auch im Bereich der Erziehung, eine gewisse Ausgewogenheit der ein Jahrzehnt lang davor vertretenen Positionen.

7.3 Besondere Fragen der Unterrichtsfächer in der Hilfsschule

Die Erziehungs- und Unterrichtsarbeit in der Hilfsschule der nationalsozialistischen Zeit gliedert sich in die Fächer "Leibeserziehung, Werken, Heimatkundlicher Unterricht, Deutsch, Gesang, Rechnen und konfessioneller Religionsunterricht" (Richtlinien von 1942), wie sie schon vor 1933 in den Hilfsschulen in Anlehnung an die Volksschulen üblich sind. Zwar bestehen, besonders in Mitteldeutschland um Dr. Tornow, um 1930 Forderungen nach der Revision der üblichen Fächerung des Unterrichtsbetriebs. Das bedeutet jedoch, wie dem Lehrplan der Pestalozzischule in Halle und Tornow (1932) zu entnehmen ist, lediglich die Zusammenfassung der bisherigen Einzelfächer in drei Fächerschwerpunkte (praktisches Können, lebensnotwendiges Wissen, moralisches Handeln), ohne die Einzelfächer als solche anzutasten.

Im Zuge der Anpassung an den Nationalsozialismus bestehen wohl Forderungen nach Aufladung der Fächer mit nationalsozialistischen Inhalten, zum Teil auch nach Umbenennungen (Heinrichs 1937 a: "Leibeserziehung, Arbeitserziehung, Völkische Erziehung, Spracherziehung und Rechnen", 491), doch werden in der Wirklichkeit nur die Forderungen von Krampf nach der Aufnahme ausgesprochen nationalsozialistisch bestimmter Fächer wie "Rassenkunde", "Brauchtum/Volkstum", "Wehrsport" (Utermöhlen 1938) für einige Zeit im Kanon der Hilfsschulfächer berücksichtigt. Nach 1937 findet die Fächerung in der Hilfsschule wieder in die früheren, von der Volksschule vorgegebenen Bahnen.

Im folgenden sollen einige für die nationalsozialistische Zeit typische Merkmale von Fächergruppen und Einzelfächern in der Hilfsschule herausgestellt werden.

In der Diskussion um den Deutschunterricht spielt um die Jahre 1937/38 die Frage der Leselernmethode eine beherrschende Rolle. Im Anschluß an die Arbeiten von Kern (1932) und Wittmann (1933) setzt sich Nöll (1938) für die Übernahme des ganzheitlichen Leselernverfahrens in der Hilfsschule ein. Er erntet mit dieser Forderung heftigen Widerstand. Besonders die Autoren der eingeführten syntheti-

schen Fibeln (siehe "Lehr- und Lernmittel", 7.4) wenden sich gegen Nöll. Lediglich in Bayern findet die Anregung in der Fibelversion von Lesch (unter Einbeziehung von H. Brückl, Mein Buch) teilweisen Widerhall. Der Sachunterricht der Hilfsschule verbleibt während der gesamten nationalsozialistischen Zeit im Stand des "Heimatkundlichen Unterrichts" mit gewissen fachlichen Schwerpunktbildungen. Zwar finden sich vereinzelt publizistische Vorstöße, das Fachprinzip im Heimatkundeunterricht zu erweitern und zu vertiefen (z.B. Sachse, Naturlehre in der Hilfsschule, 1936), doch gehen solche Anregungen kaum in die Lehrpläne ein. Der Heimatkundeunterricht hat das Kind "zum richtigen Leben in nationalsozialistischer Hinsicht zu bringen" (Böcker 1935, 489) und muß deshalb die Heimatverbundenheit durch die Beschränkung auf das "Großdeutsche Reich" bezeigen. Die erdkundlichen, geschichtlichen, natur- und menschenkundlichen Aspekte des Heimatkundeunterrichts müssen dem Hilfsschulkind ohne fachlichen Anspruch die Gesinnung vermitteln, daß die Heimat "nur durch das Großdeutsche Reich leben und alle Menschen dieses Reiches eine große natürliche Gemeinschaft bilden" (Richtlinien 1942, 2). Dies kann aber aufgrund der Defizittheorie nicht durch Einsicht vermittelt, sondern nur durch "fortgesetzte Wiederholung und Einprägung ... zu einem Glaubensgesetz werden" (Richtlinien 1942, 2).
Der Turnunterricht wird am 28.9.1933 durch einen Erlaß des PrMinWKV, Rust, "Richtlinien für den Turnunterricht in den Hilfsschulen", für Preußen geregelt. Dies geschieht noch völlig ohne nationalsozialistisches Gedankengut. Als zentrale Unterrichtsform wird darin das Spiel benannt, um das sich Körperschule, Geräte- und Bodenturnen, Sonderturnen ("Zusammenfassung der Kinder nach besonderen Schwäche- und Störungsverhältnissen") und Schwimmen gruppieren. Während noch Uhlig (1934) im Turnen bei Hilfsschulkindern ausschließlich individuumbezogene körperliche und geistig-seelische Wirkungen sieht (er wendet sich z.B. gegen "Kampfspiele"!),

stellen Pollack (1934), E. Buchholz (1937) und - verschärft
- Hofmeister (1940) den Turnunterricht unter den Wehrgedanken. Da ist von Erziehung zu körperlicher Gewandtheit,
Ausdauer, Verzicht und Mut, von Marsch- und Ordnungsübungen, von Geländespielen und Ausmärschen die Rede, die
"seelische, körperliche und geistige Wehrkraft" (Hofmeister 1940) erzeugen und den Hilfsschüler zum "wehrhaften Glied der Volksgemeinschaft" (Pollak 1934, 29) machen.
Die Richtlinien von 1942 lassen den Wehrgedanken zwar
nicht völlig fallen, sprechen jedoch dem Spiel in jeder
Form, auch mit Gesang und Rhythmus, die zentrale Funktion im Turnunterricht zu. Auffallend ist die hohe Wochenstundenzahl, die der Leibeserziehung in allen Stundentafeln zugesprochen wird (Lehrplan Pestalozzi: 5 Wochenstunden; Heinrichs 1937 a: 4 bis 6 Stunden; Richtlinien
1942: 5 Stunden).

Der "praktisch-technische Unterricht" mit den Einzelbereichen Werken, Hauswirtschaft (Handarbeit; Hauswerk) und
Gartenarbeit erlebt in der Zeit des Nationalsozialismus
einen starken Aufschwung. Während die Gartenarbeit
schon Ende der Zwanziger Jahre in Nord- und Mitteldeutschland zum festen Bestand der praktischen Fächer
in der Hilfsschule zählt, setzen sich der Werk- und
Hauswirtschaftsunterricht in den Jahren 1936 bis 1940
auf breiter Front durch. Gerade in München betreibt
Lesch seit 1937 die Einführung des hauswirtschaftlichen Unterrichts (Kochen und Haushaltführung) für die
Mädchen (4 Wochenstunden).[160] Bis 1940 ist in München
in allen selbständigen Hilfsschulen der Stadt der
"Küchenunterricht" eingeführt. Auch in Preußen setzt
die Einführung des Hauswirtschaftsunterrichts seit etwa
1937 verstärkt ein (Stephan 1937). Die Richtlinien von
1942 stellen alle drei Bereiche des praktisch-technischen
Unterrichts (Werken, Hauswirtschaft und Gartenbau) an
vorderste Stelle und billigen ihm ein recht hohes Wochenstundenmaß zu (2. Klasse 4 Stunden, 3. Klasse
6 Stunden, 4. bis 6. Klasse 8 Stunden, mit unterschiedlicher Verteilung auf die drei Teilbereiche).

7.4 Lehr- und Lernmittel in der Hilfsschule

Bei der Frage nach den in der Hilfsschule der nationalsozialistischen Zeit verwendeten Lehr- und Lernmitteln kann eine grobe Zweiteilung vorgenommen werden. Zum einen besteht die große Gruppe der Lehr- und Lernmittel, bei denen es offenbar nicht für notwendig erachtet wird, sie gezielt auf die Hilfsschule zuzuschneiden. Sie umfaßt alle in der Hilfsschule verwendeten Lernmittel außer Fibeln, Lesebüchern und zu einem Teil die neu in den Schulen eingeführten Unterrichtsfilme. Die andere Teilgruppe, eben die für die Hilfsschule konzipierten Lernmittel Fibel und Lesebuch bzw. das Lehrmittel "Unterrichtsfilm" sollen im folgenden in ihrer Entwicklung dargestellt werden.

Die Herausgabe von Fibeln und Lesebüchern für die Hilfsschule wird im Ablauf der allgemeinen "Neuordnung" des Schulwesens durch den nationalsozialistischen Staat an die letzte Stelle gerückt. Erst nach den Lernmitteln für die Volksschulen kann die Hilfsschule solche bekommen. Der Erlaß "Bücher für die Hilfsschulen" des RMinWEV vom 6.3.1935 verweist ausdrücklich darauf, "daß die neuen Fibeln für Grundschulen und das neue Volksschullesebuch für das fünfte und sechste Schuljahr nicht für den Gebrauch in Hilfsschulen in Betracht kommen". Die bisher benutzten Bücher müssen bis zur Einführung eines Ersatzes weiterverwendet werden. (161)

In Preußen sind schon vor 1933 Fibeln und Lesebücher in besonderer, für die Hilfsschulen bestimmter Form in Gebrauch, während in den übrigen Reichsgebieten offensichtlich häufig Volksschulbücher in den Hilfsschulen zur Verwendung kommen. Dies geht aus einem Schreiben des RMinWEV an das sächsische Ministerium für Volksbildung in Dresden vom 16.12.1935 hervor. (162) Das Schreiben wird zugleich als Erlaß an alle Regierungspräsidenten in Preußen und die Unterrichtsverwaltungen der Länder weitergegeben. Dahinter stand die Absicht, den Vereinheitlichungsprozeß im Hilfsschulwesen von Preußen aus weiterzuführen (siehe auch "Erlaß 1935"). In dem Schrei-

ben wendet sich das RMinWEV gegen die Praxis in Sachsen, "für normale Volksschulen bestimmte Lesebücher und Fibeln" in Hilfsschulen zu benutzen, "und zwar so, daß die für niedrigere Stufen der Normalschule bestimmten Bücher auf höheren Stufen der Hilfsschule gebraucht werden". Die Unmöglichkeit eines solchen Verfahrens wird mit der Unterscheidung des "Gesamtwesens" des Hilfsschülers vor dem des Normalschülers begründet. Das RMinWEV schließt zwar den Gebrauch von Büchern der Volksschule in der Hilfsschule nicht vollkommen aus ("... doch mindestens durch sorgfältige Prüfung ausgewählt"!), glaubt aber, daß die Bücher grundsätzlich nach den Bedürfnissen der Hilfsschüler geschaffen werden sollen.
Nach dem grundlegenden Entscheid des RMinWEV für besondere Bücher für den Deutschunterricht der Hilfsschulen laufen in den Jahren 1936 und 1937 die Vorbereitungen für die Herausgabe solcher Schulbücher. Die Fachgruppe "Hilfsschulen" im NSLB gibt nach einer Tagung am 11.7.1936 zur Frage der Fibel und des Lesebuchs Empfehlungen.(163) Man ist dort von der Notwendigkeit einer besonderen, auf der synthetischen Leselernmethode beruhenden Hilfsschulfibel überzeugt, die jedoch nicht in einer reichseinheitlichen Fassung erscheinen soll. Eine solche Meinung hat auch das RMinWEV schon in dem Schreiben an den Sächsischen Volksbildungsminister vom 16.12.1935 vertreten.
Für das Hilfsschullesebuch schlägt die Fachgruppe "Hilfsschulen" ein Konzept vor, das zu einem festgeschriebenen "Kernteil für das Reich" heimatgebundene Teile durch die Gaue hinzufügt. Damit sollen sieben Regionalausgaben mit je einem Mittel- und Oberstufenteil erscheinen. Für den Kernteil hat Krampf zu diesem Zeitpunkt bereits ein Manuskript beim RMinWEV zur Beurteilung eingereicht. Diese Vorschläge macht sich das RMinWEV grundsätzlich zueigen. Lediglich die an sich sachlich begründete Vorstellung, keine reichseinheitliche Fibel zu schaffen, stört nun doch die Bestrebungen zur Vereinheitlichung des Schulwesens. Ausdruck des Unbehagens ist der Erlaß

"Fibeln für Hilfsschulen" vom 15.2.1938. (164) In ihm überläßt das RMinWEV zwar formal die Genehmigung zur Einführung von Fibeln den Unterrichtsverwaltungen der Länder bzw. den Regierungspräsidenten in Preußen, möchte aber doch die Zahl der genehmigten Fibeln möglichst klein halten. Daneben bietet sich das RMinWEV als oberste Entscheidungsinstanz an ("Wenn bei der Einführung Zweifel auftreten, bitte ich, mir die Fibel vorher in Fahnenabzügen einzureichen") bzw. fordert es sogar ein Letztentscheidungsrecht ("Eine Nachprüfung der zugelassenen Fibeln behalte ich mir vor").
Bis zum Jahre 1939 erscheinen im Reich 3 Hilfsschulfibeln, zum Teil auf der Basis bestehender Bücher, zum Teil neugeschaffen.
Bei Hirt, Breslau, erscheint die Umarbeitung der Fuchsschen Hilfsschulfibel. Diese "Fibel für Hilfsschulen", hrsg. von W. Zausch, A. Fuchs und A. Krampf, 2 Bände, hält sich eng an die Fuchs-Vorlage und bezieht nur einige wenige NS-Themen ein (Soldaten kommen; Jungvolk marschiert; Winterhilfe; Unser Führer). Sie bietet einen kombinierten Schreib-Leselehrgang (Sütterlinschrift; synthetische Leselernmethode), der mit der Schreibschrift beginnt und allmählich in die Druckschrift überführt. Diesterweg in Frankfurt verlegt die "Deutsche Hilfsschulfibel" von Albert Griesinger 1927 neu. (Von dieser Fibel konnte kein Exemplar eingesehen werden!).
Bei Schwann in Düsseldorf erscheint, ebenfalls in 2 Teilen, die "Westdeutsche Fibel für Hilfsschulen", hrsg. von Adolf Ebbinghaus, Reinhard Rimbach und Rudolf Voigt (2. Teil ohne Rimbach). Wie die Zausch/Fuchs/Krampf-Fibel ist sie synthetisch als Schreib-Leselehrgang aufgebaut. Von der Zausch/Fuchs/Krampf-Fibel unterscheidet sich die "Westdeutsche Fibel" dadurch, daß sie sich sehr stark mit der NS-Ideologie und -propaganda identifiziert und sehr viele entsprechende Themen aufnimmt. Den Lesevorgang suchen die Autoren durch die Auflösung der Wortbilder in Leseschritte (Silbentrennung) zu erleichtern. Erst gegen Ende des 2. Teils fällt diese Lesehilfe fort.

Da die Einführung einer bestimmten Fibel in einem Regierungsbezirk bzw. einem Land für die Verlage weitreichende wirtschaftliche Auswirkungen hat, bemühen sich diese bei den entsprechenden Stellen um die Zulassung ihrer Produkte. Bei zwei Beispielen (Regierung in Arnsberg und Regierung in Münster) tritt das heftige Ringen der Verlage um die Genehmigung ihrer Fibeln zutage. (165) Jeder Verlag bietet Ende 1938/Anfang 1939 sein Buch bei diesen beiden Regierungen an. Diese beauftragen die Schulräte, Hilfsschullehrer mit der Begutachtung der Fibeln zu betrauen. Während der Bearbeitungszeit stoßen die Verlage mit Erfolgsmeldungen über Genehmigungen in anderen Bezirken nach und suchen die Entscheidung zu lenken. In den beiden Fällen Arnsberg und Münster kommt übrigens jeweils die Zausch/Fuchs/Krampf-Fibel zum Zuge.

Für die Erstellung des Lesebuchs für die Hilfsschule sucht am 21.1.1938 das RMinWEV in einem nichtöffentlichen Erlaß "Lesebücher für die Hilfsschulen" an alle Unterrichtsverwaltungen der Länder bzw. die Regierungspräsidenten in Preußen "geeignete Mitarbeiter". "Ich lege besonderen Wert darauf, daß diese Mitarbeiter in der praktischen Schularbeit stehen". (166)

Bis zum Erscheinen des reichseinheitlichen Bandes im Jahre 1943 benutzen die Schulen das "Deutsche Lesebuch für Hilfsschulen" von A. Fuchs aus dem Hirt-Verlag Breslau (^{5}1932; ^{7}1935). Da dieses Buch mit ganz wenigen Veränderungen im nationalsozialistischen Sinn in immer neuen Auflagen erscheint, wird es durch ein "Nationalpolitisches Ergänzungsheft zum Hilfsschullesebuch", "Wir erleben mit", hrsg. von Heinrich Böcker und Leo Werry, Schwann-Verlag Düsseldorf ^{2}1937, mit nationalsozialistischem Gedankengut aufgeladen. In ihm finden sich Themen wie "Horst Wessel; Das Hakenkreuz; Der Geist von Potsdam; Der Jugend Schwur; Albert Leo Schlageter; Arbeitsdienstmänner im Niemandsland; Volk , ans Gewehr!; Nürnberger Parteitag; Hamstern und Sparen; NSV; Die Geburtsstunde der Bewegung" usw.), die für Schulbücher des Nationalsozialismus unerläßlich sind. Auch das "Deutsche

Hilfsschullesebuch" von A. Griesinger, 2 Teile, von 1927 wird, durch "Geschichtliche Lesestoffe" (= NS-Anpassung) ergänzt, weiter verwendet.
Endlich, durch Runderlaß des RMinWEV vom 19.8.1943 angekündigt, erscheint das Lesebuch für die Hilfsschulen. [167] Doch die Vorstellung von den sieben Regionalausgaben muß der Wirklichkeit des Krieges geopfert werden. "Um der dringenden Not zu steuern, die im Unterricht durch das Fehlen eines geeigneten Lesebuchs entstanden ist, habe ich mich deshalb entschließen müssen, zunächst ein für das ganze Reich einheitliches Lesebuch für die Hilfsschule herauszugeben. Es ist dies eine Not- und Übergangslösung, die einer späteren Abänderung oder Ergänzung bedarf. Das Lesebuch, das zwei Teile (Mittel- und Oberstufenband) umfaßt, ist in sämtlichen Hilfsschulen einzuführen". Noch dazu kann im August 1943 erst der Mittelstufenband erscheinen. Der Oberstufenband folgt jedoch noch - überraschend - im Herbst 1944 (Runderlaß des RMinWEV vom 28.10.1944). In das reichseinheitliche Lesebuch ist, wie zu erwarten, die gesamte NS-Thematik (Jungvolk, HJ, NS-Märtyrer, Führer, Partei und Organisationen, Soldaten und Krieg) eingearbeitet.
Hat schon Kroll (1937) in der "DSoSch" den Hilfsschullehrern die großen Möglichkeiten des neuen Mediums "Schulfilm" angekündigt, so ersucht das RMinWEV am 10.8.1938 im Schreiben an die Kreis- und Schulämter um die Einreichung von Themen für Hilfsschulen, nach denen dann Filme in der "Reichsstelle für den Unterrichtsfilm" hergestellt werden sollen. [168] Inwieweit es jedoch wirklich zur Produktion von Filmen für die Hilfsschule kommt, kann nicht mehr nachgewiesen werden.

8. Hilfsschüler und Berufsausbildung

Die "wirtschaftliche Brauchbarmachung" des Hilfsschülers wird der Hilfsschule in der Zeit des Nationalsozialismus, bzw. auch schon davor, als eine wichtige Aufgabe gestellt. Bei diesem Ziel kommen natürlicherweise die Interessen des einzelnen Schülers und der Gesellschaft, der Schule und der Wirtschaft miteinander in Konflikt. Kann der einzelne Schüler einen "Wunschberuf" mit der Hilfestellung der Gesellschaft erreichen oder hat diese mit der "aufwendigen" Beschulung in der Hilfsschule ihre Pflicht erfüllt? Kann die Hilfsschule nach ihren Bemühungen um den Schüler erwarten, daß er von der Wirtschaft seinen Fähigkeiten entsprechend ausgebildet wird oder hält diese den schulentlassenen Hilfsschüler für eine willkommene Arbeitskraft, der man niedrig qualifizierte und schlechter bezahlte Arbeitsmöglichkeiten bieten kann?

Es muß im voraus vollkommen illusionslos festgestellt werden, daß die aufgezeigten Alternativen nahezu ausschließlich nach wirtschaftlichen Gesichtspunkten entschieden werden. Verlangen die wirtschaftlichen Verhältnisse zusätzliche Arbeitskräfte, so können Hilfsschüler und Hilfsschule ihre Wünsche nach besser qualifizierter Berufsausbildung in hohem Maße durchsetzen. Besteht ein Überschuß an Arbeitskräften, so werden die Hilfsschüler in ungünstige berufliche Randbereiche abgedrängt. Diese Grundtendenz ist sowohl indirekt als auch direkt aus den Veröffentlichungen und Dokumenten der Zeit zwischen etwa 1925 und 1945 zu entnehmen.

8.1 Aspekte der Berufsausbildung von Hilfsschülern vor 1933

Hilfsschullehrer und Fachleute der Berufsausbildung sind sich in den Zwanziger Jahren (und auch schon vorher) im klaren, daß die Hilfsschüler bei der Hinführung zu einer beruflichen Tätigkeit besonderer Hilfestellung bedürfen. Ihre oft verminderten Leistungen in den klassischen Schulfächern erschweren den Besuch der Berufsschule. Die zeitweilig verzögerte Gesamtentwicklung läßt oft Zweifel an der Berufsreife zum Zeitpunkt der Schulentlassung aufkommen (daß solche Erscheinungen im Grunde auch bei Volksschülern auftraten, wurde oft nicht gesehen oder stillschweigend unterschlagen). Deshalb experimentiert man in ganz Deutschland mit Zwischenformen der Berufsausbildung, die zwischen Hilfsschule und der üblichen Berufsausbildung in Handwerk und Industrie zu liegen kommen. Den Schwierigkeiten bei der Berufsausbildung der Hilfsschüler im theoretischen und allgemeinbildenden Bereich sucht man durch die Einrichtung der Hilfsberufsschule zu begegnen. Den Forderungen der Hilfsschullehrer (z.B. Fuchs 1913; Bappert 1927; Bartsch 1928) kommen viele Städte durch die Einrichtung der Hilfsberufsschule entgegen. Gerade in Berlin (siehe Fuchs 1926) besteht eine solche Einrichtung seit 1906, selbständig seit 1915, die vielen anderen Städten zum Vorbild wird.

Eine gute Übersicht über Hilfsberufsschuleinrichtungen in Bayern vermittelt das Ergebnis einer Rundfrage des Bayerischen Städtebundes (Oberbürgermeister Knorr) vom 14.2.1929. [169] Bei ihr wird in Städten über 25 000 Einwohnern nach der "Einrichtung von Sonderkursen oder Sonderklassen für ehemalige Hilfsschüler, die in die Berufsfortbildungsschule kommen" gefragt. Die Antworten aus Amberg, Aschaffenburg, Augsburg, Bamberg, Erlangen, Hof, Kaiserslautern, Ludwigshafen, München, Nürnberg, Pirmasens, Regensburg und Schweinfurt sprechen von einer Vielzahl von Varianten bei der Berufsschulbetreuung der Hilfsschüler. In einigen Fällen ist von "Hilfskursen" in Rechnen und Sachunterricht, erteilt von Hilfsschullehrern an der Berufsschule, die Rede, in anderen Städten sind eigene Klassen für ehemalige Hilfsschüler in der Berufsfortbildungsschule eingerichtet. In einigen Städten besteht sogar, wenn auch meist wenig gegliedert, eine eigene Hilfsberufsfortbildungsschule.

Zur Unterstützung der beruflichen Eingliederung im überwiegend praktischen Bereich hat sich in der Weimarer Zeit (in Berlin schon vor dem 1. Weltkrieg) eine Fördereinrichtung zwischen Hilfsschule und Berufsausbildung in Handwerk und Industrie herausgebildet. Sie besteht, inhaltlich weitgehend identisch, unter Bezeichnungen wie "Arbeitslehrkolonie für jugendliche Schwachsinnige" (Frömter 1934), "Arbeitslehrstätte" (Bappert 1927) oder "Arbeitsanlernjahr" (Lehrplan Pestalozzi). Entsprechende Einrichtungen bestehen zwischen 1925 und 1930 in Köln, Elberfeld, Düsseldorf, Nürnberg, Breslau, Frankfurt a.M. (nach Bappert 1927) und in Stuttgart (Hofmann 1930). Sie stehen meist unter der Trägerschaft der Jugendämter und haben ihre rechtliche Grundlage im Reichs-Jugend-Wohlfahrtsgesetz von 1924. Das Ziel dieser Einrichtungen ist es, den ehemaligen Hilfsschülern zu helfen, "sich an der Hand nützlicher und vorbereitender Arbeiten zur Berufsreife zu entwickeln" (Bappert 1927, 206). Nachher (zumeist nach einem Jahr) können die Hilfsschüler mit der Hilfe des "Berufsamtes", des Jugendamtes oder der Hilfsschule entweder ein Lehrverhältnis eingehen oder in einem Anlernberuf tätig werden. Daß die Meinungen unter den Fachleuten über die Möglichkeit, Hilfsschüler in Lehrberufe zu vermitteln, oft weit auseinandergehen, muß auch für die Zwanziger Jahre bereits festgestellt werden.

Die gesamte Problematik der beruflichen Ausbildung ehemaliger Hilfsschüler faßt Stets (1930), ein Fachmann der Arbeitsvermittlung, in seinem Artikel "Das Hilfsschulkind in seiner wirtschaftlichen Bedeutung" in der "Hilfsschule" zusammen. Durch die "Aufkärung der Arbeitgeber über das Wesen des Hilfsschulkindes" (praktische Anstelligkeit; aber auch erziehliche Schwierigkeiten) und die "Betreuung des ehemaligen Hilfsschulkindes in den ersten Jahren seiner beruflichen Tätigkeit" (213) läßt sich, nach der Ansicht von Stets, die Eingliederung des Hilfsschulkindes in das Wirtschaftsleben erleichtern. Von der rein wirtschaftlich-technischen Seite her komme die fortschreitende Rationalisierung der modernen Industrie dadurch den Bedingungen des Hilfsschülers entgegen, daß "viele neue angelernte Arbeitstätigkeiten" aufgrund der ausgeprägten Arbeitszerlegung erforderlich würden. Einen nicht zu unterschätzenden Vorteil für die Eingliederung von Hilfsschülern in das Berufsleben sieht Stets zu seiner Zeit auf dem Gebiet des Arbeitsmarktes. Die "Auswirkungen des Geburtenausfalls der Kriegszeit" (zwischen 1930 und 1932 Rückgang der Schulentlassenen zwischen 20 und 50 % gegenüber den Jahren vor 1930) ließen eine "Verknappung des jugendlichen Berufsnachwuchses" erwarten, so daß "die Wirtschaft mehr als bisher auf die erwerbsbeschränkten Jugendlichen zurückgreifen wird. Den Hilfsschulkindern wird dann in großem Umfang Gelegenheit gegeben sein, ihre Leistungsfähigkeit zu beweisen" (213). So positiv sich damit die beruflichen Möglichkeiten ehemaliger Hilfsschüler zu dieser Zeit zeigen, so sehr mußten die Betroffenen und die Hilfsschullehrer fürchten, daß eine Veränderung des Arbeitsmarktes die schönen Träume sehr schnell zunichte machen könnte.

8.2 Hilfsschüler in Lehrberufen

Ist stets noch von einigermaßen günstigen Entwicklungen ausgegangen, so bringt die Wirtschaftskrise der Jahre 1930 bis 1932 eine deutliche Verschlechterung der Situation für den Hilfsschüler, der zur Berufsausbildung bzw. zur Eingliederung in den Arbeitsprozeß entsteht. Diese ungünstige Entwicklung kommt auch nach der Verbesserung der Wirtschaftslage nach 1934/35 nicht zum Stillstand, weil nun wieder stärkere Geburtenjahrgänge zur Schulentlassung kommen.
Solchen Entwicklungen tragen um 1933/34 auch die Hilfsschullehrer Rechnung, als sie im Hilfsschüler zumeist den kommenden Hilfsarbeiter (Heinrichs) sehen, der gut für "mechanische Arbeiten" (Tornow 1934 b) ist und in der Hilfsschule bereits auf die Fließbandarbeit vorbereitet werden soll (Dohrmann 1933) (siehe auch 4.2).

Handwerk und Industrie fühlen sich zwischen 1933 und etwa 1937 den Ansprüchen der Hilfsschüler und ihrer Interessenvertreter gegenüber in einer sehr starken Position. Sie können unter einer Vielzahl von Bewerbern für die Ausbildungsstelle wählen, so daß Hilfsschüler meist nicht zum Zuge kommen und auf Anlern- bzw. Helferberufe abgedrängt werden.
Von solchen Diskriminierungen ist in vielen Quellen und Publikationen die Rede. Im Halbjahresbericht der Gaufachschaft V im NSLB, Gau Schlesien, vom 27.3.1937, berichtet der Fachschaftsleiter, daß die Kreishandwerkschaft Breslau sich weigere, Hilfsschüler in Lehrstellen unterzubringen. [170] Durch die Bemühungen der Fachschaft wird in Gesprächen zwischen Vertretern des Arbeitsamtes und der Kreishandwerkerschaft erreicht, daß bei entsprechender Eignung die Hilfsschüler wieder in die Handwerkerlehre aufgenommen werden können und daß nicht mit der "verallgemeinernden Begründung 'Hilfsschüler' schematisch" eine Abweisung erfolgt.

Wie elitär sich viele Vertreter des Handwerks fühlen, geht aus Artikeln in Fachzeitschriften des Handwerks hervor. In dem Bewußtsein, daß nicht mehr nur das Handwerk, sondern auch Industrie und Verwaltung Ausbildung für Jugendliche anbieten und dem Handwerk somit ein jahrhundertealtes Privileg entzogen wird, klagt die "Westdeutsche Handwerkszeitung" vom 13.3.1937, Nr. 11, daß sich nur noch der "Ausschuß" der Schulabgänger für das Handwerk gut genug sei. "Wie hätte man sonst die erschreckende Statistik einer Großstadt aufstellen können, wonach nur 70 % der die Volksschule verlassenden Jugendlichen die erste Klasse erreicht hatte. Aber ausgerechnet die restlichen 30 % der wenig Begabten, um nicht zu sagen der Hilfsschüler, finden den Weg ins Handwerk und kommen als Bäcker, Fleischer, Schuhmacher, Schneider usw. unter ... Das Handwerk muß sich heute zu gut sein, um diese geistig unter dem Durchschnitt stehenden Jugendlichen aufzunehmen." So beeinflußte Handwerksmeister und ihre Innungen waren sicher noch viel weniger bereit, einen aus der Hilfsschule entlassenen Schüler auszubilden.
Aus München wird 1937/38 berichtet, daß die Innungen "kaum mehr begreifliche schulische Voraussetzungen als Bedingungen für die Aufnahme in ausgesprochen handtätige Gewerbe stellen. Diese Überforderungen kommen einer direkten Ausschließung der Hilfsschüler von manchen, ja von den meisten Gewerben gleich". (171)
Die Verstöße der Fachschaften der Hilfsschullehrer bei den Innungen gegen die Diskriminierungen der Hilfsschüler bleiben offensichtlich für lange Zeit wirkungslos. Im Jahre 1937 kommt aber von zwei Seiten unerwartete Hilfe. Zum einen entsteht durch die Expansion der Wirtschaft, vor allem im Bereich der Rüstungswirtschaft, ein Mangel an Facharbeitskräften. Zum anderen wird die Reichsregierung durch die Klage einer Mutter eines Hilfsschülers auf die Abschirmungsmaßnahmen der Handwerker aufmerksam.
Am 9.1.1937 berichtet das RMinWirtschaft an das RMinWEV von der Beschwerde der Frau K. "Wegen Nichtannahme ihres Sohnes als Lehrling". (172) Der Sohn war Ostern 1935 aus

der 1. Klasse der Hilfsschule entlassen worden, war aber aufgrund einer Vereinbarung zwischen der Handwerkskammer Magdeburg und dem Landesarbeitsamt Mitteldeutschland nicht für eine Lehrstelle des Tischlerhandwerks zugelassen worden. Das RMinWirtschaft hält aber einen solchen Ausschluß "ohne Nachprüfung der Eignung des Hilfsschülers im Einzelfall nicht für angebracht". Als es vom RMinWEV im Schreiben vom 3.2.1937 in seiner Ansicht bestärkt wird, erbittet der Reichswirtschaftsminister eine Stellungnahme des "Reichsstandes des deutschen Handwerks". Im Schreiben vom 7.4.1937 an das RMinWEV gibt der Wirtschaftsminister seine Entscheidung bekannt: "Trotz der ernsten Vorstellung des Reichsstandes des deutschen Handwerks möchte ich grundsätzlich daran festhalten, daß Hilfsschüler als Handwerkslehrlinge angenommen werden können, unter der Bedingung, daß die Eignung überprüft wird. Ich werde den Reichsstand in diesem Sinne mit Weisung versehen".
In einem Schreiben vom 15.10.1937 teilt der "Reichshandwerksmeister" der Reichsfachgruppe "Hilfsschulen" die Änderung seiner bisherigen Haltung mit. [173] "Den Wünschen des Herrn Reichswirtschaftsministers und Reichserziehungsministers entsprechend, haben wir die deutschen Handwerks- und Gewerbekammern darauf hingewiesen, daß Hilfsschüler nicht in jedem Falle vom Zugang zu einem Handwerk zurückgehalten werden sollen, sondern daß von Fall zu Fall geprüft werden muß, ob in geistiger und körperlicher Hinsicht eine Eignung für den Handwerksberuf besteht. Wir bitten, hiervon Kenntnis zu nehmen".
Es ist zwar anzunehmen, daß sich die Praxis auf der untersten Ebene nicht sofort ändert. Doch ist z.B. aus den Berichten von Ederer an das Stadtschulamt München über die Entlaßjahrgänge 1941 und 1942 zu ersehen, daß bei den Knaben Vermittlungen als Spengler, Installateure, Dreher, Mechaniker, Schreiner, Schuhmacher, Metzger, Bäcker, Gärtner, Friseure, Buchbinder, Maler, Maurer, Fliesenleger und Autosattler und bei den Mädchen als Schneiderin und Haushaltslehrling erreicht werden. [174]

Inwieweit Förderungseinrichtungen zwischen Hilfsschule und
Lehre weiter betrieben oder ausgebaut werden, konnte nicht
ermittelt werden. Lediglich für Hamburg kann nachgewiesen
werden, daß dort Hilfsschüler, "die nicht unvorbereitet
ins Berufsleben treten können" und somit einer "Berufsertüchtigung" nach der Schulentlassung bedürfen, zwischen
1939 und 1944 entweder in Haushaltungsheimen (Mädchen)
oder in Arbeitslehrwerkstätten (Knaben) aufgenommen werden. [175] Das Landesjugendamt, Abteilung für öffentliche
Erziehung und Berufsschwachenfürsorge zahlt im Jahre 1942
eine "Arbeitsprämie" von 3 bis 4 Reichsmark pro Woche
und stellt den Jugendlichen Schutzanzüge zur Verfügung.

8.3 Hilfsschüler und Berufsschule

Eng mit Überlegungen und der Praxis, Hilfsschüler zu Lehrberufen zuzulassen, hängt die Frage der Förderung in der Berufsschule zusammen. Als grobe Leitlinie für die Zeit des Nationalsozialismus ist festzuhalten, daß ein Hilfsschüler dann in regulären Fachklassen der Berufsfortbildungsschule aufgenommen werden kann, wenn er formal (mit Vertrag) als Lehrling in Handwerk oder Industrie aufgenommen ist.

Von solchen Regelungen berichten Tornow (1939 b; 1940 c) und Heinrichs (1938). Wer keinen Lehrvertrag vorweisen kann, besucht entweder die Hilfsarbeiterklassen in der allgemeinen Berufsschule oder eigene Hilfsklassen bzw. die Hilfsberufsschule. In vielen Einzelfällen bedeutet eine solche Regelung jedoch den Abbruch jeglicher besonderer Betreuung der ehemaligen Hilfsschüler. Sie müssen in den Fach- bzw. Hilfsarbeiterklassen einen Unterricht über sich ergehen lassen, der in keiner Weise ihren Lernbeeinträchtigungen Rechnung trägt.

Gegen die oben angeführte Grobregelung der Berufsschulfrage laufen gerade die Hilfsschullehrer immer wieder Sturm. Ihr Bemühen führt zu regional stark unterschiedlichen Lösungen. Während in Nord- und Mitteldeutschland der Ausbau der Hilfsberufsschulen stark vorangetrieben wird, die dann auch Entlaßschüler der Volksschule aufnehmen, deren Schulbildung den Ansprüchen der allgemeinen Berufsschule nicht genügen kann (Tornow 1940 c), sucht man im süd- und südwestdeutschen Raum eher nach Lösungen, bei denen möglichst viele Hilfsschüler in die Regelberufsschule aufgenommen werden und dort nur zu einem Teil besondere Betreuung erfahren. Solche Teilintegrationsbemühungen haben hier eine stärkere Tradition (schon seit etwa 1920) als in Nord- und Mitteldeutschland. Dort bemüht man sich von jeher - mit sicher ehrlichen und einleuchtenden Argumenten - um eine stärkere institutionelle Besonderung bei der berufsfördernden Beschulung von Schülern mit Lernbeeinträchtigungen.

Eine interessante gestufte Regelung wird in München zu Beginn des Schuljahres 1936/37 eingeführt.[176] Die vorher eher pauschale Zuweisung von ehemaligen Hilfsschülern zu einer "Sonderabteilung der Berufsschule", was dann eine dreijährige Sonderbeschulung bedeutete, wird dadurch aufgehoben, daß von nun an die Knaben (!, keine Regelung für Mädchen) einer "Lehrlingsvorbereitungsklasse" zugewiesen werden. Stehen die Buben in einem Lehrverhältnis, so erhalten sie den fachlichen Unterricht zusammen mit den übrigen Berufsschülern, nicht aber den allgemeinbildenden Unterricht. "Diejenigen Lehrlinge, welche diese Klasse mit Erfolg besucht haben, werden zur Erfüllung ihrer weiteren Schulpflicht ganz der zuständigen gewerblichen Abteilung zugewiesen, also auch für den allgemeinbildenden Unterricht. Sie sind in die erste Klasse einzureihen. Soweit sich ehemalige Hilfsschüler als völlig ungeeignet zum Besuch einer normalen Berufsschule erweisen, oder dort eine allzu starke Hemmung für die übrigen Schüler bedeuten, können sie an die Sonderabteilung zurückverwiesen werden". Zu dieser, vom Geist des "pädagogischen Wagnisses" getragenen Regelung kommen noch Einzelbestimmungen für verspätet in ein Lehrverhältnis eintretende Schüler und für solche Hilfsschüler, die sich "nach Austritt aus der Hilfsschule ... als besonders gefördert erweisen" (dann sofortiger Eintritt in die reguläre Berufsschule).

Für die nicht in der regulären Berufsschule zu fördernden Schüler werden in der "Sonderabteilung der Berufsschule" Klassen für "Ungelernte" eingerichtet, deren Besuch aber um 1 Jahr verlängert wird, so daß auch diese Schüler einer 11jährigen Schulpflicht unterliegen. In Kombination mit den vielen, auch nach einem Berufsschuljahr nicht aufgehobenen Übergangsmöglichkeiten zur Regelberufsschule, bildet die Münchner Regelung eine gute Möglichkeit zur schülerbezogenen und nicht schullaufbahnbestimmten beruflichen Förderung. Die Stellungnahmen der Berufsschulen sind ein Jahr später zwar nicht einhellig positiv, doch

beschließt die Schulvorstandschaft der Berufsschulen am
7.5.1937 die Weiterführung des bisherigen Verfahrens.

Für die aus der Hilfsschule entlassenen Schülerinnen
macht die Stadt Augsburg, nachdem bisher die Teilzeit-
berufsschule im hauswirtschaftlichen Bereich die Regel war,
ein interessantes Angebot: Sie richtet eine hauswirt-
schaftliche Vollzeitschule ein, in der die Schülerinnen
ein Jahr lang hauswirtschaftlich (ein Drittel Theorie,
zwei Drittel Praxis) ausgebildet werden. Sie erfüllen damit ihre Berufsschulpflicht und bekommen ein halbes haus-
wirtschaftliches Pflichtjahr dafür angerechnet (Koch 1940).
Im Zusammenhang mit der Münchner Berufsschulregelung für
ehemalige Hilfsschüler soll noch auf die dortigen, für
die Zeit beispielhaften Bemühungen um die Berufsberatung
von Hilfsschülern und ihren Eltern hingewiesen werden. (177)
In sehr wohlwollender und engagierter Zusammenarbeit
zwischen dem Landesarbeitsamt in München und einigen
Hilfsschullehrern (besonders Ederer und M. Eller)
werden 1938 "Richtlinien zur Berufsberatung ehemaliger
Hilfsschüler" aufgestellt, die eine sehr umfassende und
differenzierte Beratung, einen hohen Grad an Offenheit
für die verschiedensten Förderungsmöglichkeiten (auch
z.B. "probeweise Aufnahme in eine Lehre") vorsehen und
von der die Möglichkeiten einengenden pauschalen Quali-
fizierung "Hilfsschüler" abrücken. Aus den Berichten von
1941 und 1942, die Ederer an das Stadtschulamt in München gibt, ist abzulesen, wie sehr sich Ederer, Eller und
die Kräfte des Arbeitsamtes um eine angemessene berufliche Beratung bemühen (Eignungsuntersuchungen, mehrmalige
Beratungen, nachgehende Betreuung durch Hilfsschullehrer
im Rahmen des "Wohlfahrtsvereins für Hilfsschüler in München e.V.", Zusammenarbeit der Hilfsschullehrer mit den
Berufsschulen). Die Schlußbemerkung Ederers aus seinem
Bericht vom 15.5.1941 kennzeichnet die in München laufenden Bemühungen um die berufliche Eingliederung der
Hilfsschüler so: "Das 'Mehr' an Sorge für Berufsvermitt-
lung und Berufsbetreuung wird sich umsetzen in ein 'Weniger' an Enttäuschungen und sozialem Versagen".

9. Der Hilfsschüler und die Organisationen der Partei und des Staates

Den totalen Anspruch der Partei und des Staates auf die Bestimmung aller Lebensbereiche des deutschen Staatsbürgers drückt Hitler am 4.12.1938 in einer Rede in Reichenberg (Sudeten) unverhohlen und mit blankem Zynismus aus: "Diese Jugend, die lernt ja nichts anderes als deutsch denken, deutsch handeln und wenn dieser Knabe oder dieses Mädchen mit ihren zehn Jahren in unsere Organisationen hineinkommen und zum ersten Mal eine frische Luft bekommen und fühlen, dann kommen sie vier Jahre später vom Jungvolk in die Hitlerjugend und dort behalten wir sie wieder vier Jahre und dann geben wir sie erst recht nicht zurück in die Hand der alten Klassen- und Standeserzeuger, sondern dann nehmen wir sie sofort in die Partei, in die Arbeitsfront, in die SA, in die SS, in das NSKK usw. Und wenn sie dort 2 Jahre oder 1 1/2 Jahre sind und noch nicht ganze Nationalsozialisten geworden sein sollten, dann nehmen wir sie in den Arbeitsdienst und sie werden dort wieder sechs und sieben Monate geschliffen, alles mit dem deutschen Symbol, dem deutschen Spaten und was dann nach sechs oder sieben Monaten noch an Klassenbewußtsein oder Standesdünkel vorhanden sein sollte, das übernimmt dann die Wehrmacht zur weiteren Behandlung auf zwei Jahre. Und wenn sie dann nach zwei oder drei oder vier Jahren zurückkommen, dann nehmen wir sie, damit sie auf keinen Fall rückfällig werden, sofort wieder in die SA, SS usw. und sie werden nicht mehr frei ihr ganzes Leben" (Protokoll eines Tondokuments).
Hitler spricht hier von "der Jugend" und versteht damit den "wertvollen Teil" der Bevölkerung, der in den "Genuß" der ausschließlichen Erziehungsansprüche des Staates und der Partei kommen soll. Wer "minderwertig" ist, soll von den "Erziehungs"-Einrichtungen ausgeschlossen bleiben und damit sozial isoliert werden. Für die Gruppe der Hilfsschüler stellt sich, neben bzw. als Folge der häufig angetroffenen Einstufung als "Minderwertige", die Frage nach der Möglichkeit, in die Organisationen wie DJ, HJ,

RAD und Wehrmacht aufgenommen bzw. von solchen wie der NSV, der KLV, dem LD, dem LJ usw. berücksichtigt zu werden.

9.1 Hilfsschüler in der Hitlerjugend

Die Hitlerjugend hat die vollkommene Erfassung der deutschen Jugend in ihren gesamten Lebensbereichen zum Ziel (Schirach 1934). Sie stellt neben der Schule eine entscheidende Erziehungsinstitution für die Mädchen und Jungen dar und droht zeitweilig den Schulbereich mit ihren Ansprüchen zu überwuchern.
In den ersten Jahren nach der Machtergreifung (1933/34) tritt die HJ mit einem stark elitären Anspruch auf. Bis 1936 noch nicht Pflichtorganisation, möchten ihre Führungskräfte eine strenge Auslese der "Tauglichen" durchgeführt wissen. Die Tauglichkeitsuntersuchungen sollen die körperliche und geistige Gesundheit und die charakterliche Eignung erweisen. Dies schließt auch die "Erbgesundheit" im nationalsozialistischen Sinne ein. Danach sind untauglich für den HJ-Dienst "die Träger von Krankheiten im Sinne des Reichsgesetzes zur Verhütung erbkranken Nachwuchses, sofern nach Ansicht des HJ-Arztes der erhobene Befund für eine Sterilisierung ausreichen würde" (Schirach 1934, 212). Somit muß bei einem Jugendlichen kein Verfahren nach dem GzVeN anhängig oder gar abgeschlossen sein, sondern es genügt das Urteil eines fachlich dazu nicht unbedingt qualifizierten HJ-Arztes. Mit einer solchen Regelung können Hilfsschüler in den Jahren 1933 bis 1936 zum überwiegenden Teil von der HJ ausgeschlossen werden.
Gegen eine solche, aus den Zeitverhältnissen heraus wirklich als solche zu verstehenden "Benachteiligung" der Hilfsschüler, laufen die Hilfsschullehrer Sturm. Im Jahre 1934 erscheinen drei wichtige Beiträge in der "DSoSch", die sich für den Abbau der Beschränkungen bei der Aufnahme von Hilfsschulen in das "Deutsche Jungvolk (DJ)", die "Hitlerjugend (HJ)" und den "Bund deutscher Mädel (BDM)" einsetzen.
Die Äußerungen reichen von der Forderung nach einer nahezu ausschließlichen Aufnahme von Hilfsschülern in das Jungvolk (Hofmeister 1934 a: "so hat jeder Hilfsschüler, der nicht körperlich behindert ist oder gei-

stig sehr tiefsteht, die Pflicht, dem Jungvolk beizutreten, damit seine schwache körperliche Konstitution gefestigt wird", 265; zudem werden politisch-ideologische, soziale und sittliche Begründungen angeboten) über die Unterscheidung zwischen Hilfsschülern ("Hilfsschüler, die die Hilfsschule glatt durchlaufen", Kroll 1934; 1937) und Nothilfsschülern und der davon abhängig zu machenden Aufnahme oder Nichtaufnahme in die nationalsozialistischen Jugendverbände (Kroll 1934) bis zum Standpunkt, daß keineswegs "alle Hilfsschüler in die HJ hineingehören" (Tornow 1934 d, 339). Tornow wendet sich selbstverständlich gegen die pauschale Verwendung des Begriffes "Hilfsschüler", wenn es um die Entscheidung über die Aufnahme in die NS-Jugendverbände geht. Er zieht die Erfahrungen mit Hilfsschülern bezüglich ihrer Erwerbsfähigkeit ("etwa 80 % der Hilfsschüler werden erwerbsfähig", 341), ihrer Bewährung im Weltkrieg ("so haben z.B. von den Berliner Hilfsschülern 73 v.H. im Militärdienst gestanden", 343) und ihrer Leistungen in den "Reichsjugendwettkämpfen" heran und glaubt damit beweisen zu können, daß der überwiegende Teil aller Hilfsschüler für die HJ tauglich sei. Im Sinne der totalen Erziehung versucht Tornow die HJ-Führer in die Pflicht zu nehmen: Ein grundsätzlicher Ausschluß der Hilfsschüler "würde dem Gedanken einer wahren Volksgemeinschaft widersprechen und kann daher nicht sein" (345). Die Hilfsschule könne "nicht auf die charakterbildenden und die Volksgemeinschaft in jeder Hinsicht fördernde Erziehung durch die NS-Jugendbünde für den lebenstüchtigen Teil unserer Hilfsschüler verzichten" (345). Tornow bietet die Mitarbeit der Hilfsschullehrer bei der Auswahl der für den DJ- bzw. HJ/BDM-Dienst geeigneten Hilfsschüler und -schülerinnen an und sagt eine sachgerechte Auswahl zu.
Doch eine grundsätzliche Entscheidung der RJF läßt auf sich warten. Die Hilfsschullehrer müssen sich bis Anfang 1936 überwiegend mit den örtlichen HJ-Gliederungen über die Aufnahme der Hilfsschüler auseinandersetzen.

Dies führt zu regional stark unterschiedlichen Handhabungen, vom totalen Ausschluß bis zur relativ großzügigen Aufnahme.
Die RJF regelt wohl die "Erfassung" der Blinden (19.3.1934), der Gehörlosen und Taubstummen (13.4.1934), der Körperbehinderten (18.7.1935) und der Schwerhörigen, indem sie "Sonderbann" (B; G für Gehörlose, Taubstumme und Schwerhörige; K) einrichtet, läßt aber die Hilfsschüler und Hilfsschullehrer bis zum 24.2.1936 auf ihre Entscheidung warten. Erst dann teilt sie dem Fachschaftsleiter V im NSLB mit, "daß 1. der Aufnahme von Hilfsschülern und Hilfsschülerinnen in das DJ bzw. JM im Rahmen und nach den Vorschriften des 'Jahres des Deutschen Jungvolks' nichts im Wege steht. Hierfür gilt jedoch das Bestehen der Pimpfenprobe, die als Aufnahmeprüfung für das DJ eingeführt wird. Über die Einführung einer Jungmädelprüfung erhalten Sie noch gesondert Nachricht; 2. Ihr Vorschlag angenommen wird, wonach die in das DJ und die JM aufzunehmenden Hilfsschüler und Hilfsschülerinnen ein Zeugnis ihres Klassenlehrers mitbringen, wodurch verhindert werden soll, daß die infolge ihres geistigen Rückstandes für das DJ und die JM nicht in Frage kommenden Hilfsschüler und Hilfsschülerinnen die Arbeit der unteren Einheiten erschweren" (Krampf 1936 a. 204). Hack (1936) und Krampf (1936 b) äußern sich recht zufrieden über das Erreichte. Krampf glaubt, daß mit der Einführung der "Pimpfenprobe" bei der Aufnahme in das Deutsche Jungvolk das Problem "Hilfsschule und HJ" beseitigt sei. (Pimpfenprobe, neben der ärztlichen Untersuchung, das Aufnahmefilter in das DJ: "60-m-Lauf in 12 Sekunden, ein Weitsprung von 2.75 m, 25-m-Ballweitwerfen, Tornister packen, Teilnahme an einer 1 1/2-tägigen Fahrt, Kenntnis der Schwertworte des Jungvolks, Kenntnis des Horst-Wessel- und des HJ-Fahnen-Liedes" [178]). Über den tatsächlichen Anteil der Hilfsschüler, die in die Jugendorganisationen des Nationalsozialismus aufgenommen werden, findet sich - neben den Angaben in der Literatur, bei denen allerdings oft Wunsch und Wirk-

lichkeit nicht auseinanderzuhalten sind - eine zuverlässige Quelle aus Solingen. Dort ist einem Bericht über einen Schulbesuch in Solingen-Ohligs im Schuljahr 1936/37 zu entnehmen: "Von den 45 Schülern des 3. bis 6. Jahrganges sind 19 in der Staatsjugend". Im Jahre 1935 waren es von 61 ebenfalls 19. Von anderen Schulen in Solingen werden folgende Zahlen genannt: Von 106 Schülern 75, von 36 Schülern 34 und von 39 Schülern 14 in der Staatsjugend. (179)

Das etwas überraschende Nachgeben der RJF in der Frage der Aufnahme von Hilfsschülern in die NS-Jugendorganisationen ist sicher zu einem Teil mit den hartnäckigen Bemühungen der Vertreter der Hilfsschulen zu erklären. Doch wird wohl in einem erheblichen Maße die beabsichtigte und mit dem Gesetz über die HJ vom 1.12.1936 vollzogene Umbildung der Jugendorganisationen zur Erklärung herangezogen werden müssen. In diesem Gesetz wird die HJ zur Pflichteinrichtung des Staates erklärt. Gleichzeitig bildet die RJF jedoch einen inneren, ausgewählten Kreis von Jugendlichen in der Unterorganisation "Stamm-Hitler-Jugend" als Gliederung der NSDAP (§ 2 des Gesetzes), die schärfere Aufnahmebedingungen (mindestens 1 Jahr in der HJ, bestimmte erblich-rassische Voraussetzungen) stellt. So kann man wiederum einen Bereich für die "höherwertige Jugend" reservieren und ist deshalb eher bereit, in die Pflicht-HJ Hilfsschüler und andere im NS-Staat diskriminierte Gruppen aufzunehmen.

Aus Akten des STA Hamburg geht hervor, daß die jährliche "Erfassung des Jahrganges ... zur HJ" auch in allen Hamburger Hilfsschulen vor sich geht (Nachweise für die Jahre 1939 bis 1944). (180) Auch sind in den "Sonder- und Hilfsschulen" die "Gestellungsaufrufe an sichtbarer Stelle zum Aushang zu bringen". Die Schulleitungen haben "nach Anlegung eines strengen Maßstabes" (Schreiben vom 29.6. 1942) Listen der geeigneten Hilfsschüler und -schülerinnen an die Gebietsführung der HJ weiterzugeben. Nach dieser Erstauswahl durch die Schule erhalten die vorgeschlagenen Kinder "von der Gebietsführung einen Aufnahmeausweis, der

ihnen direkt zugestellt wird. Die Aufnahme wird mit dem ausdrücklichen Vorbehalt ausgesprochen, daß eine nachträgliche Zurückstellung erfolgen kann, wenn der Dienst ergibt, daß ein Verbleiben in der HJ deren Arbeit gefährden würde" (Schreiben vom 29.6.1942).
Weil durch die HJ immer wieder Hilfsschüler durch "vorläufigen Bescheid" (Vordruck) mit handgeschriebenem großen "H" (= Hilfsschüler) vom Jugenddienst zurückgestellt werden, wendet sich die Schulleitung der Hilfsschule in Hamburg-Altona, Hafenstraße, am 24.4.1942 an die "Schuldienststelle der HJ". [181] Der Schulleiter beschwert sich darin über die Ablehnungen ("Als Grund der Ablehnung wurde die Schulzugehörigkeit angegeben") und bezieht sich in seiner Argumentation auf den Erlaß "Richtlinien für die Erziehung und den Unterricht in Hilfsschulen 1942" des RMinWEV. In ihm seien die Hilfsschüler als zur deutschen Volksgemeinschaft zugehörig angesprochen, was sich auch darin ausdrücke, daß sie zu Arbeitsdienst und Wehrmacht eingezogen würden. "Hunderte von meinen früheren Schülern stehen heute als Soldaten an allen Fronten, erfüllen dort ihre Pflicht wie jeder andere Volksgenosse, haben sich vor dem Feind ausgezeichnet, sind befördert worden und haben auch das größte und letzte Opfer gebracht, ihr Leben. Bedarf es noch eines anderen Beweises für die Brauchbarkeit der Hilfsschüler". Diesem Appell folgen genaue Angaben über die abgelehnten Schüler und ihre Beurteilung durch die Hilfsschule. Ob der Vorstoß des Schulleiters Erfolg hat, konnte leider nicht ermittelt werden.

Was die Gesamtproblematik "Aufnahme der Hilfsschüler in die NS-Jugendorganisationen" angeht, so läßt sich obigem Beispiel (bzw. auch den Kommentierungen in der zeitgenössischen Fachliteratur) entnehmen, daß sie über die gesamte nationalsozialistische Zeit hinweg ein steter Streitpunkt zwischen Hilfsschulen und HJ-Organisationen geblieben ist (und aufgrund der ungenauen Regelungen und den ideologischen Widerständen wohl auch bleiben mußte!).

9.2 Hilfsschüler und NSV (insbesondere KLV)

Die "Nationalsozialistische Volkswohlfahrt (NSV)" als zusammenfassende Organisation aller mit Wohlfahrts- und Fürsorgeaufgaben betrauten Stellen des nationalsozialistischen Staates steht, wie viele andere staatliche Einrichtungen, unter starker Lenkung durch die NSDAP. Die NSV möchte körperliche, seelische und soziale Mangelzustände bei den Bürgern des Staates auffangen.

Fürsorgeeinrichtungen mit ähnlichen Aufgabenstellungen haben schon vor 1933, mit erweitertem Aufgabenbereich in der Zeit der Wirtschaftskrise 1930 bis 1932, bestanden. Sie haben z.B. Schulspeisungen, Erholungsmaßnahmen für Mütter, öffentliche Noternährung für Arbeitslose oder Erholungsaufenthalte für Stadtkinder durchgeführt. Gerade die "Kinderverschickung" ist in den Zwanziger Jahren eine weitverbreitete Maßnahme der Gesundheitsfürsorge.

Der nationalsozialistische Staat und die NSDAP greifen den Gedanken der gesundheitlichen Fürsorge für Kinder auf und stellen ihn unter den Begriff "Kinderlandverschickung (KLV)" in das Zentrum der Bemühungen der NSV. Die Maßnahmen der KLV gliedern sich in eine "allgemeine" KLV zwischen etwa 1935 und dem Kriegsbeginn und der "erweiterten" KLV während des Krieges. "Die 'allgemeine' Kinderlandverschickung der NSV erfaßt die erholungsbedürftigen Kinder für 4 bis 6 Wochen einzeln nach Maßgabe der ärztlichen Untersuchungen für Landpflegestellen ohne Fortsetzung des Unterrichts, und zwar Jungen im Alter von 6 bis 14 Jahren und Mädchen im Alter von 6 bis 12 Jahren. Bei besonderer Erholungsbedürftigkeit können Schüler und Schülerinnen jeden Alters in Jugenderholungsheime der NSV aufgenommen werden" (Schreiben der Gemeindeverwaltung Hamburg an die Leitungen sämtlicher Schulen vom 17.4.1943). (182) Im gleichen Schreiben charakterisiert die Gemeindeverwaltung die erweiterte KLV als kriegsbedingte Erfassung der "Kinder für eine 6-monatige Verschickung und möglichst in Klassenverbänden mit ihren Lehrern. (Sie) bringt die 6 bis 10-jäh-

rigen in Familienpflegestellen, die 10 bis 14jährigen
in KLV-Lager unter Fortsetzung des Unterrichts". Beide
Formen der KLV bestehen während des Krieges nebeneinander weiter, auch wenn die erweiterte KLV zahlenmäßig
immer mehr an Raum gewinnt. Die Aufnahme der Hilfsschüler in die Maßnahmen der allgemeinen KLV während der
Friedenszeit bleibt immer umstritten. Grundsätzlich
sollen an der KLV keine "minderwertigen" oder "erbminderwertigen" Kinder teilhaben können. So entbrennt, ähnlich
wie bei der Frage nach der Aufnahme in die HJ, der Streit
zwischen Hilfsschullehrern, Vertretern der Partei und
des Gesundheitswesens über die Einstufung der Hilfsschüler. Während sich Vertreter der Hilfsschullehrer (z.B.
Krampf 1936 a; 1936 b; Kingerske 1937; auch Tornow 1934 d)
zuerst gegen den pauschalen Ausschluß der Hilfsschüler
mit der Begründung der "Erbminderwertigkeit" wenden und
damit schließlich um 1936/37 in soweit Erfolg haben,
als aus der "Anweisung zur Kinderlandverschickung" der
"Ausdruck 'Hilfsschüler' als Kennzeichnung der Unwürdigkeit" (Krampf 1936 a, 207) gestrichen wird, suchen Parteistellen (vermutlich die Rassenämter) immer neue Hürden
gegen die Hilfsschüler aufzurichten. Aus einer Notiz in
der "DSoSch" [183] geht hervor, daß Ende 1937 Hilfsschüler
wohl für die Kinderlandverschickung mit Aufenthalt in
Familien, nicht aber zur "Heimverschickung" zugelassen
werden. In einem Schreiben der NSDAP, Reichsleitung
Hauptamt für Volkswohlfahrt, vom 16.8.1939 an den NSLB
wird die KLV im genau gegenteiligen Sinne geregelt: Da
der Aufenthalt in einer fremden Familie besonderer Anforderungen stelle, sind Hilfsschüler davon ausgeschlossen. [184] "Hilfsschüler werden jedoch, wenn eine Erholungsmaßnahme erforderlich und ärztlich begründet ist, im Rahmen der Heimentsendung erfaßt und in geeignete Heime
eingewiesen". In einer Rundverfügung des Hauptamtes für
Volkswohlfahrt vom 14.10.1940 wird wiederum eine modifizierte Kriterienskala für die Auswahl von Sonderschülern geschaffen: Sie müssen einer "erbbiologisch noch
tragbaren, würdigen und haltungsmäßig einwandfreien

Familie" angehören. (185) Die Auswahl aufgrund solcher
Qualifizierungen öffnet noch mehr Möglichkeiten für willkürliche, von der Einschätzung durch "Hoheitsträger der
Partei" abhängige Entscheidungen über die KLV von Hilfsschülern.
Daß die Daten, die bei der Einleitung und eventuellen
Durchführung von Maßnahmen der NSV gesammelt werden,
auch für die Durchführung des GzVeN zur Anwendung kommen,
geht aus Akten des Deutschen Gemeindetags "Betreff GzVeN"
hervor. (186) Der "Aufbau eines automatisch wirkenden Meldeapparates" zugunsten des GzVeN wird durch die "Querverbindung zu den Schulämtern" gefördert, wo" Schulzeugnisse,
insbesondere die Beurteilung über Hilfsschüler zur Feststellung geistig-defekter Familien" an die "Bearbeitungsstelle der NSV" weitergegeben wird.
Ähnlich wie die KLV ist die Schulspeisung für Hilfsschüler
in den Jahren 1934 bis 1936 umstritten. Erst am 27.1.1937
kommt es zu einem günstigen Bescheid durch den "Reichsbeauftragten für das Winterhilfswerk des deutschen Volkes
1936/37 im Hauptamt für Volkswohlfahrt": ".... Soweit
ein Ausschluß von Hilfsschülern aus der Speisung durch
das Winterhilfswerk oder durch die NSV erfolgt ist,
wird diese Maßnahme aufgehoben". (187)
Nach Kriegsbeginn setzt die "erweiterte KLV" ein. In dem
Rundschreiben Nr. 51/40 vom 5.10.1940 der NSLB an die
Eltern werden Einzelheiten bekanntgegeben. (188) Danach
werden Schüler des 1. - 4. Jahrganges in Familien untergebracht und in bestehenden Klassen schulisch betreut.
"Schüler vom 5. Schuljahr an werden möglichst geschlossen
in Klassen - und Schulverbänden in Lagern untergebracht.
Jugendherbergen, HJ-Heime, Schullandheime, Schulungsstätten, Gaststätten usw. werden von der Partei sichergestellt und eingerichtet". Die Lehrer sollen möglichst
an der Verschickung teilnehmen. HJ-Tätigkeiten finden
außerhalb des Unterrichts statt. "8. Alle Schüler tragen
die Uniform der HJ. Für die Ausrüstung ist die HJ zuständig. Es wird erwartet, daß auch die Lehrkräfte Uniform
tragen ... Für Lehrerinnen ist ebenfalls Lagerkleidung

erwünscht." Die Verschickung bleibt zunächst noch von
der Zustimmung der Eltern abhängig.
Wieder stellt sich die Frage nach der Teilnahme der
Hilfsschüler an der "erweiterten KLV". Münchau (1941)
berichtet von anfänglichen Mißverständnissen über die
Beteiligung der Hilfsschüler, sieht aber - zumindest
für Berlin - die Schwierigkeiten als gelöst an. Daß dies
nicht der Fall ist, geht aus vielen Dokumenten hervor.
Das Hauptamt für Volkswohlfahrt weist zwar Anfang 1941
die "Leiter der Ämter für Volkswohlfahrt in den Gauen"
bzw. die "Kreis- und Ortsgruppenamtsleitungen" an, daß
"eine generelle Ablehnung von Hilfsschulkindern nicht
ausgesprochen werden darf." (189) Doch richtet sich die
Betreuung von Hilfsschulkindern nach den "Richtlinien
für die Beurteilung der Erbgesundheit" und nach "der
sonstigen Würdigkeit und dem Verhalten der gesamten
Familie". Zu den an sich schon unklaren und damit
unterschiedlich auslegbaren Kriterien, die dem NSLB
bekannt gemacht werden, nennt ein Gebietsrundschreiben
der RJF vom 29.7.1941 "Verschickung von Hilfsschülern"
die eigentlichen Bedingungen. (190) "1. Solange noch
normale Schüler für die Verschickung bereitstehen, ist
von der Verschickung der Hilfsschüler abzusehen. 2. Werden Hilfsschüler verschickt, sind folgende Grundsätze
zu beachten: a) Hilfsschüler dürfen nur mit dem Lehrer,
der sie in der Schule betreut und daher ihre Eigenarten
kennt und ihnen zu begegnen weiß, verschickt werden.
b) Über die Lagerfähigkeit eines jeden zur Verschickung
kommenden Hilfsschülers ist von seinen Lehrern eine
Beurteilung einzuholen. Die Entscheidung trifft der
Gebietsbeauftragte für die KLV. c) Für Lager mit Hilfsschülern sind möglichst kleine Lagergemeinschaften
einzusetzen. Im Höchstfall soll ein Lehrer 20 Hilfsschüler zu betreuen haben. d) Eine Zusammenfassung von
Hilfs- und Normalschülern in gemeinsamen Lagern ist
nicht statthaft".
Um 1942, verstärkt 1943, sind offensichtlich auch Hilfsschulen zur KLV an der Reihe. Während der Schulrat von

Recklinghausen am 30.8.1943 in einem Bericht zur "Umquartierung von Schulen" erläutert, daß er "die Hilfsschüler nicht aufführt, da sie bei der Verschickung bisher nicht berücksichtigt worden sind" [191], meldet der Schulrat in Gelsenkirchen am 31.7.1943 16 Hilfsschüler aus Jahrgang 1 und 2 und 77 Hilfsschüler aus Jahrgang 3 bis 6 für die KLV. [192] Ebenso werden z.B. 2 ganze Hilfsschulen aus dem Regierungsbezirk Herne (18.8.1943) und 3 Hilfsschulen aus Wanne-Eickel nach Pommern verlegt. [193] Lesch meldet am 17.9.1943 die Verschickung von 1387 Münchner Hilfsschulkindern [194].

Doch bald schon wachsen die Widerstände der Eltern gegen die KLV. Die Verhältnisse in den KLV-Lagern sind zum Teil ungünstig, die Beschulung mangelhaft. Das Schulamt Recklinghausen klagt in einem Schreiben vom 8.9.1943 bei der Regierung von Münster: [195] Nur die Hälfte der Kinder kommt zu den Zügen, weil sich die Eltern nicht von ihren Kindern trennen lassen wollen. Außerdem können die Kinder nicht mit Kleidern ausgestattet werden. Häufig sind Klagen über das Verhalten der HJ in den Lagern Anlaß für die Widerstände der Eltern. An der Hilfsschule Marl werden folgende "Informationen" weitergegeben: "Wir verlieren den Krieg. Die Engländer kommen nach Bayern. Wir bekommen unsere Kinder aus der KLV nie zurück. Die Kinder haben es schlecht. Der N.N. ist geschlagen worden. Die Kinder mögen das Essen nicht. Die Bayern wollen uns nicht. Sie beschimpfen und schikanieren uns. Die Unterstützung ist gering". Lesch führt folgende Gründe für die Widerstände der Eltern auf: Sie fürchten, daß die fremden Pflegeeltern wenig Geduld für ihre schwierigen Kinder haben. Die Beschulung in der Hilfsschule ist meist nicht gewährleistet, zu oft müssen die Hilfsschulkinder in die Volksschule. [196] Sochaczewski (1969) berichtet aus Bremen, "daß vielen Hilfsschülern die Trennung vom Elternhaus nicht zuzumuten war. Sie kehrten teilweise auf eigene Faust nach Bremen zurück, wurden von den Eltern ohne Erlaubnis der Behörden zurückgeholt oder mußten wegen Bettnässen oder flegelhaften

Benehmens von den Lehrern zurückgeschickt werden" (81).
Der Schulrat von Witten/Hagen meldet dem Regierungspräsidenten von Münster, "z.T. katastrophale Erziehungs- und Unterrichtsergebnisse bei der KLV nach Süddeutschland, mit der Unterbringung doch in Einzelfamilien, ihrer Unterrichtung in zusammengefaßten Klassen durch Lehrkräfte der Heimatgebiete, wobei oft 30-50 Kinder aus 10-20 verschiedenen Schulen und aus sämtlichen 8 Schülerjahrgängen, untermischt mit Hilfsschülern, zu einer Klasseneinheit zusammengefaßt werden". (197)
Aus einem Bericht der Regierung von Münster an das RMinWEV vom 4.11.1943 geht hervor, daß die Widerstände gegen die KLV sehr verbreitet sind und viele Eltern durch das Zurückholen ihrer Kinder die Schulverwaltungen zur Wiedereröffnung der Schulen in den Heimatorten zwingen wollen. (198) "Die verantwortlichen Stellen sind sich einig, daß unter keinen Umständen dem Gedanken einer Wiedereröffnung, sei es auch nur einiger Schulen in den geräumten Orten und in Randschulen, nähergetreten werden darf. Es wird sonst der Rückstrom sofort unaufhaltsam einsetzen, wie Beispiele beweisen, die durch ausgestreute Gerüchte von solcher Wiedereröffnung bös gewirkt haben. Ja ich habe mich sogar veranlaßt sehen müssen, die Hilfsschulen für nicht-entsendungsfähige Hilfsschüler geschlossen zu halten, da jeder derartige Versuch als 'Beginn des Rückzugs' auf der ganzen Linie ausgelegt werde". "Es erscheint wichtig, lieber eine Zeit mangelhafter schulischer Betreuung für Teile der Unwilligen zu ertragen, als die Beschulung durch Wiedereröffnung mit dem vorauszusehenden Opfer von hunderten sonst in Sicherheit befindlichen Kindern zu erkaufen".
Ende 1943/Anfang 1944 nimmt die Verwirrung bei der KLV solche Formen an, daß sich die Reichskanzlei bzw. das RMinI am 17.2.1944 veranlaßt sehen, die Institutionen für die Durchführung der Kinderlandverschickung erneut festzulegen (Leiter: v. Schirach; Durchführung durch NSV, HJ und NSLB). (199) Private, staatliche oder gemeindliche Stellen oder die Träger der Reichsversicherung haben

sich mit v. Schirach abzusprechen. Doch wirkt der Erlaß wohl kaum klärend in der vollkommen verworrenen Situation der KLV.

9.3 Hilfsschüler und Landjahr bzw. Landdienst

Landjahr und Landdienst sollen bei den Schulentlassenen die Verbundenheit mit dem Land fördern und sie zugleich vertieft im nationalsozialistischen Sinne weltanschaulich schulen. Während das Landjahr eine pädagogische Einrichtung unter der Aufsicht des RMinWEV ist, geregelt durch das "Gesetz über das Landjahr" vom 1.4.1934, ist der Landdienst eine Gliederung der HJ (nach Klose 1964, 102-105).

Obwohl das Landjahr nach § 1 des Gesetzes eine Pflichteinrichtung für alle Schulentlassenen sein soll, wird allgemein eine strenge Auslese vorgenommen. (Ein Grund dafür ist im Mangel an Plätzen zur Unterbringung der Teilnehmer zu suchen; außerdem bereitet die gesamte Durchführung finanzielle Schwierigkeiten). Eine "strenge Auslese der Landjahrwilligen" geht von der Annahme aus, "daß nur eine gute Charakteranlage, nur eine gesunde körperliche Anlage, und nur ein zumindest durchschnittliches geistiges Leistungsvermögen die Gewähr geben, daß ein Junge die Werte des bäuerlich-politischen Soldatentums erfassen und sein Leben lang weitertragen kann" (Schmidt-Bodenstedt 1937, 17, in seiner "offiziösen" Interpretation des Landjahres). Sowohl Hofmeister (1935) als auch Krampf (1936 b) geben deshalb den Hilfsschülern kaum eine Chance, in den Kreis der Landjahrteilnehmer aufgenommen zu werden.

Im Laufe des Krieges verschärfen sich die Bedingungen für die Aufnahme in das Landjahr zusehends. In einem Erlaß des KultMin Stuttgart vom 18.11.1944 ist davon die Rede, daß das Landjahr eine "große Vergünstigung" sei und "die Jungen und Mädel, die charakterlich einwandfrei, geistig rege und körperlich tauglich sind, geworben werden müssen". (200) Da das Landjahr "als Erziehungseinrichtung, die nur den tüchtigen und tüchtigsten Schülern offensteht" charakterisiert wird, scheinen Hilfsschüler unüberwindliche Hürden vorgefunden zu haben.

Ähnlich liegen die Verhältnisse beim Landdienst der HJ.
Im Gebietsrundschreiben der RJF vom 9.12.1942 und
vom 10.11.1942 wird bestimmt, daß nur "erbbiologisch
gesunde Jugendliche ... nach vorheriger Musterung und
Auslese durch die HJ" aufgenommen werden können. [201]
Im einzelnen wird noch angeordnet, daß bei den "Appellen zur Vorauslese ... Hilfsschüler (-innen) ausgeschlossen" sind. Trotzdem geht der Hilfsschule Hafenstraße in Hamburg-Altona am 4.2.1943 (mit Anschrift!)
ein Schreiben der HJ, Bann Altona, zu, in dem für den
"Landdienst der HJ und den Osteinsatz" geworben wird.[202]
"Ich weise Sie nochmals auf den Landdienst der HJ und den
Osteinsatz hin. Ich bitte Sie, mit den Schulabgängern
die Möglichkeit des Osteinsatzes und des Landdienstes
der HJ zu besprechen". Es ist zu vermuten, daß der Zugang zum Landdienst aufgrund der Kriegsverhältnisse so
gering geworden ist, daß man sogar die Vorbehalte
gegen die Hilfsschüler fallen läßt.

9.4 Hilfsschüler in Arbeitsdienst und Wehrmacht

Arbeitsdienst und Wehrmacht als Institutionen des NS-Staates, die von jungen Menschen nach den Jugendorganisationen durchlaufen werden müssen, stellen dem Hilfsschüler keine grundsätzlichen Schranken bei der Aufnahme entgegen.
Haben schon die Teilnehmer der Kriegstagung des Verbandes der Hilfsschulen Deutschlands am 11.4.1917 in Berlin festgestellt, wie sehr sich die Hilfsschüler im Kriegsdienst bewährt haben (Wehrhahn/Henze 1917), so bemühen sich viele Autoren der Anfangszeit des nationalsozialistischen Staates mit Eifer um den Nachweis der Verwendbarkeit der Hilfsschüler im Arbeitsdienst und in der Wehrmacht.
Mussolff (1933) spricht zwar noch von Schwierigkeiten bei der Unterbringung von Hilfsschülern im - zu dieser Zeit noch freiwilligen - Arbeitsdienst (FAD), doch danach finden sich keine Zeugnisse, die auf einen grundsätzlichen Ausschluß der Hilfsschüler aus dem späteren Pflichtarbeitsdienst schließen lassen. Im Gegensatz zur Regelung bei der HJ werden jedoch andere Behinderungsarten vom Arbeitsdienst befreit. In einem Schreiben vom 6.8.1934 an den Fachschaftsleiter V im NSLB, Ruckau, bestimmt der Reichsarbeitsführer: [203] "Für die Untersuchung und den Ersatz der Arbeitsmänner gelten schon seit längerer Zeit ähnliche Vorschriften wie für das Reichsheer. Nach diesen Bestimmungen ist es nicht möglich, körperlich Behinderte, wie Gehörlose, einseitig Blinde usw. in den Arbeitsdienst einzugliedern". Auch die Bildung von Sondergruppen wird abgelehnt.
Verschiedene Autoren aus dem Kreis der Hilfsschullehrer versuchen in der Weise zugunsten der Aufnahme der Hilfsschüler zu argumentieren, daß sie diese für einfache Hilfsdienste in der Armee empfehlen (Heinrichs 1933 a: "Für Zeiten der Gefahr und Hochbeanspruchung eine Reserve, eine Hilfstruppe", 522; Fachschaft München 1934:

"Ihre Leistungsfähigkeit kann auf dem Gebiet der sekundären Wehrhaftigkeit (Versorgung in Bekleidung, Munition, in Arbeitsdienst an der Front, Heimatdienst aller Art) eine vollwertige sein" [204]; auch Pollack 1934).

In einem Schreiben der Polizeidirektion München vom 7.6.1935 an die Stadtschulbehörde zum Betreff "Musterung 1935" wird darauf hingewiesen, daß "nach § 39 Abs. 3 der Musterungsverordnung vom 29.5.1935 ehemalige Hilfsschüler von den übrigen Dienstpflichtigen gesondert am Schluß einzelner Musterungstage vorzustellen sind. Ich ersuche Vorsorge dafür zu treffen, daß die ehemaligen Hilfsschüler, die in den Jahren 1914-15 geboren sind, der Polizeidirektion München, Wehrpflichtamt, namhaft gemacht werden". [205] Die Stadtschulbehörde weist in diesem Sinne (Angabe von Familien- und Vornamen, Geburtsort- und -Zeit) die Hilfsschulen zwischen 1935 und 1945 jährlich zur Meldung an.

Diese Verwaltungsbestimmung sollte wohl aus der Schwierigkeit helfen, bei einer Musterung Hilfsschüler von Schülern der Volksschulen unterscheiden zu müssen bzw. zu können.

Zwei Zeugnisse über die Ergebnisse der Musterung von Hilfsschülern bestätigen die Annahme, daß die Armee des nationalsozialistischen Staates offenbar genug Aufgaben zu vergeben hat, von denen man glaubt, sie Hilfsschülern übertragen zu können. Ein Bericht der Polizeidirektion München (Wehrpflichtamt) an die Regierungspräsidenten von Oberbayern vom 20.6.1936 befaßt sich mit dem "Bildungsstand der Gemusterten". Darin wird u.a. ausgeführt: "Eine besonders mangelhafte Schulbildung konnte bei den heuer Gemusterten ... nicht festgestellt werden. Die 'Hilfsschüler' ergänzen sich im allgemeinen aus geistig Zurückgebliebenen. Sie machten aber keinen geistig besonders zurückgebliebenen oder besonders ungebildeten Eindruck. Die Masse der Leute ließ Frische, Aufmerksamkeit und Klarheit bei der Beantwortung der einfachsten Fragen und Unterhaltung über familiäre und Berufsverhältnisse

vermissen". Inwieweit obiges Urteil für die Arbeit der
Hilfsschule oder gegen die der Volksschule spricht, ist
hier wohl zweitrangig. Im Vordergrund steht die unausgesprochene Ansicht, daß die Wehrmacht mit ungenügenden
Kenntnissen und Fertigkeiten der Volksschüler leben müsse
und sie unter diesen Umständen auch die Hilfsschüler ertragen könne. In den Jahren 1937 und 1938 wird Ähnliches
aus Duisburg berichtet, wo die Hilfsschulen im voraus
"Charakteristiken" der Schüler an die Musterungsstellen
der Wehrmacht geben. "80 % unserer Hilfsschüler sind im
vergangenen Jahr der Wehrmacht zugeführt worden" (Schreiben vom 26.9.1938), stellt der Berichterstatter befriedigt fest. (206)

10. Der Hilfsschullehrer im nationalsozialistischen Staat

Aus dem bisher Gesagten ist abzuleiten, daß der Hilfsschullehrer in der Zeit des Nationalsozialismus eine wenig beneidenswerte Rolle einnimmt. Die überwuchernden Ansprüche der "völkischen Gemeinschaft", vertreten durch Partei- und Staatsorganisationen, lassen ihn im Zwiespalt zwischen Partei- bzw. Staatsloyalität und seiner Verantwortung für die ihm anvertrauten Schüler leben. Diese an sich in jedem Staat vorhandene Konstellation ist im nationalsozialistischen Staat dadurch äußerst problematisch, daß hier es nicht um ein Auspendeln der Ansprüche von Kind und Gesellschaft, sondern oft um ein existenzielles Verteidigen des Individuums "Hilfsschüler" gegenüber einem sozialdarwinistisch bestimmten Sozialverband geht. Um seine, wie auch immer verstandene Aufgabe erfüllen zu können, mußte der Hilfsschullehrer materiell und sozial abgesichert sein, die Interessen einer Gruppe vertreten und für seine Aufgabe ausgebildet werden.

10.1 Aufgabenstellung und Aufgabenverständnis des Hilfsschullehrers

Die Aufgabenstellung des nationalsozialistischen Staates für den Hilfsschullehrer erschließt sich zwangsläufig aus der Aufgabenstellung für die Hilfsschule, wie sie in 4. erörtert worden ist. Steht zwischen 1933 und etwa 1936 die Verpflichtung zur Übernahme der Funktion des "Hilfs-Amtswalters zur Verhinderung erbkranken, rassisch minderwertigen Nachwuchses" (Baier 1975, 221) im Vordergrund, so rückt die eigentliche pädagogische Verpflichtung des Hilfsschullehrers seit 1937/38, allerdings unter stark materialistisch-wirtschaftlicher Akzentuierung, wieder in den Mittelpunkt. Dieser allmähliche Wandel der offiziellen Aufgabenstellung für den Hilfsschullehrer drückt sich in staatlichen Regelungen wie dem "Erlaß 1935" (Betonen der volksbiologischen Aufgabe), der AAoPr 1938 (Nebeneinanderbestehen der erb- und rassenpflegerischen Mithilfe und der Erziehungs- und Unterrichtsaufgabe) und den Richtlinien von 1942 aus, die die Rolle des Zuarbeiters für die Erbgesundheitsgerichte fast völlig zugunsten der des Lehrers und Erziehers zurückdrängen.

Entscheidend für das Umsetzen einer staatlichen Aufgabenstellung in die Wirklichkeit ist der Grad der Identifikation des Lehrers mit den offiziellen Vorstellungen. Daß im nationalsozialistischen Staat massive materielle (über das Beamtenrecht) und soziale (über Partei bzw. NSLB) Pressionen zum Einsatz kommen, soll nicht verkannt und weiter unten noch erörtert werden. Doch muß gesagt werden, daß zumindest ein aus jüngeren Kräften bestehender Kreis von Hilfsschullehrern in den ersten Jahren der nationalsozialistischen Herrschaft sich nahezu bedingungslos den Forderungen des Staates unterwirft und diese Gleichsetzung mit der persönlichen Meinung publizistisch vertritt. Dadurch entsteht für den späteren Betrachter der Eindruck, daß zwischen 1933 und etwa 1936/37 die Hilfsschullehrer als Gesamtheit den "neuen Geist" übernehmen. Nicht nur die seit 1936 zu beobachtende Teilumkehr eines Tornow, eines Krampf oder eines Lesch, sondern auch das Auftauchen warnender, kritischer Stimmen (z.B. Hiller; Nöll) lassen auf das Vorhandensein einer "schweigenden Mehrheit" von Hilfsschullehrern schließen, die trotz aller Wandlungen auf der publizistischen Oberfläche ihre erziehliche und unterrichtliche Tätigkeit als eigentliche Aufgabe verstanden haben.

An wen persönlich die Mahnung auch gerichtet sein mochte, so kennzeichnet eine Notiz von Zwanziger, dem damaligen Reichsfachschaftsleiter V im NSLB, vom 15.6.1941 in der "DSoSch" das gewandelte Aufgabenverständnis der Hilfsschullehrer.[207] Unter der Überschrift "Sonderschullehrer, in die Schule!" mahnt Zwanziger in väterlich-bestimmten Ton: "Jeder Sonderschullehrer hat sein gerüttelt Maß an Arbeit, Mühe, Verdruß, Erfolg und Mißerfolg. Niemand kann zwei Herren dienen. Dies am allerwenigsten als Lehrkraft in der Sonderschule. Sonderschullehrer sind auch keine Schreibkräfte. Sonderschullehrer sind Erzieher, sind Jugendbildner. Sie arbeiten an der gefährdeten inneren Front unseres Volkes. Das kann man nicht nebenbei machen. Die Aufgabe füllt den ganzen Menschen aus. Ich habe Veranlassung aufzurufen, es wolle sich jedermann auf seine Aufgabe konzentrieren. Mit dieser Konzentration steht und fällt der Erfolg."

10.2 Der Hilfsschullehrer als Staatsbeamter

Innerhalb der im Staatsdienst stehenden Lehrer bildet der Hilfsschullehrer eine Untergruppe der Volksschullehrer. Seit der Jahrhundertwende suchen sich die Lehrer an Hilfsschulen aber von der Stammgruppe abzusetzen. Mit der Begründung schwierigerer Arbeitsbedingungen, bald auch einer besonderen Ausbildung, suchen sie kleine Vorteile gegenüber den Volksschullehrern herauszuholen. Stark regional, ja oft von Stadt zu Stadt unterschiedlich, wird den Hilfsschullehrern in den ersten drei Jahrzehnten des Jahrhunderts entweder eine geringere Pflichtstundenzahl oder eine "Amtszulage" oder etwas günstigere Beförderungsmöglichkeiten zugebilligt. In manchen Fällen gesteht man auch eine Kombination aus zwei oder drei dieser Möglichkeiten zu.

Nach der Machtübernahme der Nationalsozialisten versuchen die Vertreter der Hilfsschullehrer mit neuer Kraft, eine Verbesserung ihrer Einstufung innerhalb der Beamtenbesoldung zu erreichen. Im Jahre 1934 kursiert innerhalb des NSLB ein "Vorschlag für einen Studienplan zur Ausbildung von Sonderschullehrern", dessen Initiatoren nicht mehr festgestellt werden können. (208) Nach diesem Plan soll wenigstens für Preußen eine einheitliche und für alle an den Hilfsschulen tätigen Lehrer verbindliche Ausbildung an den Universitäten erfolgen. Aus einem Gutachten des "Gaufachschaftsleiters W.A." aus Düsseldorf vom 28.11.1934 ist jedoch zu entnehmen, daß man dort die Absicht der Hilfsschullehrer erkannt hat, über eine Angleichung an die Ausbildung der Taubstummen- und Blindenlehrer deren Gehaltsvorsprung gegenüber den Volksschullehrern mit zu übernehmen. Der Reichsfachschaftsleiter in Düsseldorf ist jedoch der Ansicht, daß solche Gehaltsverbesserungen "Sabotage an unseren Bestrebungen zur Herabdrückung der Kosten für die Minderwertigen bedeuten". Angesichts der zwischen 1933 und 1935 bestehenden Abschaffungstendenzen gegenüber der Hilfsschule muß deshalb ein Vorstoß zur Gehaltsverbesserung der Hilfsschullehrer erfolglos bleiben. Erst nach der AAoPr, als sich die Hilfsschullehrer in ihrer Arbeit endgültig bestätigt fühlen dürfen und zudem eine grundlegende Neuordnung der Besoldung der Volksschullehrer ansteht, suchen sie wieder ihre materielle Lage zu verbessern.

Schon bevor die neue Besoldungsregelung im Herbst 1940 zur Einführung kommt, muß Zwanziger erneut das Scheitern der Bemühungen der Hilfsschullehrer bekennen, sich von den Volksschullehrern bei der Besoldung abzusetzen und in einer besonderen Gruppe der "Sonderschullehrer" in den Genuß der Einstufung der Taubstummen- und Blindenlehrer zu kommen. [209] Er kann sich nur noch in den Trost flüchten, daß "wir nun wissen, was zu tun ist nach Beendigung des Krieges". In der Zwanziger eigenen, orakelhaften Sprache möchte er jedoch sofort den möglichen Verdaccht zerstreuen, daß eben die Taubstummen- und Blindenlehrer die Besserstellung der Hilfsschullehrer verhindert haben: "Auf dem Posten bleiben und den Gegner nicht im falschen Lager suchen. Die Reichsfachschaft hatte mit dem Vorgang aber auch gar nichts zu tun". (11.3.1940)

Nach der "Volksschullehrerbesoldungsverordnung" vom 29.9.1940 [210] werden die "Lehrer, die in den Volksschulen angegliederten Hilfsschulklassen zur dauernden und vollen Beschäftigung überwiesen oder an Hilfsschulen angestellt sind", in die Besoldungsgruppe A 4c2 (3000 - 5500 RM, entsprechend einem Hauptlehrer als Leiter von Volksschulen mit drei bis sechs Schulstellen) eingestuft und erhalten zudem eine "ruhegehaltsfähige unwiderrufliche Stellenzulage von 300 RM". Hauptlehrer als Leiter einer Hilfsschule mit drei oder vier Schulstellen erhalten die Besoldung A4b2, Rektoren als Leiter einer Hilfsschule mit mindestens fünf Schulstellen die Besoldung A4b1 (entsprechend einem Rektor als Leiter von Volksschulen mit mindestens sechs Schulstellen).

Die oben beschriebenen Besoldungsregelungen gelten jedoch nur für Lehrer mit abgelegter Hilfsschullehrerprüfung. Nach dem Runderlaß des RMinWEV vom 26.1.1942 ist eine kriegsbedingte Übergangsregelung vorgesehen. [211]

"Mit Rücksicht darauf, daß die Möglichkeit zur Ablegung der Prüfung in den letzten Jahren nicht bestanden hat, habe ich in einer Reihe von Einzelfällen auf Antrag der Anstellungsbehörden den Lehrern, die länger als zwei Jahre an Hilfsschulklassen oder Hilfsschulen unterrichten und sich bewährt haben, die Befähigung zum Hilfsschullehrer zuerkannt und sie damit beamtenrechtlich den Lehrern gleichgestellt, die die Hilfsschullehrerprüfung bestanden haben. Es bleibt aber auch in diesen Fällen wünschenswert, daß die Lehrer nach Wiedereinrichtung von Lehrgängen für die Ausbildung von Hilfsschullehrern an diesen Lehrgängen teilnehmen und die Prüfung nachholen."

Die Hoffnung der Hilfsschullehrer auf ihre Übernahme in eine "Sonderschullehrer"-Besoldung erleidet noch im Jahre 1944 einen erneuten Rückschlag. Im Runderlaß des RMinWEV vom 6.11.1944 wird die bestehende Besoldungsregelung der Hilfsschullehrer sinngemäß auf die Lehrer angewendet, die "in Einrichtungen für sehschwache, schwerhörige, sprachgestörte, krüppelhafte und schwererziehbare Kinder" eingesetzt sind. [212] Damit wird die Hilfsschullehrerbesoldung zur Leitmarke für die Besoldung anderer Lehrer von behinderten Kindern.

Die Wochenstundenzahl der Hilfsschullehrer bewegt sich zwischen 26 und 32, wobei weibliche Kräfte meist 2 bis 3 Stunden weniger Lehrverpflichtung haben. Einheitlich für das Reich wird die Wochenstundenzahl durch die Richtlinien von 1942 geregelt. Darin wird die wöchentliche Pflichtstundenzahl für männliche Lehrkräfte auf 28, für weibliche auf 26 festgesetzt.

Als Staatsbeamter ist der Hilfsschullehrer selbstverständlich dem unbedingten Loyalitätsanspruch des nationalsozialistischen Staates unterworfen. Dieser Anspruch enthüllt sein wahres Gesicht, wenn es um die Beförderung des Beamten geht. Jetzt verlangt der Staat nicht nur fachliche Kenntnisse und ein Mindestmaß an Solidarität mit der staatstragenden Idee, sondern das bedingungslose, gläubige Eintreten für die Ziele der NSDAP.

Sehr deutlich spricht dies ein Rundschreiben des NSLB vom 28.11.1942 betreffs "Politische Beurteilung bei Beförderungen von Beamten" aus. (213) Danach muß die NSDAP (Kreis- oder Gauleiter) eine Beurteilung über den betreffenden Beamten vorlegen, die enthalten muß: "1. Parteimitgliedsnummer 2. Zugehörigkeit zur politischen Leitung oder zu einer Gliederung 3. Opferfreudigkeit der NSV gegenüber 4. Beteiligung an der Arbeit des NSLB 5. Einsatzbereitschaft bei kriegswichtigen öffentlichen Aufgaben 6. Weltanschauliche Ausrichtung, fremde (konfessionelle) Bindungen 7. Charakterliche Eigenschaften (Kameradschaftlichkeit) 8. Besondere Eigenschaften und berufliche Fähigkeiten". Von vornherein sind "Nichtparteimitglieder und solche, die für die Parteiarbeit kein Interesse aufbringen, grundsätzlich für leitende Stellen auszuschließen". Der unbedingte Vorrang der politischen Qualifikation vor der fachlichen wird offen zur Regel erklärt: "Im übrigen wird der kämpferische Nationalsozialist in seinem Fachgebiet genau so wie im politischen Gebiet seinen Mann stellen. Er wird sich in seiner Beförderungsstelle schon bewähren".

Aus dem Bereich Düsseldorf sind mehrere Fälle dokumentiert, die die nach solchen Richtlinien entschieden worden sind.(214) Z.B. soll ein Hilfsschullehrer M.B. aus Wuppertal auf Vorschlag des Schulrats Schulleiter werden. Im politischen Gutachten vom 5.2.1937 spricht sich der Gauleiter gegen M.B. aus. Er sei nicht Mitglied der NSDAP und habe keine "Verdienste um Partei und Staat aufzuweisen. Er beteiligt sich in keiner Weise an der Aufbauarbeit des Staates, verhält sich vielmehr völlig passiv. Aus diesen Gründen verdient M.B. eine Förderung durch die Partei zur Zeit noch nicht". M.B. wird nicht befördert, wohl jedoch ein politisch besser beurteilter, jedoch fachlich weniger qualifizierter Kollege. Ähnlich wird 1939 in Solingen verfahren.

Ein Hilfsschullehrer kann in der Zeit des Nationalsozialismus, sofern er nicht zu sehr "politisch belastet" (z.B. frühere Zugehörigkeit zur KPD) ist, d.h. nicht aufgrund des "Gesetzes zur Wiederherstellung des Berufsbeamtentums" aus dem Staatsdienst entlassen werden kann, wohl als Beamter "überleben", muß jedoch auf Beförderungen verzichten und sich Versetzungen an ungünstige Schulstellen gefallen lassen.

10.3 Der Hilfsschullehrer und seine Standesvertretung

Die Vertretung der Interessen der Hilfsschullehrer als Berufsstand (und zugleich der Interessen der Hilfsschule als Bildungseinrichtung) macht sich seit 1898 der "Verband der Hilfsschulen Deutschlands" (VdHD) zu seiner Aufgabe. Sicher spüren dessen Vertreter schon vor 1933 den Ausschließlichkeitsanspruch, mit dem die NSDAP auftritt. Sie registrieren sicher die Bemühungen des NSLB, die Lehrerschaft im nationalsozialistischen Sinne zu beeinflussen.
Als Hitler und seine Partei die Staatsgewalt übernehmen, zeichnen sich schon in den ersten Monaten die Bestrebungen der Nationalsozialisten ab, den gesamten Staat und seine sozialen Gruppierungen "gleichzuschalten". Für die Führungskräfte des VdHD scheint es in den ersten Monaten am ehesten angebracht, grundsätzlich den Willen zur Zusammenarbeit mit der neuen Regierung zu bekunden, ohne sich zu sehr in die Arme der neuen Machthaber zu werfen. Diese vorsichtige Kontaktnahme vollzieht sich durch einen Brief des 1. Vorsitzenden, G. Lesemann, vom 23.3.1933 an den damaligen "Reichskommissar des Bayerischen Staatsministeriums für Unterricht und Kultus" in München, Hans Schemm. (215) Lesemann überreicht ihm das Programm des VdHD (aus der Zeit um 1930/32) mit der "Bitte, im Interesse des Volksganzen, dem die Hilfsschule mit all ihrer Kraft dienen möchte, unser Programm zu werten und zu unterstützen".
Etwa zur gleichen Zeit richtet Lesemann eine Ergebenheitsadresse an Hitler, in der er "der Reichsregierung seine volle Sympathie und sein ganzes Vertrauen" bekundet. Der Verband stellt sich "in treuer Pflichterfüllung und mit innerer Hingabe hinter die Regierung der nationalen Front".
Daß der NSLB mit formellen Ergebenheitsbezeugungen des VdHD nicht zufrieden sein kann, ist für den heutigen Betrachter selbstverständlich, für den in der Zeit Handelnden aber keineswegs so sicher. Doch laufen bereits regional und zentral die Vorbereitungen für das Unterlaufen des VdHD durch die NS-Lehrerorganisation. Dies

kommt in einer Mitteilung in der "Hilfsschule" zum Ausdruck, in der der geschäftsführende Ausschuß des VdHD (Lesemann, Falke, Scholz) darüber klagt, daß zwei ehemalige Verbandsmitglieder in Bielefeld, die vermutlich zum NSLB übergewechselt sind, Rundschreiben an Verbandsmitglieder verschicken, in denen zum Austritt aus dem VdHD aufgefordert wird. (217) Sie machen dem Vernehmen nach politisch-ideologische Gründe geltend, denn Lesemann betont, daß die Arbeit des Verbandes "rein sachlich" sei, und "daß die Interessen der Hilfsschule und der Hilfsschullehrerschaft in allen ihren Gruppen nirgends besser vertreten werden können als in unserem Verband". Die führenden Vertreter haben zu dieser Zeit noch nicht gespürt, daß ihm gerade eine unpolitische Einstellung den Boden für eine Existenz im nationalsozialistischen Staat entzieht.

Daß innerhalb der Parteigliederungen die Arbeit des NSLB im Jahre 1933 noch keineswegs unumstritten und genau abgegrenzt ist, geht aus einem Schreiben der Beamtenabteilung der NSDAP, Gauleitung Sachsen, vom 6.6.1933 an die Beamtenabteilung bei der Reichsleitung in Berlin hervor. (218) In ihm beschwert sich die Beamtenabteilung über die Aktivitäten und den alleinigen Vertretungsanspruch der "neuaufgezogenen Abteilung" des NSLB, Fachschaft "Heilpädagogik". Im beiliegenden Rundschreiben dieser NSLB-Abteilung möchte sich diese zur allein zugelassenen Gliederung zur Vertretung "der Hilfsschullehrer, Anstaltslehrer, Taubstummenlehrer, Blindenlehrer und sozialen Fürsorge" aufschwingen. Vor allem möchte sie den Eintritt der benannten Erzieher in die NSBO (NS-Betriebszellen-Organisation) verhindern, indem sie behauptet, daß dort die Interessen der Erzieher nicht vertreten würden.

Zentral wird die Übernahme des VdHD in die nationalsozialistischen Organisationen von Berlin aus vorbereitet und auf einer außerordentlichen Sitzung des Vorstandes des VdHD am 29.4.1933 bekanntgemacht und vollzogen. (219)

Der als "Kommissar für den VdHD" eingesetzte Hilfsschulrektor Friderici aus Berlin bringt dem Vorstand "zur Kenntnis, daß von der Zentrale in Berlin Herr Rektor Breitbarth, Halle, zum Vorsitzenden des VdHD bestimmt worden sei und den Auftrag erhalten habe, von sich aus – ohne Wahl durch eine Vertreterversammlung – den Vorstand zu bilden. Den Posten des 2. Vorsitzenden nahm der Kommissar für sich in Anspruch". Damit ist die bisherige Mannschaft des VdHD mit einem Federstrich aus ihren Ämtern entfernt und die spätere Auflösung des Verbandes in die Wege geleitet.

In Berlin hält man es offenbar doch für notwendig, den führenden Vertretern des Verbandes die Ausbootung des bisherigen Verbandsvorstandes zu erläutern. Deshalb findet am 28.5.1933 in Halle eine Vertreterversammlung statt. (220) Friderici glaubt sich in seiner Eingangsrede rechtfertigen zu müssen, indem er jeglichen "Vereinsehrgeiz" von sich weist und sich auf den "Auftrag" aus Berlin beruft. Heuchlerisch spricht Friderici davon, "daß bei den Abstimmungen die Vertreter der Verbände (nicht) um ihr Wahlrecht gebracht werden sollten", verkündet aber im gleichen Atemzug, daß nach der Wahl sofort die "Gleichschaltung" erfolge. Selbstverständlich erscheint es der Versammlung somit nur noch möglich, den schon vorher eingesetzten Breitbarth ohne Gegenvorschlag zum Vorsitzenden zu wählen (Egenberger: "Das politische Diktat siegte ... Wir Nicht-Nationalsozialisten schieden aus unseren Ämtern". Atzesberger 1971, 44). Lesemann wird wohl noch zum "Geschäftsführer" bestellt, ohne daß jedoch seine Funktion genau umschrieben ist. Die Schriftleitung der "Hilfsschule" wird "dem bisherigen Schriftleiter" (A.Henze) "und Dr. Tornow, Halle, übertragen."
Zum Schluß wird der Vorstand noch ermächtigt, den "körperschaftlichen Übertritt zum großen nationalsozialistischen Lehrerbund zu melden". Bei einer Aussprache darüber wird bekannt, daß verschiedene Landesverbände bereits in den NSLB übergeführt worden sind (Baden, Sachsen) bzw. mit ihm "kooperierten" (Württemberg). Der west-

fälische Hilfsschulverband wird Mitte Mai 1933 dadurch
"überführt", daß jedes Mitglied persönlich in den NSLB
eintritt und somit der bisherige Verband erlischt. (221)
"Die Versammlung wird geschlossen mit dem Horst-Wessel-
Lied!" (370).
Nachdem die Gleichschaltung im Sinne der NSDAP vollzogen
ist, stellt sich die Frage der Zuordnung der Hilfsschullehrer innerhalb des NSLB. Offenbar bemühen sich die
Volksschullehrer im NSLB um eine Einverleibung der Hilfsschullehrer und der Lehrer anderer Behindertengruppen.
Dies geht indirekt aus einer "Vereinsnachricht" über die
Vorstandssitzung des VdHD vom 5.8.1933 hervor. (222)
Tornow glaubt hierin, daß sich "im Interesse der Einheit-
lichkeit der deutschen Erzieherschaft und ihrer Organi-
sation" eine "Reichsfachschaft für Heilpädagogik"
nicht entwickeln lasse und es voraussichtlich nur zur
Gründung einer "Reichsarbeitsgemeinschaft" für die Behin-
dertenlehrer komme. Etwa gleichzeitig wendet sich
Breitbarth in einem Artikel der "Hilfsschule" gegen die
Eingliederung in die Fachschaft "Volksschulen", da die
Heilpädagogen dort nicht genügend Unterstützung für ihre
Arbeit finden würden (1933 a).
Doch schon in der oben zitierten "Vereinsnachricht" deutet
sich die weitere Entwicklung an. Der NSDAP genügt keineswegs die "Gleichschaltung" des VdHD über die Bestimmung
eines Vorstandes, sondern sie beabsichtigt eine völlige
Auflösung des Verbandes. Am 17.9.1933 wird schließlich
die "vorgeschriebene und beschlossene Auflösung des Verbandes der Hilfsschulen Deutschlands" vollzogen. (223)
Den "Liquidatoren" Breitbarth, Friderici und Böttcher
macht man vor allem die Weiterführung der Verbandszeitschrift "Die Hilfsschule" zur Verpflichtung. Mit
einigen tröstenden Worten wird Henze "verabschiedet",
ebenso Lesemann. Waren im Reichsverband damit die
"großen alten Männer" des VdHD verdrängt, so konnten
sich in manchen Regionalverbänden bisherige Vertreter zum
Teil halten (Hiller in Württemberg innerhalb des NSLB;

Egenberger im Bayerischen Hilfsschulverband, der erst am
24.1.1938 zwangsaufgelöst wird; nach Atzesberger 1971, 44).
Bei der Auflösung der Unterverbände des VdHD werden immer
vermögensrechtliche Fragen aufgeworfen, deren Lösung noch
viele Anstrengungen erforderlich macht. Insbesondere
wehrt sich der NSLB Schulden der Teilverbände zu übernehmen (z.B. bei der Liquidation des "Verbandes der Hilfsschulen in der tschechoslowakischen Republik, Leitmeritz
1938/39 [224]), während Guthaben glatt übernommen werden
(z.B. 9000 RM vom Verband der Hilfsschulen in Westfalen) [225].

Am 8.12.1933 ernennt Schemm, der Reichsleiter des NSLB,
den Taubstummenlehrer Paul Ruckau zum Leiter der nun doch
entstandenen Reichsfachschaft "Sonderschulen" im NSLB[226].
Die Lösung des Problems "Verbandszeitschrift" wird nochmals hinausgeschoben, indem für die ehemaligen Mitglieder
des VdHD bis 31.3.1934 der Pflichtbezug der "Hilfsschule"
angeordnet wird.

In den ersten beiden Monaten von 1934 geht Ruckau daran,
die neue Fachschaft zu gliedern und personell festzulegen. Die Fachgruppe Hilfsschulen wird A. Krampf, Hannover,
übertragen, der sich in der letzten Nummer der "Hilfsschule", März 1934, gleich mit einer "Denkschrift" zum
Hilfsschulwesen zu Wort meldet, deren Inhalt er dann
etwa drei Jahre lang hartnäckig vertritt und zum Teil
auch in die Tat umsetzt. Mit der Übernahme der Verbandszeitschrift "Hilfsschule" in die neugeschaffene Zeitschrift der Fachschaft Sonderschule "Die neue deutsche
Sonderschule für das geschädigte Volksglied" drängen
die parteitreuen Vertreter der Hilfsschullehrer A. Henze
endgültig aus seiner letzten Funktion als Schriftleiter
der "Hilfsschule" (zuletzt zusammen mit Tornow). Tornow
selbst wird zum Hauptschriftleiter der "DSoSch" ernannt, was die Hilfsschullehrer, als die zahlenmäßig
stärkste Gruppe innerhalb der Fachschaft Sonderschulen,
wohl zum Teil dafür entschädigen soll, daß nicht sie,
sondern die Taubstummenlehrer den Fachschaftsleiter

stellen. Die neue Zeitschrift "Die DSoSch" bemüht sich
sofort intensiv um die "nationalsozialistische Ausrichtung" der Hilfsschullehrer, was ihr nicht überall Sympathie einbringt. Der - freiwillige - Bezug der Zeitschrift
läßt den Schriftleiter immer wieder klagen. Im Jahre 1938
zwingt der dauernde Rückgang der Bezieher die Schriftleitung sogar zum Eingeständnis, daß es wohl zu einem großen Teil an der Gestaltung der Zeitschrift liegen müsse. (227) Er verspricht deshalb eine verstärkte Aufnahme
von "Mitteilungen" aus der Fachschaftsarbeit, von fachbezogenen Artikeln, eine Fachzeitschriftenschau und die
Kürzung der Aufsätze. Dies bedeutet ein Zurückdrängen
der "weltanschulichen" Artikel, was dann auch wirklich
zu registrieren ist. Eine Übersicht von 1939 stellt die
5860 Mitglieder der Fachschaft V den 3600 Beziehern der
"DSoSch" gegenüber. (228) Das veranlaßt Zwanziger zur
bissigen Bemerkung" "Mithin: 2000 haben nur dann Interesse
an ihrer Organisation, wenn es um die Besoldung geht !
Auch eine Bilanz!"

Ein wichtiges Anliegen der Fachschaft Sonderschulen im
NSLB nach ihrer organisatorischen und personellen Festigung ist es, ihre Interessen besser im Preußischen- und
Reichserziehungsministerium (PrRMinWEV), auf das ja immer
mehr Kompetenzen übergehen, vertreten zu sehen. Wie
schon vor 1933, bearbeitet auch in den ersten Jahren des
Nationalsozialismus die Volksschulabteilung im PrRMinWEV
(meist auch in den Kultusministerien der Länder) die Angelegenheiten der Hilfsschulen bzw. der übrigen Sonderschulen. Am 3.1.1935 legt Ruckau dem RMinWEV eine
"Denkschrift über die Notwendigkeit eines Fachdezernenten für das Sonderschul- und Anstaltswesen im Reichsunterrichtsministerium" vor. (229) Er erhält jedoch eine
Absage, weil für die Einrichtung kein Bedürfnis vorliege. In einem Schreiben vom 5.2.1935 an die Reichsleitung
des NSLB, Abteilung Erziehung und Unterricht, Roder,
beklagt sich Ruckau über die Ablehnung und bittet,

"beim Herrn Reichsunterrichtsminister eine persönliche Entscheidung zu erwirken". Zwanziger, inzwischen für Ruckau Reichsfachschaftsleiter (seit Anfang 1938), muß jedoch noch Anfang 1939 die Versagung des Wunsches von 1935 registrieren und fordert erneut die Schaffung "eines Einheitsreferates für alle Sonderschulen" im RMinWEV. (230) Wann es endlich doch zur Einrichtung eines "Referates für Hilfsschulen" im RMinWEV gekommen ist, läßt sich nicht mehr mit Hilfe von Dokumenten nachweisen. Fest steht jedoch, daß Ministerialrat Georg Kohlbach im März 1941 dieses Referat zur Verwaltung übertragen bekommt. Er spricht in einem Brief vom 17.10. 1941 davon, daß "das Referat für Hilfsschule in unserem Haus unter einem Unstern gestanden" hat. (231) Weitere Erläuterungen gibt Kohlbach in einem Schreiben vom 16.12.1941. Er berichtet vom "mehrfachen Referentenwechsel, der einmal durch den Tod des Referenten, dann durch eine Versetzung des Referenten in die neuen Ostgebiete erforderlich wurde" (232). Es ist anzuerkennen, daß seit der Übernahme des Referentenamtes durch Kohlbach die Interessen und Bedürfnisse der Hilfsschule und der Hilfsschullehrer im RMinWEV auffallend wirkungsvoll und sachgerecht vertreten werden. Die neuen Impulse können jedoch aufgrund der Kriegsverhältnisse nur noch zu einem geringen Teil zur Wirkung kommen.

10.4 Die Ausbildung der Hilfsschullehrer

Der Wunsch der Hilfsschullehrer, sich als eigener Berufsstand zu profilieren, drückt sich zu Anfang dieses Jahrhunderts in dem Bestreben aus, eine formal und inhaltlich besondere Ausbildung zu erlangen, die mit einer Anstellungsprüfung abschließt und somit den Ausgangspunkt für eine vom Volksschullehrer abgehobene Beamtenlaufbahn schafft. Wohl gibt es seit 1913 in Preußen eine "Prüfungsordnung für Lehrer und Lehrerinnen an Hilfsschulen", doch bleibt die Ausbildung in Preußen und in den Reichsländern noch viele Jahre ungeregelt. Nach der Preupischen Prüfungsordnung sind "Geistliche, einstellungsfähige Kandidaten der Theologie und Philosophie, Volksschullehrer, welche die Prüfung für die endgültige Einstellung bestanden haben und Lehrerinnen, die mindestens drei Jahre in wirklichem Klassenunterricht voll beschäftigt gewesen sind und sich in der Praxis bewährt haben" (§ 2), zur Prüfung zugelassen. (233) Besondere Kenntnisse über die Hilfsschule können durch "ein Jahr lang Unterricht in einer Schule für schwachsinnige Kinder oder durch Kurse für Hilfsschullehrer" oder durch Teilnahme an den Übungen eines Heilpädagogischen Seminars (§ 5) erworben werden.
In Bayern muß um 1920 für die Gewährung der Amtszulage für Hilfsschullehrer durch die Gemeinde eine gewisse Vorbildung wie "Universitätsstudium, Privatstudium oder Lehrgang" nachgewiesen werden. (234) Erst 1922 wird in München unter der Leitung von R. Egenberger das "1. Heilpädagogische Studienjahr" in Verbindung mit der Universität durchgeführt. Es findet Wiederholungen in den Jahren 1925/26 und 1929/30 (jeweils mit einigen Teilnehmern aus Württemberg). Auch in Preußen und anderen Ländern werden in den Zwanziger Jahren Ausbildungskurse für Hilfsschullehrer abgehalten, meist jedoch ohne oder nur in lockerer Verbindung mit den Universitäten (Köln, Düsseldorf, Essen, Dortmund, Berlin, Halle, Stettin). Der Wunsch, wie ihn z.B. Fuchs in seinem Entwurf zu einem Reichssonderschulgesetz ausdrückt, bei der Ausbildung den Taubstummen- und

Blindenlehrern gleichgestellt zu werden, geht nicht in
Erfüllung (Fuchs 1927). Gegen Ende der Zwanziger Jahre
läuft im Deutschen Reich eine große Zahl von unterschiedlich gestalteten Ausbildungsmaßnahmen für Hilfsschullehrer und Lehrer anderer Behinderungsarten.
Mehrfach erhebt sich die Forderung nach einer heilpädagogischen Grobinformation für alle Volksschullehrer
(z.B. Stern 1930; Studienplan 1934) und nach heilpädagogischer Zusatzausbildung für Fachlehrer ("Technische
Lehrerinnen"; Antrag des VdHD vom 12.3.1932 an das
PrMinWKV) [235]. Doch wie schon durch den ersten Weltkrieg,
wird durch die Wirtschaftskrise von 1930/32 der "heilpädagogische Schwung" wieder einmal abgebremst. In Preußen
muß die überwiegende Zahl der Lehrgänge zur Vorbereitung
auf die Hilfsschullehrerprüfung abgeschlossen werden,
ohne daß neue Kurse anlaufen dürfen (Erlaß des PrMinWKV
vom 16.9.1930). [236] Auch in den Reichsländern kommt es
zur Einschränkung der Ausbildung, obwohl der Mangel an
Hilfsschullehrern noch keineswegs behoben ist (z.B.
sucht die Hilfsschule Frankenthal in der bayerischen Pfalz
im Jahre 1931 in ganz Bayern einen ausgebildeten Hilfsschullehrer, der noch nicht an einer Hilfsschule angestellt ist. Weil sich keiner findet, muß ein Volksschullehrer die Stelle übernehmen [237]).
Nach der Machtübernahme durch die Nationalsozialisten
gerät, wie schon weiter oben beschrieben, die Hilfsschule
in den Strudel ideologischer, rassenpolitischer und volks-
wirtschaftlicher Argumente (bzw. Scheinargumente). Dies
bringt selbstverständlich auch eine Beeinträchtigung der
Hilfsschullehrerausbildung mit sich. In Preußen werden
die Ausbildungslehrgänge verboten (nach Hofmann 1966).
Prüfungen werden jedoch noch im August 1933 im Heilpädagogischen Institut in Berlin und Halle abgehalten. [238]

Abgesehen von einem "Vorschlag für einen Studienplan
zur Ausbildung von Sonderschullehrern", der im Jahre 1934
in verschiedenen Gruppierungen des NSLB umläuft, wird
die Frage der Ausbildung von Hilfsschullehrern in den
ersten beiden NS-Jahren nahezu totgeschwiegen. [239]

Sie steht zu sehr am Rande, als daß die in der Diskussion und der Durchführung der "Gleichschaltung" des gesamten Schulwesens eine Rolle spielen könnte.
Erst seit 1935 leben Überlegungen zur Ausbildung von Hilfsschullehrern wieder auf. Der Grund dafür ist in dem zunehmenden Hilfsschullehrermangel zu suchen, der durch die fehlenden Ausbildungsjahre zwischen 1930/32 und 1935 ausgelöst und durch den "Erlaß 1935" (Verpflichtung zur Überweisung von Hilfsschulkindern) noch verstärkt wird. Schon zu Anfang 1934 berichtet der Regierungspräsident von Hildesheim (26.4.1934) an das RPrMinWEV über die Schwierigkeiten in seinem Regierungsbezirk (Göttingen, Minden), Hilfsschullehrstellen auch mit geprüften Lehrern zu besetzen. [240] Da solche Klagen sich häufen, bemüht sich das RMinWEV in einer Verfügung vom 12.11.1935, den "Bedarf an geprüften Lehrern (Lehrerinnen) für den Hilfsschuldienst in Preußen" zu ermitteln. [241] Doch auch in den anderen Gebieten des Reiches wird der Mangel an Hilfsschullehrern bei den Kultusministerien angezeigt (z.B. 1935 in Bayern und in der Pfalz[242]).

Zu Maßnahmen führt der vielfach beklagte Zustand jedoch nur in Bayern. Schulrat Rottner, der für die Hilfsschulen Münchens zuständige Schulaufsichtsbeamte, stellt am 26.6.1935 an das Kultusministerium den Antrag, im Wintersemester 1935/36 einen Ausbildungskurs für Lehrer an Sonderschulen abzuhalten. [243] Er wird mit dem Fehlen von Sonderschullehrern begründet. Die Regierung von Oberbayern unterstützt diesen Vorschlag am 16.9.1935 unter Verweis auf den inzwischen erfolgten "Erlaß 1935", als Folge dessen man eine Ausweitung der Sonderschulen erwarten könne. Am 28.9.1935 ergeht die Ausschreibung an die Bezirke, allerdings nur als Lehrgang für "Hilfsschullehrer". [244] Schon im Oktober 1935 beginnt unter der Geschäftsführung von E. Lesch der Lehrgang mit 17 Teilnehmern aus Bayern und 5 Gästen aus Württemberg. Er umfaßt Vorlesungen an der "Staatsmedizinischen Akademie", (1933 zur weltanschaulichen und rassenhygienischen Schulung der Ärzte gegründet),

an der Universität und Veranstaltungen durch Lehrkräfte aus der Schulpraxis (Lesch, Schwendner, Demmel, Rottner, Schubeck, Ettmayr). Neben der Erarbeitung von fachlichen Inhalten soll die "weltanschauliche Schulung und Ertüchtigung der Hilfsschullehrer zur wohlgerüsteten Mitarbeit an den Aufgaben der Rassenpflege und des Volksgesundheitsdienstes" (Lesch, Zur Geschichte der Ausbildungslehrgänge für Hilfsschullehrer; Manuskript) erfolgen. (245)
Daß die Abhaltung des Lehrgangs in Bayern beim parteitreuen NSLB nicht auf ungeteilte Zustimmung stößt, geht aus einem Tätigkeitsbericht des Gaufachschaftsleiters aus Niederbayern vom 24.12.1935 hervor. (246) Er äußert seine "Überraschung" darüber, daß "im Oktober 1935 das Bayerische Unterrichtsministerium urplötzlich einen Ausbildungslehrgang für Hilfsschullehrer" ausgeschrieben habe. Dies widerspreche den Fachschaftsbeschlüssen, "sämtliche Sonderschullehrer (Lehrer an Taubstummen-, Blinden-, Hilfs- und Anstaltsschulen) künftig in _einem_ Lehrgang auszubilden". Ein Lehrgang für Hilfsschullehrer stört offensichtlich zu dieser Zeit den ideologisch begründeten "Einheits"-Wunsch der Fachschaft, wohl aber auch die standespolitische Zielsetzung der Hilfsschullehrer (Angleichung an die Taubstummen- und Blindenlehrer über die Ausbildung). Obwohl der Fachschaftsleiter von Niederbayern sofort die Zentrale in Berlin verständigt, kann der Lehrgang nicht mehr verhindert werden. Mit diesem Überraschungseffekt haben wohl auch Lesch und Ministerialrat Kolb, die eigentlichen Initiatoren des Lehrgangs, gerechnet.
Braunschweig ändert am 12.7.1935 zwar seine "Verordnung über die Prüfung der Hilfsschullehrer" vom 6.6.1923, indem es für die mündliche Prüfung nationalsozialistisch bestimmte Inhalte (Verhinderung erbkranken Nachwuchses, Vererbungswissenschaft, Rassenkunde und Bevölkerungspolitik) aufnimmt, doch ist nicht bekannt, ob danach zur selben Zeit auch schon ausgebildet wird. (247)

In Berlin läuft Ende 1935/Anfang 1936 ein Ausbildungskurs
für Sonderschullehrer. Dies geht aus dem "Arbeitsplan der
Reichsfachschaftsführung" hervor. [248] Er wird von dieser
ausdrücklich als "Zwischenlösung" empfunden und müsse in
Zukunft in eine Ausbildung aller Sonderschullehrer eingebracht werden. Die Andeutung, daß es sich wiederum nur um
eine Ausbildung von Hilfsschullehrern handelt, findet
ihre Bestätigung in einem Schreiben des "Stadtkommissars
der Hauptstadt Berlin" vom 7.4.1936 an das RMinWEV [249].
Unter dem Betreff "Prüfung der Hilfsschullehrer (-innen)
in Berlin", teilt er mit, daß er als Termin für die
Prüfung der Hilfsschullehrer und -lehrerinnen in Berlin
für die schriftliche Prüfung den Dienstag, den 27. Oktober 1936 in Aussicht genommen habe. "Den Termin für
die mündliche Prüfung kann ich erst feststellen, wenn
die Zahl der Meldungen zur Prüfung feststeht. Als Melde-
termin gilt der 15. Juni 1936. Ich bitte, die Veröffentlichung dieser Termin im Reichserziehungsblatt veranlassen zu wollen". Die Antwort des RMinWEV erfolgt
rasch und unzweideutig: "Ich ersuche, von der Veranstal-
tung von Hilfsschullehrerprüfungen bis auf weiteres abzusehen" (20.4.1936). In Preußen ist offensichtlich
keine gesonderte Hilfsschullehrerausbildung bzw. -prü-
fung durchzusetzen.
Sochaczewski (1969) berichtet aus Bremen von einem
"Kursus zur Ausbildung von Lehrern an Hilfsschulen unter
der Leitung des Rektors der Hilfsschule Vegesackstraße,
Herrn Robert Ebbecke" während der Zeit des Nationalsozialismus, macht aber keine Angaben über Zeitpunkt und Art
dieser Ausbildung (80). Am 19.10.1936 wird in Hamburg
die Einrichtung einer Hochschule für Lehrerbildung mit
einer Abteilung für die "Sonderausbildung von Lehrern an
Hilfs- und Sonderschulen" gegründet. [250] Mit der Leitung
der Abteilung wird Dr. Karl Hansen beauftragt. Doch ist
zu vermuten, daß wegen der bald erfolgenden Umstellung
der Volksschullehrerbildung (von "Hochschulen für Lehrer-

bildung" auf "Lehrerbildungsanstalten") keine Ausbildung von Sonderschullehrern erfolgt ist.
Die in den Jahren 1933 bis 1935 nach außen vertretene Forderung nach einheitlicher Ausbildung aller Sonderschullehrer erweist sich als haltlose Lippenbekenntnis, als am 12.6.1936 reichseinheitliche "Bestimmungen über die Ausbildung und Prüfung der Lehrer und Lehrerinnen an Taubstummen- und Blindenanstalten" erscheinen. (251)

Danach wird zentral an der "Staatlichen Taubstummen- und Taubstummenlehrerbildungsanstalt in Berlin-Neukölln" und der "Staatlichen Blinden- und Blindenlehrerbildungsanstalt in Berlin-Steglitz" der entsprechende Lehrernachwuchs in einem 2-jährigen Lehrgang ausgebildet. Die Führung der Fachschaft V durch die Taubstummenlehrer hat in dieser Regelung wohl ihren Niederschlag gefunden, auch wenn die Fachschaft als Gesamtheit noch weiter ihr "Einheitskonzept" für die Sonderschullehrerausbildung vertritt.
Im Jahre 1938 finden in München und Stuttgart Kurzlehrgänge für solche Volksschullehrer statt, die schon längere Zeit an Hilfsschulen unterrichten (München: 15.3.-25.3.1938 (252); Stuttgart: "Einführungslehrgang für Hilfsschullehreranwärter" vom 24.10.-21.12.1938 (253)).
Aus den Umständen und dem Teilnehmerkreis der beiden letztgenannten Ausbildungsmaßnahmen ist zu entnehmen, daß aufgrund des Hilfsschullehrermangels viele Volksschullehrer an Hilfsschulen unterrichten. Ihnen will man in Bayern und Württemberg eine erleichterte Möglichkeit schaffen, sich auch formell zum Hilfsschullehrer zu qualifizieren. Doch der Hilfsschullehrermangel wird ab 1938 ein entscheidender Hemmschuh für die Entwicklung des Hilfsschulwesens. Wohl ist es durch den "Erlaß 1935", und vor allem durch die AAoPr 1938 und das Reichsschulpflichtgesetz von 1938 schulpolitisch und schulrechtlich gesichert, doch sind die personellen Möglichkeiten begrenzt. Die Klage über diesen Zustand wird von allen Seiten geführt.

Hilfsschullehrer (Krampf 1937 a; 1938 a: "Die Ausbildungsfrage muß mit Energie in Angriff genommen werden", 489; Tornow 1939; Matthies 1940), Schulträger (Oberbürgermeister von Stettin am 30.12.1937: "Es gibt keine Hilfsschullehrer! ... Es soll nicht organisiert werden, was nicht organisiert werden kann, weil die Träger der Organisation, d.h. die Hilfsschullehrer, nicht vorhanden sind. Der Sachverwalter im Ministerium, der das Hilfsschulwesen 'ausbauen' will und nicht mit ganz bestimmten Vorschlägen kommt, wie wir Hilfsschullehrer schaffen, baut potemkinsche Dörfer"; aus der Umfrage des Deutschen Gemeindetages zum möglichen Erlaß der AAoPr vom 21.12.1937 [254]) und Schulverwaltungen (Bayerisches Kultusministerium an RMinWEV am 28.8.1939, im Anschluß an eine Mahnung zur Übernahme der AAoPr: "Der Mangel an heilpädagogisch ausgebildeten Kräften besteht weiter!" [255]) lassen auch die zuständigen Referenten im RMinWEV zur Überzeugung gelangen, daß die Ausbildung der Hilfsschullehrer in Angriff genommen werden muß. Dem Eingeständnis gegenüber dem Regierungspräsidenten von Lüneburg, daß es nicht in der Lage sei, ihm "zum 1. April 1939 Lehrkräfte mit der Befähigung zum Unterricht an Hilfsschulen zu überweisen", folgt die Empfehlung, "in die zu besetzenden Stellen Volksschullehrkräfte zu berufen, die gewillt sind, an Hilfsschulen zu unterrichten und nach ihrer bisherigen Unterrichtstätigkeit dazu geeignet erscheinen. Diesen Lehrkräften werde ich, wenn sie sich während längerer Zeit im Hilfsschuldienst bewährt haben, nach Inkrafttreten der neuen Ausbildungs- und Prüfungsordnung für Lehrkräfte an Hilfsschulen die Möglichkeit geben, ihre Befähigung zur Anstellung im Hilfsschuldienst in erleichterter Form nachzuweisen. Ich betone aber, daß die endgültige Einweisung in den Hilfsschuldienst und die Gewährung der Stellenzulage für Hilfsschullehrkräfte erst zulässig ist, wenn dieser Nachweis erbracht ist" (18.1.1939) [256].
Ähnlich wie bei der Lösung von anderen Problemen des Hilfsschulwesens muß auch bei der Frage der Ausbildung von Hilfsschullehrern die im nationalsozialistischen Staat schon eingespielte Reihenfolge eingehalten werden: Zuerst Regelung der Angelegenheiten der Höheren Schulen,

dann der Volksschulen und zuletzt der Hilfsschulen. Erst nachdem zwischen 1939 (Einführung der "Staatlichen Aufbaulehrgänge zur Vorbereitung auf das Studium an Hochschulen für Lehrerbildung", d.h. der Teilabbau der akademischen Lehrerbildung) und 1941 (Einrichtung von "Lehrerbildungsanstalten" mit vollkommenem Abbau der akademischen Lehrerbildung) der Weg der Volksschullehrerbildung sich abzeichnet und die neuen Pläne in die Tat umgesetzt werden, kann die Regelung der Ausbildung der Hilfsschullehrer in Angriff genommen werden (Ausführliche Erörterung der Volksschullehrerbildung bei Benze 1941 und Schmidt-Bodenstedt 1942).

Schon 1937 fordert Tornow für die Sonderschullehrer einen Ausbildungsgang, bei dem nach Arbeitsdienst und Militär auf 2 Jahre "Hochschule für Lehrerbildung mit Prüfung" 2 Jahre "Sonderschullehrerausbildung mit Abschlußprüfung für ein Gebiet des Sonderschulwesens" (1937, 90) vorgeschlagen wird. Doch trotz vieler gutgemeinter Vorschläge verstreicht die Zeit, während der Hilfsschullehrermangel immer drückender wird. Aus dieser Notwendigkeit heraus legt der "Reichsstatthalter in Hamburg" am 7.1.1938 dem RMinWEV einen Entwurf für die Prüfung für das Lehramt an Hilfsschulen als Regelung auf Landesebene vor. [257] Vermutlich auf Anregung von Kludas soll in Hamburg eine Hilfsschullehrerausbildung aufgebaut werden, bei der Volksschullehrer (mit 1. und 2. Prüfung und 2-jähriger Tätigkeit an der Hilfsschule) in einer 4-semestrigen Ausbildung Hilfsschullehrer werden sollen. "Mit Rücksicht auf die grundlegende Bedeutung wird um Äußerung gebeten, ob gegen den Entwurf Bedenken zu erheben sind". Leider hat sich die Rückäußerung des RMinWEV nicht erhalten. Aus einer späteren Äußerung Kohlbachs (Begleitbrief zum Entwurf für die Ausbildungsordnung vom Dezember 1941 [258]) kann jedoch geschlossen werden, daß Hamburg die Durchführung einer Ausbildung nach dem vorgesehenen Modus versagt wird (vgl. den überraschenden "Alleingang" Bayerns im Herbst 1935).

Doch Ende 1939 / Anfang 1940 wird endlich, vermutlich
auf Betreiben Kohlbachs, die Regelung der Hilfsschullehrerausbildung in die Wege geleitet. Lesch kommt von der Zusammenkunft in Berlin (Juni 1941) mit Tornow und Kohlbach
zwecks Erarbeitung der Richtlinien 1942 mit der überraschenden Auskunft heim, daß in Berlin "die Wiederaufnahme
des 'Staatlichen heilpädagogischen Ausbildungslehrganges
für Hilfsschullehrkräfte' in München von seiten des Reichserziehungsministeriums nicht nur gebilligt würde, sondern
erwünscht wäre - zum Zwecke der Beseitigung des Hilfsschullehrermangels in Bayern sowie zum Zwecke der Aufstellung einer Verordnung über die reichseinheitliche
Regelung des Ausbildungswesens der Hilfsschullehrkräfte im
Reich und als Muster für die übrigen im Reich zu errichtenden Ausbildungsinstitute für Hilfsschullehrkräfte"
(Bericht vom 28.6.1941). [259]

Schon am 17.10.1941 richtet Kohlbach an Ministerialrat
Richter im RMinFin eine Voranfrage. [260] In ihr läßt er
durchblicken, daß er von der Forderung des NSLB, "die
Studiengänge nicht nur für Hilfsschullehrer, sondern auch
für die sogenannten Anstaltslehrer" einzurichten, wenig
hält. Kohlbach bemüht sich nicht einmal darum, genaue Informationen über den entsprechenden Personenkreis zu erhalten. Das RMinFin erhebt von vornherein Bedenken gegen
Bezeichnungen wie "Studium", "Semester", "wissenschaftlicher Teil", weil diese "bei den Teilnehmern Hoffnung
auf die für die hochschulmäßig vorgebildeten Beamten vorgesehene Besoldung erwecken" könnten (Antwort vom 14.8.
1942). Außerdem möchte man im RMinFin die Weiterzahlung
der Dienstbezüge während der Ausbildung nur für verheiratete Lehrer gewähren, während unverheiratete Teilnehmer
sich mit weniger begnügen müßten.

Noch im Dezember 1941 verschickt das RMinWEV den "Referentenentwurf einer reichseinheitlichen Ausbildungs- und
Prüfungsordnung für Hilfsschullehrer" (nur noch für Hilfsschullehrer!) an mehrere Regierungspräsidenten in Preußen und Länderkultusministerien zur Stellungnahme. [261]

Man wählt solche aus, die auch für die spätere Einrichtung
der Lehrgänge in Frage kommen (Hamburg, Köln, Frankfurt
a.M., München, Halle, Berlin, Danzig und Wien). In dem
Entwurf, der überwiegend die Handschrift Tornows, aber
auch Elemente der bayerischen Ausbildung - Lesch - enthält,
sind folgende Punkte bemerkenswert:
- Die Lehrgänge unterstehen ausschließlich dem RMinWEV,
  so daß die Regierungspräsidenten und die Länderkultusministerien nur für Durchführung und Finanzierung verantwortlich sind.
- Das "wissenschaftliche Studium" (trotz der Bedenken des
  RMinFin !) macht die Bindung an eine Universität erfor-
  derlich.
- Alle Teilnehmer sind mit vollem Gehalt zu beurlauben.
Die Ausbildungs- und Prüfungsinhalte sollen sich von
Schulpraxis über Psychologie, Psychopathologie und
Hilfsschulmethodik bis zu volksbiologischen, rassen-
und bevölkerungspolitischen Informationen erstrecken.

Vermutlich durchkreuzt die Parteikanzlei, wie in mehreren anderen Angelegenheiten im Zusammenhang mit der Regelung des Hilfsschulwesens, jedoch all die gutgemeinten
Pläne des RMinWEV und der für die Durchführung der Lehrgänge in Aussicht genommenen Verwaltungen. Schon am
9.3.1942 muß das RMinWEV die Vorbereitungen zur Einrichtung der Lehrgänge, wie sie in Hamburg für 1942 schon
angelaufen sind, einstellen lassen. Damit muß ein durchaus vertretbares Konzept für die Ausbildung von Hilfsschullehrern den Erfordernissen des Zweiten Weltkriegs
geopfert werden.

Bayern, dem während der Planung für die Reichsausbildung
noch die Durchführung eines Lehrgangs erlaubt worden ist,
führt von Oktober 1941 bis Ende Juli 1942 einen zweige-
teilten Ausbildungsgang durch: (262) Einen sogenannten
"Notlehrgang" für Lehrer, die schon lange Jahre in der
Hilfsschule tätig sind, aber noch keine Hilfsschullehrerprüfung abgelegt haben (35 Teilnehmer, davon 3 aus
Württemberg), bei dem die Teilnehmer siebenmal für eine
Woche nach München gerufen werden (allgemeiner Lehrermangel!). Dazu einen "Hauptlehrgang" für Volksschullehrer,
die noch keine Hilfsschulpraxis haben, aber in der Hilfs-

schule verwendet werden wollen (13 Teilnehmer, davon 3 aus Württemberg). Sie werden unter Freistellung vom Schuldienst ein Jahr lang ausgebildet. Die Leitung des Lehrgangs liegt bei E. Lesch.
Für 1942/43 sieht das Bayerische Kulturministerium eine Wiederholung des Lehrgangs vor (Ausschreibung ist bereits vorgenommen!), doch nun erfolgt wieder der politische Eingriff. Ministerialrat Kolb muß am 22.10.1942 den Regierungspräsidenten bzw. dem für die ehemalige bayerische Pfalz zuständigen Reichsstatthalter in der Westmark/Saarbrücken mitteilen, daß "der Herr RMinisterWEV mit Runderlaß vom 15.9.1942 mitgeteilt (hat), daß aufgrund eines Schreibens des Leiters der Parteikanzlei vom 23.9.1942 die Vorbereitungsarbeit für die vorgesehene Durchführung eines Ausbildungslehrganges im Schuljahr 1942/43 bis auf weiteres einzustellen ist. Die zu dem beabsichtigten Lehrgang gemeldeten Lehrkräfte bleiben vorerst vorgemerkt".[263] Trotzdem führt das Bayerische Kultusministerium vom 27.6. bis 4.8.1943 eine "Hilfsschul-Fortbildungswoche" mit 188 freiwilligen Teilnehmern aus Bayern, der Westmark, Württemberg und Baden-Elsaß durch. Damit erlischt endgültig die letzte Aktivität bei der Hilfsschullehrerausbildung im Sturm des Weltkriegs.

11. Rückblick

In der Zeit von Weimar haben sich die Befürworter der Schulform "Hilfsschule" mit kräftigen sozialdarwinistischen Gegenströmungen auseinanderzusetzen. Sie begegnen Zweifel an der erbbiologischen bzw. rassenhygienischen "Wertigkeit" der Hilfsschüler und der Hilfsschularbeit. Die Hilfsschullehrer sehen sich Forderungen nach negativen eugenischen Maßnahmen gegenüber den Hilfsschülern ausgesetzt. Zudem ist die Hilfsschule in den Zwanziger Jahren beständig sozialutilitaristischen Überlegungen unterworfen.

Die Heilpädagogen, insbesondere die Hilfsschullehrer, nehmen die an sie und ihre schulische Einrichtung herangetragene Herausforderung weitgehend an und suchen sich auf fremden, unsicherem sachlichen Untergrund zu verteidigen. Dabei kommen sie zwangsläufig mit ihrer Argumentation ins Hintertreffen, da ihre fachliche Basis zu schmal ist. Die Hilfsschullehrer bemühen sich zu wenig, die in der Gesellschaft von Weimar durchaus noch lebendige Solidarität sozialer Gruppierungen zu stärken und zeigen zu geringes Vertrauen in die Wirkung pädagogischer Begründungen für ihre Schulform. Doch bleibt das ungeschickte Taktieren der Vertreter der Hilfsschullehrerschaft nahezu ohne Folgen, da Öffentlichkeit und Politiker wohl heftig diskutieren, aber - weil ein grundlegender sozialer Konsens noch besteht - keine praktischen Konsequenzen ziehen.

Erst die Wirtschaftskrise bringt aufgrund der allgemein als notwendig erachteten Einschränkungen Rückwirkungen auf das Hilfsschulwesen. Sie sind jedoch noch kaum das Ergebnis eines zielgerichteten Handelns, das einer geistigen Auseinandersetzung folgt.

Der entscheidende Wesenszug der Machtübernahme der Nationalsozialisten und ihrer Folgen auf das Hilfsschulwesen besteht darin, daß nun gezielt ein politischer Wille für Veränderungen die in der Diskussion vorhandenen Elemente aufgreift und in die Tat umsetzt. Es zieht mit der Übernahme der staatlichen Macht durch die Nationalsozialisten keineswegs ein "Sturm des Bösen" über Hilfsschüler und Hilfsschullehrer. Vielmehr setzen die Anhänger Hitlers lange vorhandene und weit verbreitete Inhalte sozialdarwinistischen Denkens in die Wirklichkeit um.

Viele Hilfsschullehrer verstummen angesichts der grundlegenden Zweifel an der Existenzberechtigung der Hilfsschule, die sich im Ruf nach Abschaffung ausdrücken und in Einschränkungen oder gar Auflösungen verwirklichen. Wer weiter gehört werden möchte, sich aber nicht schnell dem "neuen Geist" anschließt, wird mundtot gemacht bzw. von karrierebewußten, angepaßten Kollegen verdrängt.

Als die Parteiideologen und die von ihnen durchgesetzten staatlichen Institutionen etwa um 1935 eine neue, unpädagogische Aufgabenstellung (Sammelbecken für Minderwertige) für die Hilfsschule entdecken, löst sich bei vielen Hilfsschullehrern die Erstarrung des ersten Schreckens und sie stimmen - überschnell und erleichtert - der neuen Zielsetzung zu, in der Meinung, damit die Rettung ihrer schulischen Einrichtung erreicht zu haben.

Bis etwa 1938 gesellt sich zur erb- und rassenpolitischen Funktion der Hilfsschule wieder verstärkt die der Entlastung für die Volksschule. Zu dieser Zeit gewinnen viele Hilfsschullehrer wieder die Fähigkeit, ihr vorher blockiertes oder eingleisiges pädagogisches Denken aufzunehmen und es für die Ausgestaltung der Hilfsschularbeit einzusetzen.

Daneben erwächst der Hilfsschule seit etwa 1936 aus der wirtschaftlichen Situation ein Aufgabenbereich, der schon Mitte der Zwanziger Jahre im Blickpunkt gestanden hat: Die Verpflichtung zum Vermitteln schulischer Kenntnisse und Fertigkeiten, die die berufliche Ansatzmöglichkeit der Schüler verbessern. Vor dem Hintergrund dieser politischen und wirtschaftlichen Forderungen kehren viele Hilfsschullehrer zu hilfsschulpädagogischen Denk- und Handlungsweisen zurück, deren Quellen für ein halbes Jahrzehnt verschüttet schienen. Dieser Wandel findet seinen augenfälligen Ausdruck in den Richtlinien von 1942, die sich nahezu vollständig des ideologischen Überbaus entledigen.

Zumindest auf der schulpolitischen Oberfläche muß die Hilfsschule in der Zeit des Nationalsozialismus eine nochmalige Entwicklung in geraffter Form mitmachen, von der man zu Ende der Zwanziger Jahre geglaubt hat, sie zu einem guten Ende gebracht zu haben. Eine Entwicklung, die vom grundlegenden Zweifel an der Notwendigkeit der Institution über die vorläufige Bestätigung durch die Übernahme schulpolitischer Funktionen bis zum Bemühen um die spezifische pädagogische Ausgestaltung der nach außen hin gesicherten Schulform "Hilfsschule" führt. Allerdings bleibt die letzte Phase zum Großteil im Entwurf stecken, da der Krieg eine weitergehende Verwirklichung nicht mehr zuläßt. Diese Umsetzung in die schulische Wirklichkeit muß die Zeit nach 1945 übernehmen.

Anhang

"Erlaß 1935" in RMinAmtsblDtschWiss 1935, 401.

Überweisung von Kindern in die Hilfsschule.

Aus gegebenem Anlaß ersuche ich die Kreisschulräte, dafür Sorge zu tragen, daß alle nach den ministeriellen Bestimmungen als hilfsschulpflichtig anzusprechenden Kinder nach Möglichkeit auch restlos der Hilfsschule zugewiesen werden.
Sofern die Erziehungsberechtigten nicht von den Vorzügen der Hilfsschulerziehung für ihre Kinder zu überzeugen sind, verweise ich auf den Ministerialerlaß U III A 3388 vom 2. März 1901, auf die Kammergerichtsentscheidung vom 22. Februar 1927 - I S 11/27 - (Schulrecht II S. 254) und auf das Schulpflichtgesetz vom 15. Dezember 1927 (Gesetzsamml. S. 207).
Abgesehen von der Pflichtvernachlässigung, die in der Nichtüberweisung eines hilfsschulbedürftigen Kindes von der Volksschule in die Hilfsschule liegt, bedeutet sie eine absolute Verkennung der Ziele des nationalsozialistischen Staates auf rassischem Gebiete. Die Bestrebungen unseres Staates in bezug auf die Erbgesundheit machen die Einrichtung der Hilfsschule und ihre tätige Mitarbeit zur Erreichung dieser Ziele unbedingt notwendig.
Im Hinblick auf die Bestimmungen des Erbgesundheitsgesetzes, die gewissenhafteste Prüfung jedes Falles vorausgesetzt, ist das Verbleiben eines hilfsschulbedürftigen Kindes in der Volksschule unbedingt zu vermeiden. Gerade die Erzieherschaft unserer jetzigen Generation trägt für die Entwicklung unserer Volksgesundheit eine besonders hohe Verantwortung, und ich muß erwarten, daß sie sich dieser Verantwortung in bester Zusammenarbeit aller Beteiligten bewußt und gewachsen zeigt.
Ich weise die Kreisschulräte an, diese Verfügung den Schulen umgehend zur Kenntnis zu bringen und ihre beschleunigte Durchführung zu überwachen.
Düsseldorf, den 27. Februar 1935. Der Regierungspräsident, i.A. gez. Premer.

An die Herren Kreisschulräte.
Abschrift zur gefälligen Kenntnis. Ich beauftrage Sie, auf die Schulräte und die Schulunterhaltungsträger Ihres Bezirks in gleicher Weise einzuwirken.
Berlin, den 6. Juli 1935. Der Reichs- und Preußische Minister für Wissenschaft, Erziehung und Volksbildung.
I.A. gez. Bojuna.

An die Herren Regierungspräsidenten und den Herrn Staatskommissar für die Hauptstadt Berlin. - E II a 1327 M.
Anbei übersende ich Abschrift eines Runderlasses vom 6. Juli 1935 - E II a 1327 - über die Beschulung hilfsschulpflichtiger Kinder zur gefälligen Kenntnis und mit der Bitte um sinngemäße Beachtung.
Berlin, den 25. Juli 1935. Der Reichs- und preußische Minister für Wissenschaft, Erziehung und Volksbildung.
I.V. gez. Kunisch

An die Unterrichtsverwaltungen der Länder.

"Rundschreiben des RMinWEV an die Regierungspräsidenten und den Staatskommissar für die Hauptstadt Berlin vom 6.7.1935" (ZStAP HS Gen. 305)

"Die Hilfsschule war nach der Machtübernahme durch die NSDAP zunächst heiß umstritten. Weite Kreise sahen in ihr lediglich die Pflegestätte des Kranken und Entarteten und verlangten ihre Beseitigung oder doch ihre starke Einschränkung. Allmählich drang dann eine andere Beurteilung durch. Man anerkannte mehr und mehr die Bedeutung der Hilfsschule für die Durchführung des GzVeN und für die unbedingt erforderliche Hebung der Volksschule. Aber auch der Gedanke setzte sich allmählich durch, daß die Hilfsschule wegen ihres Eigenzwecks - der Heranbildung schwachsinniger, aber noch bildungsfähiger Kinder zu brauchbaren Gliedern der Volksgemeinschaft - wenigstens so lange beibehalten werden müsse, bis die in den nächsten Jahren durchzuführende Aufartung des Volkes Sonderveranstaltungen dieser Art überflüssig mache.
Für die Stellungnahme der Unterrichtsverwaltung zu der Frage der Hilfsschule war die erziehungs- und schulprogrammatische Erklärung des Herrn Ministers wegführend, die er zunächst im Hause, dann in der Öffentlichkeit abgegeben hat. In dieser Erklärung wurden der Hilfsschule im künftigen Schulaufbau zur Entlastung der Volksschule <u>erweiterte Aufgaben</u> zugewiesen. Daraus ergab sich, daß
a) <u>vor</u> der Neuregelung des Schulaufbaues die Beeinträchtigung der Hilfsschule hintanzustellen und
b) die Neuordnung des Hilfsschulwesens im Rahmen der Gesamtneuregelung des Schulaufbaues in Aussicht zu nehmen war.
Zu a) Die Unterrichtsverwaltung hat in einer Reihe von Einzelfällen die Schulunterhaltungsträger darauf hingewiesen, daß an den bisher für die Organisation des Hilfsschulwesens geltenden Bestimmungen (vgl. insbes. den Erlaß vom 2.1.1905 U III A 32 GBl. S. 226) festzuhalten sei. Sie hat allerdings gestattet, daß die in den früheren Jahren hier und da (so z.B. in Berlin) eingetretenen Überspitzungen des Hilfsschulwesens - so die nur unter Aufwendung unverhält-

nismäßig hoher Kosten betriebene <u>unterrichtliche</u> Versorgung Schwerschwachsinniger - beseitigt wurden.
Zu b). Für die Neureglung des Hilfsschulwesens bieten die Ausführungen der anliegenden Eingaben gute Unterlagen. Vom rein schulorganisatorischen abgesehen, würde die Neuregelung ein Zweifaches zu erstreben oder zu prüfen haben:
1. die möglichst weitgehende Einschulung der in volksschulpflichtigem Alter stehenden schwachsinnigen, aber noch bildungsfähigen Kinder in Hilfsschulen. Sie würde nur zu erreichen sein, wenn mindestens alle Schulverbände, in denen die Möglichkeit zu besonderer schulischer Betreuung schwachsinniger, aber noch bildungsfähiger Kinder besteht, <u>gesetzlich</u> zur Einrichtung von Hilfsschulen angehalten würden. Darüber hinaus wäre die <u>Hilfsschulpflicht</u> in den Ländern gesetzlich einzuführen, wo sie heute noch nicht besteht. Die hierher gehörigen Fragen gehören zu den allgemeinen Fragen der Schulunterhaltung und der Schulpflicht. Sie werden im Rahmen dieser allgemeinen Fragen mitbearbeitet.
2. die möglichst enge Verbindung der Hilfsschule mit den zur Durchführung des GzVeN getroffenen Einrichtungen. In dieser Hinsicht ist schon heute zu sagen, daß das Reichsministerium des Innern den hier und da zutage getretenen Bestrebungen der Hilfsschullehrer, Sitz und Stimme in den Erbgesundheitsgerichten zu erhalten, ablehnend gegenübersteht. Ob der Hilfsschullehrer über die ihm jetzt schon obliegende Aufgabe des sachverständigen Gutachters und Beraters hinaus zu weiteren, amtlich abgegrenzten Aufgaben zugelassen werden kann, werden Verhandlungen mit dem RMin des Innern ergeben müssen.
Für jetzt erscheint es gerechtfertigt, die nachgeordneten Stellen, und zwar zunächst in Preußen, auf die Bedeutung der Hilfsschule hinzuweisen und ihnen aufzugeben, jede mit den besonderen Aufgaben der Hilfsschule nicht verträgliche Beeinträchtigung dieser Schulart zu verhindern. Der Regierungspräsident in Düsseldorf hat unter dem 27.2. d.J. eine

Rundverfügung erlassen, die das in dieser Hinsicht Erforderliche in trefflicher Weise zusammenstellt. Sie wird deshalb sämtlichen Regierungspräsidenten mitgeteilt und zur Beachtung empfohlen."

"AAoPr 1938" in RMinAmtsblDtschWiss. 1938, 232.

"Allgemeine Anordnung über die Hilfsschulen in Preußen.

In den Anlagen übersende ich die von mir erlassene Allgemeine Anordnung über die Hilfsschulen in Preußen nebst Ausführungsbestimmungen. Ich ersuche, die zur Durchführung erforderlichen Maßnahmen alsbald zu treffen und mir über das Veranlaßte bis zum 1. April 1939 zu berichten.

Berlin, den 27. April 1938. Der Reichs- und Preußische Minister für Wissenschaft, Erziehung und Volksbildung. gez. Rust

An die Herren Regierungspräsidenten und den Herrn Stadtpräsidenten der Reichshauptstadt Berlin (Abteilung für Volks- und Mittelschulen). - Abdruck zur Kenntnis an die Unterrichtsverwaltungen der Länder und den Herrn Reichskommissar für das Saarland und zur Prüfung, ob eine ähnliche Regelung auch im dortigen Geschäftsbereich getroffen werden kann. Über das Ergebnis dieser Prüfung bitte ich mir bis zum 1. April 1939 zu berichten. - E II a 720 (a).

Allgemeine Anordnung über die Hilfsschulen in Preußen.

A. Begriff und Aufgaben der Hilfsschule

1. Begriff der Hilfsschule

Die Hilfsschulen sind Volksschulen besonderer Art. In ihren genügen Kinder ihrer Volksschulpflicht, die bildungsfähig sind, dem allgemeinen Bildungsgang der Volksschule aber wegen ihrer Hemmungen in der körperlich-seelischen Gesamt-Entwicklung und ihrer Störungen im Erkenntnis-, Gefühls- und Willensleben unterrichtlich und erziehlich nicht zu folgen vermögen.

2. Aufgaben der Hilfsschule.

a) Die Hilfsschule entlastet die Volksschule, damit ihre Kräfte ungehemmt der Erziehung der gesunden deutschen Jugend dienen können; sie bietet die Möglichkeit zu langjähriger, planmäßiger Beobachtung der ihr anvertrauten Kinder und damit zu

b) wirksamer Unterstützung der erb- und rassenpflgerischen Maßnahmen des Staates; sie erzieht die ihr überwiesenen Kinder in besonderen, den Kräften und Anlagen der Kinder angepaßten Verfahren, damit sie sich später als brauchbare Glieder der
c) Volksgemeinschaft selbständig oder unter leichter Führung betätigen können.

B. Errichtung und Aufbau der Hilfsschulen

1. Allgemeines

Über die Errichtung von Hilfsschulen, ihren Aufbau und über die Abgrenzung der Hilfsschulbezirke innerhalb der Gemeinden bestimmen die Schulaufsichtsbehörden im Einvernehmen mit den Kommunalaufsichtsbehörden nach Anhörung der Leiter der Gemeinden. Dabei sind die Grundsätze der Ziffern 2 bis 4 zu beachten.

2. Errichtung der Hilfsschulen.

(1) In jeder Gemeinde, die im Durchschnitt der letzten fünf Jahre nach den Feststellungen der Schulaufsichtsbehörde mindestens 25 für die Hilfsschule in Betracht kommende Kinder gehabt hat, ist in der Regel eine Hilfsschule zu errichten.

(2) In den Gemeinden, in denen die vorbezeichneten Voraussetzungen für die Errichtung einer Hilfsschule nicht gegeben sind, ist nach Möglichkeit für die Unterbringung der hilfsschulbedürftigen Kinder in einer Hilfsschule mit den durch das Gesetz gegebenen Mitteln, z.B. durch gastweise Zuweisung in die Hilfsschulen benachbarter Gemeinden gemäß § 7 des Volksschulfinanzgesetzes, gegebenenfalls auch durch Zusammenschluß benachbarter Gemeinden zu Gesamtschulverbänden für Hilfsschulen gemäß § 2 des Volksschulfinanzgesetzes, Sorge zu tragen.

(3) Hat die Zahl der die Hilfsschule einer Gemeinde besuchenden Kinder in den letzten fünf Jahren dauernd weniger als 20 betragen, ist wegen der Aufhebung der Schule gemäß § 65 des Volksschulunterhaltungsgesetzes das Erforderliche

zu veranlassen.

3. Abgrenzung der Hilfsschulbezirke.

(1) Die Hilfsschulbezirke sind in größeren Gemeinden so abzugrenzen, daß weite Schulwege vermieden werden. Hilfsschulen mit mehreren Klassenzügen sind daher in der Regel nicht zu errichten. Parallelklassen sind nur dann zuzulassen, wenn dies zur Trennung von Jungen und Mädchen in der Oberstufe der Hilfsschule erforderlich ist.

(2) Mehrere einklassige Hilfsschulen dürfen in einer Gemeinde nur in besonders begründeten Ausnahmefällen bestehen.

4. Aufbau der Hilfsschule

(1) Die Hilfsschule ist grundsätzlich als selbständige Schule einzurichten.

(2) Bestehen für die einzelnen Stufen der Hilfsschule gesonderte Klassen, soll nach Möglichkeit die Zahl der Kinder in den Klassen der Unterstufe nicht mehr als 20, in den Klassen der Mittel- und Oberstufe nicht mehr als 25 betragen.

(3) Sogenannte Sammelklassen für bildungsunfähige Kinder sind unzulässig.

C. Auswahl der hilfsschulbedürftigen Kinder

1. Allgemeines

Die Auswahl der Kinder für die Hilfsschule hat mit der durch ihre Aufgaben gebotenen Sorgfalt zu erfolgen. Es ist besonders darauf zu achten, daß die Kinder, die wegen der in A 1. bezeichneten Veranlagung für die Volksschule ungeeignet erscheinen, möglichst frühzeitig der Hilfsschule oder, wenn ihre Bildungsunfähigkeit feststeht, der öffentlichen Fürsorge oder privater Betreuung überwiesen werden.

2. Regelung des Auswahlverfahrens.

Das bei der Auswahl zu beachtende Verfahren regeln die Regierungspräsidenten unter Berücksichtigung der besonderen

Verhältnisse ihrer Bezirke nach den Grundsätzen der Ziffern 3 bis 6.

3. Beschulung hilfsschulbedürftiger Schulanfänger.

(1) Kinder, die beim Eintritt in das schulpflichtige Alter oder während des ersten Halbjahres ihres Schulbesuchs deutlich erkennen lassen, daß sie wegen der in A 1. bezeichneten Veranlagung dem Unterricht der Volksschule nicht folgen können, sind nicht sogleich einer Hilfsschule zu überweisen, sondern zunächst für ein Jahr vom Schulbesuch zurückzustellen. Diese Zeit kann um ein weiteres Jahr verlängert werden.

(2) Nach Ablauf der Zurückstellungsfrist entscheidet der Kreisschulrat, ob die zurückgestellten Kinder der Volksschule oder der Hilfsschule zugeführt oder als bildungsunfähig der Fürsorge oder privater Betreuung überlassen werden.

(3) Die Zurückstellung setzt ein amts- oder schulärztliches Gutachten voraus; für die endgültige Überweisung bedarf es außerdem eines von der Hilfsschule auszustellenden heilpädagogischen oder eines psychiatrischen Gutachtens.

4. Umschulung hilfsschulbedürftiger Volksschüler.

(1) Die Umschulung hilfsschulbedürftiger Kinder aus der Volksschule in die Hilfsschule erfolgt auf einen eingehend begründeten Antrag des Schulleiters. Der Antrag ist in der Regel zu stellen für Kinder, die wegen der in A 1. bezeichneten Veranlagung
a) bei Anlegung eines strengen Maßstabes nach zweijährigem Schulbesuch das Ziel des ersten Schuljahres nicht erreicht haben,
b) nach dreijährigem Schulbesuch nicht das Ziel des zweiten oder nach vierjährigem Schulbesuch nicht das Ziel des dritten Schuljahres erreicht haben. In diesen Fällen ist von den Antragstellern eingehend zu begründen, warum die Umschulung nicht schon nach Ablauf des zweiten Schulbesuchjahres beantragt ist.

(2) Über den Antrag entscheidet der Kreisschulrat auf Grund der Feststellungen der Volksschule und ausführlicher von der Hilfsschule auszustellender heilpädagogischer und amts- oder schulärztlicher Gutachten. Über etwaige Einsprüche der Erziehungsberechtigten entscheidet der Regierungspräsident nach Anhörung der Beteiligten endgültig.

5. Ausschulung bildungsunfähiger Hilfsschüler

Kinder, die in zweijährigem Besuch der Hilfsschule auf keinem der für ihre Beurteilung besonders in Betracht kommenden Gebiete, zu denen auch der Unterricht in Handfertigkeit (Werken) gehört, wesentlich fortgeschritten sind, sollen als bildungsunfähig aus der Hilfsschule entfernt und der öffentlichen Fürsorge oder privater Betreuung überlassen werden.

6. Rücküberweisung von Hilfsschülern in die Volksschule

Über die Rücküberweisung von Hilfsschülern in die Volksschule entscheidet der Kreisschulrat aufgrund eingehender heilpädagogischer und amts- oder schulärztlicher Gutachten.

Abkürzungen

AAoPr	Allgemeine Anordnung über die Hilfsschulen in Preußen
ByMinUK	Bayerisches Staatsministerium für Unterricht und Kultus
DtschGemTag	Deutscher Gemeindetag
DSoSch	Die Deutsche Sonderschule (Zeitschrift)
GzVeN	Gesetz zur Verhütung erbkranken Nachwuchses
NSV	Nationalsozialistische Volkswohlfahrt
PrMinWKV	Preußisches Ministerium für Wissenschaft, Kund und Volksbildung
RFSS	Reichsführer der SS
RMinFin	Reichsfinanzminsterium
RMinWEV	Reichsministerium für Wissenschaft, Erziehung und Volksbildung
RPrMinWEV	Reichs- und preußisches Ministerium für Wissenschaft, Erziehung und Volksbildung (seit 1.5.1934)
RMinWirtschaft	Reichswirtschaftsministerium
RMinI	Reichsministerium des Innern
RSchPflG	Reichsschulpflichtgesetz
BA	Bundesarchiv Koblenz
GLAK	Generallandesarchiv Karlsruhe
HStAD	Hauptstaatsarchiv Düsseldorf
IfZ	Institut für Zeitgeschichte München
LASp	Landesarchiv Speyer
StadtAM	Stadtarchiv München
StAH	Staatsarchiv Hamburg
StALu	Staatsarchiv Ludwigsburg
StAM	Staatarchiv Münster
ZStAP	Zentrales Staatsarchiv Potsdam

Anmerkungen und Quellennachweise

1 Die folgende Darstellung stützt sich auf: Zmarzlik, Hans-Günter. Der Sozialdarwinismus in Deutschland als geschichtliches Problem. Vierteljahreshefte für Zeitgeschichte 11 (1963), 246-273.
2 In den Abschnitten 1.3.1 und 1.3.2 ist keine dedaillierte Auseinandersetzung mit den Argumenten des Sozialdarwinismus beabsichtigt. Vielmehr handelt es sich um eine Darstellung der zugrundegelegten "Ergebnisse", die Basis für zumeist diskriminierende Vorschläge waren. Unabhängig davon, ob die Angaben heutigen (oder auch damaligen) Untersuchungen standhalten (oder standgehalten haben), standen die Behinderten und ihr Schicksal unter dem Einfluß dieser Diskussion, die anhang der dargestellten "Tatsachen" geführt wurde.
3 StAH Sozialbeh. I GF 0011
4 StAM II H 447
5 StAM II H 447
6 StAM II H 447
7 ZStAP HS Gen. 58
8 ZStAP HS Gen. 58
9 ZStAP HS Gen. 59
10 StadtAMü Schulamt 2315
11 Die Hilfsschule 23 (1930), 577
12 StAM II H 447
13 StAM II H 447
14 ZStAP HS Gen. 54
15 ZStAP HS Gen. 58
16 StAH Medizinalkoll. II S 4 a
17 Preußisches Lehrerzeitung Nr. 48 vom 24.4.1934 in: BA R 36/2158 Detsch.GemTag
18 ZStAP HS Gen. 52/53
19 StAM II H 9633
20 BA NS 12/ vorl. 808
21 BA R 36/2158 Dtsch.GemTag
22 Nachlaß E. Lesch
23 ZStAP HS Gen. 296
24 ZStAP HS Gen. 64
25 BA NS 12/vorl. 842
26 ZStAP HS Gen. 482

27 Im folgenden wird in Einzelheiten dargestellt, wann und wo es nach dem 30.1.1933 zum Abbau von Hilfsschulen bzw. Hilfsschulklassen gekommen ist. Es stellt sich in diesem Zusammenhang das Problem der Quellen. Durch die Kriegseinwirkung, durch willkürliches Vernichten von Akten am Ende des Krieges und durch allgemeine verwaltungstechnische Verluste sind die Quellen zur Hilfsschulgeschichte der NS-Zeit nur noch zum Teil greifbar. Soweit dies der Fall war, wurden sie gesichtet und verarbeitet. Doch die vom Historiker angestrebte Lückenlosigkeit kann nicht erreicht werden. Vielmehr muß manche Erscheinung aus einzelnen, bruchstückhaft und oft zufällig erhaltenen Unterlagen abgeleitet werden.

28 Preußische Lehrerzeitung Nr.48 vom 24.4.1934

29 BA R 36/2158 Dtsch.GemTag

30 GLAK 235/37639

31 ZStAP HS Gen. 52/53

32 ZStAP HS Gen. 59

33 ZStAP HS Gen. 54

34 ZStAP HS Gen. 58

35 StAM II H 9129

36 ZStAP HS Gen. 202

37 ZStAP HS Gen. 55

38 ZStAP HS Gen. 59

39 ZStAP HS Gen. 91

40 BA R 36/2158 Dtsch.GemTag

41 ZStAP HS Gen. 1

42 ZStAP HS Gen. 55

43 ZStAP HS Gen. 202

44 ZStAP HS Gen. 296

45 ZStAP HS Gen. 186; 304

46 RdErl. vom 6. Juli 1935 (E II a 1327 M) in: RMinAmtsblDtschWiss. 1935, 401

47 ZStAP HS Gen. 305

48 Erlaß "Allgemeine Anordnung über die Hilfsschulen in Preußen" vom 27.4.1938 (E II a 720 a) in: RMinAmtsbl DtschWiss 1938, 232. Übernahme durch die übrigen Reichsgebiete in den Jahren 1938 und 1939, in Einzelfällen später (z.B. Bayern am 10.10.1941).

49 RdErl. vom 18.2.1942 (E II a 26-1/41 K/A) in: RMinAmtsblDtschWiss. 1942, 78

50 BA NS 12/842

51 ZStAP HS Gen. 79

52 ZStAP HS Gen. 67; 78
53 ZStAP HS Gen. 364
54 ZStAP HS Gen. 212
55 ZStAP HS Gen. 286; 304
56 ZStAP HS Gen. 305
57 ZStAP HS Gen. 383
58 BA R 36/1369 Dtsch.GemTag
59 BA NS 12/vorl. 669
60 Archiv 34 (1937) Ba 18.1.1937
61 StadtAMü Schulamt 2316
62 DSoSch 7 (1940), 228
63 GLAK 235/37616
64 StALu FL 200/17 Bü 123
65 Erlaß vom 2.3.1940 (E II a 841 E IV) in: RMinAmtsblDeutschWiss. 1940, 172
66 StAH Jugendbeh. I 322
67 StAH Staatsamt 48 Bd. 1
68 Hamburg im Dritten Reich. Hrsg. vom Hamburgischen Staatsamt. Hamburg 1936, 36
69 StAH D Nr. 54465 Teil 1
70 IfZ MA-437 (0516-0518)
71 StAH D Nr. 54465 Teil 1
72 StAH Staatsamt 48 Bd. 1
73 IfZ MA 441/1 (0299-0309)
74 StAH ErbGesOGer 5
75 StAH VS T 4
76 GLAK 235/37615
77 StAH F II c 3/2
78 StAH F II c 3/2
79 Erlaß vom 12.12.1935 (E II a 2905 M) in: RMinAmtslblDetschWiss. 1935, 507
80 nach einem vertraulichen Schreiben des Staatlichen Gesundheitsamtes Hamburg an die Landesunterrichtsbehörden vom 4.12.1935; StAH F III c 3/2
81 StAH Staatsamt 48 Bd. 1
82 BA R 36/2158
83 ZStAP HS Gen. 482
84 BA 36/2158
85 StAM II H 9129

86 BA R 36/2158
87 BA NS 12/vorl. 808
88 GLAK 235/37639
89 GLAK 235/37616
90 Archiv der Sonderschule Amberg
91 ohne Datum; vermutlich Mitte 1933
    BA NS 12/vorl. 808
92 BA R 36/2158
93 BA NS 12/842
94 ZStAP HS Gen. 482
95 BA R 36/2158
96 BA R 36/2158
97 BA R 36/2158
98 GLAK 235/37616
99 ZStAP HS Gen. 378
100 BA R 35/2158
101 BS R 2/12615 (mit Dokumenten zum gesamten Finanzierungsvorgang von Hilfsschulen in Preußen)
102 ZStAP HS Gen. 378
103 ZStAP HS Gen. 339
104 Reichsgesetzblatt I, 1938, 799
105 Reichsgesetzblatt I, 1939
106 RMinAmtsblDtschWiss, 1940, 172
107 RMinAmtsblDtschWiss. 1942, 108
108 Zentralblatt für das gesamte Unterrichtswesen in Preußen, 1905, 226
109 StAH F III c 1
110 ZStAP HS Gen. 64
111 StadtAM Schulamt 2317
112 LASp H 3/7006
113 StALu FL 200/17 Bü 123
114 StAH F III c 1
115 LASp H 3/7006
116 StadtAM Schulamt 2317
117 GLAK 235/37639
118 StAM II H 3991
119 Zentralblatt für das gesamte Unterrichtswesen in Preußen, 1927, 248
120 ZStAP HS Gen. 426

121	ZStAP HS Gen. 460
122	GLAK 235/37615
123	HStAD BR 1004/378
124	StAM II H 3991
125	StAM II H 9633
126	ZStAP HS Gen. 202
127	ZStAP HS Gen. 482
128	ZStAP HS Gen. 91
129	ZStAP HS Gen. 58
130	BA NS 12/vorl. 842
131	ZStAP HS Gen. 52/53
132	BA R 36/2158
133	StAM II H 9633
134	ZStAP HD Gen. 59
135	ZStAP HS Gen. 202
136	ByMinUK HS Gen. Bd. I, Fach 28/IV/2/27 a
137	StAH Staatsamt 176 Bd. 1
138	StAH F III c 1
139	StAH VS T 6
140	StALu FL 200/17 Bü 3
141	LASp H 3/7006
142	StAM II H 9627
143	StAH VS T 6
144	StadtAM Schulamt 2316
145	StAH F III c 1
146	StAH F III c 1
147	StAH VS T 6
148	StadtAM Schulamt 2316
149	RMinAmtsblDtschWiss. 1943, 181 (E II a C 3 6/43)
150	ByMinUK "HS Gesetz" Fach 28/2/27 Reg. IV
151	BA R 21/73
152	ByMinUK HS Gen. Bd. I, Fach 28/IV/2/27 a
153	ByMinUK HS Gen. Bd. I, Fach 28/IV/2/27 a
154	RMinAmtsblDtschWiss. 1942, 78 (E II a 26-1/41 K A)
155	StadtAM Schulamt 2315
156	LASp H 3/7006
157	GLAK 235/37615
158	StAH VS T 4

159 ZStAP HS Gen. 211
160 StadtAM Schulamt 2316
161 RMinAmtlblDtschWiss. 1935, 97 (E II a 526)
162 BA R 21/73
163 DSoSch 3 (1936), 723
164 RMinAmtlblTschWiss. 1938, 109 (E II a 84/38)
165 StAM II H 9129 und Reg. Amberg II H 2154
166 BA R 21/73
167 RMinAmtsblTschWiss. 1943, 292 (E II a C 15 a Hi 25)
168 GLAK 235/37615
169 StadtAM Schulamt 2315
170 BA NS 12/842
171 Die Volksschulen der Hauptstadt der Bewegung. Jahresbericht 1937/38. Hrsg. vom Stadtschulamt München, S. 21
172 ZStAP HS Gen. 513
173 DSoSch 5 (1938), 67
174 StadtAM Schulamt 2316 und 2315
175 StAH IX a 2
176 StadtAM Schulamt 2315
177 Stadt AM Schulamt 2315
178 Der Jungvolkdienst. Hrsg. von der RJF 1939
179 HStAD BR 1004/378
180 StAH F VIII d 2/2
181 StAH F VIII d 2/2
182 StAH Oberschulbeh. VI F II
183 DSoSch 5 (1938), 68
184 DSoSch 6 (1939), 740
185 DSoSch 8 (1941), 183
186 BA R 36/1369
187 DSoSch 4 (1937), 81
188 StAH VS T 6
189 DSoSch 8 (1941), 436
190 BA NSD 43/231
191 StAM Reg.Min. 9250/1
192 StAM Reg.Min. 9250/2
193 StAM II H 447
194 StadtAM Schulamt 2316

195	StAM II H 447
196	StadtAM Schulamt 2316
197	StAM Reg. Amberg II H 5057
198	StAM II H 447
199	MBliV 1944, 231
200	StALu FL 200/17 Bü 3
201	BA NSD 43/231
202	StAH F VIII d 2/2
203	DSoSch 1 (1934) 462/463
204	in: Päd. Umbruch 2 (1934), 18
205	StadtAM Schulamt 2316
206	DSoSch 6 (1939), 226
207	DSoSch 8 (1941), 391
208	BA NS 12/832
209	DSoSch 7 (1940), 140
210	RGBl. I, 1313
211	RMinAmtsblDtschWiss. 1942, 54 (E II c 2537 E II a)
212	RMinAmtsblDtschWiss. 1944, 265 (E II b 4/44 E II c)
213	BA NS 12/vorl. 673
214	HStAD BR 1004/379
215	BA NS 12/vorl. 808
216	"Die Hilfsschule" 26 (1933), 251
217	"Die Hilfsschule" 26 (1933), 251
218	BA NS 12/790
219	"Die Hilfsschule" 26 (1933), 306
220	Bericht in "Die Hilfsschule" 26 (1933), 361-371
221	StAM II H 2157
222	"Die Hilfsschule" 26 (1933), 493
223	"Die Hilfsschule" 26 (1933), 560-562
224	BA NS 12/460
225	BA NS 12/420
226	"Die Hilfsschule" 26 (1933) 708
227	DSoSch 5 (1938) 652-654
228	DSoSch 6 (1939), 139
229	BA NS 12/vorl. 834
230	DSoSch 6 (1939), 138
231	BA R 2/12615
232	StAH Schul/Hochschulabteilung 4021-17

233 Zentralblatt für das gesamte Unterrichtswesen in Preußen 1913, 799-802
234 LASp H 3 9737
235 ZStAP HS Gen. 110
236 "Die Hilfsschule" 23 (1930), 577
237 LASp H 3/9737
238 ZStAP HS Gen. 428
239 BA NS 12/832
240 ZStAP HS Gen. 91
241 StAM II H 9129
242 LASp H 3/9737
243 StadtAM Schulamt 2318
244 Amtl. Schulanzeiger für Ober- und Mittelfranken 1935, 359/360
245 Nachlaß E. Lesch
246 BA NS 12/842
247 MinBlfdbraunschwUWesen 1935, 94
248 DSoSch 3 (1936), 71/72
249 ZStAP HS Gen. 428
250 DSoSch 4 (1937), 145/146
251 RMinAmtsblDtschWiss. 1936, 303
252 StadtAM Schulamt 2318
253 Priv. Unterlagen Prof. Wilhelm Hofmann
254 BA R 36/2158
255 ByMinUK HS Gen. Bd. I, Fach 28/IV/2/27 a
256 StAM Reg. Arnsberg II H 2154
257 StAH Staatsamt 176 Bd. 3
258 StAH Schul/Hochschulabteilung 4021-17
259 ByMinUK HS Gen. Bd. I, Fach 28/IV/2/27 a
260 BA R 2/12615
261 StAH Schul/Hochschulabteilung 4021-17
262 Nachlaß E. Lesch
263 LASp H 3/7006

Literatur

Aschaffenburg, G., Grenzen der Heilpädagogik.
in: Bericht vom 5. Heilpäd. Kongreß 1930
(Hrsg. E. Lesch) Halle, 1930, 708/709

Assel, H.G., Die Perversion der politischen Pädagogik
im Nationalsozialismus. München 1969

Atzesberger, M., Rupert Egenberger 1877-1959
Bonn-Bad Godesberg 1971

Aust, O. Der Geburtenrückgang im deutschen Volk
in: Volk und Rasse 3 (1928), 87-101

Bachmann, W., Das Verhältnis von Menschenbildung und
Berufsbildung beim Hilfsschulkind
Mainz (Diss.) 1964

Baier, H., Marginalien zur Position und Rolle des Lehrers
an der Sonderschule für Lernbehinderte
in: Baier/Klein G. (Hrsg.), Aspekte der
Lernbehindertenpädagogik. Berlin ^{2}1975,
219-240

Baier, H., Allgemeine Prinzipien der Erziehung und des
Unterrichts in der Schule für Lernbehinderte
in: Handbuch der Sonderpädagogik, Bd. 4
Pädagogik der Lernbehinderten (Hrsg. G.O.
Kanter und O. Speck), Berlin 1977, 450-453

Bappert, J., Zur Berufsfähigkeit der Hilfsschüler
Halle 1927

Bappert, J., Zur Frage der Bedeutung psychologischer
Untersuchungen von Hilfsschulkindern im nationalsozialistischen Staat
in: DSoSch 2 (1935), 601-611

Bargheer, E., Deutsche Lehrerbildung als Ausgangspunkt
der Schulreform. Rechenschaft und Ausblick.
Osterwieck 1936

Bartsch, K., Die Hilfsschule als heilpädagogische Anstalt
in: Zeitschr. f. Kinderforschung 28 (1923),
183-197

Bartsch, K., Entwurf eines Hilfsschulgesetzes und Hilfsschullehrplanes
in: Zeitschr. f. Kinderforschung 32 (1926), 253-280

Bartsch, K., Ursachen des Schwachsinns. Eine Auswertung für die Heilpädagogik
in: Die Hilfsschule 21 (1928) (a), 124-131

Bartsch, K., Kann ein neunjähriger Bildungsgang der Hilfsschule den Besuch der Hilfsberufsschule entbehrlich machen?
in: Die Hilfsschule 21 (1928) (b), 111-118

Bartsch, P., Zur Einrichtung des Referats für neg. Schülerauslese und Sonderschulfragen im Rassenpolitischen Amt
in: DSoSch 4 (1937), 81-86

Baur/Fischer/Lenz, Menschliche Erblichkeitslehre und Rassenhygiene (2 Bände)
München ^{3}1927

Benze, R., Erziehung im Großdeutschen Reich
Frankfurt/M. ^{3}1943

Benze, R./Pudelko M., Rassische Erziehung als Unterrichtsgrundsatz der Fachgebiete
Frankfurt/M. 1937

Beschel, E., Der Eigencharakter der Hilfsschule
Weinheim ^{3}1965

Beschel, E., Geschichte (der Lernbehindertenschule)
in: Handbuch der Sonderpädagogik Bd. 4 Lernbehindertenpädagogik (Hrsg. G.O. Kanter und O. Speck), Berlin 1977, 113-147

Biesalski, K., Der sozialbiologische Einheitsgedanke in der Krüppelfürsorge
in: Bericht über die Heilpädagogische Woche 1927 (Hrsg. A. Fuchs), Berlin 1927

Binding, K./A. Hoche, Die Freigabe der Vernichtung lebensunwerten Lebens
Leipzig 1920

Bittrich, M., Das Hilfsschulwesen in Großdeutschland
 in: Weltanschauung und Schule 6 (1942), 76-85
Bleidick, U., Die Entwicklung und Differenzierung des
 Sonderschulwesens von 1898 - 1973 im Spiegel
 des VDS
 in: ZHeilpäd 24 (1973), 824-845
Böcker, H., Versuch eines Stoffplans und Heimatkunde
 für die vierklassige Hilfsschule
 in: DSoSch 2 (1935), 488-494
Böcker, H./L. Werry, Wir erleben mit. Nationalpolitisches
 Ergänzungsheft zum Hilfsschullesebuch.
 Düsseldorf ^{2}1937
Bopp, L., Allgemeine Heilpädagogik in systematischer
 Grundlegung mit erziehungspraktischer Einstellung.
 Freiburg 1930
Bracher, K.E., Die deutsche Diktatur. Entstehung, Struktur und Folgen des Nationalsozialismus
 Köln 1969
Brandenburg, H.Ch., Die Geschichte der HJ. Wege und
 Irrwege einer Generation
 Köln 1968
Breitbarth, M., Die Berufs- und Erwerbsfähigkeit des
 Hilfsschülers.
 in: Bericht über den XI. Verbandstag der
 Hilfsschulen Deutschlands (Hrsg. A. Henze),
 Halle 1927
Breitbarth, M., Ausblick und Ziele für die Hilfsschularbeit
 in: Die Hilfsschule 25 (1932), 55-62
Breitbarth, M., Warum die Heilpädagogische Fachschaft?
 in: Die Hilfsschule 26 (1933) (a), 322-327
Breitbarth, M., Der Heilpädagoge in der Frage der
 Volksaufartung und Rassenhygiene
 in: Die Hilfsschule 26 (1933) (b), 449-459
Breitbarth, M., Die Aufgabe der Volkheit, der Volks- und
 Heilerziehung in der Volksaufartung des deutschen Volkes (Positive Auslese)
 in: Die Hilfsschule 26 (1933) (c), 580-595

Breitbarth, M., Heilen, Heilerziehung und Sterilisierung
   in ihrer Bedeutung für die Aufartung der
   arischen Rasse
   in: DSoSch 1 (1934), 65-81
Buchholz, F., Das brauchbare Hilfsschulkind, ein Normalkind
   Weimar 1939
Buchholz, E., Rassenfragen und erbbiologische Untersu-
   chungen in einer Hilfsschule
   in: DSoSch 1 (1934), 94-112
Buchholz, E., Leibesübungen in der Hilfsschule
   in: Gesundheit und Erziehung 50 (1937), 185-187
Conrad-Martius, H., Utopien der Menschenzüchtung
   München 1955
Cron, L., Die Lasten und Kosten der Heilerziehung als
   sozial-öffentliche Aufgabe
   in: Bericht über den 1. Heilpäd. Kongreß 1922
   (Hrsg. E. Goepfert), Halle 1922
Dannemann, A. u.a. (Hrsg.), Enzyklpädisches Handbuch
   der Heilpädagogik, 2 Bände.
   Halle ^{2}1934
Deile, G., Wege zur erbbiologischen Erfassung und Bewer-
   tung des schwachsinnigen Schulkindes
   in: Die Hilfsschule 27 (1934), 8-24
Deuerlein, E., Das Ringen um das sogenannte Reichsschul-
   gesetz.
   Köln 1957
Deutscher Bildungsrat (Hrsg.), Zur pädagogischen Förderung
   behinderter und von Behinderung bedrohter
   Kinder und Jugendlicher
   in: ZHeilpäd 25 (1974), Beiheft 11
Deutsches Lesebuch für Hilfsschulen, 1943
Dörner, K., Nationalsozialismus und Lebensvernichtung
   in: VjHZG 15 (1967), 121-152

Domarus, M., Hitler-Reden 1932-1945 (4 Bände)
  München 1965
Dorner, A., (Hrsg.), Mathematik im Dienste der national-
  politischen Erziehung
  Frankfurt/M 1936
Drexel, E., Schädigungen der kindlichen Entwicklung
  durch das herrschende Schulsystem
  in: Die neue deutsche Schule 12 (1938), 430-441
Drexel, E., Zusammenhänge zwischen der Neuordnung des
  Hilfsschulwesens und alten Grundschulproblemen.
  in: Öff. Gesundheitsdienst 5 (1939), 261-273
Dubitscher, R., Die Mithilfe des Sonderschullehrers bei
  erbpflegerischen Maßnahmen
  in: DSoSch 5 (1938), 1-6
Dürken, A., Vererbung und Begabung
  in: Bericht über den XII. Verbandstag der
  Hilfsschulen Deutschlands (Hrsg. A. Henze)
  Halle 1929
Eberhard, W., Römische Stimmen zur Rassenpflege
  in: Nationalsozialistische Monatshefte 7
  (1936), 620-627
Egenberger, R., Die Bildungsfähigkeit abnormer Kinder
  in: Bericht über den 3. Heilpädagogischen
  Kongreß 1926 (Hrsg. E. Lesch) Halle 1926,
  37-40
Ehrhardt, R., Euthanasie und Vernichtung "lebensunwerten"
  Lebens.
  Stuttgart 1965
Eilers, R., Nationalsozialistische Schulpolitik. Die
  Schule im Zugriff des totalitären Staates
  Köln-Opladen 1963
Ellger-Rüttgardt, S., Methodologische Überlegungen zur
  erziehungsgeschichtlichen Forschung im Bereich
  der Lernbehindertenpädagogik.
  in: ZHeilpäd 24 (1973), 600-614

Engelhard, E., Notverordnung und Hilfsschule
 in: Die Hilfsschule 25 (1932), 203-206
Enke, M., Das gegenwärtige Aufnahmeverfahren in der
 Hilfsschule in Halle
 in: DSoSch 4 (1937), 169-184
Erfurth, E., Kriegspolitische Arbeit in der Hilfsschule
 in: DSoSch 8 (1941), 88-97
Esser, L., Zur Frage der Eigengesetzlichkeit des Hilfsschülers
 in: Bericht über den 5. Heilpäd. Kongreß 1930 (Hrsg. E. Lesch), Halle 1930, 409-414
Eydt, R., Schule und Kind im Lichte der Vererbung.
 in: Reichszeitung der deutschen Erzieher 1934, 14-16
Eydt, R., Auslese und Ausmerze in der Volksschule
 in: Volk und Rasse 13 (1938), 344-350
Eydt, R., Auslese und Ausmerze in der Schule
 in: Deutsches Bildungswesen 7 (1939), 94-114
Eydt, R., Rassenpolitische Erziehung in der Volksschule
 Leipzig ^{4}1943
Fetscher, R., Eugenik
 in: Dannemann (Hrsg.), a.a.O., 726-732
Fleischer, F., Die Umschulung des geistesschwachen Kindes.
 Halle 1932
Fleischer, F., Hilfsschule und Volksmeinung
 in: Die Hilfsschule 26 (1933), 462-465
Flessau, K.I., Schule der Diktatur. Lehrpläne und Schulbücher des Nationalsozialismus.
 München 1977
Frenzel, F., Die Hilfsschulpädagogik. Hilfsschulerziehung.
 Hilfsschulunterricht. Hilfsschulfürsorge.
 Halle 1922
Frömter, A., Arbeitslehrerkolonie für jugendliche Schwachsinnige
 in: Dannemann (Hrsg.), a.a.O., 186-189

Fuchs, A., Wie gestaltet sich die Zukunft der nicht oder schwer erwerbsfähig werdenden geistig Schwachen und wie wäre zu helfen?
Berlin 1913

Fuchs, A., Die Berliner Sonderschulen
in: Berliner Lehrerzeitung 7 (1926), Nr. 10-18

Fuchs, A., Die Heilpädagogik im Reichsschulgesetz oder in einem Reichssonderschulgesetz
in: Die Hilfsschule 20 (1927), 330-335

Fuchs, A., (Hrsg.), Deutsches Lesebuch für Hilfsschulen, 2 Teile
Breslau ^{5}1932; ^{7}1935

Furck, C.L., Das pädagogische Problem der Leistung in der Schule
Weinheim 1961

Galandi, R., Das Reichsschulpflichtgesetz und die Sonderschulen
in: DSoSch 6 (1939), 605-617

Gastpar, A., Die Aufgabe der Sonderschule im nationalsozialistischen Staate vom rassenhygienischen Standpunkt aus
in: DSoSch 1 (1934), 566-571

Geißler, G., Leistungsstand und Leistungssteigerung in der Volksschule
Halle 1939

Ginolas, M., 15 Jahre Sammelklassen für schwerschwachsinnige Kinder
in: Berliner Lehrerzeitung 13 (1932), 566-568

Glawe, H./R. Hawlitschek, Ein kommunistisches Sonderschulprogramm
in: Die Sonderschule 13 (1968), 321-327

Gnerlich, H., Sammelklassen und Sammelklassenhort
in: Dannemann (Hrsg.), a.a.O., 2228/2229

Gossow, E., Hilfsschule und Eugenik
in: Die Hilfsschule 25 (1932), 720-732

Gossow, E., Erbgesund oder erbkrank?
  in: DSoSch 1 (1934), 651-659
Gottschick, J., Die rassenhygienische Bedeutung der
  Hilfsschüler und die erbbiologische Untersuchung ihrer Familienverhältnisse
  in: DSoSch 2 (1935), 4-26
Griesinger, A., Die Hilfsschule im neuen Reich
  in: Dannemann (Hrsg.), a.a.O., 3357-3369
Griesinger, A., Deutsche Hilfsschulfibel in Sütterlinschrift
  Frankfurt 1927
Griesinger, A., (Hrsg.), Deutsches Hilfsschullesebuch,
  2 Teile
  Frankfurt 1926
Grosse, R., Zur Geschichte der Hamburgischen Hilfsschule
  in: Bleidick U./Ecker H.K., Das Hamburger
  Hilfsschulwesen
  Hamburg 1967
Grotjahn, A., Fortpflanzungshygiene, Versuch einer praktischen Eugenik
  Berlin 1928
Gudden, H., Statistisches über die Hilfsschulen Münchens
  in: Archiv für Rassen- und Gesellschaftsbiologie
  28 (1934), 151-166
Günther, H.F.K., Rassenkunde des deutschen Volkes
  München 1939
Gütt/Rüdin/Ruttke, Kommentar zum GzVeN
  München 1934
Hack, P., Zum Arbeitsplan der Hilfsschulen
  in: DSoSch 7 (1940), 48-56
Hack, P., Hilfsschule und HJ
  in: DSoSch 4 (1937), 798
Hanselmann, H., Was ist Heilpädagogik? Antrittsvorlesung
  Affoltern 1932
Hanselmann, H., Grundlinien zu einer Theorie der
  Sondererziehung (Heilpädagogik)
  Zürich 1941

Hansen, H., Die Presse des NSLB
     Frankfurt/M 1937
Hartnacke, W., Naturgrenzen geistiger Bildung
     Leipzig 1930
Hartnacke, W., Seelenkunde vom Erbgedanken aus
     München ³1944
Heinrichs, K., Die Erziehung des Hilfsschülers zur bewußten Gliedschaft in der Volksgemeinschaft
     in: Die Hilfsschule 26 (1933) (a), 519-532
Heinrichs, K., Der Deutsche Hilfsschulgedanke
     in: Die Hilfsschule 26 (1933) (b), 459-462
Heinrichs, K., Entwurf für einen Hilfsschullehrplan
     in: DSoSch 4 (1937) (a), 487-495
Heinrichs, K., Von der Ziel- und Plangebung für Sonderschulen
     in: DSoSch 4 (1937) (b), 93-98
Heller, Th., Die Heilpädagogik in Gegenwart und Zukunft
     in: Bericht über den 1. Heilpäd. Kongreß 1922
     (Hrsg. E. Goepfert), Halle 1922
Hennecke, F., Musische Hilfsschulerziehung
     in: DSoSch 4 (1937), 284-289
Hennecke, F., Die Sonderschule im Dienste des Luftschutzes
     in: DSoSch 2 (1935), 924-942
Henze, A., Gedanken zur künftigen Geistesschwachenfürsorge und das Sterilisationsgesetz
     in: Die Hilfsschule 26 (1933), 532-541
Hiller, Chr., Die neuen "Richtlinien" für die Hilfsschulen in Württemberg vom 15.5.1930
     in: Die Hilfsschule 23 (1930), 577-581
Hiller, Chr., Über Vererbung des Schwachsinns und Unfruchtbarmachung
     in: DSoSch 1 (1934), 297-300
Hiller, Chr., Was kostet die Ausbildung von Abnormen? Zahlen aus Württemberg
     in: DSoSch 3 (1936), 304/305
Hiller, Chr., Als "bildungsunfähig" ausgeschulte Hilfsschulkinder
     in: DSoSch 8 (1941) (a), 150-152

Hiller, Chr., Sind Förderklassen nach Einführung der
Hauptschule noch notwendig?
in: DSoSch 8 (1941) (b), 257/258
Hiller, Fr., (Hrsg.), Deutsche Erziehung im neuen Staat
Langensalza 1934
Hirsche, W., Berufsberatung, Berufspsychologie, Berufs-
betreuung der Hilfsschüler
Frankfurt/M 1927
Hirt, W., Die Bedeutung der Hilfsschulen
in: Bericht über den XI. Verbandtag der Hilfs-
schulen Deutschlands (Hrsg. A. Henze)
Halle 1927
Höhne, F., Freiwillige oder zwangsweise Sterilisierung
in: Die Hilfsschule 26 (1933), 417-420
Hoerdt, Ph., Grundformen volkhafter Bildung
Frankfurt/M ^{5}1935
Hofmann, W., Erhebungen über die Berufsfähigkeit
entlassener Hilfsschüler
in: Die Hilfsschule 23 (1930), 132-145
Hofmann, W., Hilfsschule (Sonderschule für Lernbehinderte)
in: Lesemann (Hrsg.), Beiträge zur Geschichte
und Entwicklung des deutschen Sonderschulwesens
Berlin 1966, 65-101
Hoffmeister, W., Was wird aus männlichen Hilfsschulkindern?
in: Zeitschr. f. Kinderforschung 43 (1943), 174-202
Hofmeister, R., Hilfsschüler im Jungvolk
in: DSoSch 1 (1943), 262-265
Hofmeister, R., Hilfsschüler und Landjahr
in: DSoSch 2 (1935), 407-413
Hofmeister, R., Wehrhafte Erziehung in der Hilfsschule
in: DSoSch 7 (1940), 278-281
Innecken, I., Was wird aus weiblichen Hilfsschulkindern?
in: Zeitschr. f. Kinderforschung 44 (1935),
35-60
Jörns E./J. Schwab, Rassenhygienische Fibel
Der deutschen Jugend zuliebe geschrieben
Berlin 1934

Kankeleit, O., Die Unfruchtbarmachung aus rassenhygienischen
   und sozialen Gründen
   München 1929
Kaup, J., Was kosten die minderwertigen Elemente dem Staat
   und der Gesellschaft?
   in: Archiv für Rassen- und Gesellschaftsbiologie
   10 (1913), 723-748
Kaup, J., Volksentartung und Staatswirtschaft
   in: Bericht über den 2. Heilpäd. Kongreß 1924
   (Hrsg. E. Lesch) Halle 1924
Kingerske, R., Hilfsschule und NSV
   in: DSoSch 4 (1937), 793-798
Klinkebiel, Fr., Die Aufgaben der Wollenserziehung
   bei Hilfsschülern
   Leipzig 1938
Klönne, A., Hitlerjugend. Die Jugend und ihre Orga-
   nisation im Dritten Reich
   Hannover 1956
Klose, W., Jugend im Gleichschritt
   Hamburg 1964
Klotz, F., Von der Hilfsschule zur Lernbehindertenschule.
   Ein geschichtler Überblick zum Schulhaus-
   neubau.
   Speyer 1976
Koch, A., Hilfsschulgesetz
   in: Dannemann (Hrsg.), a.a.O., 1127-1130
Koch, H., Ausbau der Hilfsschul-Berufsschule für Mäd-
   chen in Augsburg
   in: DSoSch 7 (1940), 374
Kohlbach, G., Erziehung und Unterricht in der Hilfsschule
   in: Amtsbl. des RMinWEV 8 (1943), 99/100
Krampf, A., Und nun voran!
   in: DSoSch 2 (1935), 840-864
Krampf, A., Hilfsschule im neuen Staat
   Leipzig 1936 (a)
Krampf, A., Zur Jahreswende. Rückblick und Ausschau auf
   die Hilfsschularbeit
   in: DSoSch 3 (1936) (b), 14-24

Krampf, A., Gedanken zum Ausleseproblem.
  Leipzig 1937 (a)
Krampf, A., Was darf die deutsche Hilfsschullehrerschaft
  von geplanten ministeriellen Anordnungen für
  das Hilfsschulwesen in Preußen erwarten?
  in: DSoSch 4 (1937) (b), 768-781
Krampf, A., "Brauchbarkeit" als Erziehungserfolg in
  den kulturtechnischen Fächern
  in DSoSch 4 (1937) (c), 476-487
Krampf, A., Zur "Allg. Anordnung für die Hilfsschulen in
  Preußen"
  in: DSoSch 5 (1938) (a), 484-490
Krampf, A., Der Werkunterricht in der Hilfsschule
  in: DSoSch 5 (1938) (b), 601-607
Krampf, A., Zur Methodik des Rechenunterrichts in der
  Hilfsschule
  in: DSoSch 6 (1939), 410-420
Kroh, O., Völkische Anthropologie als Grundlage deutscher Erziehung
  Eßlingen 1934
Kroll, K., Die genealogische Erfassung der Hilfsschüler
  in: Die Hilfsschule 26 (1933), 402-406
Kroll, K., Der Hilfsschüler und die nationalsozialistischen Jugendverbände
  in: Die Hilfsschule 27 (1934), 36-44
Kroll, K., Bild und Film in der Hilfsschule
  in: DSoSch 4 (1937), 275-283
Kunze, H., Die Sonderschule im nationalsozialistischen Staat
  in: Schmidt A. (Hrsg.), Gedanken zum Neubau der
  deutschen Schule. Leipzig 1938, 23-27
Lange, W., Angeborener Schwachsinn
  in: Volk und Rasse 11 (1936), 130-133
Lehmensick, E., Die Hilfe für die schwachen und gefährdeten Schüler. Eine kriegswichtige Aufgabe der
  Schule.
  in: Deutsches Bildungswesen 8 (1940), 86-93

Lehrplan der Pestalozzischule, Halle
    Halle 1930
Leiter, J., Die Wiener Hilfsschule 1920-1970
    Wien-München 1975
Lenz, F., Menschliche Auslese und Rassenhygiene
    München 1931
Lenz, G., Zur praktischen Auswirkung der "Anordnung"
    in: DSoSch 6 (1939), 265-271
Lenz, G./K. Tornow, Abschlußprüfung auch in der Hilfsschule?
    in: DSoSch 6 (1939), 361-367
Lesch, E., Hilfsschulwesen in Bayern
    in: DSoSch 7 (1940), 439-443
Lesemann, G., Heilpädagogik und Eugenik
    in: Die Hilfsschule 26 (1933) (a), 141-145
Lesemann, G., Hilfsschulpädagogische Gegenwartsaufgaben
    in: Die Hilfsschule 26 (1933) (b), 712-733
Lesemann, G., (Hrsg.), Beiträge zur Geschichte und Entwicklung des deutschen Sonderschulwesens
    Berlin 1966
Leyen v.d. R., Probleme der Heilerziehung
    in: Gesundheit und Erziehung 47 (1934), 2-9
Lilie, R., Hilfsschüler im sportlichen Wettkampf mit Normalen
    in: DSoSch 1 (1934), 391/392
Lingelbach, K.Chr., Erziehung und Erziehungstheorien im nationalsozialistischen Deutschland
    Weinheim 1970
Mannich, W., Eugenik. Zu ihrer Entstehung, Begründung, Anwendung und Einflußnahme auf das deutsche Sonderschulwesen in nationalsozialistischer Zeit
    Hamburg (unveröff.) 1968
Matthies, W., Über die Notwendigkeit der Hilfsschule auf dem Lande.
    in: DSoSch 7 (1940), 166-171
Meggendorfer, A., Degeneration
    in: Dannemann (Hrsg.), a.a.O., 491-496

Meltzer, Bindingproblem
  in: Dannemann (Hrsg.), a.a.O., 427-431
Michel, H., Betreuung "bildungsunfähiger" Hilfsschulkinder
  in: DSoSch 8 (1941), 536/537
Möckel, A., Die besondere Grund- und Hauptschule
  Rheinstetten ²1976
Möckel, A., Selbständigkeit und Isolation der Hilfsschule in der Weimarer Republik
  in: Böhm u.a., Sozialisation und Bildungswesen in der Weimarer Republik
  Stuttgart 1976, 117-130
Moser, P., Die volksbiologische Aufgabe der Hilfsschule
  in: Päd. Umbruch 6 (1938), 421-422
Müller a.St., Neuere Angriffe gegen die Hilfsschule und ihre Abwehr
  in: Die Hilfsschule 26 (1933) (a), 135-137
Müller a. St., Die Heilpädagogik im künftigen Erziehungsstaate
  in: Die Hilfsschule 26 (1933) (b), 137-141
Münchau, W., Bildungsunfähige Hilfsschulkinder. Was wird aus ihnen? Eine Antwort.
  in: DSoSch 8 (1941), 146-149
Musolff, H., Freiwilliger Arbeitsdienst und ehemalige Hilfsschüler
  in: Die Hilfsschule 26 (1933), 1-7
Myschker, N., Der VdHD und seine Bedeutung für das deutsche Sonderschulwesen
  Nienburg 1969
Nöll, H., Natürliche Schranken der negativen Auslese des Schwachsinns
  in: DSoSch 1 (1934), 7-21 und 112-122
Nöll, H., Warum Ganzheitsmethode im Erstleseunterricht der Hilfsschule?
  in: DSoSch 5 (1938), 327-342
Petersen, P., Der Jena-Plan einer freien allg. Volksschule
  Langensalza ²1929

Peust, W., Die Durchführung des GzVeN. Bisherige Erfahrungen und Erfolge.
 in: DSoSch 1 (1934), 707/708
Pollack, G., Wanderung als Mittel zur Wehrerziehung in der Hilfsschule
 in: DSoSch 27 (1934), 24–29
Prokein, F., Über die Eltern der schwachsinnigen Hilfsschulkinder und ihre Fortpflanzung
 München 1926
Raatz, W., Heilpädagogik auf arbeitsunterrichtlicher Grundlage,
 Halle ^{2}1926
Reiter H./H. Osthoff, Die Bedeutung endogener und exogener Faktoren bei Kindern der Hilfsschule
 in: Zeitschrift für Hygiene 23 (1921), 134–149
Rössel, F., Jena-Plan und Hilfsschule
 in: Die Hilfsschule 21 (1928), 90/91
Rössel, F., Das Helfen in der heilpädagogischen Arbeit
 Halle 1931
Rüdin, E., Erblehre und Rassenhygiene im völkischen Staat
 München 1934
Ruttmann, W., Theorie der Heilpädagogik
 in: Bericht über den 3. Heilpäd. Kongreß 1926 (Hrsg. E. Lesch), Halle 1926
Sachse, F., Naturlehre in der Hilfsschule
 in: DSoSch 3 (1936), 791–793
Saller, K., Eugenische Erhebungen bei Hilfsschulkindern
 in: Zeitschrift für Kinderforschung 43 (1934), 137–173
Saller, K., Die Rassenlehre des Nationalsozialismus in Wissenschaft und Propaganda.
 Darmstadt 1961
Sauer, P., Württemberg in der Zeit des Nationalsozialismus
 Ulm 1975
Schaller, H., Die Schule im Staate Adolf Hitlers
 Breslau 1935

Schirach v., B., Die HJ. Idee und Gestalt
   Berlin 1934
Schmidt, H., Hilfsschule und Eugenik
   in: Die Hilfsschule 25 (1932), 713-719
Schmidt, H., Sonderschullehrer sind Facherzieher
   in: DSoSch 1 (1934), 248-251
Schmidt-Bodenstedt, A., Neuordnung der Lehrerbildung
   Frankfurt/M 1942
Schneider, O., Das GzVeN und seine Bedeutung für die
   Hilfsschule
   in: DSoSch 1 (1934), 401-408
Schnitzer, H., Die Auslese der Hilfsschulkinder
   in: Bericht über den 3. Heilpäd. Kongreß 1926
   (Hrsg. E. Lesch) Halle 1926
Schulze, R., Erbpflege und Erblehre
   in: Die Hilfsschule 25 (1932), 750-759
Seidel, P., Was eine Ärztin von der Hilfsschule meint
   in: DSoSch 7 (1940), 341-345
Seidel, P., Hilfsschüler im Jungvolk und welche Aufgaben
   sie ihren Erziehern stellen
   in: DSoSch 3 (1936), 351-354
Sochaczewski, C., Geschichte des Bremer Hilfsschulwesens
   Bremen (unveröff.) 1969
Sontheimer, K., Antidemokratisches Denken in der Weimarer
   Republik
   in: VjHZG 5 (1957), 58-75
Speck, O., 50 Jahre bayerische Sonderschullehrerbildung.
   Impulse und Umwege.
   in: ZHeilpäd 24 (1973), 241-244
Speck, O., Innerschulische Nachhilfe und eigenständige
   Sonderschule gestern und heute
   in: ZHeilpäd 24 (1973), 846-857
Spranger, E., Die Heilpädagogik im Rahmen der Normalschul-
   pädagogik
   in: Bericht über die Heilpäd. Woche 1927
   (Hrsg. A. Fuchs),
   Halle 1927, 12-24

Staemmler, M., Rassenpflege und Schule
  Langensalza 1933 (a)
Staemmler, M., Rassenpflege im völkischen Staat
  München 1933 (b)
Staemmler, M., Rassenpflege und Schule
  in: Hiller Fr. (Hrsg.), a.a.O., 132-154
Stephan, Ch., Weiblicher Erziehungsaufgaben in der
  deutschen Sonderschule
  in: DSoSch 4 (1937), 781-790
Stern, E., Die Stellung der Heilpädagogik in der Lehrerausbildung
  in: Zeitschr. für Kinderforschung 36 (1930), 170-177
Stertzenbach, A., Im Würgegriff des Faschismus. Sozialmedizinische und sozialpädagogische Aspekte der Behinderten und Spätfolgen
  in: Behinderpäd. in Hessen 16 (1977), 2-23
Stets, W., Das Hilfsschulkind in seiner wirtschaftlichen Bedeutung
  in: Die Hilfsschule 23 (1930), 201-216
Stier, E., Die Mithilfe des Psychiaters bei der Auswahl der Kinder für Hilfsschule und Sammelklassen
  in: Bericht über die Heilpäd. Woche 1927 (Hrsg. A. Fuchs)
  Halle 1927, 202-212
Sunderbrink, O., Hilfsschule und Gesundheitsamt
  in: DSoSch 4 (1937), 791-792
Szondi, L., Konstitutionsanalyse psychisch abnormer Kinder
  Halle 1933
Tornow, K., Der Lehr- und Bildungsplan der Hilfsschule
  Halle 1932
Tornow K., Vom Wesen völkischer Hilfsschularbeit
  in: Die Hilfsschule 26 (1933) (a), 257-268
Tornow K., Die Hilfsschule im Lichte der Eugenik
  in: Die Hilfsschule 26 (1933) (b), 268-278
Tornow K., Ein Volk, ein Staat, eine Schule!
  in: Die Hilfsschule 26 (1933) (c), 347-356

Tornow, K., Allerlei Besinnliches
in: Die Hilfsschule 26 (1933) (d), 706-712
Tornow, K., Zur Lehrplangestaltung deutsch-völkischer
Hilfsschularbeit
in: Die Hilfsschule 27 (1934) (a), 99-114
Tornow, K., Rassenhygiene, Volksaufartung und Hilfsschule
in: Volk und Rasse 9 (1934) (b), 109-111
Tornow, K., Der Einfluß ganzheitlicher Auffassung und
des inhaltlich festgelegten Erziehungs- und
Bildungszieles auf die methodische Gestaltung
des heilerzieherischen Unterrichts
in: DSoSch 1 (1934) (c), 170-182
Tornow, K., NS-Jugendbünde und Hilfsschüler
in: DSoSch 1 (1934) (d), 339-346
Tornow, K., Die Einheit der Fachschaft V im NSLB
in: DSoSch 2 (1935) (a), 110-129
Tornow, K., Hilfsschule im Kampf und Gefahr?
in: DSoSch 2 (1935) (b), 795-808
Tornow, K., Die Erziehung des körperlich und geistig geschwächten Kindes
in: Löpelmann, M. (Hrsg.), Wege und Ziele der
Kindererziehung unserer Zeit. Leipzig o.J.,
189-220
Tornow, K., Hilfsschüler, Handwerk und Hilfsberufsschule
in: DSoSch 5 (1937) (a), 92-99
Tornow, K., Gedanken zur Ausbildung des Sonderschullehrerwuchses
in: DSoSch 4 (1937) (b), 86-93
Tornow, K., Zum Auswahlverfahren des hilfsschulbedürftigen
Kindes
in: DSoSch 5 (1938), 705-710
Tornow, K., Zur Eigengesetzlichkeit der Hilfsschulerziehung
in: DSoSch 6 (1939) (a), 505-518
Tornow, K., Zur Berufsschulfrage ehemaliger Hilfsschüler
in: DSoSch 6 (1939) (b), 628-636
Tornow, K., Hilfsschule auch im Kriege
in: DSoSch 7 (1940) (a), 31-35
Tornow, K., Völkische Sonderpädagogik und Kinderpsychiatrie
in: Nationalsoz. Bildungswesen 8 (1940) (b), 394-400

Tornow, K., Volkswirtschaftliche Bedeutung der Hilfsschule
in: DSoSch 7 (1940) (c), 228
Tornow, K., Bildungsfähige Hilfsschulkinder. Was wird
aus ihnen?
in: DSoSch 8 (1941), 24-35
Toth, Z., Die Entwicklung des Sonderschulwesens zur einheitlichen Heilpädagogik und ihre Wirkung auf
die Ausbildung der Sonderschullehrer
in: DSoSch 7 (1940), 127-135
Uhlig, M., Turnen in der Erziehung von Hilfsschulkindern
in: Gesundheit und Erziehung 47 (1934), 15-19
Utermöhlen, H., Zur Beurteilung des Hannoverschen Unterrichtsversuches
in: DSoSch 5 (1938), 23-32
Villinger, W., Angeborener Schwachsinn und das Erbkrankenverhütungsgesetz
in: Zeitschr. für Kinderforschung 47 (1939), 36-48
Voigt, W., Einsparungsmöglichkeiten in Heilerziehungsanstalten
in: DSoSch 1 (1934), 64-66
Wagner, W., Behinderung und Nationalsozialismus. Arbeitshypothesen zur Geschichte der Sonderschule
in: Bürli, A. (Hrsg.), Sonderpädagogische Theoriebildung-Vergleichende Sonderpädagogik.
Luzern 1977, 159-174
Wehrhahn/Henze, Bericht über die Kriegstagung des
VdHD 1917, Halle o.J.
Wiegand, A., Zur Unfruchtbarmachung der Hilfsschüler
in: DSoSch 1 (1934), 369-373
Wiegand, A., Zu spät! Zur Umschulung des schwachsinnigen
Kindes
DSoSch 3 (1936), 218-221
Wiegand, A., Hilfsschüler im Jungvolk
in: Zentralblatt für Jugendrecht und Jugendwohlfahrt 28 (1936/37), 37-40
Wiegand, A., Zur Unfruchtbarmachung des schwachsinnigen
Jugendlichen
in: Deutsche Jugendhilfe 29 (1937/38) 102-105

Wiegand, M., Das Hilfsschulkind – Erfahrungen und Beobachtungen im Hort
    in: Deutsche Jugendhilfe 29 (1937/38), 198-200

Zausch/Krampf/Fuchs (Hrsg.), Fibel für Hilfsschulen
    Breslau ^{6}1939

Zeising, F., Was ist aus unseren Hilfsschülern geworden?
    in: DSoSch 4 (1937), 356-363

Ziegler, K., Halbe Arbeit? Ein rassenhygienisches Mahnwort an die Hilfsschullehrer
    in: Die Hilfsschule 21 (1928), 345-264

Zmarzlik, H.G., Der Sozialdarwinismus in Deutschland als geschichtliches Problem
    in: VjHZG 11 (1963), 246-273

Zwanziger, F., Ausrichtung des deutschen Sonderschulwesens
    in: DSoSch 6 (1939), 138

Zwanziger, F., Aus der Reichsfachschaft V
    in: DSoSch 7 (1940), 140

Zwanziger, F., Der Begriff "Sonderpädagogik" ist unser geistiges Eigentum
    in: DSoSch 8 (1941), 391-393